21世纪全国高等院校旅游管理系列实用规划教材

普通高等教育旅游专业"十三五"规划教材

中国旅游地理

（第2版）

周凤杰　　周宜君　　主编

中国林业出版社

内 容 提 要

本书是高等院校旅游管理专业系列教材之一。全书分为13章，绪论讲授旅游地理的基本概念和原理；第1～11章分别讲授我国各种景观资源的形成、分布、特点和开发利用，包括地文景观、水域风光、生物景观、天象与气候景观、遗址与遗迹、城市建筑与工程、园林艺术、宗教艺术、古墓葬、旅游商品、人文活动；第12章为我国主要旅游区概述。每章前设置本章概要、学习目标、关键性术语、章首案例，章后设置复习题、经验性训练、案例分析、本章推荐阅读书目等项目。全书结构清晰，体系完整，内容翔实，观点新颖，应用性强。

本书可作为高等院校旅游管理专业教材，也可作为风景区管理者、导游人员的培训教材，以及其他相关行业人员、旅游科研人员和旅行社管理人员的参考用书。

图书在版编目（CIP）数据

中国旅游地理/周凤杰，周宜君主编. –2 版 . –北京：中国林业出版社，2016. 12（2024. 7 重印）
21 世纪全国高等院校旅游管理系列实用规划教材，普通高等教育旅游专业"十三五"规划教材
ISBN 978-7-5038-8863-2

Ⅰ. ①中… Ⅱ. ①周…②周… Ⅲ. ①旅游地理学 – 中国 Ⅳ. ①F592. 99

中国版本图书馆 CIP 数据核字（2016）第 319750 号

国家林业局生态文明教材及林业高校教材建设项目

中国林业出版社·教育出版分社
策划、责任编辑：许　玮
电　话：(010) 83143559　　　　　传　真：(010) 83143516

出版发行　中国林业出版社（100009　北京市西城区德内大街刘海胡同7号）
　　　　　E-mail：jiaocaipublic@163. com　电话：(010) 83143500
　　　　　网　址：http：//lycb. forestry. gov. cn
经　销　新华书店
印　刷　北京中科印刷有限公司
版　次　2008 年 6 月第 1 版（共印 3 次）
　　　　2016 年 12 月第 2 版
印　次　2024 年 7 月第 4 次印刷
开　本　787mm×1092mm　1/16
印　张　18. 5
字　数　446 千字
定　价　40. 00 元

21世纪全国高等院校旅游管理系列实用规划教材

普通高等教育旅游专业"十三五"规划教材

《中国旅游地理》（第2版）
编写人员名单

主　　编　周凤杰　周宜君

副 主 编　杨絮飞　郝文军　邱　明

编　　委　（以姓氏笔画为序）

王淑华（郑州大学旅游管理学院）

刘　晗（三峡大学三峡文化与经济社会发展研究中心）

杨絮飞（吉林大学商学院）

邱　明（渤海大学旅游学院）

周凤杰（渤海大学旅游学院）

周宜君（三峡大学经济与管理学院）

郝文军（渤海大学旅游学院）

崔在元（天津农学院旅游管理系）

第 2 版前言

承蒙广大师生的厚爱,《中国旅游地理》自 2008 年出版以来, 在多所高等院校旅游管理及相关专业中使用, 也得到了同行的关注, 在此深表感谢!

"中国旅游地理"是旅游管理专业的基础课程, 对于旅游专业素质的养成和旅游从业能力的提高, 都具有重要意义。所以《中国旅游地理》教材的编写与使用, 意义重大。

随着时代的发展, 学科的进步, 旅游业的提升,《中国旅游地理》教材也必须与时俱进, 适时修订。一些观点的更新和数据的变化, 要及时体现在教材中。更为重要的是, 近些年旅游业发展中出现了一些亟待解决的现实问题, 如旅游与环境之间的矛盾问题, 道德与利益之间的冲突问题, 科学与迷信之间的较量问题等。这些都应该而且必须引起旅游管理专业师生的关注与思考, 因此要体现在改版后的教材之中。

考虑到教材使用者教学与学习的连续性和方便性, 这次修订, 力求保持原教材基本结构和章节体系的稳定性, 而在以下几个方面做相应调整。

一是关注学科前沿, 更新观点与数据。对于一些基本概念和基本原理, 不做不必要的调整, 但会尽量多体现学科前沿与新观点, 使用最新数据资料。

二是优化案例使用, 引导自主学习。尽量使用在旅游业发展中具有普遍意义和现实针对性的案例, 启发学生思考, 理论联系实际, 学以致用。

三是弘扬传统文化, 陶冶道德情操。优秀传统文化是中华民族世界观、人生观、价值观、审美观的传承与体现, 其核心已成为中华民族最基本的文化基因。旅游是一种社会文化活动, 在审美的同时, 兼有传播知识、教化民众的作用, 所以旅游专业的学生必须加强传统文化的学习, 提高人文修养, 才能为从业做好准备。因此本次教材修订, 力求在传统文化内容方面有所加强。

党的十八大报告明确提出"教育是民族振兴和社会进步的基石", 要"把立德树人作为教育的根本任务", 这不仅指明了我国当前教育改革的基本方向, 也应该成为每一位教育工作者的教育行为准则。本教材的修订，亦立足于此。

由于编者水平有限，书中缺点错误仍在所难免，恳请各方面人士一如既往的关注，多提宝贵意见，衷心感谢！

编　者

2016 年 7 月

第 1 版序

  1845 年，托马斯·库克成立世界上第一家旅行社，标志着世界旅游业的出现。但是作为真正意义上的现代旅游业，则始于 20 世纪 50 年代的欧美。从那时至今，旅游从少数上层阶层所能享受的活动发展到现今大众旅游和社会旅游时代，仅经历了 50 多年的时间。在这短短 50 多年的历程中，世界旅游业发展大大超出世界经济总体发展速度，成为世界上最大的产业之一。世界旅游组织的统计数字显示，2005 年国际旅游人数首次突破 8 亿人次，全球平均增长率高达 5.5%。世界旅游组织预测，到 2010 年，全世界每年将有 10 亿多人出国旅游。旅游不仅对世界各国的经济发展产生积极而深远的影响，同时它已成为人们生活中的一部分，还是影响人们生活方式和生活观念的一个重要因子。

  中国是一个旅游资源大国，有着得天独厚的自然旅游资源和人文景观优势。上下几千年的文明沉淀，方圆 960 万平方千米的国土，使中国的旅游资源在世界上无与伦比。尽管我国旅游业起步于 20 世纪 80 年代初，但经过 30 余年的发展，中国正从一个旅游资源大国走向旅游接待大国，旅游业在国民经济中的地位和作用日益凸显，其强劲的发展势头受世界关注。2006 年，我国国内旅游人数 13.94 亿人次，入境旅游人数 12494 万人次，全国旅游外汇收入 339.49 亿美元，出境旅游总人数为 3452.36 万人次。世界旅游组织预测，到 2015 年中国将成为世界上第一大入境旅游接待国和第四大出境旅游客源国。届时中国入境旅游人数可达 2 亿人次，国内旅游人数可达 26 亿人次以上，出境旅游人数可达 1 亿人次左右，游客市场总量可达 30 亿人次左右，居民人均出游可达 2 次，旅游业总收入可达 2 万亿元人民币左右。"十一五"期间中国旅游业将每年新增直接就业 70 万人、带动间接就业 350 万人。到 2015 年，中国旅游直接拉动和间接就业总量将达 1 亿人左右。《国务院关于促进旅游业改革发展的若干意见》中提出，到 2020 年，境内旅游消费额达到 5.5 万亿元，城乡居民年人均出游 4.5 次，旅游业增加值占国内生产总值的比重超过 5%。

  蓬勃发展、无限生机的旅游业给旅游教育，尤其是高等旅游教育带来了巨大的机遇和挑战。旅游管理类是管理学门类下面的一个专业类，面向的却是大产业，如何使旅游学科做大做强，更好地为旅游产业服务，为 21 世纪旅游业发展培养所需各类人才，是每一个旅游教育工作者所要思考的问题。要想做大做强旅游学科，使旅游教育与旅游产业的发展同步，就必须加大旅游学科建设的力度，其中之一就是要搞好旅游教材的建设，因为，教材是体现教学内容和教学方法的知识载体，是进行教学的基本工具，也是深化教育教学改革、全面推进素质教育、培养创新人才的重要保证。中国林业出版社组织全国部分高校编写"21 世纪全国高等院校旅游管理系列实用规划教材"就是推动旅游教学改革与教材建设的重要举措。

在本套教材的编写过程中，我们力求系统地、科学地介绍旅游管理专业的基本理论、基本知识和基本技能（"三基"），同时也力求将以下理念融入教材的编写中：一是教育创新理念。即以培养创新意识、创新精神、创新思维、创造力或创新人格等创新素质以及创新人才为目的的教育活动融入其中。二是现代教材观理念。传统的教材观以师、生对教材的"服从"为特征，由此而生成的对教学矛盾的解决方式表现为"灌输式"的教学关系。现代教材观是以教材"服务"师生，即将教材定义为"文本"和"材料"，提供了编者、教师、学生与真理之间的跨越时空的对话，为师生创新提供了舞台。三是培养大学生"四种能力"的理念。教材的编写充分体现强化学生的实践能力、创造能力和就业能力、创业能力的建设需要，以适应旅游业的快速发展对旅游人才的新要求。四是教材建设服从于精品课程建设的理念。精品课程是具有一流教师队伍、一流教学内容、一流教学方法、一流教材、一流教学管理等特点的示范性课程。精品课程建设是高等学校教学质量与教学改革工程的重要组成部分。本套教材的编写力求为精品课程建设服务，能够催生出一批旅游精品课程。

本套教材不仅是全国高等院校旅游管理专业教育教学的专业教材，而且也可作为旅游管理部门、旅游企业专业人员培训及参考用书。我们希望本套教材能够为培养 21 世纪旅游创新人才做出贡献。

最后，借此机会感谢北京大学吴必虎教授、青岛大学旅游学院马波教授对本套教材的指导，感谢中国林业出版社对本套教材所付出的辛勤劳动以及各位参与编写的专家和学者对本套教材所付出的心血！

2007 年 10 月

第 1 版前言

进入 21 世纪以来，我国的旅游事业迅猛发展，对旅游人才的需求也与日俱增。为适应这一形势的需要，我国的旅游专业教育呈现出多层次、多元化的快速发展态势，为旅游业培养了大量专业人才。旅游业的发展，离不开旅游专业教育，教材编写与使用是其中一个重要方面。

"中国旅游地理"是高等教育旅游管理专业的基础课程，也是其他不同层次旅游教育与培训的重点课程。旅游地理知识，无论是对旅游者，还是旅游从业者，都具有很重要的实用价值。但是长期以来，旅游地理教材体系不统一，内容差异很大，难易程度没有标准，给不同层次的教学工作带来一定的影响。尤其是在教材的实用性方面，与人才培养目标差距很大。中国旅游地理是一门应用性很强的学科，其教学目的是要使学生的专业知识、专业技能同时得到提高，培养其"即景导游"的能力。但是目前很多版本的《中国旅游地理》教材，都缺乏这种应用性的特点。

有鉴于此，本教材的编写，力求及时反映国家旅游局、劳动和社会保障部及其他相关部门颁布的新规范、新标准，着眼于"应用型"教育，根据当前旅游市场的需求，确定课程内容和教学体系，把知识、技能与能力作为统一的培养目标，融入到教学之中。

本教材分为 13 个部分。绪论部分阐述旅游地理的基本概念和基本问题，是学习本课程的先导知识；第 1～11 章系统阐述我国各大类别的旅游资源的特点、形成与分布，以及旅游价值、开发现状和前景；第 12 章阐述我国主要旅游区的概况。

本教材具体写作由以下人员承担：绪论由三峡大学周宜君、渤海大学周凤杰编写；第 1～2 章由吉林大学杨絮飞编写；第 3～4 章由渤海大学周凤杰编写；第 5、6、8、9 章由渤海大学郝文军编写；第 7、10～11 章由渤海大学邱明编写；第 12 章由三峡大学周宜君编写。郑州大学旅游管理学院王淑华、三峡大学刘晗、天津农学院崔在元等，也参加了本书的编写工作。本书由渤海大学周凤杰统稿。

　　本教材在编写过程中，得到中国林业出版社的大力协助，特此表示由衷的谢意！

　　本教材在编写中，参考了众多专家、学者的文献资料和重要观点，在此对各位表示崇高的敬意和真诚的谢意！并请各位专家学者不吝赐教，对本教材多多批评。

　　虽然编者在编写过程中竭尽所能，力求本书的科学性和准确性，但是由于水平有限，书中缺点错误仍在所难免，恳请各方面人士提出宝贵意见，不胜感谢！

编　者

2008 年 1 月

目 录

第0章 绪 论

【本章概要】

主要阐述旅游地理学的基本概念和基本问题，如旅游的概念，旅游资源的概念，旅游与地理的关系问题，旅游地理学的研究对象、任务和学科性质，中国旅游地理的发展历史，学科体系的基本构成等。

【学习目标】

掌握旅游和旅游地理学、旅游资源等概念，掌握旅游地理学的研究对象、研究内容及学科属性；了解中国旅游地理学科体系的基本构成，为后续学习奠定基础。

【关键性术语】

旅游地理学、旅游、旅游资源。

【章首案例】

读书与行路

古人云："读万卷书，行万里路"，说明了读书与行路的关系。

书是人类进步的阶梯，书是人类文化的载体。有了书，文明才得以传承。所以要读书。但是光读书，"两耳不闻窗外事"，做蛀书虫、做书呆子，也是不行的。读万卷书很重要，行万里路也很重要。

"行路"的内容应该是很广的，它首先包括旅游，旅游能够使我们饱览祖国大好河山，了解各地风土人情、民间习俗，对丰富我们的知识，了解我国地理、历史、物产、资源、民族都有极大的好处，更能激发我们对祖国的热爱。"行路"还包括调查研究，理论联系实际，能够使我们真正学有所用。

古代许多学者、作家都是经过游历才获得丰富的知识，写出不朽作品的。司马迁、徐霞客自不必说，李白、杜甫的经历也足以说明。李白一生好入名山游，足迹遍及大部分中国，生命中有大半时间生活于旅途中，所以他的诗篇充满浪漫主义，气势磅礴，感染力强。杜甫是长安人，早年在齐、鲁、吴越一带游历，"安史之乱"时他更是颠沛流离，亲眼看到生灵涂炭，同生活在社会底层的老百姓一起感受国亡家破的痛苦，所以，他不但写出了充满爱国感情的"三吏""三别"，更写出了被称为"史诗"的《自京赴奉先咏怀五百字》。

　　古人把读书与行路相提并论，就是认为理论与实践是同等重要的。南北朝的郦道元发现古代流传下来的《水经》中有很多错误，于是他经过亲自调查，参阅其他著作，写出了一部《水经注》。这部书文笔优美，内容丰富，语言流畅，不但是一部地理专著，也是一部游记，它的影响远远超过了《水经》。

　　我们和古人相比，有了更好更方便的条件，可以去祖国的大江南北，可以去世界各地旅行，所以更要将读书与行路融为一体，在旅行中充实自己，知行合一，陶冶情操，成为栋梁之材。

　　案例思考题：

　　1. 你知道"读万卷书，行万里路"这句话的出处吗？如何理解这句话？

　　2. 你同意这篇文章的观点吗？

　　3. 谈谈你最深刻的一次游历。

0.1　关于旅游地理学

0.1.1　旅游地理学的概念、形成和发展

0.1.1.1　旅游地理学的概念

　　旅游地理学是地理学的分支学科，是研究人类的旅游活动与地理环境关系的新兴学科。

　　那么，什么是旅游呢？

　　旅游（tourism）这个词来源于拉丁语的"tornare"和希腊语的"tornos"，其含义是"车床或圆圈；围绕一个中心点或轴的运动。"这个含义在现代英语中演变为"顺序"。后缀"ism"的意思是"一个行动或过程，以及特定行为或特性"。词根"tour"与后缀"ism"连接起来就构成 tourism，即指按照圆形轨迹的移动。所以，从词源看，旅游指一种往复的行程，即指离开后再回到起点的活动。

　　关于旅游的定义，由于对其认识理解的不一致，学术界有许多不同的说法。

　　世界旅游组织（WTO）1991 年定义：旅游是人们为了休闲、商务或其他目的离开他们惯常环境，到某些地方停留，但在那里停留持续不超过 1 年的活动。

　　该定义强调旅游活动的空间性（异地性）和时间性（有时间界定）。

　　旅游科学专家联合会采用的"艾斯特"定义（汉泽克尔和克拉普夫，1942 年）：旅游是非定居者的旅行和暂时居留而引起的现象和关系的总和。这些人不会导致长期定居，并且不会牵涉任何赚钱的活动。

　　美国学者罗伯特·麦金托什在 1980 年将旅游定义为：在吸引和接待旅游及其访问者的过程中，由于游客、旅游企业、东道国政府及东道国各地区居民的相互作用而

产生的一切现象和关系的总和。

上述定义强调旅游活动的综合性及其所涉及和产生的社会关系。

《韦伯斯特大学词典》中的定义：旅游是以娱乐为目的的旅行；为旅游者提供旅程和服务的行业。侧重从经营者的角度进行阐述。

综观大多数关于旅游的定义，都采用了国际通用的定义中的三要素表述形式，即出游的目的、旅行的距离、逗留的时间。体现了旅游活动的综合性和时空性特征。

总之，旅游活动是一种以获得精神享受和物质享受为目标、以跨时空的审美经历为核心的综合性休闲活动。旅游活动的异地性、动态性、综合性是其区别于其他休闲活动最基本的特征。因此，旅游活动具有地理属性，任何一项旅游活动都是在一定的地理环境之中进行的。

什么是地理环境呢？

地理环境是人类生存、繁衍的根本基础和人类各种活动的大舞台。地理环境分为自然地理环境和人文地理环境。前者由各地的地形地貌、气象气候、水文水体、土壤生物等自然要素构成；后者则是在各地自然环境基础上，在人类利用与改造过程中，所形成的各种物质财富与精神财富的总和，它包括人类社会组织形式、各种产业活动、城乡聚落、民居建筑、语言文字、饮食、服饰、宗教信仰、礼仪习俗等社会文化的诸多方面。

旅游与地理环境的关系如何？

人类早期的旅游活动即源于文人墨客、帝王将相的观光活动。奇异优美的自然山水是观光旅游最基本的对象。社会发展到现在，虽然旅游活动的内容和形式日益丰富，但是以自然山水为对象的观光旅游仍然是当代大多数旅游者的首选。宜人的气候和生态环境则是休闲度假旅游的首要吸引因素。特定的自然条件还为登山、滑雪、漂流、泛舟、狩猎等娱乐探险活动提供了难以替代的天然场所。因此，自然环境作为开展旅游活动最基本的场所和对象，被称为"旅游的第一环境"。

地理环境的综合性和地域分异特征，使不同区域与地理环境之间既有相似之处，又存在明显差异，尤其体现在不同国家和地区、不同民族聚居地、不同气候和自然带、沿海和内陆、山区与平原、都市与乡村、森林与牧场等各个区域的差异上。这些差异成为旅游活动产生的根本外在动因。一般而言，两地之间地理环境的差异性越大，旅游活动的外在驱动力就越强。也可以说，没有地理环境的差异性，就没有实质意义的旅游活动。

由此看来，旅游和地理关系十分密切。古代人们的地理知识有很多便是来源于旅游，而地理知识的丰富，又有指导旅游的意义。尤其是不同空间区域的地理环境，形成了不同的旅游环境和旅游资源，这不仅是旅游活动存在的必要条件，也使得科学上出现了旅游与地理相结合的研究对象。因此，这就是旅游地理学产生的直接原因。

0.1.1.2 旅游地理学的形成和发展

进入到 20 世纪，尤其是第二次世界大战之后，人类走向了大众化旅游时代，迎来旅游的大发展时期。旅游资源和旅游市场的开发，为地理学提出了一系列的研究课题，在这种社会经济需求的前提下，旅游地理学便应运而生。正如前南斯拉夫学者叶琳娜·阿姆布罗维奇在其编著的《旅游地理》一书中指出："旅游现象是在各种自然地理和人文地理场合下发生的，它同地理学科有最直接的联系。所以，就有专门的地理学来研究旅游，这种地理学就是年轻的旅游地理学。"

世界旅游地理学的开端以 1930 年美国地理学家协会会刊《地理学评论》刊载的麦克默里的《游憩活动与土地利用的关系》为标志，该文章被世界地理学界公认为是第一篇关于旅游地理研究的论文。20 世纪三四十年代，旅游地理的研究内容大致分两方面：一是旅游地和旅游形态的个别地区的研究；二是旅游地自然环境的研究。第二次世界大战之前，由于世界旅游业发展比较缓慢，对旅游地理的研究也相对较慢。20 世纪 50 年代以来，国外旅游地理方面的研究论文增多，有的地理学家把旅游地理看作是经济地理的一部分，着眼于旅游的经济属性。

从 20 世纪 60 年代开始，由于旅游人数的增加和旅游经济的发展，旅游开发范围逐渐扩展。为适应开辟新的旅游区的要求，旅游资源的评价开始得到重视，美国、加拿大、前苏联、波兰等国家的地理学家围绕旅游资源的评价方式，开发利用途径，旅游容量，旅游资源的景观、文化、历史价值等问题展开了研究。因此，关注旅游资源评价为该阶段的突出特征。1964 年，加拿大地理学家伊罗·艾·沃尔夫认为，旅游地理应从经济地理中分离出来，成为一门独立的学科。

到了 20 世纪 70 年代，许多地理学家要求系统地研究旅游地理学的理论方法，统一旅游地理学的术语，对旅游地类型进行分类和评价，并绘制旅游地图。由于当时旅游业发展比较快，旅游地理方面研究发表的文献大量增加。美国学者伊恩·马特勒的著作《国际旅游地理》是具有代表性的著作。旅游业的进一步发展使旅游区的管理问题被提上议事日程，旅游地理研究开始关注旅游区划和旅游专业化问题。前苏联和东欧的地理学家主要围绕旅游经济地域结构的最佳化问题展开探讨，美国、加拿大、英国、德国等西方国家则更注重研究旅游用地的购买、旅游土地利用的有效性、旅游业竞争能力等具体问题。

旅游地理学在研究对象上获得上述进展的同时，其研究方法也在不断进步。随着现代系统理论的传播，旅游地理学研究不再停留于自然地理和经济地理方法论阶段，从 20 世纪 60 年代后期开始，特别是 20 世纪 80 年代以来，它注重引进社会学、社会地理学及其他学科的研究方法，将旅游地域系统作为一个完整的系统加以研究，关注各种类型、各种等级旅游地域系统的形成、发展、结构和布局的规律性，关注系统构成诸要素的特征及其相互关系，探讨旅游业社会问题和可持续发展等问题。同时，注重对旅游地性质的分布、旅游流动形态、旅游产业构成、旅游资源等进行精确分析和分类，预测旅游系统的变化，研究旅游地域系统最佳功能的实现机制等。因此，全面关注整个旅游地域系统，注重空间结构、相互关系和量化分析的研究是该阶段旅游地理研究的主要特征，并影响至今。

1976 年，在莫斯科召开的第 23 届国际地理学大会上，第一次把旅游地理和疗养地理列为大会的一个专业组，这标志着旅游地理这门新学科得到了地理学家的承认，从此，旅游地理学作为地理学的一个分支被确立下来。

我国旅游地理学的研究起步于改革开放以后，这在时间上明显地落后于国外同行。30 多年来，我国旅游地理学研究和教学队伍不断壮大，先后发表了大量关于旅游地理方面的专著和文章，并出版了一些相关教材和普及性的读物。1988 年，中国地理学会在人文地理专业委员会下设旅游地理组，这说明旅游地理学研究在我国地理科学领域中开始占有一定的位置。

0.1.2 旅游学与地理学的关系

0.1.2.1 早期地理学研究源于旅游活动中的认知与发现

从早期地理学名著中可以感受到旅游活动对于地理知识积累和研究的贡献。

《山海经》是我国最早记载山川风物的典籍，可谓中国的远古地理学。它主要记述了古代神话、地理、物产、巫术、宗教、历史、医药、民俗、民族等方面的内容。《山海经》全书 18 卷，其中，《山经》5 卷，《海经》8 卷，《大荒经》4 卷，《海内经》1 卷，共约 31 000 字。记载了 100 多个邦国，500 座山，300 条水道以及邦国山水的地理、风土物产等。特别是一些山川宝藏、异鸟圣兽、奇花异石、奇风异俗，具有历史、民俗、科学、文学等方面的价值，因而被称作是"最早的旅游地理文学"。

《史记·货殖列传》是司马迁专门记叙从事"货殖"活动的杰出人物的列传，也是反映司马迁经济思想和物质观的重要篇章。"货殖"是指谋求"滋生资货财利"以致富，即利用货物的生产与交换，进行商业活动，从中生财求利。司马迁所指的货殖，还包括各种手工业，以及农、牧、渔、矿山、冶炼等行业的经营活动在内。该著作主要是为春秋末期至秦汉以来的大货殖家，如范蠡、子贡等作传。通过介绍他们的言论、事迹、社会经济地位以及他们所处的时代，重要经济地区的特产商品，有名的商业城市和商业活动，各地的生产情况和社会经济发展的特点，叙述他们的致富之道，表述作者自己的经济思想。由于该篇中具有丰富的物产、经济和民俗等内容，因此被称作最早的中国经济地理和旅游地理的记述专篇。

北魏郦道元所著的《水经注》，是我国第一部以记述河道水系为主的综合性地理著作。其内容包括了自然地理和人文地理的各个方面。在自然地理方面，所记大小河流1000 余条，湖泊、沼泽 500 余处，泉水和井等地下水近 300 处，伏流 30 余处，瀑布60 多处。所记地貌众多，仅山岳、丘阜地名就有近 2000 处，喀斯特地貌方面所记洞穴达 70 余处。植物地理方面记载的植物品种多达 140 余种，动物地理方面记载的动物种类超过 100 种。各种自然灾害有水灾、旱灾、风灾、蝗灾、地震等，记载的水灾共 30 多次，地震有近 20 次。在人文地理方面，所记的一些政区建置往往可以补充正史地理志的不足。所记的县级城市和其他城邑共 2800 区，古都 180 座，其中还包括国外的一些城市，例如现在印度的波罗奈城等。交通地理包括水运和陆路交通，其中仅桥梁就记有 100 座左右。经济地理方面有大量关于水利、屯田、耕作制度等资料。在手工业生产方面，包括采矿、冶金、机器、纺织、造币、食品等。此外还有军事地理、人口地理、民族地理等方面的资料。除了丰富的地理内容外，《水经注》还有许多其他学科方面的知识，因此，该书对历史学、考古学、地名学、水利史学以及民族学、宗教学等方面都有一定参考价值。以上这些内容不仅在数量上惊人，更重要的是作者采用了文学艺术手法进行了绘声绘色的描述，所以《水经注》不仅是科学名著，也是文学艺术的珍品，被称作"宇宙未有之奇书"。

《徐霞客游记》是明代地理学家、旅行家徐霞客根据自己的亲身经历用日记体裁撰写的一部纪实游记，它生动、准确、详细地记录了丰富的自然资源和地理景观，为历史地理学的研究提供了许多重要资料，具有很高的科学价值和社会效益，受到国内外广大专家和读者的赞赏，称徐霞客为"千古奇人"，称《徐霞客游记》为"千古奇书""古今一大奇著"，是我国最早的区域旅游地理专著。

中国旅游日和世界旅游日

5 月 19 日，一个普通的日子，然而从 2011 年开始，这个日子不再普通了，而是成为每年一度的"中国旅游日"。

这个中国旅游日是怎么来的？为什么要选择在 5 月 19 日？

这与我国明代伟大的旅行家、地理学家、史学家、文学家徐霞客(1587—1641)有关。

翻开《徐霞客游记》，第一篇就是《游天台山日记》。文中写道："癸丑之三月晦（农历每月最末一天为晦），自宁海出西门，云散日朗，人意山光，俱有喜态。"文中的"癸丑之三月晦"即是公元 1613 年 5 月 19 日。

早在 2000 年，浙江宁海县就有人提议把《徐霞客游记》的开篇日 5 月 19 日确定为"中国旅游日"，以对徐霞客作永恒的缅怀和纪念，激励全国人民阔步迈向世界旅游强国。后来，又有多方人士对此提出倡议。

2011 年 3 月 30 日，国务院常务会议通过决议，将《徐霞客游记》开篇日 5 月 19 日定为"中国旅游日"。

而每年的 9 月 27 日，则是"世界旅游日"。

这是世界旅游组织在 1979 年定下来的。1979 年 9 月，世界旅游组织(WTO)第三届代表大会在墨西哥城召开，在这次大会上，将每年的 9 月 27 日定为世界旅游日。

为什么这么决定呢？

其一，正是 1979 年的这一天，在墨西哥的这次大会上通过了《世界旅游组织章程》。

其二，这一天恰好是北半球旅游旺季即将结束，南半球旅游旺季已经到来之际，即正是世界各国人民旅游度假的好时节。

说起世界旅游组织，它的简称是 WTO，和世界贸易组织简称一样。它是目前世界上唯一全面涉及旅游事务的全球性政府间国际组织，其总部设在西班牙的马德里。

我国于 1983 年加入该组织，是其第 106 个成员国。

5 月，中国旅游日之时，正是北半球的暮春，南半球的晚秋；而 9 月，则是北半球的初秋，南半球的早春，正是全球最美好的旅游时节。

0.1.2.2 现代旅游学研究离不开地理学基础

现代旅游活动是由旅游者、旅游资源、旅游业三要素组成的。

旅游资源作为旅游活动的客体，即旅游活动的根本对象，是一个国家和地区旅游业生存、发展最基本的依托。旅游资源作为一切具有旅游吸引力的自然与人文因素的总和，内容极为丰富，包括山水风光、文物古迹、民俗风情、田园牧场、伟大工程、人造主题公园以及种种自然之美等。旅游资源作为存在于一定地域空间的地理环境的有机组成部分，地域差异、地域特色是其存在的根本客观基础。因此，旅游资源是与地理环境关系最直接、最密切的旅游要素，其特色与分布直接受制于所处的地理环境。地理学的许多理论与方法（如地域分异规律）可用于旅游资源的研究。同时，旅游资源通过其旅游吸引功能还把现代旅游活动三要素紧密联系为一体，由此也决定了旅游资源研究同时是旅游学研究与旅游地理学研究的基本立足点。

旅游者作为旅游活动的主体，其旅游动机是旅游活动的根本内在依据。而旅游者的旅游动机首先取决于旅游客源地与旅游目的地之间的地理差异与空间关系。来自不同国家和地区的旅游者具有不同的空间行为方式，对同一旅游目的地也有着不同的旅游需求。旅游客源作为旅游业发展的前提，从根本上制约着旅游资源的开发方向与规模。此外，旅游客流还直接影响到旅游接待地的自然生态环境和人文地理环境。

旅游业作为联系旅游主体和客体之间的纽带和桥梁，是实现现代旅游活动的媒介。它由旅行社、旅游交通运输业、旅游饭店业三大支柱组成。在市场经济条件下，旅游活动的开展高度依赖旅游业的存在。旅游业的发展以旅游资源为基础，以客源市场为导向，并受制于本地及整个旅游系统的相关地理条件（如区位、交通、经济地理等），直接起着沟通联系旅游客源地与旅游目的地的作用。同时，各地旅游业发展也可能给旅游目的地及旅游通道带来生态环境恶化的后果，从而使旅游业的发展与地理环境的联系紧密而复杂。

因此，旅游业的旅游资源、旅游客源、旅游业空间竞争与区域整合研究都需要地理视角与地理思维。

0.1.2.3 地理学研究与旅游学研究相互促进

根据地理学各分支学科的研究内容，地理学研究与旅游学研究具有深厚的渊源，二者相互影响，相互促进。

地理学作为一门以地理环境及其与人类活动相互关系为研究对象的学科，具有突出的地域性、综合性特点。而人类旅游活动显著的地域性、综合性特征，广泛的区域性影响与可持续发展的强烈需求，使得地理学在旅游学领域找到了最佳结合点，旅游地理学研究成为必然。在近现代，随着旅行社的诞生，组团旅游的发展，西方地理学者不仅利用自己掌握的地理知识和区域研究成果，积极撰写导游材料和旅游指南等读物，而且也成为最早涉猎旅游研究领域的一员。在当代，中外旅游地理学者已成为旅游研究领域的一支重要生力军。

根据地理学各分支学科的研究内容，着眼于旅游活动本质上的社会文化属性，旅游与社会文化地理学有着最密切的联系；着眼于旅游活动的综合消费属性与旅游产业的经济属性，旅游又与经济地理学密切相关；而着眼于旅游环境与旅游资源最基本的组成部分——自然环境与自然旅游资源的研究，旅游则又与相关自然地理学科相联系，如生态旅游、国家地质公园的规划设计等。

因此，几乎整个地理学的理论与知识体系都构成了旅游学研究的基础。同时，旅游学研究也促进了地理学研究的深入与拓展。正如马特勒在其《国际旅游地理》一书中所言："旅游几乎没有哪个方面与地理无关，地理也几乎没有哪个部门无助于研究旅游现象。"旅游是以旅游者的地理空间流动和变换为基础的活动，它与地理环境、地理学具有不解之缘。

0.1.3　旅游地理学的学科理论

0.1.3.1　旅游地理学的研究对象与学科性质

旅游是现实社会中一个非常复杂的社会现象，这一现象是由三个要素构成的，即活动的主体——旅游者，活动的客体——旅游资源，以及二者之间的媒介——旅游业。作为旅游科学体系的各门学科，都是从不同的侧面来研究这三大要素，旅游地理学的研究则主要偏重于与地理环境关系最密切的旅游客体，即各种现有的和潜在的旅游资源。所以，我们可以将旅游地理学的研究对象高度概括为组成旅游环境的各类旅游资源，它们在空间和时间上的分布、演化及其相互关系，以及如何对它们进行合理的开发利用和保护。

旅游地理学是旅游学和地理学两种不同性质学科有机结合的产物，是两者之间的一门边缘学科，具有自然科学和社会科学双重属性。作为地理学的一个分支学科，它的范围不仅涉及地理科学，而且同多种与旅游相关的学科都有密切联系，例如历史学、考古学、民俗学、宗教学、建筑学、文学、美学等。所以旅游地理学具有多学科交叉的边缘性。同时，因为旅游地理学是在实践中产生并发展起来的，并直接为旅游业所利用，因此还具有较强的应用性。

作为一门综合性的学科，旅游地理学与自然地理学、经济学、人文地理学均有密切联系。旅游在本质上属于社会文化活动，因此，一般将旅游地理学划归人文地理学范畴。

0.1.3.2　旅游地理学的研究内容

对于旅游地理学的研究内容，国内外学者各有不同见解。一般认为，它主要应该包括如下几个方面。

（1）旅游资源研究

包括旅游资源的界定，旅游资源的分类，旅游资源的调查和旅游资源的评价等方面。

（2）旅游区划研究

在充分研究旅游资源的基础上，为旅游区划提供理论依据，并制定出合理的区划方案。

（3）区域旅游发展规划研究

包括旅游环境容量的估算，旅游通道的评估与建设，区域旅游开发的综合条件评价，旅游路线与项目设计规划等。

（4）旅游信息与旅游地图研究

包括旅游信息的收集和传播，旅游地图的特点、种类、功能和旅游地图的编绘等。

国内外很多学者倾向于把旅游客源的研究作为旅游地理学的一项重要研究内容，对此，本书作者认为，这一内容放到旅游学概论中研究更为合适，区域旅游地理也会分别论及不同区域的旅游客源问题，为减少旅游不同学科之间的交叉覆盖，对此部分内容本书不再专门涉及。

以上 4 个方面，在旅游地理学的研究中，其重要程度是不一样的。对旅游资源的研究，始终是旅游地理学的重点。其他方面，或者是对此研究的深化，或者是对此研究的必要补充，因而，始终居于次要地位。

0.2 关于中国旅游地理

0.2.1 中国旅游地理的产生与发展

我国古代地理学的产生与发展根植于人类旅游活动对地理知识的不断积累。同样，我国早期的旅游地理知识也是源于一批先哲所进行的旅游活动及其在旅游过程中的认知与发现，当时的成果多以朴素的记述形式体现在诗歌、散文、游记、方志及一些专著中。

随着近代旅游业的诞生及现代大众旅游业的发展，旅游与地理的联系日益紧密。如果说我国古代的旅游地理研究主要在于将地理环境作为旅游资源来进行描述，侧重关注"有什么""是什么"的问题，那么近现代旅游地理研究则侧重关注"为什么""怎么办"的问题。

随着旅游业的发展，地理科学研究的变革，我国旅游地理学科应运而生成为必然。1979 年，中国科学院地理研究所正式成立了旅游地理学科组，以此为标志，揭开了我国旅游地理研究的序幕。从那时至今，我国旅游地理研究历程大致经历了以下 3 个阶段。

初创阶段(1979—1985)：这一阶段通过编写第一部旅游地理教材，出版第一部旅游地理文集，将旅游地理纳入《人文地理》词条，参与区域旅游开发研究等一系列工作，为建立完善旅游地理学科体系奠定了良好的基础。但从研究方法上讲，这一时期主要是现象描述和定性解释阶段。

发展阶段(1986—1992)：我国旅游地理学是主要是以区域旅游开发和规划的研究为主线而发展起来的，这一阶段广大学者围绕旅游资源评价、客源市场分析和预测、旅游环境容量、旅游区划和规划、区域旅游开发等问题进行了探讨，形成了一批研究成果。同时，学者们积极参与区域旅游开发与实践工作，为地方旅游业发展作出了重大贡献。这一时期已开始引进模型化、计量化的研究方法。

深化阶段(1993 至今)：这一阶段，在原有研究基础上注重引进国内外先进技术、理论和方法，与国际旅游地理研究接轨，使研究水平取得了重大突破，并积极尝试不同研究方法结合应用的途径，涌现了大量经典著作。同时，在实践领域上，积极参与中国旅游资源普查等一系列工作，参与旅游管理条例和规章的制定及修正工作，为旅游开发、规划与管理以及旅游业的可持续发展提供了科学依据。同时，培养了一批旅游地理专业的硕士、博士，为学科的长远发展补充了新生力量。目前，一批旅游地理学者活跃在我国的区域旅游开发、旅游规划、旅游管理等领域，完成了大量有较高实用价值的科研与规划项目，成为我国旅游业发展的中坚力量。

0.2.2 中国旅游地理研究的内容

中国旅游地理是研究中国这一特定地域范围内人类旅游活动与地理环境以及社会经济发展相互关系的一门学科。

中国旅游地理的研究内容主要是中国的各种旅游资源，它们的空间分布、地域组合、发展演变以及开发利用和保护。具体说来，主要有如下几个方面：

(1)我国旅游资源的形成与分布规律；

(2)我国旅游资源的调查与评价；

(3)旅游区划和区域规划；

(4)我国主要旅游区的区域旅游特征。

通过以上对中国旅游地理研究内容的确定，可以概括出本学科的主要研究任务，即研究中国旅游资源的形成及分布规律，在此基础上，为中国旅游资源的开发利用、旅游区划与区域规划工作提供理论依据和实践经验。并根据旅游环境特征以及旅游业发展的现状与问题，为区域旅游预测发展方向，制定发展战略，提出保护举措，以利于旅游资源的可持续开发利用。

0.3 关于旅游资源

0.3.1 旅游资源的概念与分类

0.3.1.1 旅游资源的概念

旅游资源一词是随着现代旅游业的兴起和发展而新出现的专业术语。作为一个十分重要的概念，目前还没有一个公认的定义。一般认为，自然界和人类社会中凡能对旅游者产生吸引力，可以为旅游业开发利用，并可产生经济效益、社会效益和环境效益的各种事物和因素，都可称为旅游资源。

0.3.1.2 旅游资源的分类

根据不同的分类标准，可以将旅游资源作不同的类别划分。

(1)根据旅游资源的产生原因分类

根据旅游资源的产生原因，可以将其分为自然旅游资源和人文旅游资源两大类。自然旅游资源是指天然赋存的旅游资源，由地貌、水体、天象气候、生物等自然地理要素构成。人文旅游资源是指由人类活动而产生的旅游资源，由城市、建筑、园林、宗教、陵寝、文化、艺术、民俗等构成。

依据旅游资源的性状，即现存状况、形态、特性、特征，国家旅游局于 2003 年颁布了旅游资源分类国家标准(表 0-1)。

表 0-1 旅游资源分类表

主类	亚类	基本类型
A 地文景观	AA 综合自然旅游地	AAA 山丘型旅游地 AAB 谷地型旅游地 AAC 沙砾石地型旅游地 AAD 滩地型旅游地 AAE 奇异自然现象 AAF 自然标志地 AAG 垂直自然地带
	AB 沉积与构造	ABA 断层景观 ABB 褶曲景观 ABC 节理景观 ABD 地层剖面 ABE 钙华与泉华 ABF 矿点矿脉与矿石积聚地 ABG 生物化石点
	AC 地质地貌过程形迹	ACA 凸峰 ACB 独峰 ACC 峰丛 ACD 石（土）林 ACE 奇特与象形山石 ACF 岩壁与岩缝 ACG 峡谷段落 ACH 沟壑地 ACI 丹霞 ACJ 雅丹 ACK 堆石洞 ACL 岩石洞与岩穴 ACM 沙丘地 ACN 岸滩
	AD 自然变动遗迹	ADA 重力堆积体 ADB 泥石流堆积 ADC 地震遗迹 ADD 陷落地 ADE 火山与熔岩 ADF 冰川堆积体 ADG 冰川侵蚀遗迹
	AE 岛礁	AEA 岛区 AEB 岩礁
B 水域风光	BA 河段	BAA 观光游憩河段 BAB 暗河河段 BAC 古河道段落
	BB 天然湖泊与池沼	BBA 观光游憩湖区 BBB 沼泽与湿地 BBC 潭池
	BC 瀑布	BCA 悬瀑 BCB 跌水
	BD 泉	BDA 冷泉 BDB 地热与温泉
	BE 河口与海面	BEA 观光游憩海域 BEB 涌潮现象 BEC 击浪现象
	BF 冰雪地	BFA 冰川观光地 BFB 长年积雪地
C 生物景观	CA 树木	CAA 林地 CAB 丛树 CAC 独树
	CB 草原与草地	CBA 草地 CBB 疏林草地
	CC 花卉地	CCA 草场花卉地 CCB 林间花卉地
	CD 野生动物栖息地	CDA 水生动物栖息地 CDB 陆地动物栖息地 CDC 鸟类栖息地 CDE 蝶类栖息地
D 天象与气候景观	DA 光现象	DAA 日月星辰观察地 DAB 光环现象观察地 DAC 海市蜃楼现象多发地
	DB 天气与气候现象	DBA 云雾多发区 DBB 避暑气候地 DBC 避寒气候地 DBD 极端与特殊气候显示地 DBE 物候景观
E 遗址遗迹	EA 史前人类活动场所	EAA 人类活动遗址 EAB 文化层 EAC 文物散落地 EAD 原始聚落
	EB 社会经济文化活动遗址遗迹	EBA 历史事件发生地 EBB 军事遗址与古战场 EBC 废弃寺庙 EBD 废弃生产地 EBE 交通遗迹 EBF 废城与聚落遗迹 EBG 长城遗迹 EBH 烽燧
F 建筑与设施	FA 综合人文旅游地	FAA 教学科研实验场所 FAB 康体游乐度假地 FAC 宗教与祭祀活动场所 FAD 园林游憩区域 FAE 文化活动场所 FAF 建设工程与生产地 FAG 社会与商贸活动场所 FAH 动物与植物展示地 FAI 军事观光地 FAJ 边境口岸 FAK 景物观赏点
	FB 单体活动场馆	FBA 聚会接待厅堂（室）FBB 祭拜场馆 FBC 展示演示场馆 FBD 体育健身场馆 FBE 歌舞游乐场馆
	FC 景观建筑与附属型建筑	FCA 佛塔 FCB 塔形建筑物 FCC 楼阁 FCD 石窟 FCE 长城段落 FCF 城（堡）FCG 摩崖字画 FCH 碑碣（林）FCI 广场 FCJ 人工洞穴 FCK 建筑小品
	FD 居住地与社区	FDA 传统与乡土建筑 FDB 特色街巷 FDC 特色社区 FDD 名人故居与历史纪念建筑 FDE 书院 FDF 会馆 FDG 特色店铺 FDH 特色市场
	FE 归葬地	FEA 陵区陵园 FEB 墓（群）FEC 悬棺
	FF 交通建筑	FFA 桥 FFB 车站 FFC 港口渡口与码头 FFD 航空港 FFE 栈道
	FG 水工建筑	FGA 水库观光游憩区段 FGB 水井 FGC 运河与渠道段落 FGD 堤坝段落 FGE 灌区 FGF 提水设施

（续）

主类	亚类	基本类型
G 旅游商品	GA 地方旅游商品	GAA 菜品饮食 GAB 农林畜产品与制品 GAC 水产品与制品 GAD 中草药材及制品 GAE 传统手工产品与工艺品 GAF 日用工业品 GAG 其他物品
H 人文活动	HA 人事记录	HAA 人物 HAB 事件
	HB 艺术	HBA 文艺团体 HBB 文学艺术作品
	HC 民间习俗	HCA 地方风俗与民间礼仪 HCB 民间节庆 HCC 民间演艺 HCD 民间健身活动与赛事 HCE 宗教活动 HCF 庙会与民间集会 HCG 饮食习俗 HGH 特色服饰
	HD 现代节庆	HDA 旅游节 HDB 文化节 HDC 商贸农事节 HDD 体育节
8 个主类	31 个亚类	155 个基本类型

（2）根据开发利用情况分类

根据目前已开发利用与否，可将旅游资源分为现实旅游资源和潜在旅游资源。现实旅游资源指的是目前人类已经开发利用的旅游资源种类；潜在旅游资源则是至目前还没有开发利用，但随着社会的发展和科技水平的进步，将来会被开发利用的事物和因素。比如世界上最深的峡谷——我国雅鲁藏布江大峡谷，整个峡谷地区冰川、绝壁、陡坡、泥石流和巨浪滔天的大河交错在一起，环境十分恶劣，许多地区至今仍无人涉足，堪称"地球上最后的秘境"，是地质工作少有的空白区之一，目前对多数旅游者来说还很难进入。但是，因为它强大的吸引力，将来随着交通等条件的改善，它将成为一个重要的旅游地。比如太空旅游，2000 年 4 月 8 日，美国富豪丹尼斯·蒂托乘坐俄罗斯宇宙飞船登上月球，成为全球太空旅游第一人。在他之后，又有多人进行过太空旅游。因此，不宜将目前尚不能大规模开发利用的潜在旅游资源排除在旅游资源之外。

0.3.2 旅游资源的特点

0.3.2.1 旅游资源的分布规律

从旅游资源的分布规律来看，它存在地域性和综合性两个特点。

（1）地域性

自然旅游资源主要与各地自然条件相关。因为各种旅游资源都分布在一定的空间范围内，都反映着一定地理环境的特点。由于不同的地域表现出不同的景观，所以一个地区的地质地貌、水文、气候、动植物都会有所差异。在地球表面，由于纬度的不同，接收太阳辐射的强度不同；而距离海洋远近不同，又会导致各地干湿状况不一样。所以各种旅游资源具有明显的纬度地带性和经度地带性。在地球大气的低空，气温的垂直递减率是每升高 100m，气温降低 0.6℃，所以某些自然旅游资源还具有垂直地带性。

人文旅游资源主要与人类历史有关。因为世界各地历史发展存在巨大的差异，使得文物古迹的分布极不平衡，不同地区民情风俗千差万别。从整个世界来看，文物古迹多分布在人类文明发展较早、人类活动较频繁的地区。少数民族风情则多分布于边远地区，由于那些地区较少受到外来文化的影响，而使独特的民族风情得以很好地保存。另一方面，许多人文旅游资源必须以自然条件作为基础，比如建筑、服装，甚至一些节日，如傣族的泼水节，如果在寒冷的地带则难以产生。

由于上述原因，旅游资源具有明显的地域特点和地带性差别。正是这种地域性，成为旅游客源产生的重要原因之一。

（2）综合性

综合性指的是在同一地区，会有多种类型的旅游资源交错分布在一起。例如山水相依的，动植物关系密切的。历史文化悠久的地区。各种自然旅游资源和各种人文旅游资源相互结合。可见，绝大多数旅游资源都不是单独存在的，而是呈现综合分布的特点。

0.3.2.2 旅游资源的利用

从旅游资源的利用上来看，也存在两个明显的特点，这就是旅游资源的永续利用性和无可替代性。

（1）永续利用性

旅游资源作为人们参观游览的对象，绝大部分有着可以永续利用的特点。因为旅游者只能带走印象与感受，而不会带走旅游资源。在旅游活动过程中，既不存在旅游资源所有权的转让，也不存在旅游者或旅游经营者对旅游资源的直接消耗，旅游资源具有利用上的永续性。当然，有一小部分旅游资源，如狩猎、垂钓、购物、品尝风味饮食等，在旅游过程中会被消耗掉，但只要合理利用，也可以通过人工再生产的方法得到补充。从这一点上讲，也是具有永续利用的特点。

（2）无可替代性

旅游资源虽然具有永续利用的特点，但它仍然需要很好地保护。由于大自然的风化侵蚀作用、自然灾变以及战争或不当的开发等自然和人为因素，都会造成旅游资源的破坏。在一个国家或地区，具有吸引力的旅游资源大多是自然和历史的遗存，一旦遭到破坏，则很难修复。一些历史文物受到破坏，即使可以修复，也不再是原物，同样大大降低了它的价值。也就是说，不管是自然旅游资源还是人文旅游资源，在地球上都是唯一的。虽有万水千山，泰山却只有一座，黄河也只有一条。人类的建筑物遍及各地，但古黄鹤楼只有一座，早已不见踪影。虽然一个新的黄鹤楼立在了武汉蛇山之巅，但它仍无法代替历史上的那一个。因此，"毁了旧的盖新的"那样的蠢事，是绝对不可以做的。

0.3.3 旅游资源的评价

旅游资源是旅游活动赖以展开的物质基础，是旅游活动的客体。一个地区的旅游业要得到合理的发展，必须依赖于对旅游资源适当的开发利用。而适当的开发利用，则又依赖于科学的评价。作为旅游者，要想找到一个最理想的旅游地，也需要对旅游地的各种旅游资源进行比较研究，进行正确评价。因此，旅游资源评价工作是一项具有重要现实意义和重要实践意义的工作。

　　国外旅游资源评价工作开始于 20 世纪 60 年代，使用的方法具有 3 个显著特点，即：指标数量化、评价模型化、标准科学化。我国的旅游资源评价工作始于 20 世纪 80 年代，它是为适应旅游资源开发的要求而发展起来的。刚开始基本上以定性描述为主，后来又探索出更具有科学性的定量评价方法。

0.3.3.1　定性评价法

　　这是一种描述性的评价方法。目前国内外学者用这种方法评价时，使用的标准有很大的差别。例如有的学者从旅游资源本身是否具有古、特、奇、美、名、用等特点来进行评价，有的学者则提出了其他标准，如刘振礼先生在其所著的《新编中国旅游地理》中，对旅游资源评价提出了 10 条标准：①美学价值；②文化价值；③科学价值；④历史价值；⑤环境质量；⑥旅游容量；⑦组合状况；⑧区位条件；⑨适应范围；⑩开发条件。

　　而卢云亭先生的"三三六"评价体系，则是提出"三大价值、三大效益、六大开发条件"的评价标准。"三大价值"指旅游资源的历史文化价值、艺术观赏价值、科学考察价值；"三大效益"指旅游资源开发之后的经济效益、社会效益、环境效益；"六大开发条件"指旅游资源所在地的地理位置和交通条件、景象地域组合条件、旅游环境容量、旅游客源市场、投资能力、施工难易程度 6 个方面。

　　定性评价不仅标准不一样，有些标准在评价时还有很大的主观性，方法使用上也有一定局限性，其评定结果缺乏直观性。最大的问题还在于当某项旅游资源的某些因素非常优异，而另一些因素却很不理想的时候，这种矛盾就很难统一起来。

0.3.3.2　定量评价法

　　定量评价方法比较适用于旅游开发和旅游经营为目的的评价。这种评价的结果是一系列比较精确的数值。量化是当今科学发展的趋势，定量评价的结果更为直观和准确。如果确定了某种模式，就比较容易评价某一特定类型的旅游资源。

　　目前，在定量评价方法方面，学者们也提出了许多不同的模式。但这些模式大多比较繁琐，也没有区分评价者的身份和评价的目的，加之主观因素造成的模式上的巨大差异，因此在实践上的意义一般不大，此不赘述。

　　本书作者认为，定量评价法应该主要在以下几个方面加以量化：①季节利用，即一年中能够利用的天数；②环境容量，即同一时间所能容纳的人数；③适应范围，即可开展的活动种类和所能吸引的旅游者的种类；④每年客流量人次；⑤景区每人门票价值面额；⑥每年可净获利；⑦可解决的就业人数。当然，如果有特殊需要，可随时增减定量评价的量化指标。

　　总之，对旅游资源的评价标准与评价方法，目前仍处于"仁者见仁，智者见智"的探讨阶段，这种探讨具有十分重大的理论意义与实践意义。需要强调的是，对旅游资源的评价，首先一定要分清评价者的身份，分清评价的目的，然后才能论及评价的方法和评价的标准。否则，笼而统之地提出来的评价标准与方法，在实践中则没有多大意义。

0.3.4 旅游资源的开发利用和保护

0.3.4.1 旅游资源开发利用与保护的关系

旅游资源只有经过适当开发，起码要具备进得去、出得来、散得开等基本条件，有基本的接待设施，才能被利用。而且适当的人为开发，还可以大大提高旅游资源的美感。即使对保护要求最严格的自然保护区，也允许一定的人为干预。旅游资源只有经过开发才能被利用，只有适当的开发利用才会对其保护产生有利影响。但是开发利用如果不适当，势必会对旅游资源造成破坏。所以二者的关系是十分复杂的，需要我们认真研究。

（1）旅游开发利用可以提高民众保护旅游资源的意识

以往广大民众对优美的大自然和文物古迹的价值往往缺乏必要的了解，只知道向大自然索取，盲目地砍伐森林，开荒种地，开山取石，对文物古迹更是熟视无睹，任凭风雨剥蚀，甚至肆意破坏。旅游业的发展使人们认识到这些原来都是宝贵的旅游资源，会带来很高的经济效益及社会效益，自然会倍加爱护。

（2）开发利用为旅游资源的保护提供了必要的经费

由于旅游业的发展，获得了旅游资源保护所需要的资金，就可以实现更好地保护。过去我们也强调对旅游资源的保护，但是受资金的限制，很多保护措施都未能很好地实施，心有余而力不足。

（3）开发不当会造成旅游资源的破坏

旅游者的到来，或多或少会对旅游资源产生不利影响，在开发利用过程中，这种不利影响也难以完全避免，尤其是对旅游资源的不恰当的开发，如过度开发，超载接待，等等。所以，旅游资源开发利用和保护之间，是既有统一的一面，也有矛盾的一面。旅游规划工作者一个重要的任务，就是要正确处理好两者之间的关系，通过开发利用来有力地促进旅游资源的保护。

0.3.4.2 旅游资源开发利用与保护的原则

（1）防止开发中的破坏性建设

旅游开发中的破坏性建设，指的是那些虽然其出发点是为了发展旅游业，但是由于缺乏知识或考虑不周，而建设了一些不恰当的工程，造成了对旅游资源或其环境的破坏。这种事情是有着大量先例的。比如，在一些风景名山修索道，没能选择一个合适的位置，造成对山形的破坏；在具有自然魅力的海滩，搞一些不伦不类的雕塑；把东方佛教寺庙的庭院，修改成西方式的园林造型；在以静取胜的景区，不适当地建设大型停车场，等等，其结果必然是降低了旅游景区和旅游资源的美感，给旅游资源带来负面影响，甚至影响到旅游资源和当地旅游业的可持续发展。

（2）防止利用中的超负荷接待

无论在任何旅游场所，进行何种旅游活动，只有当每一个旅游者所占据的空间达到一定标准时，才能保证其自由自在地游览，使旅游活动不受干扰，可以充分领略和体会旅游资源的美感和文化底蕴，获得心理满足。但是在旅游业的经营管理中，很多情况下，为了追求高额利润，也有时是因为形势所迫（比如，在"十一"黄金周等节日期间，游客数量大增），使游人数量超过了合理容量，破坏了旅游资源，降低了环境质量，甚至有时还会造成人员伤亡。

（3）文物古迹修复要整旧如故

文物古迹的价值就在于它们是历史的遗存，哪怕已经残缺不全，也是历史留下的真实痕迹，所以文物古迹被称为历史的载体。它们历尽沧桑，难免遭到大自然的风雨吹打、岁月剥蚀，还有人为有意或无意的破坏。为了延长其寿命，有时就要对它们进行必要的修缮。但是有时修缮者并不了解文物古迹的特殊性，往往追求焕然一新的效果，还常常使用一些现代化的建筑材料，这些都会不同程度地改变文物古迹原有的历史风貌，使其遭到破坏。一定要保证文物建筑的历史可读性，即将其看作是历史的见证和信息的载体，不允许任意增删修改。在文物古迹整修过程中，一定要坚持整旧如故原则。

【思考题】

1. 简述旅游活动与地理环境之间的关系。
2. 简述旅游地理学的研究对象、学科性质及研究内容。
3. 中国旅游地理与其他专业课程有何关系？
4. 简述旅游、旅游资源、旅游地理学的概念。

【经验性训练】

1.《中国地图》填图比赛：分组开展填图比赛，熟悉各省（自治区、直辖市）的轮廓、位置及其他特征。

2. 开展课堂讨论，分析"旅游资源分类表"中所体现的国家分类标准是否合理，应该做哪些方面的调整或改进？

【案例分析】

乐水与乐山

孔子热爱山水。子曰："知者乐水，仁者乐山。"

有一次，孔子与几个学生闲坐，孔子让大家随便说说个人的志向。当他问道："点！尔何如？"曾点说："莫春者，春服既成，冠者五六人，童子六七人，浴乎沂，风乎舞雩，咏而归。"夫子喟然叹曰："吾与点也！"

曾点的理想，就是在暮春时节，穿上春装，和几个大人孩子到沂水边去玩耍，在沂水中洗洗澡，在舞雩台上吹吹风，然后踏歌而归。孔子听了，大为感慨，说："我赞同曾点的主张啊！"

案例思考题：

1. 对于"知者乐水，仁者乐山"，你是如何理解的？

2. 试分析"浴乎沂，风乎舞雩，咏而归"口所涉及的旅游资源及其所属类别。

【**本章推荐阅读书目**】

1. 旅游地理学(第 3 版)．保继刚，楚义芳．高等教育出版社，2012.

2. 中国旅游资源概论．肖星．清华大学出版社，2006.

3. 走遍中国．陈德本．测绘出版社，1996.

第1章　地文景观

【本章概要】

本章讲授地文景观的概念及分类，我国各种地文景观的特点、形成和分布规律，以及对它们开发利用的现状和前景。

【学习目标】

掌握各种地貌的概念、分类、分布及形成、特征；形成对同类、异类地貌资源的分析、对比、识别、判断能力，进而形成或提高对该类景观即景导游的能力。

【关键性术语】

地文景观、花岗岩景观、岩溶景观、熔岩景观、海岸景观、流纹岩景观、丹霞景观。

【章首案例】

茅盾笔下的黄土高原

茅盾的《风景谈》，是一篇文情并茂的散文，文章以极其优美、富于感情的文笔，勾画了六幅"风景"画面。其中一幅，便是关于黄土高原。原文如下：

于是我又回忆起另一个画面，这就在所谓"黄土高原"！那边的山多数是秃顶的，然而层层的梯田，将秃顶装扮成稀稀落落有些黄毛的癞头，特别是那些高秆植物颀长而整齐，等待检阅的队伍似的，在晚风中摇曳，别有一种惹人怜爱的姿态。可是更妙的是三五月明之夜，天是那样的蓝，几乎透明似的，月亮离山顶，似乎不过几尺，远看山顶的谷子丛密挺立，宛如人头上的怒发，这时候忽然从山脊上长出两支牛角来，随即牛的全身也出现，搞着犁的人形也出现，并不多，只有三两个，也许还跟着个小孩，他们姗姗而下，在蓝的天，黑的山，银色的月光的背景上，成就了一幅剪影，如果给田园诗人见了，必将赞叹为绝妙的题材。可是没有完。这几位晚归的种地人，还把他们那粗朴的短歌，用愉快的旋律，从山顶上飘下来，直到他们没入了山坳，依旧只有蓝天明月黑的山，歌声可是缭绕不散。

另一个时间。另一个场面。夕阳在山，干坼的黄土正吐出它在一天内所吸收的热，河水汤汤急流，似乎能把浅浅河底中的鹅卵石都冲走了似的。这时候，沿河的山坳里有一队人，从"生产"归来，兴奋日谈话中，至少有七八种不同的方音。忽然间，他们又用同一的音调，唱起雄壮的歌曲来了，他们的爽朗的笑声，落到水上，使得河水也似在笑。看他们的手，这是惯拿调色板的，那是昨天还拉着提琴的弓子伴奏着《生产曲》的，这是经常不离木刻刀的，写又是洋洋洒洒下笔如有神的，但现在，一律都被锄锹的木柄磨起了老茧了。他们在一坡下，被另一群所迎住。这里正燃起熊熊的野火，多少曾调朱弄粉的手儿，已经将金黄的小米饭，翠绿的油菜，准备齐全。这时候，太阳已经下山，却将它的余辉幻成满天的彩霞，河水喧哗得更响了，跌在石上的便喷出了雪白的泡沫，人们把沾着黄土的脚伸在水里，壬它冲刷，或者掬起水来，洗一把脸。在背山面水这样一个所在，青葱的自然和弥满着生命力的人，就织成了美妙的图画。

在这里，蓝天明月，秃顶的山，单调的黄土，浅濑的水，似乎都是最恰当不过的背景，无可更换。自然是伟大的，人类是伟大的，然而充满了崇高精神的人类的活动，乃是伟大中之尤其伟大者！

案例思考题：

1. 你知道黄土高原的成因吗？通过上文，试总结黄土高原的美感特征。
2. 从本文中领会地文景观与人文景观的内涵与相互关系。
3. 以茅盾的《风景谈》为例，说说你对"风景"的认识。

地文景观是指由地质、地貌等自然地理要素组成的各类景观，包括山岳、岩溶、风沙、海岸等景观类型以及地质遗迹。其中各种地貌景观是其主体。地貌是地球的内营力和外营力作用于地表物质的结果，是地壳上各种地表形态的外貌体现，也称为地形。地貌景观是具有观赏价值和对游客有一定吸引力的地表形态的总称。地球表面71%的面积被海洋覆盖，只有29%的面积是陆地。因此地球表面的地貌分为海洋地貌和陆地地貌两大类。目前人类开发利用的地貌景观基本上是陆地地貌。

内营力是来源于地球内部的能量作用，主要指地壳运动、岩浆活动、火山作用和地震等。如地壳升降运动形成地壳坳陷和隆起，引起海侵海退；水平运动往往使陆地上升褶皱成为山地，山间相对凹陷形成盆地，火山作用形成各种火山地形。总体来说，内营力作用的总趋势是加强地表的高低起伏，形成地壳表面的基本形态。

外营力是来源于地球外部的能量作用，主要包括风化作用、流水、地下水、冰川、风力、海洋和湖沼等的侵蚀作用和堆积作用。所有外营力作用的过程就是把地壳表面坚硬的岩石层破坏、分解，并运到另一个较低洼的地方堆积起来。外营力的各种地质作用对地壳的改造总趋势是削高填低，使地壳的高低起伏和缓。由此可见，内营力和外营力是相互矛盾的，而同时它们又是相互影响、相互联系、不可分割的。

正是由于内、外营力的地质作用，构成了千姿百态的地貌，以各种地貌为主构成的各种景观，就形成了地文景观。

1.1　我国地文景观资源概况

地势的高低起伏及其基本地貌形态，构成了大范围自然景观的基本轮廓，在一定程度上决定了区域内整体景观特点、意境和气势。因此，地文景观被称为是风景的骨骼。在各种地貌中，山地的旅游价值尤显突出。在我国，至今还有人把旅游与游山玩水等同起来。地貌又影响到区域内的气候，动植物的生长，甚至对人的成长都会产生一定影响。俗话说，"一方水土养一方人"，说的就是这个道理。我国地文景观开发历史悠久，形成了很多久负盛名的地文风景名胜区，如五岳名山、云南石林等，历来是各区域旅游资源之重点。

各种地文景观都有其独特的形态和魅力。在我国，由于地质历史复杂，地貌千差万别，很多种地貌类型与世界其他各国相比，不仅分布广泛，而且发育十分典型。比如岩溶地貌、风沙地貌、黄土地貌、峡谷地貌（河流侵蚀地貌）、花岗岩地貌、熔岩地貌等，所以我国地文景观可以说是精品倍出，许多项资源被列入世界遗产名录，居世界重要地位。

1.1.1　我国地貌特点

我国是一个多山的国家，山地、高原占绝对优势，同时也有许多山间盆地、低山丘陵和广阔的平原。

1.1.1.1　地势西高东低，呈阶梯状分布

我国地势西部最高，向东逐渐下降，大致形成三级阶梯，成为我国地貌总轮廓的显著特征。

第一级阶梯是素有"世界屋脊"之称的青藏高原，海拔多在4000m以上。高原周围耸立着一系列高大的山脉，南侧是世界最高的喜马拉雅山，海拔平均在6000m以上，超过8000m的高峰有7座，包括世界最高的珠穆朗玛峰；北侧分布有昆仑山、阿尔金山和祁连山；东边排列有岷山和横断山等。这里地势高峻，有些地方终年积雪不化。高原内部分布着一系列东西走向或北西－南东走向的山脉，海拔均在5000m以上，主要有可可西里山、巴颜喀拉山、唐古拉山、冈底斯山、念青唐古拉山等。在这些山脉之间，分布着地表起伏平缓、面积广阔的高原和盆地，并有星罗棋布的湖泊，长江、黄河、雅鲁藏布江、怒江、澜沧江等河流均发源于这一级阶梯或阶梯倾斜面上。

第二级阶梯地面海拔一般在1000～2000m，从青藏高原往北、往东，地势显著降低，至大兴安岭—太行山—巫山—雪峰山一线，为高原、盆地分布区。与青藏高原西北部毗邻的是我国最大的盆地——塔里木盆地，海拔1000m左右；再往北是准噶尔盆地，海拔多在500m左右；两大盆地之间耸立着东西走向的天山山脉，海拔4000～5000m，部分山峰高逾6000m，山地内部还分布有许多断陷盆地。高原东北侧与祁连山北麓相接的是河西走廊和阿拉善高原，海拔在1000～1500m。这些盆地和高原由于深居内陆，干燥少雨，盆地中戈壁、沙漠广布；河渠沿线，绿洲农业断续分布；高山

之颠，冰雪晶莹。青藏高原东缘以东的第二级地形阶梯上，自北而南分布着内蒙古高原、鄂尔多斯高原、黄土高原和云贵高原，海拔在 1000~2000m。由于地表组成物质和内、外营力的不同，使地表形态差异极为显著。有的地势起伏和缓，牧草丛生；有的荒漠广布，沙丘累累；有的沟壑纵横，梁峁遍布；有的坝子众多，喀斯特地貌广泛分布。高原上山地较多，如阴山、六盘山、吕梁山、秦岭、大巴山、大娄山、武陵山、苗岭等，海拔大多在 1500~2500m，少数高峰达 3000m 以上。四川盆地海拔较低，大部分在 500m 以下。

第三级阶梯海拔大多在 500m 以下，大兴安岭—太行山—巫山—雪峰山一线以东，主要是丘陵和平原分布区，自北而南分布着东北平原、华北平原和长江中下游平原，海拔多在 200m 以下。这里地势低平，沃野千里，是我国最重要的工农业基地，人口、城镇、村落密集，工业基础雄厚，交通方便。长江以南为低山丘陵区，广大地区海拔均低于 500m，地面起伏不平，平坦的河谷平原、盆地与低缓的丘陵、低山交错分布。在这些平原、低山丘陵以东，还有一列北北东走向的山脉——长白山、千山、鲁中山地，以及浙闽沿海的仙霞岭、武夷山、戴云山等，海拔多在 500~1500m，虽然绝对高度不大，但从低海拔的平原和谷地仰望山峦，也颇为巍峨。

西高东低，呈阶梯状下降的地势，是我国地貌总轮廓最为突出的特点，其对河流的影响最显著。我国著名的江河，大都发源于第一、第二级地形阶梯上，自西向东流注，沟通了东西之间的交通，加强了沿海与内陆的联系。在地势呈阶梯状急剧下降的地段，河流下泻，坡大流急，峡谷栉比，水力资源丰富，适于大型水利枢纽工程的梯级开发。另外，我国东西这种巨大的高差，造成我国东西不同区域之间自然环境的巨大差异，也必然造成巨大的人文环境差异。另外，巨大的高差、尤其是相邻地区之间高差的悬殊性，使我国多奇景和险景。

1.1.1.2　地貌类型复杂多样，以山地为主

地貌是地球内营力和外营力共同作用的结果，各种地貌类型都以其独特的形态和魅力，构成一种风景资源，都有重要的旅游价值。我国地域辽阔，地质构造、地表组成物质及气候水文条件都很复杂，按地貌形态区分，可分为山地、高原、丘陵、盆地、平原五大基本类型。以山地和高原的面积最广，分别占我国领土面积的 33% 和 26%；其次是盆地，占 19%；丘陵和平原占的比例都较少，分别为 10% 和 12%。在纵横交错形成我国网格状格局骨架的山地中，有四大高原、四大盆地、三大平原镶嵌于此。

1.1.2　我国基本地貌类型

通常把海拔超过 500m，坡度较陡的地形称为山地。山地是五大基本地貌中最富有多样性造型的自然景观资源，雄、奇、险、秀、幽及其组合变化，是山地景观地貌的主要审美特征。

通常把海拔超过 500m（在我国通常超过 1000m），面积较大、地面起伏平坦的地区称为高原。高原以其高亢、辽远的空间美感，以及特殊的高原气候、自然环境和民

俗特征，给人带来特殊的体验和神秘感，由此具有观光、休养、考察、探险等多种旅游价值。

盆地是一种复合性地貌类型。四周高中间低，相对高差一般在500m以上。盆地往往是众水汇集之地，多具有与冲积平原相类似的旅游价值。

平原一般是指海拔高度在200m以下，内部相对高差在50m以下的地形区。平原给人以平阔畅达的美感，一些河流冲积平原又往往是人类从远古以来的主要栖息地，不仅其自然风光美丽，而且人文景观荟萃，城乡繁荣发展，因此多具较好的旅游价值，适于开发田园风光类型的景区或景点。

通常把海拔高度低于500m，相对高度小于200m，坡度较缓的地形称为丘陵。丘陵起伏比山地和缓，但两者难以截然分开。因此丘陵部分地具有山地的旅游价值，同时又可能具有更丰富的人文景观。丘陵也容易被开发成果园和茶园，发展观光农业条件最好。

除以上5种基本地貌类型外，由于地势垂直起伏大，海陆位置差异明显，外营力引起的地区差别及地表组成物质不同等，还形成冰川、风沙、黄土、喀斯特、火山、海岸等多种特殊地貌。多种多样的地貌旅游资源为旅游业的发展提供了非常有利的条件。

1.1.2.1 我国山地概况

狭义的地文景观仅指山地，具有较高的旅游价值。我国是一个多山的国家，纵横交错的山脉构成了我国地貌的基本骨架，我国山地不但类型齐全，而且分布广泛，对不同纬度带的气候和生物都产生深刻的影响。山体岩性不同，受外力作用不一，纬度位置、海拔高度各异，使得我国山地旅游资源种类繁多，形成"西高东低，北雄南秀"的特点。

我国山脉虽然纵横交错，分布范围广泛，但其分布具有一定的规律性，不仅是构成宏观地貌分布格局的骨架，而且也是重要的地理分界线。

根据山脉走向划分，我国山脉可以分为4种类型。

（1）东西走向的山脉

主要有三列：最北的一列是天山和阴山。天山横亘于新疆中部，长1500km，南北宽约250~300km。中间的一列，西部为昆仑山，中部为秦岭，东延到淮阳山。最南的一列是南岭。

这三列东西走向的山脉，距离大致相等，相距各约8个纬度，具有明显的等距性。西部的昆仑山、天山，海拔高度多在4000m以上，成为青藏高原、塔里木盆地、准噶尔盆地之间的天然分界。东部的阴山、秦岭海拔1000~2000m。南岭仅1000m左右。这也反映了西高东低的总趋势。由于我国东部总的地势较低，这些山脉仍显得高峻挺拔，都是我国地理上的重要界线。如阴山构成了内蒙古高原的边缘，秦岭是黄河与长江、淮河之间的分水岭，更是区分我国南方与北方的重要自然地理界线。南岭虽然山体较为破碎零乱，海拔高度较低，但它不仅是长江与珠江的分水岭，而且也是华中区与华南区的分界，同样具有自然地理上的重要意义。

（2）北东走向的山脉

主要分布在东部，自西向东分为西列、东列与外列。西列包括大兴安岭、太行山、巫山、雪峰山等。东列北起长白山，经千山、鲁中低山丘陵到武夷山。外列为分布在台湾岛上的台湾山脉。

（3）北西走向的山脉

主要分布在我国的西半壁，有阿尔泰山、祁连山、喀喇昆仑山、可可西里山、唐古拉山、冈底斯山、念青唐古拉山等。青藏高原南侧的喜马拉雅山，在西段也为北西走向，向东逐渐转为东西走向，表现为向南突出的弧形山脉。这些山脉大都山势高峻，气候严寒，普遍有现代冰川发育。

（4）南北走向的山脉

位于我国的中部地区，自北而南主要有贺兰山、六盘山以及著名的横断山脉等。横断山脉由一系列平行的高山和深谷所组成，山脉之间的深谷流淌着大渡河、雅砻江、金沙江、澜沧江、怒江等大河，河谷深切，形成高差显著的平行岭谷地貌。

上述众多的山脉，纵横交织，把中国大地分隔成许多网格，镶嵌于这些网格中的分别是高原、盆地、平原和丘陵，从而构成我国地貌网咯状分布的格局。

《答谢中书书》

作者：陶弘景（南北朝）

原文：

山川之美，古来共谈。高峰入云，清流见底。两岸石壁，五色交辉。青林翠竹，四时俱备。晓雾将歇，猿鸟乱鸣；夕日欲颓，沉鳞竞跃，实是欲界之仙都，自康乐以来，未复有能与其奇者。

创作背景：

《答谢中书书》是陶弘景写给朋友谢中书的一封书信。这篇山水小品，仅用了68个字，就概括了古今，包罗了四时，兼顾了晨昏，山川草木，飞禽走兽，抒情议论，各类皆备，可谓尺幅能容千里，片言可役百意。

作者介绍：

陶弘景（456—536），字通明，号华阳居士，丹阳秣陵（现江苏南京）人。生于江东名门。南朝梁时道教茅山派代表人物之一，著名的医药家、炼丹家、文学家，人称"山中宰相"。作品有《本草经集注》《集金丹黄白方》《二牛图》等。

注释：

谢中书：即谢徵，字元度，陈郡阳夏（河南太康）人。曾任中书鸿胪（掌朝廷机密文书），所以称之为谢中书。

康乐：指南朝著名山水诗人谢灵运，他继承其祖父的爵位，被封为康乐公。是南朝文学家。

按海拔高度划分，可将山地划分为5种。

我国规定，超过 5000m 为极高山，海拔 3500～5000m 为高山，海拔 1000～3500m 为中山，500～1000m 为低山。一般中等以下山岳、丘陵，兼有雄、秀、险、奇的景观特点，宜重点开发游览、观赏、避暑等旅游项目。高山和极高山是登山探险旅游的重要场所。

按地质成因划分，山地又可划分为以下几种。

褶皱山 指岩层在地壳动力作用下受力挤压发生褶曲而形成的山脉，喜马拉雅山就是典型的褶皱山。

断块山 指地壳运动造成岩层断裂错位所形成的山体，华山、泰山、庐山、黄山等风景名山都是典型的断块山。

褶皱—断块山 指由褶皱和断层共同形成的山地，如天山。

火山 火山喷发形成的山体，多呈锥体。如长白山的白头山、台湾阳明山。

按旅游功能划分，可将山地分为以下几种。

观景游览型 以中山及以下高度的风景名山为主，南方以黄山、武陵源、武夷山、雁荡山、普陀山等为代表，北方以泰山、华山、千山等为代表。少数高山、极高山也被开发为此类旅游山地，如云南玉龙雪山、台湾山脉等。

度假休养型 主要作为休养、疗养、度假，特别是消夏避暑的山地，如浙江莫干山、江西庐山、河南鸡公山等均是我国著名的避暑山地。森林植被与生态环境较好，地势比较开敞，以低山丘陵为主的山地比较适宜开发为此类功能的旅游山地，我国这类山地普遍开发的潜力较大。

特殊活动型 主要用于登山、探险、科考的山地。以一些极高山、高山为代表，同时还包括一些山地自然保护区。我国这类山地旅游资源也是首屈一指的。

1.1.2.2 我国的高原

我国高原面积分布很广，著名的四大高原是青藏高原、黄土高原、内蒙古高原、云贵高原。

（1）青藏高原

青藏高原位于我国西南部，包括青海和西藏的全部，故名青藏高原。高原还延伸到四川省西部和云南省西北部。主要特点是：地势高，世界屋脊，平均海拔在 4000m 以上；雪山冰川广泛分布；冬寒夏凉，昼夜温差大；太阳辐射强，日照长，拉萨是全国有名的日光城；地热资源丰富，有许多温泉和沸泉；高原上还有许多湖泊，较大的有青海湖和纳木错；高原的冰雪融水成为许多大河的源头，比如长江、黄河、雅鲁藏布江、南亚的印度河等。这些独特的条件，蕴含着大量特殊的旅游资源。雅鲁藏布江大峡谷的发现，藏族地区独特的宗教与民情，都使青藏高原成为旅游者心中的向往之地。随着青藏铁路的开通，青藏高原的旅游业越来越兴旺。

（2）黄土高原

黄土高原位于我国中原地区，祁连山以东，太行山以西，长城以南，秦岭以北。包括山西省的全部，陕西省、甘肃省、宁夏回族自治区三省（区）的一部分。这里是全世界黄土分布最广、最深厚的地方。主要特点是：地表破碎，沟壑纵横；植被稀少，水土流失严重。尽管从自然生态的角度，黄土高原被破坏的比较严重，但是那粗犷的高原面，古朴的窑洞民居，悠久深厚的民族文化，热情豪放的民风，均使黄土高原成为中华民族寻根问祖、追求民族古老文化、体验中原古朴民风的旅游胜地。

（3）内蒙古高原

内蒙古高原位于我国的北部，它是蒙古高原的南部边缘。东起大兴安岭，西南到祁连山。包括内蒙古自治区的大部分，甘肃省、宁夏回族自治区、河北省三省（区）的一部分。主要特征是：辽阔坦荡；东部为温带草原，西部荒漠、沙漠、戈壁广布。内蒙古高原天苍苍、野茫茫的草原风光，粗犷豪放的蒙古民族风情，成为其主要的旅游吸引因素。

（4）云贵高原

云贵高原位于我国西南部，包括云南省的东部和贵州省的大部分。主要特征是：地面崎岖不平，多山间小盆地；多深切峡谷，如云南虎跳峡等；石灰岩广泛分布，多典型的岩溶地貌。这些形态各异的岩溶地貌，加之高原上多彩多姿的少数民族风情，使云贵高原具有很多旅游胜地。

1.1.2.3 我国的盆地

我国有四大盆地，由于所处海陆位置和地形条件的不同，它们的特征存在着巨大的差异。

（1）塔里木盆地

塔里木盆地位于新疆南部，天山和昆仑山之间。这是我国面积最大的盆地。主要特征是：内部沙漠广布，有我国最大的沙漠——塔克拉玛干大沙漠，面积有 30 多万 km^2；周边山前地区多绿洲，是重要的农耕区。塔克拉玛干大沙漠曾经被称为死亡之海，不可逾越，但是近年来有越来越多的人来征服它。这种向大自然挑战、带有探险性质的旅游活动，越来越频繁。大漠风光和绿洲田园，也越来越成为人们返璞归真的一种向往。

（2）准噶尔盆地

准噶尔盆地位于新疆北部，天山和阿尔泰山之间。这是我国面积第二大的盆地。主要特征是：有较大面积的沙漠，多为半流动的性质；典型的风蚀地貌广布。北疆的乌尔和，因其典型的雅丹地貌，成为远近闻名的"魔鬼城"。

（3）柴达木盆地

柴达木盆地位于青藏高原北部，青海省境内，是我国海拔最高的盆地。历史上这里曾经是个大咸水湖，后来随着地势的抬升，高原变得越来越干旱，大咸水湖就变成了大干盐湖。柴达木盆地蕴涵有大量的煤炭、石油、钾盐和铅锌矿等矿产，有"聚宝盆"的美称。它还有大量的盐类，因此又被称为"万丈盐桥"。

（4）四川盆地

四川盆地位于四川省东部和重庆市的西部。这里是我国最大的外流盆地，也是我国最富饶的盆地。主要特征是：物产富饶；长江干流穿过，支流众多，水资源丰富；名山秀水，兼具大量的人文旅游资源。因此，四川盆地是我国旅游业最发达的盆地。

1.1.2.4 我国的平原

我国有三大平原，分别是东北平原、华北平原、长江中下游平原。它们都位于我国地势的第三阶梯。由于面积广大，开发历史悠久，城乡经济繁荣，是我国自然景观和人文景观最丰富的地区。

（1）东北平原

东北平原在我国东北部，跨辽宁、吉林、黑龙江三省，是我国最大的平原，由三江平原、松嫩平原和辽河平原组成；地处温带地区，冬季积雪覆盖，有"千里冰封，万里雪飘"的北国风光；广泛分布有肥沃的黑土，是我国春小麦、高粱、玉米和大豆的主要产区。

（2）华北平原

华北平原位于我国华北地区，北邻燕山，南到淮河，西侧是太行山，东邻黄、渤二海。包括冀、鲁、豫三省大部和京津平原地区，苏、皖两省一小部分，是我国第二大平原，由黄河、海河和淮河冲积而成；是我国最重要的棉麦产区。

（3）长江中下游平原

长江中下游平原位于巫山以东，分布于长江干支流两岸地区。包括鄂、湘、赣、皖、苏、浙的一部分和上海市的全部。位于亚热带湿润地区，山水秀丽；湖泊众多，河网密布，有"水乡泽国"之称；盛产水稻和淡水鱼类，是我国的鱼米之乡。

1.1.2.5 我国的丘陵

在我国东部阶梯上，还分布着我国的三大丘陵，它们是东南丘陵、山东丘陵和辽东丘陵。丘陵中海拔较高、植被覆盖良好、人文景观丰富的一些山地，往往成为名山。所以三大丘陵是我国名山最集中的地方。像东南丘陵中的黄山、庐山、九华山、雁荡山、武夷山、衡山、张家界等；山东丘陵中的泰山、崂山等；辽东丘陵中的千山等。

1.1.3 显著的地区差异及形成因素

我国西高东低、呈阶梯状分布的地势，对我国旅游业发展的空间格局具有深刻影响，使我国地区间旅游资源的特点和旅游业发展水平有较大的差异。东部地区地势相对低平，自古以来经济发达，人口稠密，交通方便，发展旅游业条件优越。西部地区海拔高，经济发展水平较低，交通不便，限制了旅游业的发展。但西部地区独特的自然风貌及其别具一格的少数民族风情，对旅游者具有极大的吸引力。同时，西高东低的地势又使我国许多大河滚滚东流，沟通了我国东西部的交通。河流流经阶梯转折处时，往往塑造出宏伟险峻的峡谷或瀑布等有较高观赏价值的自然景观。

我国现代地文景观所反映的基本特征和地貌类型及分布格局，是在内外营力综合作用下长期发展演化的结果。影响我国地貌发育的内外力因素，主要有地质构造因素、气候因素、地表组成物质因素、人类活动因素等。

1.1.3.1　地质构造的影响

我国地貌的宏观分布与排列方向均与地质构造运动密不可分。

中国地处欧亚板块东南部，为印度洋板块、太平洋板块所夹持。自早第三纪以来，各个板块相互碰撞，对中国现代地貌格局的形成和演变产生重要影响。自始新世以来，印度洋板块向北俯冲，产生强大的幸北向挤压力，致使青藏高原快速隆起，形成喜马拉雅山地，这次构造运动称为喜马拉雅运动。与此同时中国东部与大平洋板块之间则发生张裂，海盆下沉，使中国大陆东部边缘开始进入边缘海—岛屿发展阶段。

我国西部地区受南北向挤压力的作用，形成东西向的褶皱断块山脉。

1.1.3.2　气候因素的影响

在地貌形成发育过程中，外营力也占重要地位，尤以气候的作用最为明显。不仅表现出现代气候对地貌的深刻影响，也遗留有古代气候条件下的地貌痕迹。降水与气温的变化，影响着风化、搬运和堆积作用的过程与强度。

我国东部广大地区临近海洋，降水丰沛，河流众多，径流丰富，流水的侵蚀与堆积作用占绝对优势，广泛发育了各类流水地貌，如沟谷、河流阶地、冲积平原、河口三角洲等。由于东部地区温度状况和地形差异，以流水作用为主的外营力的活动方式和强度也存在变化。山地、高原和丘陵地区，以坡面冲刷和沟谷下切的侵蚀作用为主；地势低平的平原、盆地、洼地，主要进行着堆积作用。

另外，东部沿海海岸地带，在海洋气候及海水的作用下，形成了侵蚀海岸与堆积海岸等海岸地貌。西北内陆干旱地区，降水量小，蒸发量大，气温日变化和年变化剧烈，风力强劲，干燥剥蚀作用和风力作用成为影响重要形成的外营力，形成雅丹、沙丘、戈壁等风蚀、风积地貌。

1.1.3.3　地表组成物质的影响

我国地表的组成物质千差万别，分布错综复杂。由于地表组成物质的不同，抗风化、侵蚀的强度不一，在一定的外营力作用条件下，可以发育成形态各异的地貌。

我国山地众多，由于岩石性质不同，构成不同的景观特征。在岩浆岩地貌中，既有侵入岩，也有喷出岩。地表出露的侵入岩以花岗岩分布面积最广，山地中多有分布。花岗岩坚硬致密，抗蚀力强，经断块抬升，往往形成高峻山地，如秦岭的太白山、湖南的衡山、山东的崂山、浙江的天目山、广东的罗浮山均为花岗岩山峰。奇峰峻峭的黄山和华山，因系花岗岩株构造，山峰更显挺拔。喷出岩以基性的玄武岩分布最广。多为第四纪火山频繁活动喷发形成的玄武岩熔岩流，以东北、华北和东南沿海一带分布最广。大面积玄武岩熔岩流常构成阶梯状的熔岩台地，如长白山地、张北高原、海南岛北部等。此外还分布有火山锥、火口湖、熔岩垄岗等多种火山地貌。

各类沉积岩分布广泛，占我国陆地面积的 3/4，常形成一些特殊的地貌形态。坚硬而层厚的砾岩、砂砾岩，因流水沿裂缝和节理侵蚀，形成许多峭壁悬崖、石峰林立的丹霞地形；而岩性比较松软的砂页岩，因流水侵蚀而形成比较低缓的红色丘陵，构成了江南独具一格的红层地貌。在云贵高原、广西一带，古生代碳酸盐岩深厚，形成了峰林、溶洞、地下河等喀斯特地貌类型。广泛分布于我国北方的第四纪黄土，构成了独特的黄土地貌区。

1.1.3.4 人类活动的影响

人类与自然环境关系密切。在长期的生产实践过程中，人类不断地加深对自然界的认识和影响，同时也使地表形态发生着重大的变化。我国是世界上历史悠久、人口众多、文化发达的文明古国，在长期的生产活动中，在利用自然、改造自然的斗争中，对地貌的影响较为深刻。我国国土面积中除了约占 19% 的荒漠、戈壁、永久积雪和冰川等人迹罕至的地方外，其余地表形态无不打上人类活动影响的烙印。

人类兴建的一些工程设施对地表形态有明显的改变作用。随着科学技术的发展，人类活动对自然环境的影响越来越深刻，对地貌的影响也越来越明显。不合理地利用自然，可导致自然界生态平衡的破坏，造成灾害性地质地貌过程的发生和发展。最突出的例子就是黄土高原植被的严重破坏，引起了水土的大量流失，使黄河下游河床淤塞填高，频繁发生河流决口、改道，酿成水患。我国南方地区水土流失也很严重。气候湿热，风化物深厚，当地表植被破坏后，侵蚀速度和范围迅速增大。

在我国干旱与半干旱地区，长期以来，由于人口数量的增加，滥垦、滥牧、滥伐现象加剧，沙区的天然植被遭到破坏，使风沙危害越来越严重。许多无沙地区被风沙吞没，固定沙丘变为流动沙丘。据史料记载，陕北榆林、靖边一带的毛乌素沙地，至少在唐代以前还是水草丰美的地方，经过明、清两代不适当的耕垦，草原被破坏，流沙南侵，使长城以外数十千米的地带流沙广布。近些年来，我国沙漠化过程又有所加剧。我国对于治沙工作极为重视，一些地区的沙漠治理也取得了一定成效。如包兰铁路线上的沙坡头，吐鲁番盆地中的五星乡等地，采用工程措施与生物措施，又使原来的流动沙丘变为固定或半固定沙丘。

1.1.4 我国地文景观主要类型及开发前景

按照地文景观形成的不同的地质条件，我们可以把地文景观资源分成不同的类型。每一种景观类型都有其独特的形态和魅力。地文景观不同，适宜开展的旅游项目也不同。有的适宜观光游览，有的适宜度假疗养，有的适宜攀登探险……因此我们应该充分了解各种地文景观特点及分布规律，在旅游规划与开发等实践中，做到既突出特色，又因地制宜。

1.1.4.1 我国地文景观主要类型

我国地文景观分类以自然景观为基础，以其成因为主要依据，即以我国地文景观的宏观形态及岩性特征为基础，综合考虑景观美学与人文特征。根据这一原则，我国地文景观可分为花岗岩景观、岩溶景观、丹霞景观、峰岩景观和海岸景观等不同的景观类型。

1.1.4.2 我国地文景观开发前景

我国地文景观内容丰富多彩，类型多样，构成多姿多彩的风景资源。从低于海平面155m的吐鲁番盆地的艾丁湖底，到海拔3844.43m的世界第一高峰——珠穆朗玛峰，绝对高差达9000m以上，这在世界上是独一无二的。地文景观千姿百态，或幽深秀丽，或雄伟险峻，或辽阔宏远，为开展多种形式、类型的旅游活动奠定了基本的自然环境基础，具有极大的开发潜力和想象空间以及持久的吸引力，这是我国地文景观开发的最大优势。

（1）地文景观具有形态美，可以开展观赏性旅游活动

我国地文景观种类繁多。按资源形态可分为山岳、平原、高原、丘陵和盆地；按岩石性质可分为花岗岩、丹霞、流纹岩、岩溶等景观。无论哪种类型的地文景观，都表现出千姿百态的形美态，具有很高的美学价值。其突出的美学观赏性，使游人获得多种形态美的感受。

（2）地文景观具有文化性，可以开展科考性旅游活动

各种地貌形态的形成、发生和发展，都有一定的规律性，有的已被人们所认识，有的至今尚未被认识，有待于人们去探索。

地球表面的基本形态及其成因，各种地貌的基本类型、形成及特征，都是游人渴望知道的科学知识。人们在观光游览的过程中，可以结合实际认识有关地貌现象，学习有关科学知识，满足人们求知的需要。如游览云南石林和桂林山水，不仅可以享受喀斯特地貌所形成的奇观之美，还可以从中学习到这些特殊地貌形成的科学原理。

尽管我国已经开发出大量地文景观精品，有的成为久负盛名的风景名胜，但仍有大量的资源处于未开发状态，还是"养在深闺人未识"，或是"养在深闺人初识"。如雅鲁藏布江大峡谷，人们刚刚揭开它神秘的面纱；一些美丽的雪岭冰峰，刚刚踩上几行勇敢者的足迹。东南丘陵中的一些秀美山峦，还只是樵夫砍柴唱山歌的地方。而那些人迹罕至之处，蕴藏多少令人讶异的美景，都有待人们进一步去探索。这些问题必然引起有关专业人员和爱好者的兴趣。因此，有必要开展科学考察探险、科学研究等旅游活动。

但是秘境探险需要一些基本的野外生存能力，也需要有一些必要的特殊装备，准备不足的盲目探险，存在巨大的危险性，游人要充分认识到这一点，否则不仅会造成自身的人身伤害，还会因搜救工作造成人力物力的巨大付出。

探险不是冒险

上海《新民晚报》曾发表过这样一篇文章，题目是《上海驴友云南苍山遇难 旅游界呼吁"探险不是冒险"》。该文为盲目探险敲响了警钟，全文如下。

2010年7月13日，上海探险某青年驴友在云南苍山遇险报警。大理州政府各部门、民间力量投入3000多人次，全力展开搜救。24日中午12时许，救援人员在海拔3650m处，找到了探险者的旅行包和雨伞。7月25日上午10时，救援人员在海拔3501m的苍山玉局峰与马龙峰之间发现了探险者的遇难遗体。

又一起探险游悲剧！7月26日，云南苍山救援指挥部证实，上海驴友的遗体在苍山被发现。这不仅给每一位关爱他的人留下无尽悲痛，也让人们从一起又一起的探险悲剧中反思，探险不是冒险，请慎重、慎重再慎重。

● 时隔一年又重演

去年(2009年，编者注)8月15日，3名上海"驴友"在浙江丽水景宁野外探险时遇难。当时，上海市旅游局召集法律专家、旅游专家和探险人士对"驴友"频频遇险作了法律、管理层面上的剖析，目的就是要让悲剧不再重演，无序的"驴友探险"要纳入监管之列。然而，一年尚未过去，不幸再度重演。

据上海市旅游局法规处不完全统计，自2006年至今(2010年7月，编者注)，因"驴友"探险活动发生的伤亡报告已达数十起，死亡人数44人，受伤12人，且伤亡报告呈逐年递增趋势。

● "驴友探险"非旅游

"驴友探险"在白领中有着很旺的人气，被视作"时尚"。目前，不少户外俱乐部、网站都在组织这一类活动，甚至走向无人区和待开发区域。沪上部分旅游专家不认同这种"驴友探险"是一种旅游行为，认为"驴友探险"够不上专业水准，没有纳入相应的户外运动监管范围。

● 别只顾追求"刺激"

"探险专业程度高、装备要求高，对参与者的户外生存能力也有着很高的要求。"一名资深"驴友"透露，他发现近两年来"驴友探险"队伍里有许多"菜鸟"级的"新驴"，而且以年轻女性居多，多数没有户外生存经验和能力，只是为了追求"好玩"和"刺激"。据有关人士调查，大量无经验的"新驴"充斥"驴友团"，让探险变成了盲目的冒险。

（3）地文景观具有空间性，可以开展康乐性旅游活动

很多特殊的地文景观，便于开展一些专项旅游活动，尤其是一些康乐性活动。如高山可以开展登山活动，陡崖可以开展攀岩活动，广阔优质的海滨沙滩和良好海湾，可以开展沙滩体育运动和水上娱乐活动，风景优美的名山可以开展观光旅游和休闲度假，许多溶洞都可以开展科考旅游，等等。

总之，我国地文景观资源的开发前景是十分广阔的，随着旅游业的不断深入发展，将不断有精品推出。

1.2　花岗岩景观

1.2.1　花岗岩景观形成及特点

花岗岩是地表最常见的酸性侵入岩，花岗岩地貌景观的突出特点是主峰突出，群峰簇拥，峭拔危立，雄伟险峻。花岗岩岩石裸露，沿节理、断裂有强烈的风化、剥蚀和流水切割，"球状风化"明显，形成多种多样的旅游景观，多奇峰、深壑、怪石。

花岗岩高山一般是断块隆起或岩株构造形成，花岗岩岩体造型丰富，质坚形朴，节理发育，经抬升作用可形成高大挺拔的山体，使主峰十分明显，主峰高大挺拔，周围群峰簇拥，各种奇妙的石蛋和象形石峰共同构成花岗岩地貌的最直观印象，即雄伟险峻。我国自古就有"泰山天下雄""华山天下险"之说。

（1）象形石峰

花岗岩因为十分坚硬，在漫长的地质年代中，岩石表面球状风化，球状岩块分布普遍，形态浑圆多姿，景观形象生动，可形成"石蛋"（最典型的为"风动石"），或其他各种惟妙惟肖的象形石峰。花岗岩球状风化形成的石蛋，呈近于球状，但形态各异，分布于山巅溪涧，给人以宽阔的想象空间，成了旅游区的重要景观和神话、传说的源泉。如黄山顶部的猴子观海、华山西峰顶的劈山救母石、福建平潭岛南寨石景区的骆驼石、神龟石、鸳鸯石和海南岛的鹿回头等。

（2）石柱、孤峰及峰林

花岗岩出露地表并处于强烈上升时，流水沿垂直节理裂隙下切，形成石柱或孤峰，如黄山的梦笔生花。石柱、孤峰丛集成为峰林，显得极为雄伟壮观。如黄山切割深达 500~1000m，形成高度在 1000m 以上的山峰就有 70 多座。华山则是五峰对峙局面。另外，天柱山的天柱峰和九华山的观音峰，也都是非常典型的峰林地貌。

（3）绝壁陡崖

花岗岩体中或边缘发育有断裂构造时，由于断裂带岩石破碎，抗风化能力变弱，或断裂的抬升，在花岗岩体的周边或内部产生悬崖绝壁。另外，花岗岩山地岩体垂直节理发育，经流水切割侵蚀或风化崩塌作用，也常出现大面积的危崖峭壁，峰林深壑。绝壁和陡崖为花岗岩景观增添了险峻的美感，这一点在华山体现最为明显。华山四周均是绝壁，华山之险，名冠群山。

（4）一线天

当流水沿着岩体中近于直立的裂隙冲刷下切时，形成近于直立的沟壑，沟壑越来越深，形成两壁夹峙，向上看只见一线青天。一线天景观在多种岩性的岩石中均可形成，而在花岗岩山体中最为常见。我国花岗岩山岳如黄山、九华山、华山、太姥山、天柱山、千山等，都有一线天景观。

1.2.2　花岗岩景观在我国的主要分布

我国花岗岩地貌景观分布广泛，名山众多，如泰山、华山、黄山、崂山、九华山、天柱山、骊山、大小兴安岭、衡山、贡嘎山、天台山、普陀山、千山、医巫闾山、鼓浪屿和万石岩、清源山、鼓山、京东盘山等，都是著名的花岗岩山地风景区，其中以黄山、华山、泰山景色最为著名。

"天下第一奇山"——黄山

黄山，位于皖南黄山市境内，为花岗岩断块山，原名黟山。因传说黄帝曾在此炼丹，唐天宝六年(747 年)，唐明皇下诏书改名黄山。全山号称72 峰，最高峰为莲花峰(1864m)，其次为光明顶(1860m)，最雄俊者为天都峰(1810m)。黄山美景奇绝，冠海内诸山，其中奇松、怪石、云海、温泉为黄山四绝。

黄山何以有如此四绝美景？这与黄山本身的特点及周围环境分不开。

黄山因海拔高，又是坚硬的花岗岩山体，所以松树为了适应环境，便逐渐形成顶平如冠、旁支伸展的独特形态。黄山有很多这样的奇松，以迎客松最为有名。

黄山作为花岗岩山体，球状风化明显，形成奇特多彩的石峰造型。如猴子观海、仙人晒靴、关公挡曹等。

黄山自古云成海，这是因为黄山处于地势低洼的江南丘陵之中，这里是降水丰富的湿润地区，加上黄山距离长江、鄱阳湖等江湖水域很近，大量地表水的蒸发正好为黄山云海提供不绝的水汽。

黄山温泉很多，这与地热活动异常有关。黄山温泉可饮可浴，又含有多种矿物质，对风湿病、肠胃病和皮肤病都有一定的疗效。

黄山自古被誉为"天下第一奇山"，它兼有泰山之雄伟、华山之险峻、衡山之烟云、庐山之飞瀑、雁荡之奇石、峨眉之清秀，是我国特点最多的名山。

明代著名地理学家、旅行家徐霞客，一生足迹遍及祖国山河。游览黄山之后，云："登黄山，天下无山，观止矣。"遂有"黄山归来不看岳"之评说。

1990 年，黄山被联合国教科文组织确定为世界文化与自然遗产。

1.3　岩溶景观

1.3.1　岩溶景观的形成

岩溶景观形成于岩溶地貌。岩溶地貌又称喀斯特地貌，是指碳酸盐类岩石(主要是石灰岩)为主的可溶性岩石，在以水的溶蚀为主的内外营力作用下形成的地表和地下形态的总称。

石灰岩对于机械侵蚀和物理风化的抵抗力较强，但在湿润气候环境中，却容易被含有酸性的水所溶蚀。水对可溶性岩石所进行的作用，统称为岩溶作用或喀斯特作用。它以溶蚀作用为主，还包括流水的冲蚀、潜蚀以及坍陷等机械侵蚀过程。这种作用及其产生的现象统称为喀斯特。喀斯特是前南斯拉夫西北部一个碳酸盐岩高原的地名，当地称为 Kars，意为岩石裸露的地方。在西方，人们曾认为是奥地利地理学家德·格鲁柏于 1781 年首先发现了这种地貌。但是事实上，中国明末的徐霞客早已对此种地貌进行过详尽地考察，并对其中某些地质现象做出了解释和命名，其时间早于西方学者 100 多年，其考察地区远大于西方学者。世界洞穴委员会也承认徐霞客是岩溶地貌研究的鼻祖，故将这种地貌也称为岩溶地貌。

徐霞客简介

徐霞客(1587—1641)，明末旅行家、地理学家。名宏祖，字振之，号霞客。江苏江阴人。自 22 岁出游太湖起，游历过我国南方、北方很多名山大川，如天台山、雁荡山、黄山、武夷山、泰山、嵩山、华山、武当山等。51 岁后，他又深入到我国西南地区，游历桂林、阳朔、盘江、金沙江、澜沧江、大理鸡足山，西至丽江、腾冲而还。年 56 岁卒于家。

徐霞客著有《江源考》《盘江考》以及日记体游记《徐霞客游记》。他一生以艰苦卓绝的旅行精神，求实严谨的科学态度，记录了祖国山河的壮丽，探索了自然界的奥秘，为我国地理科学做出了卓越贡献。

徐霞客的主要贡献在于：弄清了一些河流的源头，如确定金沙江是长江的正源，并提出"唯源以远"的观点；精确记载我国西南石灰岩地区的岩溶地貌，并初步论述其形成原因；他注意地质现象，如腾冲附近的火山、温泉和硫磺矿；对植物分布规律也有不少观察和阐述。

徐霞客为我国地理学的发展开辟了新方向，是我国近代地理学的先驱。《徐霞客游记》被世人誉为"世间大文字、奇文字"。现在徐霞客的家乡江阴，有徐霞客墓，并在原居建有徐霞客纪念馆。

岩溶地貌的形成必须具备的条件：一是气候。降水多利于水循环，水的溶蚀能力强；温度高，水的溶蚀力又增强，有利于喀斯特地貌形成；气压高，水中二氧化碳的含量就增多，溶蚀力增强。二是生物。溶蚀作用中的二氧化碳有 85% 来自生物界，因此，在湿热气候下，生物大量繁衍的地区，有利于岩溶地貌发育。三是地质。一般断层、节理发育的地区，两组节理交叉部位，裂隙度大，透水性好，有利于岩溶地貌发育。

1.3.2 岩溶景观的类型及特点

岩溶景观在碳酸盐岩地层分布区最为发育。分为地表岩溶景观和地下岩溶景观两种类型，都是游览观赏价值非常高的地貌景观。地表岩石裸露、奇峰林立，地面经溶蚀出现尖芽锐脊和深浅纵横的沟槽，斜坡上悬出条条挺直的大裂缝，水流沿着石灰岩裂隙扩大溶蚀，逐渐形成孤峰、峰林、"刀丛剑树"式的石林以及石芽、岩溶洼地、岩溶漏斗、岩溶残丘等。地下则为"无洞不奇"的溶洞与地下河，在溶洞内由于碳酸钙发生沉淀，而形成悬钟般的石钟乳，笋状突起的石笋以及石柱等。

1.3.2.1 地表岩溶景观类型及特点

石芽 地表水沿可溶性岩石的节理裂隙和层面流动，不断进行溶蚀和侵蚀，使岩石表面形成沟槽形态。凹槽称为溶沟，沟槽间的突起称为石芽。

石林 是热带石芽的一种特殊形态。以云南石林最为典型，相对高度一般 20m 左右，大者可达 50m 左右。

漏斗 是岩溶地面上的一种口大底小的圆形碗碟状或倒锥状的洼地。直径和深度一般数米至数十米不等，底部常有通道通往地下，因此起着集水和消水的作用。是地表水沿着节理裂隙不断溶蚀并伴有塌陷作用而成。漏斗主要分布在岩溶高原面上，分为溶蚀漏斗和塌陷漏斗两种类型。

落水洞 是指开口于地面而通往地下深处裂隙、地下河或溶洞的洞穴，是地表水流入地下的进口。落水洞大小不一，形态各异，有垂直的，有倾斜的，也有弯曲的。落水洞的形成主要是侵蚀作用和重力作用。

竖井 实际上是一种塌陷漏斗。地表水流入地下河的垂直通道，由落水洞进一步向下发育而成。也叫"天坑"。深度数十米至数百米。在平面轮廓上呈方形、长条形或不规则形。

溶蚀洼地 是一种面积比较大的圆形或椭圆形的封闭形洼地。它的四周多被峰林围绕，其形成一般认为是由多个漏斗融合而成。

溶蚀谷地 是指宽阔而平坦的谷地，也叫溶蚀盆地。谷地内常有过境河流出。溶蚀谷地大多是沿断裂带或构造带溶蚀发育而成。如广西都安的溶蚀谷地宽 1km，长达 10km 以上。在许多溶蚀谷地中，还耸立着一些残丘和孤峰，如桂林山水。

峰林 是指成群分布的石灰岩山峰，山峰基部分离或稍微相连。峰林是在地壳长期稳定下石灰岩体遭受强烈破坏并深切至水平流动带后所形成的山群。与峰林相随产生的多是大型的溶蚀谷地和深陷的溶蚀洼地。主要发育在热带雨林和亚热带季风气候区。

孤峰 是竖立在平原上孤立的石灰岩山峰。是岩溶平原和溶蚀谷地中常见的地貌形态，相对高度数十米至上百米，是地壳相对稳定，岩溶发育到后期，峰林被分割而成。

峰丛 是一种连座峰林，基部完全相连，顶部分散成一个个山峰。峰与峰之间常形成"U"形的马鞍地，峰顶与马鞍地的高差不超过山峰高度的 1/3。当峰林形成后，地壳上升，原来的峰林变成了峰丛顶部的山峰，峰林之下的岩体也就成了基座。

通常，峰丛位于山地的中心部分，峰林位于山地的边缘，而孤峰则位于比较大的溶蚀谷地中和岩溶平原上。

1.3.2.2 地下岩溶景观类型及特点

溶洞 是地下水沿可溶性岩体的层面、节理或裂隙进行溶蚀扩大而成的空洞。一般有两类：一是水平型溶洞，二是垂直型溶洞。

地下河 又叫"暗河"、"伏流"。由于岩溶作用在大面积石灰岩地区形成溶洞和地下通道，地面河流往往经地面溶洞，潜入地下形成暗河。

在溶洞和地下河中，会形成如下的景观。

石钟乳　悬垂于洞顶的碳酸钙堆积，呈倒锥状。

石笋　是洞底往上增高的碳酸钙堆积体，形态呈锥状、塔状及盘状等。

石柱　石钟乳和石笋相对增长，直至两者连接而成的柱状体。由洞顶下渗的水溶液继续沿石柱表面堆积，使石柱加粗。

石幔　含碳酸钙的水溶液在洞壁上漫流时，因二氧化碳迅速逸散而产生片状和层状的碳酸钙堆积，其表面具有弯曲的流纹，高度可达数十三，十分壮观。

穿洞　地下溶洞形成后，由于地壳上升，原来的溶洞被抬升到地面，形成穿洞。

1.3.3　我国岩溶景观的分布和典型代表

1.3.3.1　我国岩溶景观的分布

在世界上，从热带到寒带、由大陆到海岛，都有喀斯特地貌发育。除中国西南地区之外，其他国家较著名的区域有：越南北部、前南斯拉夫狄那里克阿尔卑斯山区、意大利和奥地利交界的阿尔卑斯山区、法国中央高原、俄罗斯乌拉尔山、澳大利亚南部、美国肯塔基和印第安纳州、古巴及牙买加等地。

我国是世界上岩溶地貌分布最广、最典型的国家，岩溶地貌主要分布在碳酸盐岩出露地区，面积约为 91 万～130 万 km^2，我国一半以上省区都有岩溶地貌分布，而以广西、贵州和云南东部最为广泛和典型，成为世界上最大的岩溶地貌典型发育地区。广西桂林到阳朔一带是石灰岩峰林谷地和孤峰平原景观；云南石林是石林景观的典型代表。此外，四川、湖南、湖北、浙江、安徽等地发育的多是亚热带岩溶丘陵和岩溶洼地形态；广东、台湾以及西藏地区发育了热带峰林；四川兴文，广东肇庆，广西南宁、柳州，江苏宜兴，浙江金华等地，都可观赏石林洞穴景观。

1.3.3.2　我国岩溶景观的典型代表

（1）桂林山水

桂林山水是指以桂林为中心的广西东北部的漓江沿岸，北起兴安、南至阳朔的岩溶风景区。地貌上属于峰林、溶蚀谷地和孤峰溶蚀平原地带，是亚热带岩溶景观的典型代表。景观的主要特点是：在江岸和平坦地面上，矗立着一座座峭拔奇特的峰峦，"四野皆平地，千峰直上天"。桂林诸峰，千姿百态，惟妙惟肖。如象鼻山、老人山、伏波山、猴山、骆驼山、宝塔山等。更有孤峰拔地而起，亭亭秀峰，矗立于桂林市中心，高逾 60m，古人题之为"南天一柱"。溶洞幽雅深邃，仅桂林市区就有洞穴 300 余处，大小、深浅、形状各不相同，以芦笛岩、七星岩最为著名，洞内石笋、石钟乳、石柱、石幔等琳琅满目，五彩缤纷。古人用"无山不洞，无洞不奇"来形容桂林的奇穴异洞。

桂林风景以山青、水秀、洞奇、石美为特色，随着季节、早晚、晴雨的不同，又能变幻出各种意境不同的景观，山水甲天下，令人流连忘返。韩愈将其描写为"江作青罗带，山如碧玉簪"。徐霞客称其为"碧莲玉笋世界"。

（2）云南石林

云南石林位于云南省昆明市东南的石林彝族自治县境内，"群峰壁立，千峰叠翠"。在世界同类型石林中，云南石林最大，总面积达 260km²，包括大石林、小石林、外石林等。数十米高的石峰如林，层理明显，造型千姿百态，例如"阿诗玛""万年灵芝""母子携游""凤凰梳翅""双鸟哺食""对镜梳妆"大象、莲花等，此外，还有岩溶湖、岩溶洞穴。

（3）著名溶洞

我国著名的岩溶洞穴有：广西桂林的芦笛岩、七星岩，南宁的伊岭岩，贵州安顺的织金洞、龙宫洞，江苏宜兴的三洞，浙江桐庐的瑶琳仙境，北京的石花洞，辽宁本溪的水洞，广东肇庆的七星岩等。四川兴文是"石林洞乡"。有些溶洞内还有大量的石笋、石钟乳、石花、石幔等岩溶凝聚物，令人目不暇接。有些溶洞内还有地下暗河、地下瀑布，更使人流连忘返。

"石林洞乡"位于四川兴文县境内，这里地面石峰林立，形态各异，怪石嶙峋，气象万千。有石门、石柱、石笋、石兽、石人等形状，惟妙惟肖。全县还有 20 多个地下溶洞，洞洞相连，幽深莫测。如著名的天泉洞，上下 4 层，开放面积达 8 万 m²。洞中有洞，洞下通河。洞后出口处的天然大漏斗直径 650m，深 208m，堪称世界之最。

南宁的伊岭岩，壮语称"敢宫"，意思是宫殿一样美丽的岩溶洞，因地处伊岭村而得名。与广西许多岩洞一样，它是一座典型的喀斯特岩溶洞。此岩洞原为一段地下河道，因地壳上升而成洞。经过千万年的溶蚀作用，洞中钟乳密布，千姿百态。岩洞形似海螺，深 45m，面积 2.4 万 m²，游程 1100m，大小景点 100 多个。

而我国最大的溶洞，则是位于贵州省织金县境内的织金洞。原名"打鸡洞"，是举世罕见的巨型岩溶洞穴。洞中已勘察部分总面积达 70 万 m²。洞内堆积物类型丰富，景观瑰丽独特，素有"天下第一洞"的美誉。织金洞附近地区，山清水秀，景色秀丽。

1.4 火山地质景观

1.4.1 火山地质景观的形成

火山地质景观是各地质时期火山作用而遗留下来的具有观赏价值的地貌和有重大科学价值的地质构造遗迹。

火山是地下岩浆涌出地表凝固所形成的地貌。在地球岩石圈之下，存在着一个岩石呈熔融状态的软流层，火山喷发时的岩浆主要来源于此。因地壳断裂、新构造运动和板块运动而形成火山喷发，地下岩浆从火山口或沿火山裂隙涌出地面，随地形而流动，逐渐冷却、凝固，并伴有大量的气体和火山灰喷向高空。火山喷发停止后，会形成火山锥、熔岩台地、火口湖、火山堰塞湖等火山地质景观。有时还会形成熔岩洞穴。熔岩洞穴内壁较平滑，犹如上了一层彩釉，只有为数不多的石钟乳和石笋，是半凝固状态的熔岩由洞顶滴落的结果，它们不象岩溶洞穴中的石钟乳和石笋那样多姿多彩。熔岩岩石坚硬，多孔，比重小，可做建筑材料，用以建房，色彩斑驳很有特色。火山口有的积水成湖，有的年深日久出现了"地下森林"。此外，还形成许多温泉。

1.4.2 我国火山地质景观的分布

全世界约有 2000 座死火山，500 多座活火山，主要分布在环太平洋火山地震带和地中海——喜马拉雅火山地震带，以及东丰的火山带。由于我国位于前两大火山地震带之间，因此火山活动较为频繁，各种类型的火山地质景观，已经成为富有吸引力的旅游资源。

我国火山地质地貌主要分布在 3 个地带：①环蒙古高原带，如山西大同、黑龙江五大连池。其中五大连池为最重要的旅游胜地；②青藏高原带，如云南腾冲火山群，此处的热气田散布着边缘因含硫磺而呈黄色的锥状气孔，常年热汽蒸腾，热水塘翻花冒泡，咕咕作响，是自然奇观，也可提炼多种矿物；③环太平洋带，如吉林长白山、台湾大屯火山群。长白山的"地下森林"、大屯的温泉举世闻名。

（1）五大连池火山群

五大连池位于黑龙江省五大连池市北部，小兴安岭西南侧。1720 年曾有一次较大的火山喷发，涌出的岩浆把附近的小白河堵截成 5 段，形成 5 个毗连的火山堰塞湖，宛如一串明珠，故名五大连池。五大连池火山地质景观齐全，有 14 座玄武岩火山锥，5 个串珠状的熔岩堰塞湖，60km^2 的熔岩台地，以及大量的药泉。火山锥体优美，附近熔岩微地貌丰富，且还保存着当年熔岩流动时呈现的各种态势，如海龟，似蟒蛇，如波浪，似石塔等。它不仅是一个天然的风景旅游区，也是一个研究火山地貌的科研基地，同时还是一处温泉疗养地，有"火山博物馆"之称，已开辟为我国第一个火山自然保护区。

（2）云南腾冲火山群

云南腾冲火山群位于云南省西部腾冲，这是我国规模较大的一处火山群。在1000km^{2}有余的土地上，分布有 90 余座火山锥，50 个火山口。火山地貌类型齐全，规模宏大，保存完整，还有大量的温泉和沸泉，已建成国家级风景名胜区。

（3）镜泊湖及地下森林

镜泊湖风景区位于黑龙江省宁安市南部松花江主要支流牡丹江上游，是以镜泊湖为中心的风景名胜区，包括镜泊湖、吊水楼瀑布、地下森林和熔岩洞穴等。镜泊湖系距今 1 万年前火山喷发的玄武熔岩阻塞牡丹江形成，是我国最大的火山堰塞湖。湖区景色绝佳，白云蓝天，青山绿水，交相辉映，构成优美的天然图画。

吊水楼瀑布，系湖水北流漫过熔岩裂口跌落而成，为我国著名瀑布之一。

最神奇的是地下森林。地下森林位于镜泊湖西北 50km 处的张广才岭南坡。由 7 个火山坑组成，分布在长 50km、宽 5km 的地带上，是因火山喷发活动停止后，经过漫长岁月从火山口内生出茂密丛林而得名。地下森林不仅植被茂密，而且野生动物众多，现已辟为国家森林公园。

1.5 海岸景观

海岸景观是在海岸带上形成的地文景观。海岸带是海洋与陆地的接触地带，处于水、陆、生物和大气相互作用之中。这个地带，由于波浪、潮汐、海流等流水动力作用形成独特的海岸地貌，海岸地貌是海岸景观的重要构景内容和海滨旅游活动的重要物质基础。

海岸地貌是海岸在多种因素共同作用下形成的地貌类型，包括海岸侵蚀地貌和海岸堆积地貌两大类，海岸侵蚀地貌是岩石海岸在波浪、潮流等不断侵蚀下所形成的各种地貌，主要有海蚀洞、海蚀崖、海蚀平台、海蚀柱、海蚀拱桥等，这类地貌又因海岸物质的组成不同，被侵蚀的速度及地貌发育的程度也有差异。堆积地貌是近岸物质在波浪、潮流和风的搬运下，沉积形成的各种地貌，有海滩、沙坝、沙嘴和潟湖等，这些都具有较高的观赏价值，由此形成了丰富多样的海岸地貌景观资源。

根据构成海岸的地表形态和组成物质的差异，可以把海岸地貌景观分成最基本的3大类：山地丘陵海岸景观、平原海岸景观和生物海岸景观。

我国大陆海岸线漫长，北起辽宁鸭绿江口，南到广西北仑河口。大致以杭州湾钱塘江口为界，以北多为平原海岸，个别地区如河北北戴河、南戴河，山东半岛，辽东半岛等地的海岸为山地丘陵海岸；以南多为山地丘陵海岸，只有珠江口、钦州湾等地沿海为平原海岸，其中以广东汕头、福建厦门、海南、广西北海、台湾基隆等海滨最为著名。珊瑚礁海岸和红树林海岸分布在北回归线以南的部分地区，自然景观独具特色，是优良的观赏景观。

1.5.1 山地丘陵海岸景观

山地丘陵海岸又称为基岩海岸，简称岩岸，是山地与海洋直接相接的海岸地貌类型。在以基岩为主的海岸带，在海浪、海潮的强烈冲蚀作用下，岸线曲折，岬湾交错、峭壁断崖、气势雄伟，可以观赏海蚀崖、岩柱、海蚀平台、海蚀洞穴、海蚀拱桥等各种海蚀地貌景观，且沿海多岛屿，为最富有旅游价值的海岸。

山东半岛和辽东半岛海岸、杭州湾以南海岸以及台湾东海岸，绝大部分都是山地丘陵海岸，其中台湾东海岸的断崖海岸，青岛海滨的石老人，海南三亚海滨的"南天一柱"，浙江舟山群岛普陀山的潮音洞、梵音洞，福建漳州和厦门一带、广东雷州半岛等地的海蚀台等，都是海滨旅游地的观赏景观。

我国山地丘陵海岸中的断层海岸和岬湾式海岸，以台湾岛海岸最为典型。台湾岛东海岸发育了断层海岸，其余岸段多为岬湾式海岸。岬湾式海岸具有突出的海岬和深入的海湾，岬湾相间，岸线曲折。海岬处多有海蚀地貌景观，海湾内则出现海积地貌景观。

1.5.2 平原海岸景观

平原海岸又称为沙岸，是平原与海洋直接相接的海岸地貌类型，根据上面堆积物的不同，平原海岸可分为三角洲海岸、淤泥质海岸及砂砾质海岸 3 类，其中砂砾质海岸如果沙质纯净，沙粒粗细相宜，沙滩坡度合适，适合于开辟海滨浴场。

三角洲海岸是平原海岸中一个重要组成部分。是由于流域泥沙在河口不断堆积而形成的。这类海岸在黄河、长江、珠江等河口较为典型，其他如滦河、韩江及台湾的浊水溪等河口也都有发育。位于钱塘江河口的杭州湾则是三角湾的典型。

淤泥质海岸主要分布在渤海的辽东湾、渤海湾和莱州湾沿岸及濒临黄海的苏北海岸。淤泥质海岸的特点是滩地宽广、滩坡平缓。携带大量细颗粒泥沙入海的河流，特别是黄河，对我国淤泥质平原海岸的发育具有极其重要的作用。

砂砾质海岸介于基岩海岸和淤泥质海岸之间，以砾石和沙子为主要的物质组分。不过它在区域分布上却不广泛。砂砾质海岸的物质来源主要有 3 个方面：一是从山地流出的河流带来大量较粗的砾石和泥沙入海；二是从基岩海岸侵蚀和崩塌下来的物质；三是由于海流波浪的纵横向作用，把邻近海岸或陆架上的粗粒物质携带而来。砂砾质海岸通常为堆积性海岸，所以这类海岸的沿岸，沙堤、沙坝、沙丘等地貌经常能见到。辽西、冀北海岸发育了平坦而且颗粒细小的沙质海岸，而华南沿海的某些地段，常形成一系列沙堤、沙坝和沙丘，与沿岸的绿树相映成趣。

1.5.3 生物海岸景观

生物海岸地貌是在热带、亚热带气候条件下，由珊瑚、红树林等生物形成的特殊堆积地貌，包括珊瑚海岸和红树林海岸，以前者旅游价值为大。

珊瑚海岸也称为珊瑚礁海岸。珊瑚礁是生长在热带、亚热带海洋中的珊瑚虫，其遗体骨骼与少量石灰质藻类、贝壳胶结形成的多孔隙的钙质岩体。珊瑚形态有鹿角状、枝状、板状等，颜色有白、红、绿等，主长在水温较高、风浪不大、水质良好、水深 1～10m 的沿岸海底。珊瑚礁海岸其礁体可达上百或上千米厚，是鱼类的理想生活环境，因而，珊瑚海岸会成为价值很高的潜水旅游胜地。世界上最著名、最大的珊瑚海岸——澳大利亚东海岸的大堡礁，南北长达 2000km，是著名的以观赏珊瑚和鱼类为特色的旅游胜地。我国珊瑚海岸主要分布在广东雷州半岛、海南岛沿岸以及南海诸岛。

红树林是生长在热带和亚热带海岸潮间苔的灌木林，繁殖方式较特殊，人们往往称红树为"胎生"，耐盐碱，高 5～10m，根系发达，茂密成林，能改良滩地土壤，有利于细粒泥沙沉积，起防风护堤作用，形成特殊的红树林海岸堆积地貌。我国的红树林海岸主要分布在福建省福鼎以南的大陆海岸，广东、广西、海南、闽南均有分布，尤以海南岛的红树林最为繁茂。海南琼山的东寨港红树林自然保护区，是红树林海岸景观最著名的观赏地。

1.6 流纹岩景观

1.6.1 流纹岩景观的形成及特点

流纹岩为酸性喷出岩，在其喷出地表后的流动冷凝过程中，形成了具有不同颜色的流纹状构造，流纹岩岩体于节理和裂隙特别发育的部位，经过构造上升，河流下切，重力崩塌，易形成奇峰异洞、两峰相对、峭壁幽谷、石柱与石墩等奇特的造型地貌景观。流纹岩各种尺度的造型极其丰富、逼真，而且在不同时间、从不同角度观看，常常会呈现不同形象，有变幻之妙，被称为"变幻造型"地貌。

1.6.2　我国流纹岩景观的分布

　　流纹岩地貌在我国东南沿海闽、浙一带有广泛分布，其中许多是具有美感价值的景观资源。著名的有雁荡山、天台山、会稽山以及西湖附近的宝石山等，以浙江乐清雁荡山最为典型，素有"造型地貌博物馆"之美誉。

　　天下奇秀的雁荡山东西长 25km，南北宽 18km，属坚硬致密的流纹岩山体。由于处在古火山频繁活动的地带，山体呈现出独具特色的峰、柱、墩、洞、壁等奇岩怪石，称得上是一个造型地貌博物馆，以无数造型地貌和变幻地貌使游人为之叹绝，素有"海上名山""寰中绝胜"之美誉，史称"东南第一山"。雁荡山因"岗顶有湖，芦苇丛生，结草为荡，秋雁宿之"而得名，全山分为灵峰、三折瀑、灵岩、大龙湫、雁湖、显胜门、仙桥、羊角洞八个景区，其中"二灵一龙"(灵峰、灵岩、大龙湫)被称为"雁荡三绝"。

　　灵峰是雁荡风景荟萃之地，由左右两峰组成，两峰相依，白天望去如两手合掌，故名合掌峰；夜晚观峰，又如一对伴侣相依，亦称夫妻峰。周围奇峰环绕，怪石林立。

　　灵岩，又称屏霞峰，壁立耸云，状如屏风。灵岩是一座高数百尺、长约百丈的巨岩，岩底有伏羲洞、风洞、灵岩洞 3 个并列的岩洞，前有灵岩寺。灵岩寺初建于北宋太平兴国四年(公元 979 年)，为著名古刹之一，群峰环列，环境清幽。

　　大龙湫是雁荡山最著名的瀑布。雁荡山上有许多瀑布，有名称的就达 18 处。雁荡山的瀑布和贵州黄果树大瀑布的风格迥然而异。它不是以大取胜，而是以落差大见长。大龙湫落差为 190m 有余，成为中国瀑布之最，素有"天下第一瀑"之誉。它与贵州黄果树瀑布、山西黄河壶口瀑布、黑龙江吊水楼瀑布并称"中国四大瀑布"。

1.7　丹霞景观

1.7.1　丹霞景观的形成及特点

　　丹霞地貌为红色砂砾岩在内外营力作用下发育而成的方山、奇峰、赤壁、岩洞等特殊地貌。此种地貌 1928 年最早发现于广东仁化丹霞山，故以丹霞命名此种地貌。红色砂砾岩广泛分布在长江以南的湘、桂、滇、闽、粤等省(自治区)。由于我国南方气候湿热，沉积在低洼盆地的碎屑物，经过强烈的氧化及钙质胶结，形成红色水平的砂砾岩层。之后，由于地壳大规模隆起，岩层产生断裂、节理，再经过侵蚀、切割和重力崩塌的综合作用，形成悬崖陡岩、孤峰、峰林等地形，同时也易被侵蚀冲刷成洞穴。

丹霞地貌景观特点是丹山碧水、精巧玲珑、形态丰富。福建武夷山和冠豸山、江西龙虎山、广东乐昌金鸡岭、河北承德磐锤峰及湖南武陵源的大部分景区，都属于丹霞地貌。广东乐昌金鸡岭丹霞地貌景观，被列为广东八大名景之一。安徽齐云山是丹霞山地中最高的山岳，海拔超过千米，"一石插天，直入云汉，谓之齐云"。

由于红色砂砾岩有较好的整体性，又可雕可塑，为凿窟造龛提供了理想的场所，故大量石窟、石刻多创作于这类砂砾岩地区，如麦积山石窟、云冈石窟、大足石刻、乐山大佛等。

1.7.2　我国丹霞景观的典型代表

（1）丹霞山

丹霞山位于广东省北部仁化县境内，地处湘、赣、粤三省交界，被誉为"中国红石公园"。它是世界地质公园、世界自然遗产、国家级重点名胜区、国家地质地貌自然保护区、国家地质公园。丹霞山由红色砂砾岩构成，以赤壁丹崖为特色，因其"色如渥丹，灿若明霞"，故称丹霞山。景区内赤壁奇峰林立，锦江蜿蜒，岩穴古洞、溪流飞瀑随处可见，红岩绿树，森林茂密。丹霞山与西樵山、罗浮山、鼎湖山并列为广东四大名山。

世界上丹霞地貌以我国分布最广，其中又以丹霞山面积最大，发育最典型，类型最齐全，形态最丰富，风景最优美。有学者在比较了国内外的丹霞地貌之后，认为丹霞山"无论在规模上、景色上"，皆为"中国第一""世界第一"。

丹霞地貌的发现与命名

丹霞地貌属于红层地貌，所谓"红层"是指在中生代侏罗纪至新生代第三纪沉积形成的红色岩系，一般称为"红色砂砾岩"。

1928年，矿床学家冯景兰在广东省仁化县丹霞山，注意到了分布广泛的第三纪红色砂砾岩层，厚达300～500m，岩层被流水、风力等风化侵蚀，形成千姿百态的山峰峰丛和奇石岩洞。冯景兰意识到这是一种独特的地貌景观，将其形成的红色砂砾岩层命名为丹霞层。"丹霞"一词源自曹丕的《芙蓉池作诗》，'丹霞夹明月，华星出云间"，指天上的彩霞。

1938年，构造地质学家陈国达把这种红色岩层上发育的地貌称为"丹霞地形"，并把这种地形作为判断丹霞地层的标志。

1977年，地貌学家曾昭璇第一次把"丹霞地貌"按地貌学术语来使用。

1982年，素有"丹霞痴"之名的地理学家黄进发表了《丹霞地貌坡面发育的一种基本方式》，这是我国论述丹霞地貌的第一篇论文。这个时期正是我国旅游业大发展的起始阶段，丹霞地貌作为一种重要的旅游资源，受到了来自社会各界越来越多的关注。

1983年，《地质辞典》首先提出丹霞地貌定义，"指厚层、产状平缓、节理发育、铁钙质混合胶结不匀的红色砂砾岩，在差异风化、重力崩塌、侵蚀、溶蚀等综合作用下形成的城堡状、宝塔状、针状、柱状、棒状、方山状或峰林状的地形。"这是学术界对丹霞地貌所下的第一个定义。

2009年，《中国国家地理》杂志社与中国地理学会共同发起了"中国地理百年大发现"的评选活动，丹霞地貌的发现就名列其中。

2010年，在巴西利亚举行的第34届世界遗产大会，审议通过了将中国湖南崀山、广东丹霞山、福建泰宁、贵州赤水、江西龙虎山和浙江江郎山联合申报的"中国丹霞地貌"，列入"世界自然遗产名录"。这是中国第四十个被列入《世界遗产名录》的项目。

（2）武夷山

武夷山位于福建省西北部武夷山市，是我国首批国家级重点风景区，已被列入世界自然与文化遗产名录。这里有九曲溪和丹霞诸峰，"三三秀水清如玉，六六奇峰翠插天"，"三三秀水"指的是弯弯曲曲的九曲溪，"六六奇峰"指的是起伏错落的三十六峰。

武夷群峰由砂砾岩层叠生成，劈地而起，不与外山相联。沿九曲溪乘坐竹排顺流而下，丹霞诸峰突兀林立，溪谷环绕，山回水转，步移景换，秀拔奇伟，千姿百态，如玉女峰、大王峰、鹰嘴岩、虎啸岩、一线天等，雄伟壮观，构成武夷山风景区的骨架和精华。

武夷山自古以来就是著名的游览胜地。九曲溪碧绿清透，似玉带盘绕山中，环结成"曲曲山回转，峰峰水抱流"的九曲之胜，山光水色交相辉映，构成丹山碧水之美景。人们称赞武夷山"有桂林山水之清秀，有黄山风景之奇趣，有漓江的诗情画意，有庐山的雄伟壮丽"。

武夷山人文景观丰富，至今仍留有不少"千古之谜"，如古闽越族悬棺，有著名的道教活动中心万年宫遗址，有朱熹讲学的紫阳书院，有元代御茶园旧址等。此外，武夷山的武夷岩茶、大红袍饮誉中外。

1.8　其他地文景观简介

1.8.1　风沙地貌景观

我国的风沙地貌主要分布在西部地区，是形成于环境恶劣的极端干旱地区的地貌，风力作用是塑造其形态的最主要地质营力。风沙地貌主要有两种类型，一是风积地貌，二是风蚀地貌。

（1）风积地貌——沙丘与沙垄景观

风积地貌以沙丘与沙垄为基本类型。我国深处内陆的西北及北部干旱地区，沙漠、戈壁的总面积达12.8万 km²，是世界上荒漠地貌面积最大的国家之一。其中新疆南疆的塔克拉玛干沙漠面积达30万 km²以上，是我国最大的沙漠，为仅次于北非撒哈拉沙漠的世界第二大沙漠。北疆的准噶尔盆地沙漠，面积也非常辽阔。在内蒙古，由西到东，有巴丹吉林沙漠、腾格里沙漠、乌兰布和沙漠、毛乌素沙漠等。

沙丘是沙漠中分布最广的地貌景观，有各种形态，其中最典型的是新月形沙丘。在我国塔克拉玛干沙漠和巴丹吉林沙漠中，新月型流动沙丘广泛分布，最高可达200～500m，沙丘链最长可达30km，蔚为壮观。

沙垄是沿一个方向延伸的沙质高地，沙垄有横向沙垄和纵向沙垄之分。前者与主要风向垂直，后者顺风向延长。纵向沙垄呈波状起伏，长度从几百米、几千米到几十千米。高度一般10～30m，最高可达100～200m。这是由新月形沙丘发展而成的，也有的是几个草丛沙堆同时顺主要风向延伸而相互衔接形成的。我国甘肃敦煌鸣沙山就是一座纵向沙垄，它高达130m，每当风吹流沙或游人沿沙坡下滑时，会发出如飞机掠顶般的轰鸣声，这就是著名的鸣沙奇观。

我国是世界上鸣沙旅游资源分布最多的国家，除已发现的甘肃敦煌的鸣沙山、宁夏中卫的沙坡头、内蒙古银肯的响沙湾以及新疆伊吾鸣沙外，近年在古尔班通古特沙漠又发现多处鸣沙。宁夏中卫沙坡头沙漠公园是我国成功开发沙漠景观的范例。

(2)风蚀地貌——雅丹和风蚀城堡景观

"雅丹"源于维吾尔语，意为"有陡壁的小丘"。雅丹地貌系因强大的风力侵蚀、搬运、堆积作用而形成的地貌，常呈现风蚀垄脊、土墩、风蚀沟槽、洼地等形态。此种地貌出现于多大风、干涸的古湖盆或戈壁滩。我国新疆的罗布泊、乌尔禾为此种地貌景观的典型。

乌尔禾被称为"魔鬼城"，这里每当大风起时，狂风怒吼，飞沙走石，漫天沙尘，日月无光，不辨方向。风声有如神哭鬼嚎，完全是一个恐怖世界。大风停息之后，风蚀垄脊、土墩、沟槽、洼地犹如城堡、街巷，而当再一场大风之后，会一切都变了模样，故乌尔禾的雅丹地貌地区被称为"魔鬼城"。

雅丹的形成有两个关键因素：一是发育这种地貌的地质基础，即湖相沉积地层；二是外力侵蚀，即荒漠中强大的定向风的吹蚀和流水的侵蚀。

随着西部大开发这一大好经济形势，西部的旅游业也得以迅猛发展，风沙地貌在旅游业中也逐渐得到开发，如大漠驼铃景观、旱海探险活动、响沙奇趣、滑沙运动、沙雕、沙疗等，昔日的大漠，正在成为旅游资源的瑰宝。

1.8.2　冰川景观

冰川是极地或高山地区地表长期存在并在重力作用下缓慢运动的天然冰体。冰川分大陆冰川和山岳冰川两类。山岳冰川主要分布于当地雪线以上的山地。我国现代冰川为山岳冰川，主要集中于西部的喜马拉雅山、昆仑山、念青唐古拉山、横断山、祁连山、天山和阿尔泰山等高山区，如绒布冰川(西藏)、海螺沟冰川(四川)、特拉木坎力冰川(新疆)、托木尔冰川(新疆)、米堆冰川(西藏)等。我国冰川面积占亚洲冰川面积的一半以上，也是世界上山岳冰川面积最大的国度。

由冰川作用形成的地貌即为冰川地貌。冰川地貌主要分为冰川侵蚀地貌和冰川堆积地貌。巨厚的冰川在缓慢流动过程中，产生很大的侵蚀作用，从而在山体雪线以上形成角峰、冰斗、刃脊以及宽广的U形冰川谷、峡湾、冰蚀湖盆等冰蚀地貌；同时在雪线以下地区，由冰川消融形成各种冰碛物堆积地貌。此外，冰体融化所形成的冰桌、冰桥、冰兽、冰蘑菇等也有较大观赏价值。

我国现代冰川地貌主要分布在西部高山高原地区，其中天山是我国最大的冰川区。目前已有一些冰川山地开发为旅游区，如四川贡嘎山、甘肃祁连山、新疆阿尔泰山等。

贡嘎山位于四川省甘孜藏族自治州境内，海拔约 7500m。贡嘎山藏语意为"白色冰川"。这里以主峰为中心沿山谷呈放射状的冰川有 100 条以上，规模最大的海螺沟冰川，从海拔 7500m 处一直向下延伸到海拔 2800m 的地方，甚至还深入森林区，所以海螺沟冰川又是我国海拔最低的冰川。海螺沟冰川景观非常奇特，其中大冰瀑布落差达 1080m，仅次于加拿大国家冰川公园的冰瀑布（1100m），还有可容百人的冰川桥。贡嘎山除冰川景观外，高山湖泊、原始森林、瀑布和温泉也颇富特色，因此海螺沟是独有魅力的旅游地。

1.8.3 黄土地貌景观

黄土地貌是黄土地区发育的一种特殊的沟谷流水地貌。在我国，黄土地貌分布之广、发育之典型举世罕见。它主要分布在太行山以西、乌鞘岭以东、秦岭以北、长城以南的黄土高原，黄土覆盖层厚度一般在 100~200m。黄土的成因，一般认为主要是由风力从西北广大沙漠地区搬运而来的第四纪堆积物，其结构疏松，具有多孔性和垂直节理，透水性强，易被雨水冲刷和流水割切，沟壑纵横，支离破碎，形成梁、峁、塬、柱等地貌景观。它以粗犷、豪放的高原面貌，壮观、奇特的土柱"峰丛"，以及独具一格的黄土窑洞和风情民俗吸引着游客。

1.8.4 地震遗迹

我国是多地震国家之一，历史上和现代都曾发生过多次大地震。因此我国也是地震观测和地震预报研究历史最早、成就最显著的国家之一。当然，准确地预报地震，至今仍是全人类的一大课题。

地震虽是破坏性极大的自然灾害，但人们为了了解自然，寻求预防地震的有效方法，对地震遗迹非常重视。它们不但成为科学考察的对象，也是游人关注的目标。海南岛北部沿海曾于 1605 年发生震级 8 级、烈度 11 度的大地震，琼山县有 72 处村庄由于地陷沉入海底，至今附近海域仍可见海底村庄遗迹，此处可开展海底考察和观光旅游。1976 年唐山大地震也保留下部分遗迹，应利用来发展科考旅游。

国外有利用此种景观发展旅游的成功经验。例如多地震国家日本，就建有地震旅游点，在此可参观地震遗迹，还可在地震展览馆中了解地震的知识。当放映地震影片时，座椅也随之摇动，使游人亲身体验地震发生时的情景。

1.9 我国的旅游名山

我国山文景观丰富，并且各有特色，有所谓西高东低、北雄南秀的特点。我国名山众多，按照不同的历史发展、文化内涵和风景特征，我国名山主要有中华五岳、宗教名山、风景名山和极高山等几大类型。

1.9.1 中华五岳

在中国名山中，五岳占有显著地位，这主要是封禅活动的影响。岳就是指高峻的山。五岳是以中原地区为中心，由历代帝王根据封禅祭天、巡幸天下的需要，按地理方位加封的五座山岳，以此代表天的五个方位。五岳较早的记载见于《尔雅·释山》："泰山为东岳，华山为西岳，霍山为南岳，恒山为北岳，嵩高为中岳"。后隋炀帝改南岳为衡山，沿袭至今。今之五岳指东岳山东泰山，西岳陕西华山，北岳山西恒山，南岳湖南衡山，中岳河南嵩山。就海拔高度而言，五岳并不很高，但它们各有特点，东岳泰山之雄，西岳华山之险，北岳恒山之幽，中岳嵩山之峻，南岳衡山之秀，早已闻名于世。正如清代学者魏源在《衡岳吟》中所概括的，"恒山如行，岱山如坐，华山如立，嵩山如卧，唯南岳独如飞"。

封禅活动起源很早，相传夏、商、周三代即有 72 个君王曾在泰山封禅，但自秦始皇开始有正式记载。新帝登基，须前往高山祭告上苍，感谢保佑自己取得政权，并祈祷上天继续保佑帝祚永续。显然，封禅活动是具有明显政治性质的活动，以借助天神的力量来达到巩固统治的目的。此外，也用于祈祷自己延年益寿，长生不老。帝王的举动当然会产生较大的影响，因此，封禅地点在人们心目中的地位也就相应提高，常被用作封禅的五座山便被称作五岳。不过历代封禅地点并不相同，所以五岳的具体所指也有变更。例如天柱山曾被称为南岳，而在北岳封禅的具体地点是在恒山的东部，在今河北省内。隋唐之后，才最后将衡山确定为南岳，将北岳确定在今山西省境内。

古南岳天柱山

天柱山，位于安徽省安庆市潜山县境内，濒临长江北岸，是大别山东南高峰。其主峰天柱峰海拔为 1489.8m，总面积为 400km² 以上。天柱峰高耸挺立，如巨柱擎天，因而称为天柱峰，山也就此得名。

天柱山为中华历史文化名山，自古就有"南岳"之名。天柱山又名皖山，因春秋时为皖国封地，山名皖山，水名皖水，安徽省简称"皖"即由此而来。天柱山曾经还被称为潜山、万岁山等。之所以有潜山之称，是因为天柱山是花岗岩山体，主峰明显，周围群峰簇拥，使主峰潜藏于众峰之中。天柱山的自然地貌远处看去不像是一座高山名山，进去之后才感觉到其雄秀，如同潜龙在渊，不登临不知其一二；之所以称万岁山，据说是因为公元前 106 年汉武帝南巡时，亲临皖山设台祭岳，敕封皖山为"南岳"，在祭岳时，人群高呼万岁，所以将此山称为万岁山。

隋唐以后，南岳改为衡山。

天柱山是安徽省三大名山（黄山、九华山、天柱山）之一。唐代诗人白居易有诗句"天柱一峰擎日月，洞门千仞锁云雷"，对天柱山极尽赞美。

天柱山有 42 座山峰，山上遍布苍松、翠竹、怪石、奇洞、飞瀑、深潭，《天柱山志》称天柱山"峰无不奇，石无不怪，洞无不奇，泉无不吼"。可见其自然景色奇绝。

东岳泰山，位于山东泰安市境内，古名岱山，又称岱宗。主峰玉皇顶海拔 1532m，泰山是花岗岩断块山，自然景观雄伟绝奇，有数千年精神文化的渗透渲染和人文景观的烘托，被誉为中华民族精神文化的缩影，中国历史的立体画卷。泰山风景名胜很多，有岱庙、红门宫、经石峪、中天门、五大夫松、南天门、岱顶的唐摩崖、碧霞祠等。在岱顶还可以欣赏泰山四大自然奇景：旭日东升、晚霞夕照、黄河金带、云海玉盘。

西岳华山，位于陕西华阴县境内。华山五峰环峙，雄奇险峻。最高峰南峰海拔2154m，为五岳中最高者。华山是花岗岩断块山体，山体由平地拔起，四面陡立如削，自古以险闻名。有西岳庙、玉泉院、毛女洞、玉女祠等道教景观，更有百尺峡、长空栈道、老君犁沟、苍龙岭、擦耳崖等险景。

南岳衡山，位于湖南衡阳市境内，72 峰挺拔秀丽，古木参天，终年苍翠，飞瀑流泉，烟霞缭绕，有"五岳独秀"之称。众多的寺庙古迹隐藏于绿树丛中，景色雅致。最高峰祝融峰，海拔 1300m。古人概括衡山风景有四绝：祝融峰之高、藏经殿之秀、方广寺之深、水帘洞之奇。

北岳恒山，位于山西浑源县境内，自古以来就有"人天北柱，绝塞名山"之称。主峰海拔 2016m，高居五岳第二。分东西两峰，东为天峰岭，西为翠屏山，两峰对峙，浑水中流，地势险要，自古为兵家必争之地。其景色在五岳中以幽著称。恒山风景名胜区保留了众多珍贵的文物古迹，如北魏的悬空寺等。

中岳嵩山，位于河南登封市境内，主要由太室、少室二山组成，蜿蜒 70km。层峦叠嶂，悬崖峭壁，景色壮美异常，为国家森林公园。嵩顶峻极峰海拔 1491m，以峻著称。嵩山古迹众多，主要有汉代三阙、北魏嵩岳寺塔、少林寺、中岳庙、嵩阳书院、元代观星台等。尤其是少林寺，有"天下第一名刹"之名。

1.9.2 宗教名山

在我国，有"天下名山僧占多"之说。宗教尤其是佛教，在我国名山发展中起着重要作用。远离尘世、风景优美、环境清幽的山林之所，自东汉佛教传入中土以来，就成为佛寺的主要选址。其中山西的五台山、四川的峨眉山、安徽的九华山、浙江的普陀山，分别被设为佛教四大菩萨文殊、普贤、地藏、观音之道场，历史上兴建寺庙较多，成为地方佛教中心，因此被称为四大佛教名山。明代有"金五台，银普陀，铜峨眉，铁九华"之说，以区别四大佛山在信徒心目中的地位。

此外，我国还有八小佛教名山：北京香山、陕西终南山、河南嵩山、浙江天台山、云南鸡足山、湖南衡山、江西庐山、江苏狼山。

道教是我国土生土长的宗教，创建于东汉时期，首创者为张道陵，尊老子，为道教教祖，以《道德经》为经典，逐渐发展，形成正一和全真两大教派。道教崇尚修仙成道，认为虚无缥缈的高山胜岳、奇峰异洞，是神仙出没之所，在这样的地方修行，更容易成仙得道，于是在我国历史上逐渐形成很多道教的"洞天福地"。道教在历史上所占的名山胜地有所谓"十大洞天""三十六小洞天""七十二福地"等。

人们常把湖北武当山、四川青城山、江西龙虎山和安徽齐云山称为四大道教名山。此外，四川的鹤鸣山、江西的三清山、江苏的茅山、山东的崂山、陕西的终南山、甘肃的崆峒山等，均为道教名山。这些道教名山共同的特点是：山高林密，烟云缭绕，奇峰异洞，飞瀑流泉。而且往往有道教传说。因此现在很多道教名山都成为闻名中外的旅游胜地。

1.9.3　风景名山

风景名山是指具有自然美的典型山岳景观和渗透着人文景观美的山地空间综合体。它们大多属于中山和低山。

中山和低山处于平原和高山之间，既不像平原那样已经很难看到大自然的本来面目，也不像高山峻岭那样人迹罕至，人文景观稀少。中、低山保留着许多大自然鬼斧神工所形成的奇观，而同时又经过一定程度的开发，所以无论在自然景观方面，还是人文景观方面，可供观览的内容都比较丰富。

由于受气候垂直分布的影响，在一定程度之内，气温随着海拔的增高而降低，所以中、低山地可以成为避暑胜地。山地若植被覆盖率高则空气清新。海拔高则紫外线和负氧离子较多，有利于疗养，尤其对心肺疾病患者、用脑过度者的康复疗效显著，所以山地常建有疗养设施。

此外，此种高度也是多数游人可以较为方便地到达的，所以，它们是最受游人青睐的风景观光型和康体休闲型旅游地，它们的景观特点同岩石性质及内外营力作用密切相关。

我国的风景名山遍及全国，而以我国东部地区尤其是东南丘陵为最。形象生动，百态千姿。山地自然美不仅表现在地貌形态、土壤、植被、流水等方面，还表现在上至天空中的云、雾、风、雨、日、月，下至基岩、地层。因此，山地自然美是一种综合美，包括山地的形象美、色彩美、动态美、听觉美、嗅觉美等，其中，以形象美为核心和基础。

形象美是指山岳自然景观总体形态的美。山地具有雄、秀、奇、险、幽、旷等形象特征。所谓泰山雄、华山险、黄山奇、雁荡秀、青城幽等，都是山地形态给人的总体感受。不同的形象是由各风景区的构景要素，在不同地质地理环境中形成的，因此必须联系不同的地质地理条件认识和评论。

山岳美还包含着人为的因素，所谓"人化的自然"或"自然的人化"。名山是自然美和人工美的有机结合。我国名山开发历史悠久，保留了众多人类活动的遗迹，如宗教和其他建筑、文物、摩崖石刻、名人活动遗迹、碑碣、诗画、题记等，为风景山地增添了丰富的文化景观，具有很高的观赏价值、历史价值和科学研究价值。我国传统文化中的"三山五岳"之三山——安徽黄山、江西庐山、浙江雁荡山，即是这类名山的代表。

1.9.4　极高山

山地按其海拔高度，可划分为极高山、高山、中山、低山和丘陵 5 个级别。其中，海拔大于5000m，超过现代雪线以上的，称为极高山。

我国极高山众多。世界上著名的极高山多数在中国境内或边界地区，主要分布在青藏高原及其周围。全世界海拔超过8000m的极高山有14座，全部都在中国境内或边界上。包括世界第一高峰珠穆朗玛峰，世界第二高峰乔戈里峰等。

极高山是登山爱好者和旅游爱好者进行登山、探险、览胜最好的场所，也是科学家进行科考的重要基地。

中华人民共和国成立后，中国国家登山队先后征服了多座6000m以上的高峰，特别是从北坡登上了珠穆朗玛峰。与此同时，我国先后开放了十几座高峰，接待国内外登山队和探险队前来攀登、考察，如西藏的珠穆朗玛峰，新疆的乔戈里峰、博格达峰，四川的贡嘎山，青海的阿尼玛卿峰等，以新疆数量最多。我国还有不少高峰迄今尚未有人涉足，是各类探险、考察人员向往的理想处所。

(1)珠穆朗玛峰

珠穆朗玛峰是喜马拉雅山的主峰，海拔8844.43m，巍峨屹立在中国与尼泊尔边境。"珠穆朗玛"藏语意为"女神第三"。珠穆朗玛峰以它举世无双的海拔高度、绚丽多姿的地形地貌、神奇莫测的自然奥妙，长期以来吸引着世界各国登山运动者、探险家和科学家。人们把它与南极、北极并提，称为"世界第三极"。

(2)希夏邦马峰

希夏邦马峰位于西藏聂拉木县境内，是喜马拉雅山中段北支最高峰，海拔8012m。"希夏邦马"藏语意为"气候严寒，天气恶劣多变"。它是全世界8000m以上的14座高峰中最后被人类征服的一座，直到1964年，才由中国登山队的10名队员由北坡登上顶峰。

(3)博格达峰

博格达峰是天山山脉东段博格达山的主峰，海拔5445m，是我国对外开放的山峰中最低的一座。该峰附近有许多冰川，雪线可达3500m。在西北坡海拔1900m处有一颗山间明珠——天山天池，湖深100m，湖水由高山融雪汇集而成。湖水清澈、绿如碧玉，是令人向往的旅游地。

【思考题】

1. 我国地文景观的开发前景如何？
2. 说明花岗岩、岩溶、流纹岩、丹霞等地貌景观的成因和特点。
3. 简述我国海岸景观的主要类型及各类型分布、开发状况。
4. 简述极高山的概念及在我国分布特点。如何开发利用极高山？
5. 解释"五岳"。
6. 简述我国著名的佛教名山与道教名山的名称位置。
7. 举例说明我国著名的风景名山特点。

【经验性训练】

1. 2007 年由云南石林、贵州荔波、重庆武隆共同组成的"中国南方喀斯特"申报世界自然遗产获得成功，查找相关资料，比较分析云南石林、贵州荔波及桂林山水其喀斯特地貌特点的异同。

2. 选取著名风景区作为范例，对花岗岩景观、岩溶景观、火山地质景观、丹霞景观、海岸景观进行模拟导游训练。

【案例分析】

关于中国十大名山评选

2003 年，由中国国土经济学研究会、《今日国土》杂志社三办的"我心中的中华名山推选活动"，选出"中华十大名山"，它们是：山东泰山、安徽黄山、四川峨眉山、江西庐山、西藏珠穆朗玛峰、吉林长白山、陕西华山、福建武夷山、台湾玉山和山西五台山。这次中华名山推选活动在我国历史上尚属首次，为保证推选方式、方法的客观性与科学性，此次评选活动采取了"群众投票、专家评议、集体参与"的评选方式。

2005 年，由《中国国家地理》杂志社主办，全国 34 家媒体协办的"中国最美的地方"评选活动，评选出中国十大最美名山：西藏南迦巴瓦峰、四川贡嘎山、西藏珠穆朗玛峰、云南梅里雪山、安徽黄山、四川仙乃日(稻城三神山)、新疆乔戈里峰、西藏冈仁波齐峰、山东泰山、四川峨眉山。此十大名山，三座位处西藏，三座位处四川，其他分布在山东、安徽、新疆及云南。

案例思考题：

1. 请对比两次评选结果的异同。
2. 你比较赞同哪种结果，为什么？
3. 如果让你投票，你会选择哪十座名山？

【本章推荐阅读书目】

1. 最美中国自助游. 最美中国自助游编委会. 中国林业出版社，2006.
2. 中国自然地理纲要. 任美锷. 商务印书馆，2004.
3. 现代旅游开发学. 孙文昌. 青岛出版社，2001.
4. 风景名胜研究. 丁文魁，等. 同济大学出版社，1988.
5. 丹霞山地貌. 黄进. 科学出版社，2010.
6. 赵利民，朱廉. 旅游资源概论(第 2 版). 北京理工大学出版社，2014.

第 2 章　水域风光

【本章概要】

　　本章讲授水景的旅游价值、我国各种水域风光的特点、形成和分布规律，以及对它们开发利用的现状和前景。

【学习目标】

　　掌握各种水域风光的概念、分类、分布及形成、特征；形成对同类、异类水域风光资源的分析、对比能力，进而形成或提高对该类景观即景导游的能力。

【关键性术语】

　　三 S 景观、长江三峡、构造湖、堰塞湖、河迹湖、海迹湖、温泉、矿泉、瀑布。

【章首案例】

昆明大观楼长联赏析

　　大观楼：昆明大观楼在昆明西南滇池之滨，大观楼公园内，始建于清代康熙年间。叠阁凌虚，含烟晓雾。乾隆年间，名士孙髯翁为其撰写 180 字长联，大观楼因之而成中国名楼。长联上联写滇池四周风光，像一幅山水画；下联记云南历史，如一篇叙事诗。长联气势磅礴，意境高远，令人击节叫绝，被誉为"海内第一长联"。

　　上联：五百里滇池，奔来眼底。披襟岸帻，喜茫茫空阔无边。看：东骧神骏，西翥灵仪，北走蜿蜒，南翔缟素。高人韵士，何妨选胜登临。趁蟹屿螺洲，梳裹就风鬟雾鬓；更苹天苇地，点缀些翠羽丹霞。莫辜负，四围香稻，万顷晴沙，九夏芙蓉，三春杨柳。

　　下联：数千年往事，注到心头。把酒凌虚，叹滚滚英雄谁在。想：汉习楼船，唐标铁柱，宋挥玉斧，元跨革囊。伟烈丰功，费尽移山心力。尽珠帘画栋，卷不及暮雨朝云；便断碣残碑，都付与苍烟落照。只赢得，几杵疏钟，半江渔火，两行秋雁，一枕清霜。

　　案例思考题：

　　1. 通过对长联的赏析，了解滇池的风光特点与当地历史文化。

2. 滇池是一个构造湖，你知道它是怎样形成的吗？

3. 搜索滇池风光图片，结合长联，对滇池做模拟导游。

4. 背诵该长联。

水体以海洋水、地表水、地下水、大气水等不同形式广泛存在于地球。水在自然界的作用是不言而喻的。首先，水是自然环境形成和发展中最活跃的要素之一，作为最普遍、最活跃的地质营力，是地表形态的塑造者，许许多多优美的自然风景都是在水的参与下形成的；其次，水对于有机物的生命有着无法取代的意义，人类的起源和古代文明都记载着河川水域的功绩。现代生活更离不开水，水为人类提供了灌溉、舟楫、发电和养殖之利，同时水域还能调节气候、美化环境。水体经过开发具备观赏价值和娱乐价值，即具有了旅游资源的意义。

2.1　水的旅游价值

水作为极有价值的旅游资源，是构景的基本要素。无论是江河湖泊，还是涌泉飞瀑，水在构景中都具有声、形、影、色、光、味等形象生动的特点。高山大川有汹涌澎湃之势，山涧小溪有潺潺之音；大型湖泊有烟波浩森之势，小型湖面有秀丽娇艳之姿；微风涟漪使人感到宁静素雅，急流奔腾使人感到生气勃勃；瀑落深潭，声震数里；泉涌如轮，生机盎然；……。总之，水作为流动的形体，能够增加风景区的明媚和活力，即所谓"山无水不活，水无山不媚"，"因山而雄，因水而秀"。水和动植物、建筑物组合起来，相映成趣，常构成优美的自然风景。所以人们对水在风景构成中的作用给予很高的评价，称水是"风景的血脉"。

水是大自然的"雕刻师"。许多地貌景观，特别是岩溶景观、海岸景观、冰川景观等，其形成都离不开水的作用。过去一直认为雅丹地貌仅是风力作用的结果，而近年科学家发现，水在其形成过程中也起着很大的作用。

水是大自然的"空调器"。由于水的比热较大，在一定程度上调节着温度和湿度。所以在水面较大的地区，温差会相对较小，呈现冬暖夏凉的特点，故海滨宜于避暑。

在各种旅游资源中，水可开展的旅游项目最为丰富多彩。例如观赏、游泳、划船、驶帆、滑水、滑冰、冰球、滑雪、雪橇、冰橇、潜水、冲浪、垂钓、漂流、探险以及品茗等。并且许多水上活动老幼皆宜。如今度假旅游、休闲旅游具有广大的市场，而其首选旅游地往往都与水有关。

水上交通是旅游交通的重要部分，而且是各种交通方式中最豪华、最舒适的方式。豪华游轮常被赞为"活动宫殿"，上有游泳池、歌舞厅、娱乐室等，多是其他交通工具所难以提供的。游轮上的自由活动空间较大，游人共处的时间较长，这给游人的交往提供了机会。所以有的旅游公司特意安排希望交友的人来用此种交通方式旅游，这种做法受到欢迎。江河、湖泊和海洋，一般都具有水上交通的作用，可以弥补其他交通方式之不足，也可以因此增加旅游情趣，使旅游者更好地领略景区自然或人文环境之美。比如，游武夷山，最好的旅游方式莫过于乘竹筏，沿九曲溪顺流而下，领略

"曲曲山回转，峰峰水抱流"的独特魅力。还有像游桂林山水，游水城苏州、周庄等，乘船而游，都是很多游客特别喜欢的方式。

因此，在旅游区如何规划和充分利用水资源，使之与周围景物相协调，发挥水在构景中有声、有色、有影的特点，是提高旅游区价值的一个重要方面。

水域主要有海洋、江河、湖泊、涌泉、瀑布等存在形式，作为旅游资源，在我国的分布极其广泛，目前已大量被开发出来，水域风光成为旅游资源重要的组成部分。

2.2 海滨景观

我国滨临世界最大的海洋——太平洋，按海洋的位置、海底地形、水文及生物特征等，我国大陆边缘海可分为五大海域：渤海、黄海、东海、南海以及台湾以东的太平洋海区。

我国大陆海岸线北起辽宁丹东中朝边界上的鸭绿江口，南至广西中越边界上的北仑河口，全长 18 000km，加上沿海 5000 多个岛屿的海岸线，则全部海岸线总长度32 000km，纵跨纬度 37°，分布在温带、亚热带、热带三个气候带内。沿海岛屿众多，海域辽阔，发展旅游业条件优越，拥有许多海滨风景区。

海滨景观资源包括浅滩、沙滩、奇岩巨石、断崖绝壁海岸、岛屿、海底景观以及海上日出、海潮等自然海岸景观；又包括作为人文景观的灯塔、渔港、渔村、码头等。以海岸为旅游活动舞台的有海水浴、帆船、游艇、舢板、冲浪、滑水、垂钓以及在海滩拾贝等活动。

海滨气候温暖湿润，夏季凉爽，空气中含有碘和大量的负氧离子，空气清新，可促进人的血液循环，增进身体健康。

海岸带旅游即指在海岸带以内，包括海洋、海滨、海滩，进行观赏、游览、休憩以及各种海上娱乐的活动。

2.2.1 "三 S"景观

所谓"三 S"景观，指的是海滨的阳光（sun）、海水（sea）和沙滩（sand）。因英文中，这三个单词均以 S 开头，故名"三 S"景观。

在现代旅游业中，"三 S"景观已经成为最受人们欢迎的旅游资源，很多拥有"三S"景观的国家，成为世界旅游大国，像地中海沿岸的西班牙和意大利等。

海洋是地球上最大的水体，占地球表面积的 2/3 以上，但目前海洋旅游主要还只是在滨海和近海进行。海滨空气清新，环境洁净，舒适宜人，而且沙滩、海岸及珊瑚和水生鱼类、植物丰富了旅游内容，因此成为理想的旅游场所。

海水中含有钠、钾、碘、镁、氯、钙等多种对人体非常重要的元素，尤其是碘的作用日益受到世人重视。海滨空气中含有一定量的碘、较多的氧和臭氧。海滨的气候受海洋影响，一般冬暖夏凉，湿润宜人。海滨的海水浴、日光浴及沙浴不仅有助于恢复精力和体力，而且还有利于人体维生素的积累和红血球的增加，有利于创伤、骨折等疾病的康复，有利于食物消化和新陈代谢。

海滨宜于开展观光、休闲、度假、疗养等项目，还可进行海水浴、阳光浴、帆板、冲浪、潜水、垂钓、水上摩托艇、水上跳伞、沙滩排球等娱乐和体育运动。

2.2.2　我国主要海滨旅游胜地

我国沿海各省市基本上都具备"三 S"海洋旅游要素，而且因为我国跨纬度广，海滨景观跨热带、亚热带和温带三个气候带，加上不同的海岸地貌，使我国的海滨景观呈现出多姿多彩、类别丰富的特点。目前，我国由北往南，已经形成了数以百计的海滨旅游度假胜地，有些还是久负盛名的风景名胜区。其中较为著名的海滨旅游胜地主要有大连、兴城、北戴河、青岛、连云港、舟山、厦门、汕头、湛江、北海、三亚、台北和台南等地。

我国海滨旅游还有一些特殊的项目，如我国杭州湾的钱塘观潮，历史悠久，钱塘大潮早已被人们称为"天下奇观"。近年来大连等许多城市建立海底世界，海南三亚及广东电白放鸡岛等地建立潜水观光旅游点，这些崭新的海滨旅游项目，已经成为当今世界的热门旅游活动。在我国山东蓬莱和浙江舟山群岛的普陀山等地，有时还会看到海市蜃楼奇景，虽然在其他地方有时也会出现，但因为这两个地方出现的机会较多，也因此增加了其旅游吸引力。

（1）大连海滨——旅顺口

大连海滨——旅顺口位于辽东半岛南端，东临黄海，西濒渤海，包括大连海滨和旅顺口两个景区。大连海滨景区海岸线长达 30km，碧海蓝天，金色沙滩，岛屿、礁石遍布，气象万千，处处透出温带海滨的气息。白云山庄莲花状地质构造地貌和由众多礁石构成的黑石礁，如同"海上石林"，为世所罕见。

旅顺口历史上就是我国的海上门户。地形雄伟壮阔，留有众多古迹。景区内有重点文物古迹 40 余处，其中有中国近代史上中日甲午战争、日俄战争以及日本侵华战争的各种工事、堡垒等战争遗迹，是进行爱国主义教育的课堂。旅顺口外礁岛棋布，口内峰峦叠翠，自然风光绚丽多彩。

（2）秦皇岛——北戴河

秦皇岛市位于冀东北，是我国北方的一个天然不冻港。它背倚燕山余脉，面临渤海，东北有山海关古城，西南有北戴河海滨，是一个山海壮丽、风景宜人、历史悠久、古迹荟萃的风景名胜区。

北戴河因戴河流经而得名。它北靠联峰山，南邻渤海，受海洋影响，夏无酷暑，冬无严寒，盛夏日均气温仅 23℃，空气清新，是理想的休养和避暑胜地。海滨有 20km² 的沙滩，滩面平缓，沙软潮平。附近入海河流短小，泥沙量少，故海水清澈见底，是优良的天然海水浴场。由于海浪等的作用，海岸带还发育了岬角、海蚀崖、礁石等海岸地貌景观，如金山嘴、鹰角石、老虎石等，联峰山上奇峰异石千姿百态，松柏葱郁竞秀，登山可俯瞰海滨全景。

（3）嵊泗列岛

嵊泗列岛位于浙江省舟山群岛北部，由钱塘江与长江入海口汇合处的数以百计岛屿群构成。列岛景区内气候宜人，具有滩多、礁美、石奇之特色。沙细滩阔，坡度平缓，其中泗礁岛上的基湖沙滩面积约 60 万 m^2，南长沙滩面积约 40 万 m^2，皆为理想的海滨浴场。嵊山和黄龙岛上众多奇石怪礁耐人欣赏，妙趣横生。花鸟岛上有建于 1870 年的远东第二灯塔，与渔港景色、渔村风貌交相辉映。这里四季凉爽，海产品丰富，极宜避暑度假。

（4）钱塘大潮

潮汐是指海水周期性的涨退现象，由日月对地球的吸引而发生。位于浙江海宁一带的钱塘江口，由于入海口呈喇叭形，江口处南北相距 100km，而至海宁江身骤然收缩至 2.69km，潮水受狭窄江岸的约束迅速抬高。又由于江口处有拦门沙坝，前浪难退，后浪又至，潮水最高时潮差可达近 9m。观钱塘江潮最佳时间为农历八月十八日，最好的地点在海宁，故钱塘江潮又称海宁潮。海宁观潮有 3 个胜点：在盐官镇可观一线潮；盐官镇东的八堡观"两潮相碰"；在盐官镇西的老盐仓观返头潮。真可谓"八月十八潮，壮观天下无"。钱塘大潮与南美洲亚马孙河口涌潮并称为世界两大涌潮奇观。盐官镇东南的观潮胜地，筑有观海台、观潮亭、观海塔等建筑。

（5）三亚海滨

三亚地处海南岛的最南端，这里花岗岩山丘逼近海岸，有著名的"鹿回头"胜景和"天涯""海角""南天一柱"等历代巨礁题刻。这里海天一色，一望无际，奇石遍布，白浪翻滚。三亚海滨不仅景色美丽，而且气候宜人，甚至冬天仍温暖如春，可终年利用，因此它具有建设世界第一流海滨休闲疗养地的良好条件。

鹿回头

鹿回头位于三亚市南 3km 处，是海南岛最南端的山头。这座山三面临海，一面毗邻三亚市区，呈半岛状，高 275m，登上鹿回头山顶，三亚市景尽收眼底。

鹿回头公园就坐落在鹿回头半岛内，1989 年建成开放。公园内有大小 5 座山峰，是登高望海和观看日出日落的制高点，也是俯瞰三亚市全景的唯一佳处。

鹿回头有一个美丽的传说。相传古代有一位英俊的黎族青年猎手，有一天他从海南五指山追赶一只坡鹿，一直追到南海之滨。那只坡鹿跑上山崖，可是山崖之下便是茫茫大海，坡鹿无路可走。猎人急忙弯弓搭箭，却见火光一闪，烟雾腾空。神鹿回过头，变成一位美丽的黎族少女。两人遂相爱结为夫妻并定居下来，此山因而被称为"鹿回头"。在鹿回头这块土地上，他们繁衍生息，耕种、纺织、捕鱼、狩猎、种植椰子树，天长日久形成了鹿回头这一黎族山寨。

根据这个美丽爱情传说而建造的"鹿回头"雕塑，于 1986 年落成，就矗立在鹿回头公园五岭的最高峰。雕塑高 15m，是海南全岛最高的雕塑。它已成为三亚的城雕，三亚市也因此得名"鹿城"。

2.3 江河景观

江河是地球的"血液"，是重要的水源，也是交通大动脉，有舟楫之利。人类文明的发展多与江河有关，比如黄河、尼罗河、幼发拉底河、恒河等都是古代文明的发祥地，这决非偶然。正是河流孕育了人类古老的文明，因此有人把河流称作"历史的河流"。

江河景观具有较高的旅游价值，主要本现在以下几个方面。

(1) 江河及其沿岸有立体画廊似的自然风景

江河水滋润草木，使大地葱茏，青山叠翠，鸟兽众多。或"两岸青山相对出，孤帆一片日边来"，或"两岸猿声啼不住，轻舟已过万重山"。再加之"日出江花红胜火，春来江水绿如蓝"的朝晖夕阴变化，尤其当江河水流穿起峡谷时，更有美不胜收的景致。

(2) 江河两岸人文景观荟萃

江河的河谷地带，尤其是江河中下游地区，往往是古人类的起源地或古文明的发祥地，如世界上的四大文明古国，无一不是大江大河的产物。江河两岸多有古人类遗迹或文物古迹分布，历史名城和现代城乡也多沿河流分布。

(3) 江河可以开展多种水上娱乐活动

江河可以提供漂流、游泳、划船、垂钓等多种活动，在冬季冰期较长的北方江河上，还可以开展滑冰、冰橇等冰雪运动，使旅游增加无限情趣。

江河中风景集中、人文资源荟萃的地段，往往构成旅游价值很高的江河水上游览线，即风景河段。

风景河段一般具备如下的一些特点：风景河段地区经济发达，历史悠久，人物荟萃，古迹众多，人文景观丰富，对旅游者具有极大的诱惑力；风景河段是山水相映、交错出现的风景走廊；自然景色与人文景观配合和谐，现代景观与古代景观相融合，最易激发游兴，产生意境；风景河段以水景为主体，但一般其他各类旅游资源也很丰富；风景河段旅游可以泛舟、划船、游泳，也可以观赏各种江河地貌、文物古迹、滨水建筑等景物；风景河段一般交通便利，可进入性好，景点密集，物产丰富，景观丰富多彩，能够满足旅游者支出少、行程短和见识多等方面的要求；风景河段可以为发展特殊专项旅游提供条件，如河川漂流、源头探险、地下河探险等，对旅游者有一种神秘的吸引力。

2.3.1 我国江河概况

我国是一个山高水长、江河众多、径流资源十分丰富的国家。流域面积达 $100km^2$ 以上的江河约有 5 万余条，$1000km^2$ 以上的江河有 1500 余条，超过 1 万 km^2 的江河也有 79 条。如果把全国大大小小的江河长度加在一起，总长度超过 42 万 km，通航里程长 10 万 km。我国江河长度超过 1000km 的有 20 条，它们是：长江及其支流汉江、嘉陵江、沅江、乌江，黄河，黑龙江及其支流松花江、额尔古纳河、嫩江，珠江及其支流郁江，雅鲁藏布江、澜沧江、怒江、辽河、海河、淮河、额尔齐斯河、塔里木河。

我国的江河流域按水系划分为外流流域和内流流域两大区域。外流流域包括太平洋流域、印度洋流域和北冰洋流域，分布在我国东部、南部和新疆西北部一角，其面积占全国总面积的 64%；内流流域处于我国西部的蒙新干旱地区和青藏高原内部，面积占我国总面积的 36%。内外流域的分界线，北起大兴安岭西麓，大致沿东北——西南向南下，经内蒙古高原南缘、阴山山脉、贺兰山、祁连山、日月山、巴颜喀拉山、念青唐古拉山和冈底斯山，止于我国西端国境。这条线大部分沿山脊和山麓伸延，分水线以东，除鄂尔多斯高原和松嫩平原有面积不大的内流区外，其余均为外流流域；分水线以西除新疆西北角的额尔齐斯河为外流流域外，其余均属内流流域。外流流域中，以太平洋流域面积最广，长江、黄河、黑龙江、珠江等均属太平洋流域。属于印度洋流域的河流分布在青藏高原南部，主要有怒江、雅鲁藏布江、狮泉河、象泉河等，它们的下游流经东南亚、南亚地区注入印度洋。我国的北冰洋流域面积最小，分布在新疆西北部，额尔齐斯河流经哈萨克斯坦、俄罗斯等地，注入北冰洋。

我国河流以秦岭——淮河为界，南北水文状况有明显区别。北方河流流量较小，流量年变化大，含泥沙多，冬季结冰；南方河流则相反，流量大且稳定，含沙量小，冬季一般不结冰。

由于地形和气候的影响，我国水系的分布很不均匀，东南部河流众多，形成许多庞大的水系，构成我国基本的河流网；而西北部河流稀少，水网不发育。发源于青藏高原东南缘的河流，由于源地距海远，河流多源远流长，成为世界上的大河，如长江、黄河、澜沧江、怒江、雅鲁藏布江等，这些河流是构成亚洲东南部河流网的基本骨干；源于大兴安岭至云贵高原一线的河流，主要有黑龙江、嫩江、辽河、滦河、海河和西江等，虽长度较短，但仍为我国重要河流；源于长白山至东南沿海丘陵山地一带的河流，主要有图们江、鸭绿江、沂水、钱塘江、闽江、韩江等，河流短小流急，多独流入海。

2.3.2 我国主要江河景观游览线

我国江河景观游览线目前主要有：长江、黄河、珠江、黑龙江、京杭大运河、漓江、鸭绿江等。

长江、黄河、珠江、黑龙江为我国四大河流，它们分布在不同的纬度地带，均自西向东注入太平洋。

（1）长江

长江发源于青海省唐古拉山主峰格拉丹冬雪山，干流流经青藏高原、横断山地、云贵高原、四川盆地、巫山山地以及长江中下游平原等几个不同地形区域，包括青海、西藏、四川、云南、重庆、湖北、湖南、江西、安徽、江苏和上海 11 个省、市、自治区，最后注入东海。全长 6300km，是我国第一大河，世界第三长河。

按水文、地貌特点，长江干流划分为上、中、下游 3 段。从河源至湖北省宜昌市为上游，落差大、峡谷多、水能丰富；宜昌至江西省湖口间为中游，曲流发达，多支流、多湖泊(鄱阳、洞庭两湖最大)；湖口以下为下游，江阔水浅，江口有冲积而成的许多沙洲，如崇明岛。

　　上游段　横跨我国一、二级地形阶梯，长4529km，占长江总长度的72.0%。上游的沱沱河和通天河流行于第一阶梯——青藏高原腹地。因在高原顶部，河谷开阔，河槽宽浅，一般河宽300～1700m，河道蜿蜒曲折，水流缓慢散乱，汊流很多。

　　从巴塘河口到宜宾称金沙江，是第一至第二阶梯的过渡地段，这里地形突变，山高谷深，除局部河段为宽谷外，河流均穿行于峡谷之中，比降大，河水湍急。到云南石鼓以下，突然转向东北流，著名的虎跳峡就在石鼓以下35km的地方。峡谷长16km，最窄处仅30m。

　　出虎跳峡后，江水穿越云贵高原北部，到四川省新市镇以下进入第二级阶梯，在宜宾附近汇集了岷江之后，才称长江。自宜宾以下至宜昌之间长1030km，习惯上称川江。河道蜿蜒于四川盆地之内，河床平缓，沿途接纳沱江、嘉陵江和乌江等众多支流，水量大增，江面展宽。过重庆奉节白帝城，长江穿行在第二阶梯至第三阶梯的过渡地段，切穿巫山，形成举世闻名的长江三峡。

　　中游段　长江出三峡从宜昌以下，进入第三级阶梯的长江中下游平原，江面展宽，水流缓慢，河道弯曲。长927km，占长江总长度的14.7%。其中，从湖北的枝城到湖南城陵矶一段，长约420km，因古代为荆州地区，所以取名为荆江。荆江河弯发育，素有"九曲回肠"之称。中游两岸湖泊众多，江湖相通，构成庞大的洞庭湖和鄱阳湖两大水系。长江接纳两大水系以及直接入江的支流来水后，水量猛增1倍以上。

　　下游段　湖口以下进入下游段，江阔水浅，从湖口到入海口，长844km，占长江总长度的13.3%。江苏省扬州、镇江一带的长江干流又称扬子江，得名于这一带古代有扬子津和扬子县，现在外国人常用扬子江这一名称泛指整个长江。由于海水倒灌，使江水流速减缓，所携带的泥沙便在下游河段尤其是靠近河口段沉积下来，因此，在江心形成了数十个大小不一的沙洲，其中最大的是崇明岛。

　　长江流域开发历史悠久。古代长江流域是巴、楚、蜀、吴、越诸国所在地，有着发达的历史文化。长江流域物产丰富，尤其是长江中下游平原和四川盆地，土壤肥沃，气候温和湿润，无霜期长，有利于农作物生长。因此，长江流域是我国重要农业生产基地，粮食产量占全国总产量的2/5，棉产量占全国总产量的1/3，还盛产淡水鱼类，是著名的鱼米之乡。森林资源仅次于东北。此外，还蕴藏着锑、锡、钨等多种矿藏。无论是"天府之国"的四川盆地，"两湖熟、天下足"的两湖平原，还是"江淮稻粮肥"的苏皖大地，或是"富饶甲海内"的长江三角洲，都是我国经济发达或比较发达的地区，也是旅游业发达的地区。

　　长江沿岸自然景观和文化景观都很丰富，可以观赏雄伟秀丽的虎跳峡、长江三峡及大宁河小三峡等峡谷风光；可以探访巴、楚等古国遗址遗迹、古战场；可以游览河网稠密、湖荡星罗棋布的水乡泽国、鱼米之乡。因此，长江不失为一条黄金水道游览线。

　　长江旅游热点首推三峡。长江三峡为瞿塘峡、巫峡和西陵峡的总称，西起重庆奉节县白帝城，东至湖北宜昌南津关，全长193km。其中瞿塘峡居西，从白帝城到大溪镇，长约8km，以雄著称，有"夔门天下雄"之说；巫峡居中，从重庆巫山大宁河口到湖北巴东的官渡口，长约42km，巫山十二峰夹江列峙，以神女峰最为著名，山势峭拔奇秀，多云雾，以幽深秀丽著称；西陵峡居东，西起香溪河口，东到南津关，长约76km，滩多水急，以险著称。三峡沿岸有纪念大禹治水的黄陵庙、古代悬棺、古栈道、刘备托孤的白帝城、诸葛亮水陆八阵、屈原故里、昭君故里、三游洞等古迹。

入蜀记（节选）

作者：陆游（宋代）

二十三日，过巫山凝真观，谒妙用真人祠。真人即世所谓巫山神女也。祠正对巫山，峰峦上入霄汉，山脚直插江中。议者谓太、华、衡、庐，皆无此奇。然十二峰者不可悉见，所见八九峰，惟神女峰最为纤丽奇峭，宜为仙真所托。祝史云："每八月十五夜月明时，有丝竹之音，往来峰顶，山猿皆鸣，达旦方渐止。"庙后，山半有石坛，平旷。传云："夏禹见神女，授符书于此。"坛上观十二峰，宛如屏障。是日，天宇晴霁，四顾无纤翳，惟神女峰上有白云数片，如鸾鹤翔舞徘徊，久之不散，亦可异也。祠旧有乌数百，送客迎舟。

注：

《入蜀记》是南宋陆游入蜀途中的日记，共6卷，近40 000字，是中国第一部长篇游记。南宋孝宗乾道五年（1170年）末，作者陆游由山阴（今浙江绍兴）赴任夔州（今重庆奉节一带）通判。他乘船由运河、长江水路前往，历时5个多月，经今浙、苏、皖、赣、鄂、渝6省市。他将每日经历、游历或舟中所见人、物，俱写观感，间或考证古闻旧事。本段节选便是陆游过神女峰的观感。

祝史：祠中主持祭祀者。

大宁河小三峡，全长50km，由龙门峡、巴雾峡和滴翠峡组成，众峰巉绝，如削如画，美不胜收。

（2）黄河

黄河是我国第二长河，全长5464km，发源于青海省巴颜喀拉山北麓的卡日曲，干流流经青海、四川、甘肃、宁夏、内蒙古、陕西、山西、河南、山东等9省区，在山东东营市注入渤海，流域面积达75万km²以上。

黄河从源头——内蒙古河口镇为上游，水流清澈，峡谷众多。著名峡谷有龙羊峡、刘家峡、青铜峡等十几个大峡谷，还有被称为"塞上江南"的宁夏平原和河套平原。中游从内蒙古河口镇——河南孟津，主要奔腾于晋陕峡谷中，因黄土高原土质疏松，地表植被缺乏，水土流失严重，致使黄河形成含沙量极高的混浊河水，显出"黄河"之本色。著名的壶口瀑布和三门峡都在这一段。下游从河南孟津——山东入海口，因泥沙沉积，形成"地上悬河"，有些河段高出平地达10m左右。

黄河流经地区是干旱、半干旱和半湿润气候区，区内多数地区降水量在400mm左右，地面蒸发强烈，因而黄河水量不大。水源主要来自上游、中游，水量集中于夏秋两季，夏季往往洪峰过高，易于泛滥成灾，特别是下游河段，经常受到洪水威胁。河水含沙量大，是黄河的最大特点，其含沙量为世界各大河之冠，危害极大。

黄河的旅游价值主要在于它的人文方面。黄河被称为"母亲河"，黄河流域是中华民族的发祥地，中华文明的摇篮，留下大量的文物古迹，而且在同类中属于精华。黄河从我国西部高山发源，流经高原、山地和平原等各种不同的地貌区，滋润了两岸的土地，曾为古人类的生存和发展创造了良好的条件，也哺育了高度发达的原始文化。自有文字记载以来，中国早期活动中心以及封建社会早、中期的国家都城，都在黄河中下游地区，咸阳、西安、洛阳、开封等，都是当时显赫一时的历史古都；黄河流域是中国历史上的政治、经济和文化中心，逐渐形成了以兰州、关中、晋中南、中州、齐鲁等为中心的黄河流域文化区，兰州、银川、呼和浩特、郑州、济南等都是黄河干流上著名的省会或首府城市。

在黄河流域已发现 2000 多处原始村落遗址、仰韶文化和龙山文化遗迹，以及古代的都城遗址、帝都园林、帝王陵墓、古代文化遗存。这里有不同风格的塔、寺等宗教建筑，石庙、壁画等古代艺术瑰宝，所有这些都是中华民族悠久历史的见证，是我们今天发展旅游业的重要资源。黄河流域旅游是向游客展示我国古代灿烂文化的一条最佳旅游路线。而且，黄河也有其惊险动人的自然景色，峡谷地段壁立千仞，流急涛大，惊心动魄。上游的刘家峡，中游的龙门、壶口瀑布、三门峡都已成为著名游览区。近些年，在黄河上游的宁夏和内蒙古河段，开展了漂流活动，尤其乘坐独具特色的羊皮筏与牛皮筏漂流，极富刺激性和吸引力。

（3）珠江

珠江是我国第五长河，但却是我国流量仅次于长江的第二大河，也是华南地区最长、最大的河流。它以支流众多、水道纷繁而著称。珠江由西江、北江和东江三个水系汇合而成，以西江水系为主流，以西江主源南盘江为正源，全长 2100km，全流域面积超过 420 000km²。珠江下游形成河道密织的三角洲。流域一部分处于南亚热带季风多雨地区，降水量充沛，河流汛期长，水量丰盈，水位与流量变化都比较稳定，而且流域内植被较好，河流含沙量很少。这些都为其开发利用提供了极有利的条件。

珠江大部分流经石灰岩山地，各支流不乏峡谷急流、伏流、喀斯特潭等。峡谷区两岸层峦叠嶂，峰高入云，惊涛拍岸，古木参天，景色雄险而清秀。江上可开展竹筏、泛舟、游艇等水上旅游活动。珠江三角洲河道纵横，支汊繁杂。平原上散布着一些海拔 300～500m 的残丘，形成三角洲特有的风光。肇庆的鼎湖山、南海的西樵山、博罗的罗浮山、番禺的莲花山、龙门的南昆山等，基岩裸露，节理发育，形成雄伟奇峻的山景，并兼得水、木之美，且气候宜人，因此，都先后被开发为风景游览山地或避暑胜地。三角洲平原稻田密布，桑麻遍野，果木成材，鱼虾满塘，是我国著名的鱼米之乡。

（4）黑龙江

黑龙江是我国东北长河，其中段是中俄界河。主要上源有两条：北源石勒喀河，南源额尔古纳河，南北两源在漠河以西汇合称黑龙江。黑龙江在我国境内长度为 2965km，流域面积 89 万 km²。

黑龙江支流松花江全长 1840km，江面宽阔，江中有许多沙洲，水量丰富，具有通航之利，非冰冻期黑龙江干流及松花江等均可通航。封冻期冰层厚达 1.8~2m，坚实可行车马。黑龙江流域水产资源丰富，森林茂密，水草丰美，土地肥沃，夏无酷热，冬季长达 6~7 个月，是夏季疗养和冬季滑雪的旅游娱乐场所。

（5）漓江

桂林漓江，又名桂江，是珠江流域的一条支流，发源于广西桂林市东北兴安县的猫儿山，流经桂林、阳朔，全长 437km。两岸挺拔的喀斯特山峰凌空而起，晶莹的流水碧波回环，群山倒映江中，古树破石而出。漓江两岸不仅有"山清、水秀、洞奇、石美"之四绝，而且还有"深潭、险滩、流泉、飞瀑"的佳景。由桂林至阳朔 84km 的漓江，像一条青绸绿带，盘绕在万点峰峦之间，奇峰夹岸，碧水萦回，青山浮水，风光旖旎，犹如一幅百里画卷，是中国锦绣河山的一颗明珠，是桂林山水的精华。

2.4 湖泊景观

2.4.1 我国湖泊概况

陆地表面洼地积水形成比较宽广的水域，称为湖泊。我国是个湖泊众多的国家，天然湖泊面积在 1km² 以上的有 2800 多个，总面积达 8 万 km²。我国湖泊分布相当广泛，但又有相对集中的特点。主要分布在东部平原和青藏高原，其次为云贵高原、蒙新地区和东北地区。我国淡水湖泊面积占湖泊总面积的 45%，外流湖区以淡水湖泊为主，其湖水可通过江河外泄，湖水充足，有调节江河水量，发展灌溉、航运、水产养殖以及旅游业的有利条件。咸水湖和盐湖主要分布在内陆湖区，水量不足，蒸发旺盛，湖内产盐、碱、芒硝、石膏等化工原料。

湖泊是在自然地理因素综合作用下形成的，地球的内营力作用和外营力作用都可以形成湖盆。湖泊的分类方法很多，按湖盆的成因可分为构造湖、火口湖、海迹湖（潟湖）、河迹湖、堰塞湖、岩溶湖、冰川湖、风蚀湖和人工湖泊等。

构造湖是陆地因地壳运动而发生褶皱、断层、下陷等作用形成凹地积水成湖。此类湖泊的特点是：湖岸平直，岸坡陡峻，湖形狭长，湖水较深。云贵高原较大的湖泊多为构造湖，如云南省的滇池、洱海、抚仙湖。西藏自治区的纳木错，青海省的青海湖等也是构造湖。

火口湖系因火山喷发后遗留的火山口积水而成，此类湖泊的特点是：一般面积较小，湖岸陡峭，湖泊外形近圆形或马蹄形，一般深度较大。长白山天池为最著名的火口湖。

堰塞湖系由山崩、滑坡、冰碛物以及火山喷发的熔岩流等阻塞河道而形成的湖泊，东北地区分布较多。镜泊湖是我国最大的堰塞湖，其他如五大连池也是火山熔岩堵塞河道的结果。

海迹湖是由于沙嘴、沙坝不断向外伸展，最后封闭海湾而形成的湖泊，又称为潟湖，如江苏的太湖、杭州西湖是比较典型的潟湖（但也有学者认为它们属于河迹湖）。

河迹湖系由于河流的变迁、蛇曲形河道自行裁弯取直后遗留下来的旧河道形成的湖泊，经常成为河流的自然调节水库。此类湖泊的特点是：湖的形状多呈弯月形或牛轭形，深度较浅，一般为淡水，我国东部平原如东北松嫩平原的湖泊多属此类，中国五大淡水湖——鄱阳湖、洞庭湖、太湖、洪泽湖、巢湖也多属此类。江汉平原地区的洪湖也属于这种类型。

冰川湖是由古冰川的刨蚀或冰碛作用形成凹地积水而成的湖泊。新疆地区现代冰川较多，故那里有许多湖泊属于此类，新疆阿尔泰山的喀纳斯湖就是一个高山冰川湖。

喀纳斯湖奇观

喀纳斯湖是新疆阿尔泰深山密林中的一个高山湖泊。

"喀纳斯"，蒙古语意为"峡谷中的湖"。喀纳斯湖湖面海拔 1374m，南北长 24km，平均宽约 1.9km，面积 45.73km^2。自然景观保护区总面积为 5588km^2。

喀纳斯湖四周雪峰耸峙，绿坡墨林，艳花彩蝶，湖光山色，美不胜收。这里是我国唯一的南西伯利亚区系动植物分布区，生长有西伯利亚区系的落叶松、红松、云杉、冷杉等珍贵树种。有各种兽类、鸟类、两栖爬行类动物。许多种类的花木鸟兽在全疆乃至全国都是绝无仅有的。区内森林草原相间，河流湖泊众多，自然景观艳丽，具有极高的旅游观光和科学考察价值。

喀纳斯湖有著名的四大奇观，为人称道。

一是千米枯木长堤，这是湖中的浮木在强风吹拂下逆水上漂，在湖的上游湖湾处堆积而成，蔚为壮观；

二是湖中据说有巨型"湖怪"出没，常常吞噬水中野鸭或岸边牛犊，极具神秘色彩；

三是雨过天晴后偶尔会惊现喀纳斯云海佛光，与峨眉山金顶佛光有异曲同工之妙；

四是变色湖奇观，喀纳斯湖是有名的变色湖，在不同的时间，湖水的颜色是不同的：水清时是蓝绿色，冰川融入时是淡绿色，薄云下是粉红色，阴云时则为蓝灰色。

此外，魅力独具的还有图瓦族的风情、阿勒泰岩画等。

1986 年，喀纳斯湖被列为国家级自然保护区。

风蚀湖是在干旱、半干旱地区，由于风蚀洼地积水形成的湖泊。此类湖泊的面积大小不一，且湖水较浅，湖水可由河流注入，也可由地下水补给。如内蒙古西部的嘎顺诺尔和苏古诺尔，毛乌素沙地的湖泊，都属于风蚀湖。

岩溶湖由石灰岩地区的溶蚀凹地积水而形成。此类湖泊的特点是湖的形状常呈圆形、漏斗状，面积较小。此类湖泊多见于云贵高原地区，如贵州西部乌蒙山区的威宁草海、云南中甸的拉帕海。

人工湖即由人工建造的水库，具有拦洪蓄水和调节径流等特定的功能。我国是世界上水库最多的国家，水库数量以数百万计。许多水库风光秀美，成为人工湖景区，如北京十三陵水库、河南的南湾水库、安徽太平湖、浙江淳安的千岛湖、武夷山东侧的泰宁金湖、辽宁抚顺大伙房水库、吉林的松花湖等。

按湖水与径流的关系，湖泊可分为内陆湖和外流湖。

按湖水的矿化程度，湖泊可分为淡水湖、咸水湖和盐湖。矿化度小于 1g/L 的为淡水湖，矿化度在 1～35g/L 的为咸水湖，矿化度大于 35g/L 的为盐湖。我国西北内陆远离海洋，气候干旱，许多湖泊水量不足，矿化度较高，成为咸水湖或盐湖。我国盐湖数量多、类型全、矿物种类多、储量丰富。干盐湖亦称固体盐湖，湖面为白色结晶盐所覆盖，耀眼夺目，由盐类沉积的巨大盐盖宛如岩石，十分坚硬，可在上面建工厂、筑公路、铁路，修机场，青藏铁路即建在察尔汗盐湖的盐盖上，与铁路平行的公路也横跨盐湖，路面平坦光滑，被称为"万丈盐桥"，是独特的干盐湖景观。新疆的罗布泊，也是一个著名的干盐湖。

罗布泊是迁移湖吗?

罗布泊地处塔里木盆地东部，是古代"丝绸之路"之要冲。古罗布泊诞生于第三纪末第四纪初，距今已有 200 万年，面积约 2 万 km² 以上。在新构造运动影响下，湖盆自南向北倾斜抬升，分割成几块洼地。现在的罗布泊是位于北面最低、最大的一个洼地，曾经是塔里木盆地的积水中心。古代发源于天山、昆仑山和阿尔金山的河流，源源注入罗布泊洼地形成湖泊。20 世纪 60 年代，因塔里木河下游断流，使罗布泊渐渐干涸，形成一个干盐湖。

2000 多年来，不少中外探险家来罗布泊考察，写下了许多专著和名篇，发表了不少有关罗布泊的报道。但是，由于各种局限和偏见，也制造了许多讹误，为罗布泊罩上了神秘的色彩。也不乏一些争议，其中之一就是"罗布泊是一个迁移湖吗?"

这是在地学界长期争论的一个问题。有学者认为，"罗布泊自古以来就是个有名的游移湖，从罗布泊形成时期起，其位置和形态随着水量的变化而南北变动着，有时偏北，有时偏南，有时水量盈盈，有时水量则很少，乃至干涸。"

与上述持相反看法的学者认为，"罗布泊从来就不是个游移湖。罗布泊只是受湖盆内部新构造运动和入湖水量变化的影响，在历史上常出现积水轮廓的大小变动。从第四纪形成以来就始终没有离开过罗布泊洼地，只是在自己的'故乡'内进行涨缩变化。"

2.4.2　我国重点旅游湖泊

我国作为风景名胜的旅游湖泊很多，不胜枚举，它们或因大而闻名，或因美而取胜，或因人文而著称。最具代表性的旅游湖泊主要有青海湖、五大淡水湖、杭州西湖、武汉东湖等。

（1）青海湖

青海湖古称西海。蒙语叫"库库诺尔"，藏语叫"错温布"，均表示"蓝色湖泊"之意。是我国最大的湖泊。位于西宁市西 100km 处以外，是我国最大的内陆咸水湖。环湖油菜金黄，绿草如茵，群山环绕。湖中碧波万顷，水天相接，鸥鸟纷飞。许多小岛点缀其间，使人流连忘返。主要景点有鸟岛、日月山和倒淌河。

鸟岛　　地处湖的西北，每年冬去春来，各种候鸟来此安家落户，生儿育女，到处是鸟巢、鸟蛋，鸟鸣鼎沸，声扬数里。群鸟飞处，铺天盖地，是名副其实的鸟的天堂。

日月山和倒淌河　　日月山位于青海湖东岸，相传唐朝文成公主远嫁吐蕃，路过此地，将所带铜镜摔碎化作日月二山，河神感动，从此倒淌向西流去。

（2）鄱阳湖

鄱阳湖位于江西省北部，是我国最大的淡水湖。湖的西北岸即为我国著名避暑胜地庐山。匡庐奇秀与鄱阳湖水构成一幅天下最美的山水图画。鄱阳湖还是我国最大的鸟类自然保护区，湖边沼泽地生活着很多和水禽，是观鸟的好去处。

（3）洞庭湖

洞庭湖位于湖南省北部，岳阳古城西面，是我国第二大淡水湖。唐朝刘禹锡诗云："湖光秋月两相和，潭面无风镜未磨。遥望洞庭山水色，白银盘里一青螺。"这白银盘里一青螺，便是湖中君山。山上茂林修竹，尤其是二妃墓和柳毅井，极具神话色彩。传说上古时舜帝南巡，崩于苍梧，帝之二妃在君山得到消息，抚竹痛哭，殉情而死，葬于君山即为二妃墓。二妃眼泪落在竹子上，便成斑竹，也叫湘妃竹。"斑竹一枝千滴泪"就是指此典故。柳毅井则来源于在我国南方家喻户晓的"柳毅传书"的故事。登上岳阳楼，俯瞰洞庭湖，湖光胜景尽收眼底。北宋范仲淹在《岳阳楼记》中，赞美洞庭湖"衔远山，吞长江，浩浩汤汤，横无际涯；朝晖夕阴，气象万千。"

（4）太湖

太湖是我国第三大淡水湖，位于苏、浙两省之间。太湖周围是我国最负盛名的鱼米之乡，物产富饶。湖上烟波浩淼，湖岸山峦起伏，湖中岛屿座座。有果树成林的洞庭西山和洞庭东山，有"包孕吴越"的半岛鼋头渚。太湖周围名城环绕，北有太湖明珠无锡，东有水城苏州，西有陶都宜兴，南有嘉兴、湖州等。因此作为旅游景观，太湖与周围众多名城连为一体，兼有山水之美与人文之胜。

（5）滇池、洱海

滇池位于昆明市西南，又名昆明湖。它南北狭长，为一断层湖。两岸金马、碧鸡二山夹峙，大观楼伫立北岸。水天一色，气象万千。

洱海位于云南大理之西，苍山东麓，因形状如耳，湖大如海，故名洱海。苍山洱海历来是大理最著名的胜景，素有"银苍玉洱"之誉。

（6）武汉东湖

东湖在湖北武汉市。东湖风景区风光无限，可与杭州西湖媲美。港汊交错，湖岸曲折。湖区周围有听涛、磨山、落雁等6个景区，景色各异，各有风情，属国家重点风景名胜区。东湖历史悠久，西北岸为游览中心。东湖不仅有行吟阁、听涛轩、屈原纪宫、水云乡等历史文化古迹，也有梨园、竹园、莲池、鱼塘等自然景观。楼台亭阁众多，特别是湖中心的湖光阁、湖西北的九女墩、湖南面的磨山、西南的珞珈山，互为映衬。湖中有景，景中有湖，水山相融，相映成趣。

（7）杭州西湖

西湖位于杭州城西，故名西湖。杭州西湖很小，只有 5.6km²，但在我国众多的湖泊中，却被认为是最美的一个。苏东坡在《饮湖上初晴后雨》一诗中写道："水光潋滟晴方好，山色空濛雨亦奇。欲把西湖比西子，淡妆浓抹总相宜。"自南宋开发以来，先后形成西湖十景，即苏堤春晓、曲院风荷、平湖秋月、断桥残雪、柳浪闻莺、花港观鱼、雷峰夕照、双峰插云、南屏晚钟、三潭印月。西湖周围还有岳坟、岳庙、灵隐寺、飞来峰和玉泉、龙井、虎跑三泉以及钱塘江与六和塔，自然美与人文美完美融合，使西湖不是天堂，却胜似天堂。

像杭州西湖这样，虽小巧却美不胜收的湖泊，在我国较知名的还有台湾日月潭、嘉兴南湖、扬州瘦西湖、绍兴东湖、南京玄武湖、济南大明湖等。

浙西的"两江一湖"

在浙江省西部，有富春江—新安江—千岛湖"两江一湖"旅游线，以水为主景，以山青、水秀、境幽为特色。

1. 富春江

富春江位于浙江省中部，是钱塘江中游的别称。江似碧玉带，山如青螺髻，清秀雅洁，"奇山异水，天下独绝"，常作为中国锦绣河山的代表。沿江有鹳山、桐君山、严子陵钓台、谢翱墓等诸多古迹。元代画家黄公望据此美景，有《富春山居图》名画存世，

2. 新安江

新安江在浙江省西北部，为钱塘江上游。源出皖南，长 373km。江水四季澄碧，清澈见底，素以水色佳美著称。夹江两岸，山势千姿万态，谷多飞瀑流泉，为全国重点风景名胜区。

3. 千岛湖

千岛湖位于浙江淳安、建德两县市之间新安江上游，即新安江水库。湖中有 1078 个岛屿，故而得名。湖水四季澄清，绿荫苍翠，既有太湖之气势，又有西湖之娟秀，山水掩映，美景天成。

（8）镜泊湖

镜泊湖位于黑龙江省西南部的长白山中，因火山熔岩堵塞牡丹江河道而成。湖呈狭长状，水平如镜，故名镜泊。湖面浮出大小孤山、道士山等，又赋予了变化。湖水从其末端的熔岩堆积物裂隙中一泻而下，形成著名的吊水楼瀑布，使镜泊湖大为增色。

（9）天池

我国著名的天池有两个：吉林长白天池和新疆天山天池。吉林长白天池，在长白

山之主峰白头山，白头山系第四纪以来火山活动形成的山体，山巅为火口湖，水面海拔约 2200m，故称天池。面积 9.2km²，最大湖深 312.7m，是中国最深的湖泊。天池内壁有火山浮石和粗面岩形成的悬崖峭壁，为其他湖泊所少见。天池北有缺口，池水下泻形成长白瀑布。另有温泉群、小天池、补天石、牛郎渡等景点。此湖为中朝界湖。

新疆天山天池，湖面海拔 1980m，水面面积 4.9km²，平均湖深 40m，最大水深 105m。天山天池一池碧水，镶嵌在崇山峻岭之中，映照着蓝天白云，近岸葱郁的杉林，远处白雪皑皑的博格达峰，景色无比壮丽、静谧、耐人寻味。周穆王于此会见西王母的传说更使人将此视为"瑶池仙境"，富有神秘色彩。不过对它的成因至今说法不一。

（10）纳木错

纳木错是西藏三大神湖之一，是藏传佛教的著名圣地，意为天湖。在藏语中，"错"即"湖泊"。纳木错位于拉萨市当雄县和那曲地区的班戈县之间，是第三纪末第四纪初，喜马拉雅山运动凹陷而形成的巨湖，后因青藏高原气候渐趋干燥，纳木错面积大为缩减。现总面积为 1900km² 有余。湖面海拔 4718m，是世界上海拔最高的咸水湖，也是我国第二大咸水湖。纳木错湖水靠念青唐古拉山的冰雪融水补给，沿湖有不少大小溪流注入，湖水清澈透明，湖面呈深蓝色。水天相融，浑然一体。每个到过这里的人整个灵魂都仿佛被纯净的湖水洗涤。湖中有 5 个岛屿，佛教徒们传说它们是五方佛的化身。凡去神湖朝佛敬香者，无不虔诚顶礼膜拜。湖滨平原牧草良好，是天然牧场。每当夏初，成群的野鸭飞来栖息繁殖，湖泊周围常有熊、野牦牛、野驴、岩羊等野生动物栖居。湖中盛产高原的无鳞鱼和细鳞鱼，湖区还产虫草、雪莲、贝母等名贵药材。

除上述湖泊以外，我国还有一些值得特别提出的湖泊。如世界最高的湖泊——位于西藏的森里错，它海拔 5386m，系外流淡水湖。世界第二低湖——新疆吐鲁番盆地艾丁湖，海拔 -154m（在已经干涸的湖盆中，最低洼处达 -161m），仅次于约旦与巴勒斯坦之间的死海（-400m）。由于当地降水量极少而蒸发量极大，水面仍在继续缩小，其周围完全是盐碱世界，几乎成了生命禁区，但为化工业提供了极其丰富的原料。

2.5　涌泉与瀑布景观

2.5.1　涌泉景观

地下水的天然露头称为涌泉，简称泉。泉的种类很多，分布也很广泛。泉水清澈纯净，可饮可浴，有些还具有保健功能。长流不息的泉水，具有动态美、清纯美、声色美、味觉美，作为一种旅游景观，格外受到人们的青睐。

2.5.1.1　涌泉的类型

人们常按泉水的温度将其进行分类。将20℃以下称为冷水泉，20～37℃为温泉，超过37℃称为热泉，超过当地沸点的称为沸泉。

按泉水的矿化度，可将泉水分为淡水泉和矿泉两类。所谓矿化度是指水中各种元素离子、分子与化合物的含量。矿化度小于1g/L为淡水泉，超过1g/L则为矿泉。目前国际上比较通用的划分方法，是以泉水中6种主要离子(碳酸氢根、硫酸根、氯离子、钠离子、钙离子、镁离子)和3种气体(二氧化碳、氡、硫化氢)与某些活性元素(铁、砷、碘、溴)的含量为标准。

2.5.1.2　涌泉的分布

我国是世界上涌泉最为丰富多样的国家之一，全国有涌泉数万处，其中名泉不下百余处。

涌泉主要分布在山区，尤其是坡麓和沟谷地带。地表径流丰富的地区，涌泉更多。因此我国的涌泉，南方明显多于北方。温泉的形成与地下热能密切相关，在地壳活跃的地区，受火山岩浆活动影响，常常形成大规模的涌泉，尤其是温泉。

世界上地壳最为活跃的地区，为板块之间的接触带。在世界上有两大火山地震带，一是环太平洋火山地震带，一是地中海——喜马拉雅火山地震带。我国地处这两大火山地震带之间，地热资源非常丰富，由此形成遍布全国的数万处温泉，其中又以东南沿海的闽、粤、台三省和西南的滇、藏两省区为最多。这些省区合占全国温泉的一半以上，而且泉水的温度普遍偏高。台湾是我国温泉平均密度最大的省份。滇、藏是我国温泉总数最多的两个省区，分别以腾冲和羊八井为代表。尤其是西藏的羊八井，为一水热爆炸泉，在此已经建立了我国第一个地热电站。

2.5.1.3　涌泉的旅游价值及其综合利用

由于泉水的出露形态、流量、温度、化学成分不同，使其具备了多种功能。

（1）医疗功能

矿泉中富含多种对人体有益的矿物质或微量元素，能起到预防和治疗某些疾病的作用。汉代张衡在《温泉赋》中曾写道："有病厉兮，温泉泊焉。"明代李时珍在医学名著《本草纲目》中，曾论及不同温泉的医疗作用："温泉主治诸风湿、筋骨挛缩及肌皮玩痹、手足不遂、无眉秃发、疥、癣诸疾。"矿泉水中含有的多种化学成分，再加上一些泉水的温度较高，便使其具有了很强的医疗功能，这种医疗功能主要源于以下几个方面：浮力和压力作用、水温作用、化学作用，关键在于化学作用。这里的化学作用是指由于矿泉水中所含各种元素对人体的药理和生物化学作用，不同元素所起的作用各异，必须具体分析。

比如，氡泉，氡是弱放射性气体，氡泉对治疗神经衰弱、心律不齐、血压高或血压低、糖尿病、内分泌紊乱等多种疾病都具有较好的疗效，故氡泉有"矿泉之精"的美誉；硫化氢泉，可溶解角质，软化皮肤，有助于皮肤外伤的康复，可改善皮肤血液循环及新陈代谢，对银屑病、神经性皮炎、湿疹等有明显疗效；硅酸泉，硅酸是机体生长和骨骼发育必不可少的元素，硅酸浴有助于湿疹、皮肤搔痒、银屑病的治疗；碳酸氢钠泉，又称"天然苏打水"，可软化皮肤，浴后会感到皮肤光滑柔软，清爽舒适，对创伤、皮肤病有疗效。

因而，矿泉对多种疾病都有不同程度的疗效，有些还具有显著疗效。但是矿泉不同，所能治疗的疾病也就不同，没有包治百病的神泉，所以在实施矿泉治疗时，要牢记"对症下泉"的原则。

温泉矿泉区可开发为旅游疗养胜地。我国各省区几乎都形成了一些以泉为中心的游览疗养胜地。比较著名的理疗泉有：广东从化温泉，云南安宁的"天下第一汤"，陕西骊山华清池，重庆的南温泉、北温泉，广西陆川温泉，东北的五大连池药泉，鞍山汤岗子温泉、兴城温泉，南京汤山温泉，北京小汤山温泉等。福州是我国著名的温泉城，福州市区东部有一条温泉出露带，南北长 5km，东西宽 1km。

（2）品茗佳酿功能

我国有很多泉以水质清洌、甘醇而负盛名，成为以茶肆为中心的旅游点。镇江金山寺的中泠泉水质甘醇，饮之润腹，史称"天下第一泉"；无锡惠山泉历来被誉为"天下第二泉"，泉美、茶香，更以名曲《二泉映月》传扬五洲；天下第三泉杭州虎跑泉晶莹透澈，甘洌醇厚，为西湖诸泉之首，附近盛产龙井茶，"龙井茶叶虎跑水"，乃西湖"双绝"；山东崂山矿泉水含有大量人体所需矿物元素，自古称为"神水""仙饮""积年之疾，一饮皆愈"，有强身之功效，是大自然赐予人类的天然健身饮料，经过加工的崂山矿泉水远销海内外，在国际市场上享有很高声誉。以崂山泉水酿造的青岛啤酒，质佳味美，品之顿觉神清气爽，沁人心脾。

我国多有名酒佳酿，举凡名酒多离不开泉水，茅台、五粮液、青岛啤酒等所使用的都是泉水，正所谓"地有名泉，必有佳酿"。

（3）审美功能

泉水的喷涌和汇集使地方气候温润，植物茂密，有效地美化了环境。如果某处泉水在质量或溢出状态方面很有特点，往往具有特殊的观赏价值，会因此而形成著名的旅游点、居民点乃至城市，如陕西华清池、太原晋祠、甘肃酒泉等。济南便以"泉城"而家喻户晓，刘鹗在《老残游记》中曾云，济南是"家家泉水，户户垂杨"，其中趵突泉、黑虎泉、珍珠泉和五龙潭并称四大名泉，它们各具其妙。福州以"温泉城"著称。四川康定之泉在百眼以上，从冷泉到沸泉，各种温度的泉都有，也是名副其实的泉城。

至于泉的观赏功能，更是多种多样的，有的泉爱缓缓溢出并夹带串串气泡，犹如串串珍珠，故此常命名为"珍珠泉"；有的泉喷涌而出，冒出很高的水头；有的时流时歇，乃至定时而变，格外引人注目，这就是"间歇泉"；"水热爆炸泉"则是突然一声巨响，泉水夹带着大量蒸汽、泥沙直射高空，最高可达 800~900m，极为壮观；"水火同源"奇泉——水火泉，位于台湾台南县关子岭北麓，泉水从岩石裂隙中喷出，流入小水池，水清见底，但是如果用火种去点燃，即会有火焰从水中升起，这是因为地下水中含有甲烷，所以当人们用火种点燃泉水时，实际上是点燃了随水而出的甲烷所致。更有一些奇特的泉水，如杭州龙井泉的水潭，如被搅动，其表面可形成明显的水圈；有的泉则会随着泉水的流淌而涌出了鱼群，漂出了桃花(有的是真正的桃花，有的是外观类似桃花的小型水母类动物)；有的泉流出的不是清亮的泉水，而是在特定情况下化变成乳白色、朱红色、……四川广元县羞泉，像含羞草一样，当有振动时泉水就悄悄隐退，安静片刻又会欢畅地喷涌。此外，云南大理蝴蝶泉、湖南石门县鱼泉、广西桂平的乳泉、甘肃宕昌县潮水泉、西藏的水热爆炸泉等均属观赏泉。

(4)重要的资源

出水量大的泉眼会成为很理想的水源，水质好，又是自然涌出，省却了钻井、提水或抽水之劳。太原晋祠并有三泉，即难老、圣母、善利三泉，其中以难老泉出水量最大。早在战国时代，便已修建沟渠，利用泉水灌溉田地，故宋代范仲淹曾赞曰："千家灌禾稻，满目江南田。皆如晋祠下，生民无旱年。"

温度高的泉水可被用作热源，而且是清洁的、开发投资很小的热源，可用以取暖、种植蔬菜花卉、养殖某些鱼类等。高热泉和沸泉还可用来发电，西藏羊八井地热田已建成世界著名的地热发电站。利用冷泉下泄的势能也可以发电。

当泉水中所含某种矿物质达到较高浓度时，可以从中提炼此种物质，例如已提取的有硫磺、硭硝、碘、溴、硼、锂等，有时可根据泉水成分找矿，例如发现广东从化有温泉氡气含量很高，顺藤摸瓜，最终找到了铀矿。

2.5.1.4　我国的名泉

我国是多泉的国家，仅温泉便有 2600 多处，占世界已发现温泉总量(6000 多处)的 2/5，居世界首位。我国温泉分布范围较广，西藏、云南、台湾、福建为温泉密集区，且水温普遍较高。其他各地也多有分布。

(1)汤岗子温泉

汤岗子温泉位于辽宁省鞍山市区南面，共有泉眼 18 处，水温 57 ~ 72℃。泉水含有钾、铝、钠、镁、硫、氯、氡、可溶性硅酸、重碳酸钠等成分，因而对风湿性关节炎、类风湿、皮肤病、外伤后遗症、慢性妇科病有显著疗效，并可增强体质，有益康复。汤岗子温泉在 1000 多年前已被开发利用，张作霖于此建有"龙泉别墅"。

(2)五大连池温泉

五大连池温泉位于黑龙江省小兴安岭西南，1719—1721 年，此地火山连续喷发，阻塞了白河河道，形成 5 个串珠状的湖泊，故称五大连池。这些火山遗迹都具有观赏价值，但最宝贵的还是泉水及由此而形成的湖泊，不仅可观赏，更有医疗价值。医疗价值最大的为药泉，其疗效极为显著，故被称为"药泉"。最著名的药泉有 4 个，即南饮泉、北饮泉、南洗泉、翻花泉，南、北饮泉为饮疗泉，翻花泉与南洗泉同为浴疗泉。

(3)阿尔山温泉

阿尔山温泉位于内蒙古科尔沁右翼前旗阿尔山镇，共有温泉 48 个，组成南北两个泉群。泉眼密集相距咫尺，却南冷北热。冷泉温度不过3℃，热泉温度则高达48℃，而且水质各不相同，医疗功能也因之而异。有"问病泉""胃病泉""耳病泉""眼病泉"等。

（4）从化温泉

从化温泉位于广东省从化县，"从化温汤好，岭南第一泉"，有泉眼10余处，水温一般在60℃左右，其中以礁石泉、沙滩泉最为著名。泉水中含有钙、镁、钾、钠、氡、二氧化硅等化学元素和矿物质，其中尤以富含氡气为特色，属于氡水泉，对30多种疾病有不同程度的疗效，如神经痛、神经衰弱、关节炎、高血压症等。

（5）福州温泉

福州地区地质活动活跃，在市区东部有一条温泉出露带，温泉带泉眼和热水井密布，水压大，水量足，水温一般在50～80℃，最高达97℃，因而蒸汽缭绕。水中含有钾、钠、硫、钙、镁、铁、氯、氟以及钼、钛、镓等微量元素，对多种疾病疗效显著。

2.5.2 瀑布景观

从河床纵断面陡坡或悬崖处倾泻下来的水流称为瀑布。瀑布是地球内营力和外营力综合作用导致河床不连续的结果。瀑布的景观特色及价值，主要由瀑布的宽度、高度与水量以及瀑布的形态和环境因素的配合所决定，瀑布景观最突出地体现了陆上水体形、声、色三者相结合的动态美。

形成瀑布的原因很多，地壳运动、火山活动以及差别侵蚀等均可造成一定的河床落差而成为瀑布。决定瀑布大小的因素，主要是水量和落差。瀑布有常年性瀑布，也有间歇性瀑布，或随季节更迭而产生节律性变化的瀑布。

我国地形复杂，河川众多，因而也有很多瀑布。我国处于世界最大的大洋——太平洋西岸，又位居世界最大的大陆——亚欧大陆的东部，因而不仅气候明显受到这种海陆位置的影响，瀑布的分布也是秦岭——淮河以南的南方多于北方，东部多于西部，以西藏、四川、云南、贵州、湖南、广西、广东、福建、台湾、江西、浙江、安徽等省区为多。特别在雨季，江南山区常可见到"山中一夜雨，处处挂飞泉"的胜景。

2.5.2.1 瀑布景观的旅游价值

瀑布是自然山水结合的产物，特别具有形声美和动态美，银白的练带自天而降，雷鸣般巨响空谷回荡，飞溅的水珠雨雾蒙蒙，与蓝天、白云、青山、溪潭组成一幅动态的瀑布景观，具有极高的美学欣赏价值。有的瀑布直落千丈，轰然雷鸣，涌雪堆玉，在阳光照射下会出现七色彩虹，以其磅礴的气势令人惊心动魄；有的跳荡蹦溅似飞珠腾玑，如轻纱飘飞，如妩媚的仙女，其声则若管弦丝竹，最后化为霏霏雨雾。所以瀑布是陆地上最活跃、最生动、也是最壮观的水景。出色的瀑布是重要的旅游景观，使旅游区顿然变得生动活泼起来，为旅游区增光添彩。

2.5.2.2 我国著名瀑布

瀑布不仅是旅游者十分热爱观赏的旅游景观，也是历代文人歌咏的对象，对瀑布的赞赏古今相同。

我国瀑布众多，在有水源的山区，几乎都会形成瀑布。其中旅游价值最高的，是我国三大瀑布和南方一些山岳名瀑。

（1）我国三大瀑布

我国 3 个最大的瀑布是贵州黄果树瀑布、山西黄河壶口瀑布、黑龙江吊水楼瀑布。

黄果树瀑布 黄果树瀑布在贵州镇宁县白水河上，宽 84m，落差 68m，是我国第一大瀑布，也是我国风景最优美的大瀑布。瀑布飞泻而下直捣犀牛潭，激起千万银箭般水花，风回气旋，弥漫盘旋。在阳光照射下，半空架起夺目的虹桥。尤其令人称奇者为瀑后有溶洞，长 134m，横贯瀑布两侧，并有"天窗"三处，游人在此"水帘洞"观瀑更觉气势非凡。

其实，黄果树这一地区是一个瀑布群，在黄果树瀑布周围还发现了许多大小不等的瀑布，有 18 个地上瀑布和 4 个地下瀑布，被命名为黄果树瀑布群，它们分布在白水河、打帮河、霸陵何、王二河等北盘江的支流上，黄果树瀑布为其主瀑。这些瀑布形态各异，极尽其妙。其中，高滩瀑布高 130m，总落差达 410m；坝陵桥瀑布高 100余 m；陡坡塘瀑布顶宽 105m。每年雨季，这一带便成了瀑布叠水的世界。

壶口瀑布 位于山西省吉县西面的黄河之上，是我国第二大瀑布。这里两岸山势陡峭，黄河在此切穿吕梁山，河床由宽 300m 骤然收缩为 50m 左右，像一把巨大的壶口，黄河之水被尽数收进。河水跌入 20m 深的河槽中，形成巨大的壶口瀑布，固有"天下黄河一壶收"之说。古诗赞曰；"源出昆仑衍大流，玉关九转一壶收"。由于瀑布巨大的冲刷、侵蚀作用，跌水处逐渐向上游后退，每年大约上移 2～4cm。根据古籍记载，2700 多年来，跌水位置从龙门移至壶口，上移了 3000m 有余，造成的巨沟成了河中之河，被称为"十里龙槽"。枯水季节，河水从正面跌入"龙槽"，落差约15～20m，声震峡谷，水翻浪滚，烟雾自水底升腾而起，映出彩虹，此景称为"水底冒烟"；洪水季节，河水排山倒海而来，正面不足以容纳，还从两侧拥齐跌撞入槽，三面俱成瀑布，"龙槽"泄水不及，水位上升，落差减小，气势反而不如水量少时壮观。这是壶口瀑布独有的特色。

由于四季气候和水量的差异，壶口瀑布也随季节多有变化。壶口瀑布最佳的观赏期有 2 个，一个在春季，一个在秋季。每年春季 4～5 月，正值农历三月之间，漫山遍野的山桃花盛开，岸边冻结的冰崖消融，形成"三月桃花汛"；而到了每年的 9～11月，雨季刚刚过去，两岸山泉小溪汇流，阵阵秋风吹过，常有彩虹出现，叫做"壶口秋风"。这两个时期，瀑布水大而稳，瀑布宽度可达千米左右。远远望去，烟波浩淼，河水奔腾咆哮，以翻江倒海之势，飞流而下。到了数九寒冬，壶口瀑布又换上一派银装玉砌的景象，那瑰丽的冰瀑构成一幅最美的北国风光。

吊水楼瀑布 在黑龙江省宁安县牡丹江上，是我国第三大瀑布。由于历史上此地长白山火山喷发，熔岩流堵塞了河道，形成一个堰塞湖即镜泊湖。湖水从其北面的熔岩裂口溢出，泻入牡丹江，因而形成一个大瀑布。干时瀑布宽约 40m，洪水时节湖水水位抬高，水量大增，使瀑布宽度达到 200m 以上，落差达到 20m。每到寒冬，东北长白山区成为林海雪原，吊水楼瀑布也由水瀑凝成冰石，别有一番景色。

（2）我国南方山岳名瀑

在我国，几乎每一座名山都有名瀑。尤其在我国青藏高原以东、秦岭——淮河以南的南方山地，因地处降水较多的湿润地区，飞瀑流泉到处可见。这些瀑布虽然没有我国三大瀑布那样宽大，但因其落差大，依山势变化而呈千姿百态。加上南方山地的绿树繁花、茂林修竹、奇峰异洞，如仙境般的环境，更为瀑布增添美感。这类山岳名瀑很多，列举如下。

庐山瀑布　大诗人李白在《望庐山瀑布》一诗中写道："日照香炉生紫烟，遥看瀑布挂前川。飞流直下三千尺，疑是银河落九天。"香炉峰瀑布也叫开先瀑布，只是庐山众多瀑布之一。庐山上还有三叠泉、玉帘瀑、黄龙潭和马龙潭瀑布、石门涧瀑布、谷帘泉瀑布以及王家坡双瀑等。其中三叠泉瀑布是庐山第一大瀑布，它位于庐山五老峰下，总落差达 600m，受地形变化而形成三叠，如一条银练当空飞舞，美不胜收。

黄山瀑布　黄山有三大名瀑，分别是九龙瀑、百丈泉和人字瀑。其中九龙瀑在罗汉峰与香炉峰之间，飞流九折而下，每一折冲成一潭，共九折九潭。每当大雨之后，飞瀑像九条白龙飞舞，气势磅礴，可与庐山瀑布相媲美。人字瀑造型奇特，一流从天飞泻而下，途中受地形影响一分为二，把一个大大的"人"字写在天地之间，顶天立地，令人叹绝。

雁荡山瀑布　雁荡山位于浙江南部。雁荡山飞瀑流泉无数。其风景名瀑合称"雁荡十三瀑"，为首的大龙湫瀑布被誉为雁荡风景三绝之一。它从绝壁悬崖直泻而下，落差达 190m，是我国第四大瀑布。清代诗人袁枚曾有《咏大龙湫》一诗，"龙湫山高势绝天，一线瀑走兜罗棉。五丈以上尚是水，十丈以下全是烟。况复百丈至千丈，水云烟雾难分焉。"雷雨过后，大龙湫从悬崖峭壁上奔泻而下，震天撼地。而在雨水稀少的季节，瀑布则从半空悠悠忽忽下坠，雾随风转，阳光照处，烟雾中出现绚丽长虹，此时的瀑布，轻盈、柔美、娇媚、婀娜。而且该瀑还随季节、风力、晴阴等变化，呈现出不同景色。

九寨沟瀑布　九寨沟位于四川北部。九寨沟是一个童话般的明净世界。这里的瀑布群另有一番绚丽景色，其中诺日朗瀑布是其最大的瀑布。瀑布宽约 140m，落差 30~40m，无数股细流织成一道白绢似的水帘，堪称我国最秀丽的瀑布；树正瀑布，位于树正寨附近，宽约 100m，高数十米，水花四溅，云蒸霞蔚，好似一个披着彩霞的美丽轻盈少女。

海螺沟冰川瀑布　海螺沟是我国第一座冰川公园，位于四川省甘孜藏族自治州泸定县磨西乡，景色别具一格。海螺沟是贡嘎山主峰区东坡的冰蚀河谷，这里冰川长达 14.7km，面积为 16km^2，是我国最大的冰瀑。整个冰川自高而低可分为粒雪盆、大冰瀑布、冰舌 3 个阶梯。就在这冰川以下的森林围护之中，竟有温泉，含有多种对人体有益的化学元素，可供游泳戏水，医治病患。

　　台湾瀑布　台湾山地是我国瀑布最多的地区之一，嘉义县的蛟龙瀑布高约1000m，分为4级跌下，是我国落差最大的瀑布。台湾南投县的合欢瀑布也是名瀑。

　　云南大叠水瀑布　是云南最大、最壮观的瀑布，位于云南石林景区。它是巴江水在断层处猛跌而下形成的，高90m，飘飘荡荡，势如云烟，声若霹雳，定名"叠水燕云"，成为云南石林景区的一奇。

　　此外，河南的云台山瀑布、吉林的长白瀑布等，也都是我国较有名的山岳瀑布。只是这两者已不属于南方山地，而是位居北方了。

　　2005年，《中国国家地理》杂志社主办的"选美中国"活动，在"最美的瀑布、湖泊"一项评选结果中，评出了最美的"六大瀑布"和"五大湖泊"。

　　"六大瀑布"是：藏布巴东瀑布（西藏）、德天瀑布（广西）、黄河壶口瀑布（山西、陕西交界）、罗平九龙瀑布（云南）、诺日朗瀑布（四川）、黄果树瀑布（贵州）。

　　"五大湖泊"是：青海湖（青海）、喀纳斯湖（新疆）、纳木错（西藏）、长白山天池（吉林）、西湖（浙江）。

【思考题】

　　1. 水的旅游价值主要体现在哪些方面？

　　2. 三S景观的内涵是什么？我国有哪些此类景观分布地？

　　3. 我国著名水上游览线有哪些？简述长江及其三峡概况。

　　4. 湖泊按成因可分哪些基本类别？

　　5. 我国有哪些重要旅游湖泊？

　　6. 杭州西湖为何被誉为"人间天堂"？

　　7. 简述泉的成因与分类。我国有哪些名泉？

　　8. 简述我国三大瀑布简况。我国有哪些著名的山岳瀑布？

【经验性训练】

　　1. 查找资料，对长江三峡进行模拟导游练习。

　　2. 查找资料，对杭州西湖进行模拟导游练习。

【案例分析】

抚仙湖开发之痛

　　抚仙湖，中国最大的深水型淡水湖泊，位于云南省玉溪市。抚仙湖是一个南北向的溶蚀断层湖，是一颗高原明珠。抚仙湖的水量相当于12个滇池，6个洱海，4.5个太湖。抚仙湖不仅水源珍贵，而且极具生态价值和旅游价值，抚仙湖水质为国家Ⅰ类，蓄水量206.2亿 m^3，占全国淡水湖泊蓄水总量的9.16%，占全国优于Ⅱ类水质淡水湖泊水资源总量的50%以上，对滇中生态环境具有较大影响。2013年12月，抚仙湖被纳入国家江河湖泊生态环境保护15个重点湖泊支持范围。但是，抚仙湖目前状况极不乐观。

　　《云南省抚仙湖保护条例》规定，抚仙湖的一级保护区包括水域和湖滨带，"水域是指抚仙湖最高蓄水位以下的区域，湖滨带是指最高蓄水位沿地表向外水平延伸100m 的范围。"这 100m 范围，即为一条抚仙湖保护的红线。环湖公路内分布的耕地、沙洲及植被，为法律明确规定的环保区域。自 2005 年以来，每年的 8 月 26 日被玉溪市定为抚仙湖保护活动日。

　　然而这一切，都没能阻挡众多的豪华湖景别墅、五星级酒店、高尔夫球场在抚仙湖保护的"绝对禁区"内拔地而起，不少新建建筑和设施都紧临湖水。这些项目被冠以"旅游度假区""休闲胜地""体育公园"等各种名称，但事实上它们大多是房地产开发项目。这些项目正越来越多地占据抚仙湖美丽的湖滨线，巨大的商业利益和脆弱的环保防线冲撞，引发种种争议和担忧。

　　案例思考题：

　　1. 请查找关于抚仙湖的资料，关注抚仙湖的生态环境变化情况。

　　2. 请设想大面积房地产开发对抚仙湖的危害。

　　3. 你认为保护抚仙湖应该采取哪些具体举措？

【本章推荐阅读书目】

1. 江南水乡游. 刘寿如，卢定宇. 河南科学技术出版社，2003.

2. 中国山水文化大观. 段宝林，江溶. 北京大学出版社，1995.

3. 旅游资源概论（第 2 版）. 赵利民，朱廉. 北京理工大学出版社，2014.

第3章 生物景观

【本章概要】

本章讲授生物景观的旅游价值、我国各种旅游生物景观的特点、形成和分布，我国自然保护区的基本状况。

【学习目标】

掌握我国特有的珍稀动植物景观分布情况，掌握我国自然保护区的发展现状。

【关键性术语】

生物景观、国宝动物、珍稀植物、自然保护区。

【章首案例】

拯救盘锦"红海滩"

"红海滩"位于辽宁省盘锦市大洼县双台子河口，是由群生赤碱蓬形成的自然景观。密布在防潮大堤外的潮间带。赤碱蓬，又名盐吸菜、黄细菜，一年生草本植物，主要分布于东北及内蒙古自治区等地，其特点为喜碱、植株呈紫红色。据目前所掌握的资料，环渤海地区，除天津沿海有零星分布外，仅见于盘锦地区。其在双台子河口国家自然保护区，遍布 78km 海岸线，总面积近 $100km^2$。这种植物在每年 4~5 月长出地面，至 9~10 月间便慢慢由绿变红、由红变紫，像一幅巨大的猩红色地毯，铺展在绵延几十千米的平阔海滩上，蔚为壮观。有"红海滩"之誉。

据了解，虽然赤碱蓬在其他地区也有生长，却不像这里的能变红变紫。"红海滩"只在盘锦的沿海滩涂出现，其他沿海地区尚未发现，因此，盘锦"红海滩"堪称"自然之谜""世界奇观"。"红海滩"一带还栖息着 253 种鸟类，其中最为著名的是湿地之神——丹顶鹤。丰富的自然资源和优美的自然景观，已使这块宝地成为辽河旅游的"金三角"。

每当潮消滩阔，簇簇赤碱蓬犹如出水珊瑚，犹如绵绵红毯，犹如天边的红霞，与苇洲碧涛遥相呼应，时而又有水鸟翱翔空际，时而又有毛蟹出入泥穴，共同织就一幅生机盎然、雄奇辽阔的画卷，向人们展示着大自然无限博大的胸怀。漫步在"红地毯"

上，游人最能领略到唐代诗人王勃《滕王阁序》中："落霞与孤鹜齐飞，秋水共长天一色"的意境。

目前，"红海滩"的景观特色及价值得到了旅游界人士的高度评价，并被专家、学者划分为高级旅游资源。1985年盘锦在此建立市级双台子河口自然保护区，1987年升格为省级自然保护区，1988年晋升为国家级自然保护区。此后，"红海滩"在人们的关注中逐渐绽放出迷人的魅力。但是，1998年以后，该保护区的工作人员发现，有些"红地毯"开始出现退化现象。慢慢地，"红地毯"的退化面积越来越大，甚至有的地方全部消失。仔细观察，干枯部分要么是根部发黑，要么是霉烂致死。

这个现象引起了有关部门的高度关注。经过盘锦市环保局科研中心和保护区为期1年的跟踪调查研究，基本确定了是以下两种原因造成的。

其一，与海水的淋洗、浸泡时间有关。具体分析认为，长期以来，潮涨潮落使沿海滩涂淤积面积和高度增加，海水不能漫潮到赤碱蓬的生长地，在日光的照射下，赤碱蓬原来吸收的水分蒸发，盐分却存积下来，超过了赤碱蓬的承受能力，也破坏了赤碱蓬生长的正常规律，最终出现枯死、霉烂的现象。

其二，可能与双台子河上游淡水被大量截留有关。赤碱蓬生长所需的水分应该是不咸不淡的，就是说，它要有适合自己胃口的饮水。以前，双台子河注入海里的水量是很可观的，可是近些年来，随着城市、农业用水量的激增，双台子河上游河水被大量截留，致使补充到海水里的淡水量逐年减少，久而久之，海水的盐分增大，直接或间接地影响了赤碱蓬的生长。

案例思考题：

1. 该如何拯救迷人的红海滩？你知道目前能够采取哪些措施吗？
2. 对此你有何看法与建议？
3. 你知道关于自然保护区的相关知识吗？

生物是地球表面有生命物体的总称，按其性质分为动物、植物、微生物三大类。生物是构成自然地理环境的重要因素之一。在地球陆地表面，由地质地貌、气象气候、水文、土壤、生物等自然要素共同组成的环境，称为自然地理环境。自然地理环境既是一个完整的统一整体，又存在着地域差异。其各组成要素之间不是孤立存在，而是相互联系，相互制约，共同形成地球表面丰富多样的自然带景观。在各个自然景观带中，有什么样的气候条件，就会分布与之相适应的生物。因此生物景观，尤其是具有代表性的一些动植物，可以说是气候环境的镜子，是生态环境的主体，是一个地区自然环境特征的最重要标志。

我国幅员辽阔，自然地理环境复杂多样。且第四纪冰川期期间，我国东南部许多地区未受冰川覆盖，为大陆上的物种和生物群落提供了冰期避难所，所以，我国生物资源种类丰富，类型多样，并有许多珍稀的古老子遗物种。相应的，我国生物景观资源也是丰富多样，独具魅力。

3.1 生物景观与旅游

作为旅游资源的生物景观，主要由观赏性动物与观赏性植物构成，它与旅游的关系极为密切，其旅游功能主要表现为如下几个方面。

（1）构景功能

动植物通过它们的生长过程，显示出特殊的形态、色彩、声音、动态，在风景中起着不可替代的美感作用。春华秋实，候鸟来去，是季节的更替；鹰击长空，鱼翔浅底，是生命的律动；风过竹林，雨打芭蕉，是天籁的音符，……没有这些生命的存在，就不会有勃勃生机。失去生命的色彩，就不会有美丽的风景。此外，人类还赋予动植物鲜明的人格化寓意，使其具有文化环境的标志性。

（2）康乐功能

以绿色植物的修养性功能最为突出。绿色植物不仅使人赏心悦目，而且还有造氧、杀菌、消音、降尘、调节气候等生态效益，非常有利于人体健康。所以现在人们喜欢到一些森林地带旅游，将其称之为"绿色旅游"。动植物还可以给人们提供采集、垂钓、骑乘、狩猎等活动，康体的同时带给人极大的乐趣。一些特殊的物种生存地，成为独具特色的旅游地，如大连附近的"鸟站""蛇岛"，广东新会的"小鸟天堂"，青海湖的"鸟岛"，峨眉山的猴群，洛阳及菏泽的牡丹，漳州的水仙，四川卧龙的大熊猫，大理的蝴蝶会等。此外、动物还具有表演功能，各种驯兽表演，使人们欢乐之余，还能增进人与动物的情感，提高人们热爱动物、保护动物的意识。

（3）求知功能

地球上的生物世界博大深奥，生态系统复杂多样，其间奥妙无穷，趣味无尽，不断有新发现、新认识。不同地域之间生物差别极大，给旅游者带来新奇的同时，使其增长知识，开阔眼界。因此，生物天地具有吸引人们去求知、探奇、科考的旅游功能。一些生物之谜也吸引大量的旅游者去考察和探究，如湖北神农架的"野人之谜"，青藏高原的"雪人之谜"。

湖北神农架的"野人之谜"

神农架位于湖北省西部边陲，由房县、兴山、巴东三县边缘地带组成，总面积3253km²。神农架最高峰神农顶海拔3105.4m，最低处海拔398m，平均海拔1700m，3000m以上山峰有6座，被誉为"华中屋脊"。距今20万年前后，神农架就有古人类活动，在华夏文明的萌芽期，相传神农氏曾在此尝草采药，神农架因此得名。

神农架至今较好地保存着原始森林的特有风貌，属国家级森林和野生动物自然保护区，是当今世界中纬度地带生态保存完好的唯一一块宝地，被联合国教科文组织人与生物圈计划接纳为成员。

神农架是长江和汉水的分水岭，该地区属亚热带季风区，一年四季受到湿热的东南季风和干冷的大陆高压交替影响，以及高山森林对热量、降水的调节，气候宜人。

几千年以来，一个神秘的影子一直笼罩在神农架当地人的脑海中，挥之不去。谁也说不清它到底是什么，人们都在口口相传着一个名字——"野人"。所谓的"野人"究竟是什么呢？

世界上，其他国家也有"野人"的传闻。在美国，称"野人"为"沙斯夸支"，俗称"大脚怪"；在印度、尼泊尔，称"野人"为"雪人"；在中亚和蒙古，把"野人"叫"阿尔玛斯"；在西伯利亚，则叫"丘丘纳"；在非洲，将"野人"称"X人"。它们到底是一些虚幻的传说，还是某个鲜为人知的新物种？

早在20世纪70~80年代，神农架一带就发现过"野人"的脚印、粪便、毛发，而且还有人声称在这一带多次目击"野人"。那么，这里真的有"野人"吗？"野人"真的能在这里生存吗？

神农架处在长江、汉水之间的三峡地段，地形地貌奇特，岩溶洞穴遍布，植被丰富多样，原始森林茂密，人为干扰较少，还有许多人所未及、所未知的神秘原始区域，可食植物及各种野生动物很多，给"野人"的存在、繁衍、觅食、隐蔽提供了必需的环境条件。

神农架的"野人之谜"早已经尽人皆知。然而，"野人"的真面目至今没有展现在人们面前。有一些执著的探索者，他们将青春、激情乃至生命融入神农架这片神奇的原始生态地区，10年、20年、30年、……他们痴心无悔地在神农架原始森林中寻找"野人"的踪迹。他们用生命的力量去求索，用科学的眼光在探寻，一心破解"野人"之谜，揭示人类起源的奥秘。

3.2　我国动物景观资源

3.2.1　我国动物景观概况

我国动物种类繁多，约占世界总数的10%。许多特有动物，如大熊猫、金丝猴、白鳍豚、褐马鸡、扬子鳄、白唇鹿、朱鹮等，均为我国所独有。"国宝"大熊猫堪称世界上最珍贵的动物，其形象已经成为世界野生生物基金会标志，不愧为我国进行国际交往的友好使者。

为保护我国珍贵的动物资源，国家将一些特有物种和珍稀濒危物种列为保护动物，通过立法等形式加以重点保护，如大熊猫、金丝猴、长臂猿、白唇鹿、丹顶鹤、绿孔雀、朱鹮、褐马鸡、牛羚、野骆驼、亚洲象、扬子鳄、白鳍豚、大鲵等，都已被列为一类或二类保护动物。

其中，大熊猫、金丝猴、白鳍豚、白唇鹿被誉为"中国四大国宝动物"。

（1）大熊猫

大熊猫是世界上最珍贵的动物之一，主要分布在我国的四川、甘肃、陕西的个别崇山峻岭地区，数量十分稀少，属于国家一类保护动物，称为"国宝"。它不但被世界野生动物协会选为会标，而且还常常担负"和平大使"的任务，带着中国人民的友谊，远渡重洋，到国外攀亲结友，深受各国人民的欢迎。2006年，四川大熊猫栖息地被列

入世界自然遗产名录。大熊猫身体胖软，头圆颈粗，耳小尾短，四肢粗壮，身长约
1.5m，肩高 60～70cm，体重可达 100～180kg。特别是那一对八字形黑眼圈，犹如戴
着一副墨镜，非常惹人喜爱。

大熊猫的祖先是食肉动物，现在却偏爱吃素，主要以吃箭竹为生。一只成年的大
熊猫每天要吃 20kg 左右的鲜竹。大熊猫性情孤僻，喜欢独居，昼伏夜出，没有固定
的居住地点，常常随季节的变化而搬家。大熊猫的寿命一般为 20～30 年。

大熊猫的家族非常古老。大约在 100 万年前，它们遍布我国的陕西、山西和北京
等地区，在云南、四川、浙江、福建、台湾等地也有它们的踪迹，现在留下来的数量
很少，成为科学家研究生物进化的珍贵的"活化石"。

迄今为止，在全世界，几乎濒临绝迹的大熊猫，只存在于我国四川、陕西、甘肃部
分地区的深山老林中。目前全世界的大熊猫总数仅 1800 多只，而且数量在不断减少。

（2）金丝猴

金丝猴分川金丝猴、黔金丝猴和滇金丝猴 3 个种群，均已被列为国家一级保护动
物。主要的区别是：川金丝猴的脸天蓝色，两侧、胸及后腿金黄色，分布于四川、甘
肃和陕西；滇金丝猴的脸两侧白色，分布于云南、四川和西藏东部；黔金丝猴的两肩
之间有一块卵圆白毛区，分布于贵州与四川之间。

金丝猴是很美丽的，它们嘴大而突出，其鼻孔极度退化，俗称"没鼻梁子"，因而
使鼻孔仰面朝天，所以又有"仰鼻猴"的别称。古时有人担心这种特殊的鼻孔下雨时雨
水会从鼻孔灌进肚子，所以有古书记载金丝猴的尾巴分叉，下雨时用两个尾巴尖堵住
朝天的鼻孔。其实，在陆生哺乳类中并没有尾巴分叉的动物，这种说法应属谣传。

金丝猴的尾巴和身子基本等长，身体上长着柔软的金色长毛，最长可达 30cm，
披散下来就像一件金黄色的"披风"，十分漂亮。如此耀眼夺目的外衣使它得到了"金
丝猴"的美名。

这些美丽的金丝猴身价非同一般，它们与大熊猫齐名，被认为是中国最著名的珍
贵动物之一。它们在国家公布的一类保护动物中名列前茅。

（3）白鳍豚

白鳍豚为我国特产的一种小型鲸。体呈纺锤形，长 1.5～2.5m，重可达 230kg。
白暨豚主要生活在长江中下游及与其连通的洞庭湖、鄱阳湖、钱塘江等水域中，喜在
水深流急处活动。喜欢群居，其活动范围广，但对水文条件要求较高，经常在一个固
定区域停留一段时间，待水文条件发生改变后，又迁入另一地域。白暨豚寿命可达 30
多年，自然繁殖率很低，每 2 年繁殖一次。

白暨豚是食肉动物，常在晨昏时游向岸边浅水处进行捕食，一般以淡水鱼类为
主，也吃少量的水生植物和昆虫。

（4）白唇鹿

白唇鹿是青藏高原特有物种，国家一级保护动物。白唇鹿又名黄鹿、白鼻鹿，因
其角叉的分叉处特别宽扁，故也称做扁角鹿。

该物种为大型鹿类，体重在 200 kg 以上，雄鹿具茸角，雌鹿无角，鼻端裸露，上

下嘴唇、鼻端四周及下颌终年纯白色。

白唇鹿是一种典型的高寒地区的山地动物，分布在海拔3500m以上的青藏高原上。禾本科和莎草科植物是白唇鹿的主要食物，但随着栖息环境的不同，其食物比例和成分也有所改变。白唇鹿每年繁殖一次。每年长茸、脱角一次。

白唇鹿浑身是宝，所以从历史上就是被人狩猎、捕杀的对象。目前分布区都有半野生养殖，野生白唇鹿数量不多。

3.2.2　珍禽异兽及其主要分布

我国有很多以动物著名的旅游区，其中以鸟类著名的有鄱阳湖鸟类自然保护区、青海湖鸟岛、大连老铁山"鸟站"、黑龙江扎龙自然保护区、江苏盐城自然保护区、新疆南疆的巴音布鲁克草原等；以猴类著名的有峨眉山的猴群、湖北神农架与贵州梵净山的金丝猴、海南南湾的猴岛等；以蛇类著名的有大连的"蛇岛"、福建武夷山的蛇园、浙江千岛湖的蛇岛等；其他类的还有西双版纳的大象与绿孔雀、四川卧龙的大熊猫等。

3.2.3　动物的传统文化内涵

在我国传统文化中，一些动物被赋予了鲜明的人文含义。例如，虎——百兽之王，狮——勇猛无畏，象——憨厚善良，马——龙马精神，鸽——和平象征等。

在开发动物景观资源时，一要充分体现保护动物、关爱动物、人与自然和谐共生的理念，二要充分挖掘其固有的传统文化内涵，三要充分注意动物文化内涵中东西文化的差别。只有做好这几方面，动物景观的开发才能够被游客认可，才能带给游客心理上的审美感受。

3.3　我国植物景观资源

3.3.1　我国的珍稀植物

我国是世界植物宝库，共有高等植物2万余种，其中很多种属为我国所特有，银杏、水杉、银杉、金钱松、台湾松、珙桐、香果树、鹅掌楸等，都是我国特有的珍稀树种。尤其是水杉、银杏、鹅掌楸，被列为世界"三大活化石植物"，这些树木目前在世界其他地方，仅以化石的形式保存于地层中，而在我国，它们还依然生机勃勃，并通过人工栽培，分布到我国很多地方。

（1）水杉

"科学上的惊人发现——1亿年前称雄世界而后消失了2000万年的东方红杉，在中国内地一个偏僻的小村仍然活着！"这是1948年3月25日美国《旧金山纪事报》上登载的一条头号新闻。

这里所说的"东方红杉"或叫"黎明红杉"，就是水杉。

水杉为我国国家Ⅰ级保护植物，据古植物学家的研究，水杉是一种古老的植物。

远在 1 亿多年前的中生代上白垩纪时期，水杉的祖先就已经诞生于北极圈附近。当时地球上气候非常温暖，北极也不像现在那样全部覆盖着冰层。之后，大约在新生代的中期，由于气候、地质的变迁，水杉逐渐向南迁移，分布到了欧、亚、北美三洲。根据已发现的化石来看，几乎遍布整个北半球，可说是繁盛一时。

到了新生代的第四纪，地球上发生了冰川运动，水杉抵抗不住冰川的袭击，从此绝灭无存，只剩下化石上的遗迹。可是实际上它并不是真正的全军覆没。当世界各地的水杉被冰川消灭时，中国却有少数水杉躲过了这场浩劫。其原因是第四纪时，中国虽然也是冰川广泛分布，但中国的冰川不像欧美那样成为整块的巨冰，而是零星分散的山地冰川，这种山地冰川从高山奔流直下，盖住了附近一带，却留下了不少无冰之处，一部分植物就可以在这样的"避难所"中继续生存。我国有少数水杉，就是这样躲进了川、渝、鄂交界一带的山沟里，活了下来，成为旷世的奇珍。

水杉素有"活化石"之称。它对于古植物、古气候、古地理和地质学，以及裸子植物系统发育的研究均有重要的意义。此外，它树形优美，树干高大通直，生长快，是亚热带地区平原绿化的优良树种，也是速生用材林树种。

（2）银杏

银杏俗称白果、公孙树。国家 II 级保护植物。最早出现于 3.45 亿年前的石炭纪，曾广泛分布于北半球的欧、亚、美洲，与动物界的恐龙一样称王称霸于世。至 50 万年前，发生了第四纪冰川运动，地球突然变冷，绝大多数银杏类植物濒临绝种，唯有我国自然条件优越，才奇迹般的保存下来。所以，科学家称它为"活化石""植物界的大熊猫"。目前，浙江天目山、湖北大别山、神农架等地都有野生、半野生状态的银杏群落。毫无疑问，国外的银杏都是直接或间接自我国传入的。

（3）鹅掌楸

鹅掌楸为落叶大乔木，国家 II 级保护植物。因形得名。又叫马褂木，这是因为鹅掌楸的叶片不仅像鹅掌，还像挂在树梢上的小马褂。鹅掌楸属于木兰科，是一种高可达 40m 的落叶大乔木。鹅掌楸的花有些像郁金香，因此，它的英文名称是"Chinese Tulip Tree"，译成中文就是"中国的郁金香树"。鹅掌楸是一种具有 1 亿年以上历史的古老的被子植物。鹅掌楸在中生代侏罗纪晚期生长在北半球纬度较高的北欧、格陵兰和阿拉斯加等地。到了新生代第三纪，鹅掌楸广泛分布在欧亚大陆和北美洲，第四纪冰川以后仅在我国的南方和美国的东南部有分布，成了孑遗植物。因此，我国的鹅掌楸和北美鹅掌楸都是十分古老的树种，它们对于研究东亚植物区系和北美植物区系的关系，对于探讨北半球地质和气候的变迁，具有十分重要的意义。

3.3.2 著名植物景观旅游地

我国以植物著名的旅游地遍布大江南北，很多风景名胜区也都有各种植物的观赏点，其中，北京香山的红叶，洛阳与菏泽的牡丹，昆明的山茶，漳州的水仙，杭州、无锡、南京等地的梅花，杭州西湖的"曲院风荷"，四川的"蜀南竹海"，广东小榄的菊花，都中外驰名。另外，黄山的奇松、泰山的五大夫松、陕西黄陵县黄帝陵前的轩辕柏、山西晋祠的周柏、河南嵩山嵩阳书院的大将军柏与二将军柏、台湾阿里山的"神木"等名木古树，享誉海内外。全国各地举办的"牡丹节""菊花会""荔枝节""槐花节"等节日盛会此起彼伏，盛况空前。牡丹和菊花备受我国人民的喜爱。

另外，草原和森林也属于植物旅游景观范畴。从草原旅游景观来说，我国草原面积广阔，有内蒙古草原、新疆高山草地、青藏高寒草原以及南方山地丘陵草地。类型多样，适宜开展不同类型的旅游活动。比如，内蒙古大草原辽阔坦荡，可以开展骑马、射箭等活动；天山草地繁花似锦，又和森林、雪山相伴，美丽多姿，宜于观景。南方山地丘陵草地，则适宜登山、游览等。

我国有三大林区：东北林区、东南林区和西南林区。其中东北林区面积最大，冬季有林海雪原景观，还开发了许多滑雪场、狩猎场等。旅游价值从目前来看，是最高的，也是开发最好的。东北林区还出产"东北三宝"，更受游客们的青睐。

3.3.3 植物的传统文化内涵

在我国传统文化中，很多植物被赋予了文化内涵。例如，松柏——长寿、坚贞不屈，梅——独傲霜雪，竹——虚心有节，菊——谦谦君子，荷——洁身自好，桂——才华冠群，兰——隐逸君子，牡丹——富贵荣华，水仙——凌波仙子等等。

一些文化内涵相近的花木，还可以形成固定的组合。如"岁寒三友"——松、竹、梅；"花中四君子"——梅、兰、竹、菊，等等。

蜀南竹海

蜀南竹海位于四川南部的宜宾地区，长宁、江安两县，这里漫坡遍野生长着茂林修竹。如碗口粗的楠竹，郁郁葱葱，一望无际，总面积达 $40 \mathrm{~km}^2$。

如此广阔、幽美的竹海，举世罕见。千百年来，它那万顷碧波，曾吸引了多少人前去赏游！相传北宋诗人黄庭坚谪居宜宾时，曾来此一游，连声赞叹："壮哉！"他还当即拿起一把扫帚作笔，在山石上写下了"万岭菁"3 个大字。从此，蜀南竹海又称"万岭菁"。

竹海的形成，主要是依赖这里得天独厚的地理环境。这里海拔 $600 \sim 1000 \mathrm{m}$，冬季气温也在 0℃ 以上，雨量充沛，温暖湿润。土质酸性，含氮、含铁量高。

这里的竹海，过去只是作为楠竹生产林地，没有作为旅游资源开发。现在，通过旅游开发宣传，早已经是国内外闻名的旅游胜地，跻身于国家级风景名胜区和中国旅游胜地之列。

3.4 我国的自然保护区

3.4.1 自然保护区的概念及发展

自然保护区又称"自然禁伐禁猎区"、自然保护地等。是为了保护珍贵和濒危动、植物以及各种典型的生态系统，保护珍贵的地质剖面，为进行自然保护教育、科研和宣传活动提供场所，并在指定的区域内开展旅游和生产活动而划定的特殊区域的总称。简而言之，自然保护区就是国家为保护特殊的自然环境、自然资源、生态系统等而划定的区域。保护对象还包括有特殊意义的文化遗迹等。

自然保护区往往是一些珍贵、稀有的动、植物种的集中分布区，候鸟繁殖、越冬或迁徙的停歇地，以及某些饲养动物和栽培植物野生近缘种的集中产地，是具有典型性或特殊性的生态系统，也常是风光绮丽的天然风景区，具有特殊保护价值的地质剖面、化石产地或冰川遗迹、岩溶、瀑布、温泉、火山口以及陨石的所在地等。

自然保护区的设立，最主要目的是为了保护——保护各种重要的生态系统及其资源、环境，拯救濒危物种，保护自然历史遗产，不允许任意破坏。因为随着生产力的不断发展，人类改造大自然的能力逐步提高，对自然的干预和破坏也随之加剧，导致现代地球生存环境的不断恶化，不仅威胁到很多物种的生存，也直接或间接危害到人类自身安全。越来越多的动植物物种灭绝，或接近灭绝而成濒危物种。如果人类不采取有效措施，仍然一意孤行，任其发展下去，必将导致全球生态平衡的严重破坏，人类也将面临灭顶之灾。建立自然保护区，就是人类挽救地球、拯救生存环境采取的一项重要措施。

世界各国划出一定的范围来保护珍贵的动、植物及其栖息地已有很长的历史渊源，但国际上一般都把 1872 年经美国政府批准建立的第一个国家公园——黄石公园看作是世界上最早的自然保护区。20 世纪以来自然保护区事业发展很快，特别是第二次世界大战后，在世界范围内成立了许多国际机构，从事自然保护区的宣传、协调和科研等工作，如"国际自然及自然资源保护联盟"、联合国教科文组织的"人与生物圈计划"等。目前全世界自然保护区的数量和面积不断增加，并成为一个国家文明与进步的象征之一。

自 1872 年，美国建立了世界上第一个国家公园，即世界上第一个自然保护区之后，世界各国陆续建立了许多自然保护区。自然保护区在一些国家已成为非常重要的旅游资源，特别是非洲的一些国家，如坦桑尼亚、肯尼亚和南非等。其中坦桑尼亚一国就建有 10 多个国家动物公园，11 个野生动物保护区，40 余个"控制区"。现在野生动物保护区已成为这些国家最大的旅游吸引力。

我国自然保护区建设开始于 1956 年，建立的第一个自然保护区是广东肇庆的鼎湖山自然保护区。截至 2012 年底，我国共建立各级自然保护区 2669 个，占国土面积的 14.9%，超过 12% 的世界平均水平的 12%，其中国家级自然保护区 363 个，以自然保护区为主体的生物多样性保护网络基本形成。这对保护自然资源和生态环境，特别是保护珍稀濒危物种发挥了重要作用。不仅如此，几乎所有的自然保护区都进行了生态旅游开发，为当地旅游事业发展做出了贡献。

我国第一个自然保护区

我国第一个自然保护区是广东肇庆鼎湖山自然保护区。鼎湖山有"岭南第一名山"之美名，地处北纬 23°10′，东经 112°34′，因其完整地保存了具有 400 多年历史的地带性植被——南亚热带季风常绿阔叶林，因而被中外科学家誉为"北回归沙漠带上的明珠。"

打开世界地图，沿着北纬 23.5°，即北回归线，我们会看到这一条带区域基本上是沙漠广布，从非洲的撒哈拉沙漠，到阿拉伯半岛的沙漠，再到北美洲墨西哥境内的沙漠，……因此这一带被称为"北回归沙漠带"。鼎湖山正是地处北回归线附近，但是此地不仅不是沙漠，而且是一片绿色植被的海洋。正是因关它填补了北回归沙漠带地带性植被的空白，1956 年为保护其珍贵的植被生态系统，我国将其建成国家第一个自然保护区。

鼎湖山自然保护区占地面积 1133 万 m^2，最高峰鸡笼山山顶海拔高度 1000.3m。有高等植物 267 科 877 属 1863 种，16 个自然植被类型，兽类 38 种，爬行类 20 种，鸟类 178 种，蝶类 85 种，昆虫 681 种。保护区设有实验室、图书馆、展览室、标本室、讲座室和接待室，建有珍奇观赏植物园、鼎湖山珍稀濒危植物园、华南杜鹃园、竹园，进行生态研究观察。鼎湖山作为我国第一个自然保护区，1979 年又成为我国第一批加入联合国科教文组织"人与生物圈"计划的保护区，建立了"人与生物圈"研究中心，成为国际性的学术交流和研究基地。

鼎湖山从山麓到山顶依次分布着沟谷雨林、常绿阔叶林、亚热带季风常绿阔叶林等森林类型。而保存较好的南亚热带森林典型的地带性常绿阔叶林，是有 400 多年历史的原始森林。鼎湖山因其特殊的研究价值闻名海内外，被誉为华南生物种类的"基因储存库"和"活的自然博物馆"。

鼎湖山与七星岩一起于 1982 年组成肇庆星湖风景名胜区，成为国家首批 44 个重点风景名胜区之一。

3.4.2 自然保护区的作用

自然保护区不仅对于保护濒危生物物种和群落有重要作用，同时也为人们探索自然奥秘、开展生态旅游活动提供了极佳的场所。具体说来，自然保护区的作用主要有以下 6 点：

（1）为人类提供研究自然生态系统的场所；

（2）提供生态系统的天然"本底"，对于人类活动的后果，提供评价的准则；

（3）是各种生态研究的天然实验室，便于进行连续、系统的长期观测以及珍稀物种繁殖、驯化的研究等；

（4）是宣传教育的活的自然博物馆；

（5）保护区中的部分地域可以开展旅游活动；

（6）能在涵养水源、保持水土、改善环境和保持生态平衡等方面发挥重要作用。

3.4.3 我国自然保护区的类型

根据自然保护区保护对象与保护目的的不同，我国自然保护区大致可分为 6 种类型：

（1）以保护完整的综合自然生态系统为目的的保护区。如长白山自然保护区、武夷山自然保护区、西双版纳自然保护区等。

（2）以保护珍贵动物为主的保护区。如扎龙自然保护区和盐城自然保护区，以保护水禽为主。四川的卧龙以保护大熊猫为主。

（3）以保护珍稀孑遗植被为主的保护区。如广西花坪和重庆金佛山，以保护银杉等珍贵树种为主。

（4）以保护自然风景为主的保护区。如四川九寨沟、重庆缙云山、江西庐山等。

（5）以保护地质剖面和特殊地貌为主的保护区。如四川黄龙寺、黑龙江五大连池、云南腾冲等。

（6）以保护沿海自然环境和自然资源为主的保护区。如以保护红树林为目的的海南东寨港自然保护区等。

3.4.4　我国自然保护区的保护方式

我国人口众多，自然植被少。自然保护区不能像有些国家那样采用原封不动、任其自然发展的纯保护方式，而应采取保护、科研教育、生产相结合的方式，而且在不影响保护区的自然环境和保护对象的前提下，还可以和旅游业相结合。因此，我国的自然保护区内部大多划分成核心区、缓冲区和外围区3个部分。

核心区是自然保护区内未经或很少经人为干扰过的自然生态系统的所在地，或者是虽然遭受过破坏，但有希望逐步恢复成自然生态系统的地区。该区以保护种源为主，又是取得自然本底信息的所在地，而且还是为保护和监测环境提供评价的来源地。核心区内严禁一切干扰。

缓冲区是指环绕核心区的周围地区。它是试验性和生产性的科研基地，如饲养、繁殖和发展本地特有生物；对各生态系统物质循环和能量流动等进行研究；也是保护区的主要设施基地和教育基地。

外围区位于缓冲区周围，是一个多用途的地区。除了开展与缓冲区相类似的工作外，还包括有一定范围的生产活动，还可有少量居民点和旅游设施。

上述在自然保护区内分区的做法，不仅使自然保护区保护了生物资源，而且又成为教育、科研、生产、旅游等多种目的相结合的、为社会创造财富的场所。

【思考题】

1. 动植物与旅游有何关系？
2. 我国有哪些珍稀动植物景观分布地？
3. 你知道动植物文化内涵方面东西方的差别吗？举例说明。
4. 什么是自然保护区？其作用和保护类别有哪些？
5. 简述我国自然保护区的保护方式。
6. 如何处理好自然保护区保护与旅游开发的关系？

【经验性训练】

1. 参观当地的植物园，学习辨认各种植物。

2. 学校附近是否有自然保护区？通过实地考察，分析其保护的内容、保护的方式以及旅游开发的现状、存在问题，并研究解决措施。

【案例分析】

神奇的蛇岛—老铁山自然保护区

辽宁省大连市旅顺口附近的渤海湾里，有一个面积不足 2km² 的小岛，名字叫蛇岛，因为在这个小岛上，栖息着近 2 万条黑眉蝮蛇。蛇岛对面的辽东半岛南端，有一座老铁山，是候鸟南北迁徙的中转站，每年春秋两季，有上三万只候鸟在这里停歇，故名鸟站。蛇岛、鸟站形成了一个特殊的生态环境系统，1980 年在这里建立了蛇岛—老铁山国家级自然保护区。

案例思考题：

1. 看地图并查找资料，分析蛇岛、鸟站的形成条件以及旅游价值。
2. 该自然保护区如果进行生态旅游开发，应该注意些什么？

【本章推荐阅读书目】

1. 中国生态旅游．章采烈．对外经济贸易大学出版社，1996.
2. 桃源幽韵——中国自然保护区览胜．赵青儒．中国旅游出版社，2002.
3. 中国旅游地理．庞规荃．旅游教育出版社，2003.
4. 中华人民共和国自然保护区条例．中华人民共和国国务院令第 167 号．中国政府门户网站　www.gov.cn[2005-09-27]
5. 生态旅游．乌兰，李玉新．经济管理出版社，2010.

第4章 天象与气候景观

【本章概要】

本章讲授天象、气候的旅游价值；我国各种天象、气候景观的特点、形成和分布；我国气候景观的地区差异以及对天象、气候景观开发利用的现状和前景。

【学习目标】

掌握天象、气候的概念、分类、分布及特征；形成对同类、异类天象与气候景观的分析、对比、识别、判断能力，进而形成或提高对该类景观即景导游的能力。

【关键性术语】

天象、气候、佛光、蜃景、雾凇。

【章首案例】

中国四大避暑胜地

——开发宣传气候旅游资源的成功范例

历史上河南鸡公山、江西庐山、浙江莫干山与河北北戴河，合称中国四大避暑胜地。

鸡公山，位于河南省信阳市南38km的豫鄂两省交界处，海拔约800m。作为人们避暑游览的风景区，始于20世纪初，兴盛于20世纪20～30年代，建设发展历史逾百年。鸡公山海拔不高，但位置独特，有高山气候，却无高山反应。夏无酷暑，气候凉爽。夏季平均气温24℃，"午前如春，午后如秋，夜如初冬"，特别适宜疗养避暑。它是由奇峰怪石、泉溪瀑布、山村田园、楼台亭榭等诸多因素构成的自然风景区，被誉为"中国避暑胜地，豫南云中公园"。

庐山，位于江西省九江市南，因其地处中国亚热带东部季风区域，北临长江，东临鄱阳湖，山高谷深，具有鲜明的山地气候特征。年均降水量1917mm，年均雾日191天，年平均相对湿度78%，每年7～9月平均温度16.9℃，夏季极端最高温度32℃。良好的气候和优美的自然环境，使庐山成为世界著名的避暑胜地。

莫干山，位于浙江省德清境内，是美丽富饶的沪、宁、杭金三角的中心。因春秋末年，吴王派莫邪、干将在此铸成举世无双的雌雄双剑而得名。莫干山虽不及泰岱之雄伟，黄山之神奇，但却以独具魅力的江南山水神韵，以竹、云、泉"三胜"和清、静、凉、幽"四优"驰名中外。莫干山的夏天是极富特色的，"晨起如春，夜眠如秋"，"白天不用扇子，晚上不离被子"，颇有"六月如霜天"之感。墨竹遍山，清泉竞流。夏日漫步山间竹径，流泉淙淙，飞瀑轰鸣，氤氲雾气，缭绕衣裙，素有"清凉世界"的美誉。

北戴河，位于河北省东北部渤海之滨。宜人的气候，使北戴河海滨成为驰名中外的旅游避暑胜地。这里受海洋气候的调节，一年之中，夏无酷暑，冬无严寒，暑期平均气温只有24.5℃。日最高气温超过30℃的天数，平均只有 6 天。再有阵阵海风吹拂，就更显得凉爽宜人了。且空气清新，为疗养、旅游事业发展提供了得天独厚的自然条件。

案例思考题：

1. 我国四大避暑胜地是开发、宣传气候旅游资源的成功范例。它们有何异同点？

2. 为什么许多避暑条件类似，甚至要好于四大避暑胜地的山区或海滨，至今仍然默默无闻？

3. 你知道我国有哪些著名的避寒胜地吗？分析其中之一的形成原因及开发现状。

4.1　天象、气候景观与旅游

天象，原指天文、气象方面的现象，如日月星辰、霞光云雾等。天象景观则指在特定地理环境下，天文、气象因素所表现出来的奇异景观，称之为天象景观，也可称为天象奇观。

由于天象奇观具有独特性、神秘性和不可预测性，正好能够满足游客求奇、求异的心理，所以对游客有很强的吸引力，成为一种特殊的旅游资源。

气候是指某一地区多年天气特征的综合。它的形成，主要受太阳辐射、大气环流、地面状况、人类活动等因素的影响，但太阳辐射始终是形成气候的最基本因素。太阳辐射的强弱是由一个地方所处的纬度位置决定的，在地求表面，太阳辐射在不同纬度上的分布是不均匀的，因此各地所获得的热量也不同。太阳辐射随纬度增加而减少，并且随季节发生变化。所以从全球来看，有各种不同的气候类型；从某一地区来看，则有不同的季节。

气候对自然景观与人文景观的形成都有巨大的影响。一个地区的气候特征，通常是用气温、降水、气压和风等因素的状况来表示的。一个地方的冷热干湿状况，直接影响到该地的植被生长和动物的种属，也影响到当地的土地资源状况和水资源状况，是一个地方自然景观形成的主要因素。气候条件还决定当地的农业生产方式和经营种类，影响民居的结构形式，甚至于民间的服饰与饮食都与气候密不可分。因此可以说，气候因素也是形成人文景观差异的重要因素。自然景观和人文景观的差异，便构成旅游资源的地区差异性，而旅游资源的地区差异性，正是人们进行旅游活动的主要动机。从这个意义上说，气候因素是人们进行旅游活动的最大的自然背景条件。

气候还决定一个旅游地的旅游淡旺季。旅游者外出旅游，多数会选择在旅游目的地的最佳气候时节，以达到最佳的旅游效果和旅游享受。一般认为，当气温在 10 ～ 23℃，相对湿度在 65% ～85%，风速在 2m/s 左右，人体感觉舒适，为康乐气候。

特殊的气候环境还能提供特殊的旅游项目。像寒冷地带冬季的滑冰、滑雪，山地气候夏季的避暑、休闲、疗养等。

由于我国领土面积广大，各地纬度分布、距海远近、地形地势等方面有很大的差异，形成各地不同的天象、气候类型，天象、气候旅游景观丰富多彩。

4.2　我国主要天象奇观类型

我国天象奇观，目前吸引力较大，能够成为旅游景观的，主要包括佛光、蜃景、日出、夕照、云霞、冰雪、雾凇等等。

4.2.1　云、雾、雨景

云、雾、雨都是空气中的水汽遇冷凝结形成的，是温暖湿润地区或温暖湿润季节常出现的气象景观。薄云、淡雾、细雨，赋予大自然一种朦胧之美，其中景物似有似无，若隐若现，令人琢磨不定。这种景象常常使人感觉好像到了虚无缥缈的仙家境界，产生虚幻、玄妙、神秘之美感。

（1）云

我国很多山地是欣赏云海的佳境。黄山的云海是其"黄山四绝"之一。庐山、峨眉山、阿里山、泰山等山地的云海也是远近闻名。古诗云"曾经沧海难为水，除却巫山不是云"，这只是诗人的偏爱，其实我国湿润、半湿润地区的山地，甚至是一些海拔较高的丘陵，都可以欣赏到云海奇观，只是云海的气势、形态、浓淡等有差别。

（2）雾

宋代画家郭熙在《林泉高致》中说"山无云则不秀"，"山欲高，尽出之则不高，烟霞锁其腰则高矣；水欲远，尽出之则不远，掩映断其脉则远矣。"这里所谓的"烟霞"，实际上就是云雾，飞舞飘动、时浓时淡、在光影中形态色彩变幻无穷的云雾。

我国云雾较多的地方，除一些山地之外，平原或盆地中也有很多，如关中平原、四川盆地和长江中下游平原。"草堂烟雾"为关中八景之一。四川盆地的重庆，就是我国有名的"雾都"。雨季时的江南水乡，常常烟云笼罩，迷蒙一片，给人朦胧的美感。正像王维诗中所云："江流天地外，山色有无中。"

（3）雨

雨景在我国不同的地方、不同的季节，给人的感觉是不同的。有"大雨落幽燕，白浪滔天"的大雨，有"斜风细雨不须归"的小雨，有"巴山夜雨涨秋池"的秋雨，有"清明时节雨纷纷"的春雨。在古今诗人的笔下，不管是哪一种雨，都有它不同的美感。在我国各地的雨景中，江南春雨、巴山夜雨、潇湘烟雨、峨眉山的洪椿晓雨等，都是著名的雨景，极为国内外游人所称道。

4.2.2 冰雪、凇景

（1）冰雪

"北国风光，千里冰封，万里雪飘。"冰雪在我国北方，尤其是东北地区，冬季极为常见。在其他地区较高的山地中，也有雪景出现。在我国，著名的雪景有东北的林海雪原，还有"太白积雪""西山晴雪""玉山积雪"等，甚至在我国亚热带的杭州，还有"断桥残雪"，为"西湖十景"之一。洁白的积雪深受人们喜爱，除了欣赏它冰清玉洁的美景之外，它还能给人们提供滑雪、雪橇、雪雕、打雪仗等多种娱乐运动项目。冰雪旅游被称为"白色旅游"，越来越受人们的欢迎。

哈尔滨的冰雪节是我国最著名的冰雪节日。哈尔滨的冰雪节最初源于其冰灯艺术。哈尔滨自 1963 年始办冰灯艺术博览会，在兆麟公园成功地举办了 32 届，并连续创造了 7 项吉尼斯世界纪录，是目前世界上形成时间最早、规模最大、已成为传统项目的大型室外露天冰灯艺术展。由此当地政府产生了举办"哈尔滨之冬"冰雪节的设想，于 1985 年 1 月 5 日，在冰灯游园会所在地兆麟公园的南门外举行了隆重的开幕式，并宣布，以后每年从 1 月 5 日开始都举行为期 1 个月的哈尔滨冰雪节。继日本札幌雪节、挪威奥斯陆滑雪节、加拿大魁北克冬令节之后，哈尔滨冰雪节跻身于世界四大冰雪节庆活动之列，哈尔滨由此成为世界著名的冰雪旅游胜地。

滑雪是近年来在我国北方广泛开展的一项体育旅游项目，大量的滑雪场应运而生。目前我国的天然滑雪场主要集中在东北，人工滑雪场主要集中在一些大城市近郊。最著名的滑雪场是亚布力滑雪场。

亚布力滑雪场位于黑龙江省尚志市东南部亚布力镇境内的长白山山脉之中，距离哈尔滨东南 200km 处，这里是中国滑雪旅游业的发祥地，人们对滑雪的认识最初大都来源于对亚布力滑雪场的认识。该滑雪场始建于 1980 年，是目前我国最大的综合性滑雪训练和比赛基地及南极训练基地。该滑雪场建成后承办了多次不同级别的冬季运动会雪上比赛项目。

亚布力滑雪场四季风景秀丽，当年《林海雪原》的故事就发生在这里。由于这里山形地貌独特，雪质丰厚，硬度适中，积雪期长，积雪最深可达 1m 以上，形成了优质的雪场。凭借其林海雪原风光和优质的雪场，这里已经成为我国滑雪旅游的首选地。每到冬天，这里都会迎来大量的海内外游客。

此外，像吉林省的北大湖、松花湖、净月潭滑雪场，河北木兰围场滑雪场、塞北滑雪场、翠云山滑雪场，内蒙古凤凰山滑雪场，云南省玉龙雪山旅游滑雪场，四川省成都西岭雪山滑雪场、峨眉山滑雪场，北京怀北国际滑雪场、八达岭滑雪场、香山滑雪场、军都山滑雪场，新疆天山滑雪场等，也都是目前我国国内著名滑雪场。

（2）凇

凇分雨凇和雾凇，是我国北方和各地山地冬季常见的一种美景。雨凇是寒冷时过冷却的雨滴或毛毛雨碰到任何物体上很快就冻结起来的冰层。雨凇常见于冬季南方湿润的山区，如峨眉山、九华山、衡山、庐山、黄山等都是雨凇的多发地。漫山遍野的山地常绿树林，被雨凇包裹成水晶玻璃世界，玲珑剔透，格外美丽。

雾凇又名树挂，是寒冷的北方冬季可以见到的一种类似霜降的自然现象，它其实也是霜的一种。颗粒状霜晶便称为雾凇，它是由冰晶在温度低于冰点以下的物体上形成的白色不透明的粒状结构沉积物。过冷水滴（温度低于0℃）碰撞到同样低于冻结温度的物体时，便会形成雾凇。

雾凇可分为两类，一类是雪似的粒状冻结物，一类是霜似的晶状冻结物。"吉林树挂"是我国最著名的雾凇奇景，被誉为"中国四大自然奇观"之一。

为什么吉林市的雾凇如此著名呢？

原来，关键是因为这里存在着"严寒的大气"和"温暖的江水"互相矛盾的自然条件。吉林市冬季气候严寒，清晨气温一般都低至 −20 ～ −25℃，尽管松花湖面上结了1m厚的坚冰，但从松花湖大坝底部丰满水电站水闸放出来的湖水温度却在4℃。这25～30℃的温差使得湖水刚一出闸，就如开锅般地腾起浓雾。数十里云雾长龙随松花江水源源流过吉林市区，十分壮观。这就是美丽的吉林雾凇的原料来源。它使得江畔长堤上的大柳树成了"白发三千丈"的雪柳，苍松则成了"玉菊怒放"的雪松。这种得天独厚条件形成的雾凇即奇厚又结构疏松，因而显得特别轻柔丰盈、婀娜多姿、美丽绝伦。在全中国，以至更大范围内，哪里能再找到这样的条件呢？一般低温地区不可能有不冻的江水，而江水不冻的地区又决不可能有如此低温的大气环境。可见，在中国四大自然奇观中，桂林山水、云南石林和长江三峡都是"天生丽质"，而独吉林雾凇是"人工仙境"，即丰满水电站建成发电后才有的。

据吉林气象站记录，吉林雾凇季节一般从每年的11月下旬开始，到次年的3月上旬结束。一冬可出现50～60次，其中冬至以后出现频率最频繁。正是"一夜寒风起，遍地梨花开。"一到冬季，松花江畔到处是玉树银枝，十里长堤银柳闪烁，玉松怒放，把大地点染成银装素裹的奇妙世界。吉林雾凇以造型优美而著称，雾凇一般从傍晚开始，随入夜气温逐渐降低而不断加厚，翌日上午9：00左右是观赏的最佳时间，中午前后逐渐消融脱落。

吉林市自1982年起，开发这项特色旅游景观资源，自此每年按期举办雾凇冰雪节，大批海内外游客竞相前来。

4.2.3　日、月、霞光景观

日、月、霞光虽然属于天象景观，但对它们的观赏常常不是单独进行的，而是和气候、地理环境等因素结合在一起，这些因素直接决定日、月、霞光的观赏条件和观赏效果。

（1）日出、日落

太阳的光和热是地球上能量的最基本源泉，不论哪个民族的人民，自古至今，都对太阳充满了热爱。日出与日落时分的太阳，尤其会给人带来很多美感享受。日出景色气势磅礴，蒸蒸日上，代表着一天的开始，有朝气蓬勃之内涵，所以许多旅游景区都有观日出之处。观日出是我国一项传统的旅游活动。最美丽的日出景观，一是海上日出，一是山地日出。我国最有名的观日出景点大多位于山地东侧山崖上，远近无高山遮挡，眼界开阔。如泰山的日观峰、荣成的成山角、蓬莱的丹崖山、北戴河的鹰角石、庐山五老峰、华山朝阳峰、衡山祝融峰等。日落景象虽不如日出令人心情振奋，但夕阳与晚霞映红天半，给大地涂上一层绚丽的色彩，"苍山如海，残阳如血"，自有其独特动人之处。

（2）月景

月亮对很多人来说更是情有独钟。在我国古今诗文中，月亮屡屡出现，用它的清光照亮夜的世界，也照亮人的心灵。"床前明月光，疑是地上霜。举头望明月，低头思故乡。""明月几时有，把酒问青天。""海上生明月，天涯共此时。"歌咏月亮的诗句不胜枚举，说明人类对月的偏爱。在我国各地景观中，以月景著名的，也如月的诗句，不胜枚举。如泰山的"云海玉盘"，西湖的"平湖秋月"，桂林的"象山夜月"，峨眉山的"象池夜月"，北京的"卢沟晓月"等。我国三大传统节日之一的中秋节，就是观月赏月的节日。举家团聚，共赏明月，相互祝福。即使身在远方，也可托明月寄相思，"但愿人长久，千里共婵娟。"既使孤身一人，也可以月为友，"举杯邀明月，对影成三人。"嫦娥奔月的古老传说，阴晴圆缺的月相变化，更赋这朦胧的月色平添神秘与虚幻。

（3）霞光

霞光多出现在日出与日落时分。无论朝霞还是晚霞，都是色彩艳丽，常呈红、黄、橙等颜色，而且随日出或日落变幻无穷。霞光与周围其他景致交相辉映，常常构成一幅幅绚丽壮美的画卷。像"落霞与孤鹜齐飞，秋水共长天一色"，既是千古名句，又是天下绝景。而泰山四大自然美景中，就有"旭日东升"和"晚霞夕照"。

4.2.4　佛光、蜃景

佛光和蜃景都是气象中最神奇的景观，都是阳光在一定的地形和湿度条件下，经过大气折射而产生的自然现象。

（1）佛光

佛光，又称宝光，夏天和初冬的午后，山岩下云层中有时会骤然幻化出一个红、橙、黄、绿、青、蓝、紫的七色光环，中央虚明如镜。观者背向偏西的阳光，有时会发现光环中出现自己的身影，举手投足，影皆随形。而且人移影动，人影始终居于光环正中，看上去奇妙莫测。

佛经中说，它是释迦牟尼眉宇间放射出来的光芒。既然佛光是从佛的眉宇间放射出的救世之光，吉祥之光，那么只有与佛有缘的人，才能看到佛光。佛光的出现，到底是"佛祖显灵"，还是一种自然现象呢？答案当然是后者。对此，有专家撰文指出，佛光其实并不神秘，它只是一种特殊气候和地理环境下形成的一种光学现象。

实际上，佛光是一种非常特殊的自然物理现象，是阳光照在云雾表面所起的衍射和漫反射作用形成的。其本质是太阳自观赏者的身后，将人影投射到观赏者面前的云彩之上，云彩中的细小冰晶与水滴形成独特的圆圈形彩虹，人影正在其中。佛光的出现需要阳光、地形和云海等众多自然因素的结合，只有在极少数具备了以上条件的地方才可欣赏到。我国峨眉山佛光最为著名，峨眉山舍身崖就是一个得天独厚的观赏场所。这里的佛光又和佛教传入山中的历史密切相关。自公元63年发现以来，不仅具有1900多年的悠久历史，还以世界奇观名驰中外。19世纪初，科学界便把这种难得的自然现象命名为"峨眉宝光"。

佛光是一种十分普遍的自然现象，并不神秘，只要具备产生佛光的气象和地形条件，都可能产生。泰山岱顶碧霞祠一带，也经常出现佛光，当地人称为"碧霞宝光"。

佛光发生在白天，产生的条件是太阳光、云雾和特殊的地形。佛光由外到里，按红、橙、黄、绿、青、蓝、紫的次序排列，直径约2m左右。有时阳光强烈，云雾浓且弥漫较宽时，则会在小佛光外面形成一个同心大半圆佛光，直径达20~80m，虽然色彩不明显，但光环却分外清晰。

佛光出现时间的长短，取决于阳光是否被云雾遮盖和云雾是否稳定，一般出现的时间为0.5~1h。

佛光中的人影，实际上就是太阳光照射人体在云层上的投影。但长期以来，佛家却为其罩上了一层神秘的色彩。传说1600多年前，敦煌莫高窟建窟前曾闪现"金光"和"千佛"的奇异景象。正是这一场不寻常的佛光，才有了敦煌石窟的开凿。

公元366年的一天傍晚，在中国西北部敦煌附近的三危山上，佛光的一次偶然呈现被一个叫乐樽的和尚无意中看到。看到佛光的乐樽当即跪下，并朗声发愿要把他见到佛光的地方，变成一个令人崇敬的圣洁宝地。受这一理念的感召，经过工匠们千余年断断续续的构筑，终于成就了我们今天看到的这座举世闻名的文化艺术瑰宝——敦煌莫高窟！

三危佛光与莫高窟

关于敦煌莫高窟，我国著名文化学者余秋雨先生在他的《文化苦旅》一书中，曾有这样一段精彩的描写：

莫高窟对面，是三危山。《山海经》记，"舜逐三苗于三危"。可见它是华夏文明的早期屏障，早得与神话分不清界线。那场战斗怎么个打法，现在已很难想像，但浩浩荡荡的中原大军总该是来过的。当时整个地球还人迹稀少，哒哒的马蹄声显得空廓而响亮。让这么一座三危山来做莫高窟的映壁，气概之大，人力莫及，只能是造化的安排。

公元366年，一个和尚来到这里。他叫乐樽，戒行清虚，执心恬静，手持一枝锡杖，云游四野。到此已是傍晚时分，他想找个地方栖宿。正在峰头四顾，突然看到奇景：三危山金光灿烂，烈烈扬扬，像有千佛在跃动。是晚霞吗？不对，晚霞就在西边，与三危山的金光遥遥相对应。

三危金光之迹，后人解释颇多，在此我不想议论。反正当时的乐樽和尚，刹那时激动万分。他怔怔地站着，眼前是腾燃的金光，背后是五彩的晚霞，他浑身被照得通红，手上的锡杖也变得水晶般透明。他怔怔地站着，天地间没有一点声息，只有光的流溢，色的笼罩。他有所憬悟，把锡杖插在地上，庄重地跪下身来，朗声发愿，从今要广为化缘，在这里筑窟造像，使它真正成为圣地。和尚发愿完毕，两方光焰俱黯，苍然暮色压着茫茫沙原。

不久，乐樽和尚的第一个石窟就开工了。他在化缘之时广为播扬自己的奇遇，远近信士也就纷纷来朝拜胜景。年长日久，新的洞窟也一一挖出来了。上自王公，下至平民，或者独筑，或者合资，把自己的信仰和祝祈，全向这座陡坡凿进。从此，这个山峦的历史，就离不开工匠斧凿的叮当声。

工匠中隐潜着许多真正的艺术家。前代艺术家的遗留，又给后代艺术家以默默的滋养。于是，这个沙漠深处的陡坡，浓浓地吸纳了无量度关才情，空灵灵又胀鼓鼓地站着，变得神秘而又安详。

随着科学的发展，人们对佛光现象的深入了解，登峨眉山、泰山、黄山等观看佛光，已不是象征神灵的福佑，而是同登山观日出一样，将其作为一种大自然的赐予，从中得到自然美的享受。

峨眉宝光每年可出现几十次，以12月至次年2月的冬季为多。此景常发生在15：00～16：00，此时风静云平，阳光斜射，人站峰顶，可见道道光环，光环中的身影，犹如传说中的普贤菩萨真容显露，致使从前一些有幸见到此景的人，认为自己与佛有缘，而且成佛在即，便纵身跳下山崖，因此金顶佛光的观景点"睹光台"易名为"舍身崖"。

佛光并非峨眉山独具，在我国的庐山、泰山、黄山都有佛光的观景点，其中泰山一年中可见7～8次。

（2）蜃景

在平静无风的海面、湖面或沙漠上，有时眼前会突然耸立起亭台楼阁、城郭古堡，或者其他物体的幻影，虚无缥缈，变幻莫测，宛如仙境，这便是海市蜃楼景观，简称蜃景。这是一种奇特有趣的自然幻景，因为它极为罕见而且具有迷人的奇幻诡谲，古往今来留下不少相关的宝贵记录和美妙传说。

这一奇妙景观是在晴空条件下，阳光穿透不同密度的大气层，在远距离折射和全反射时，将远处景物显示在空中或地面而产生的一种幻景。海市蜃楼的成像原理与变折射率透镜的成像原理相同。即把海市蜃楼形成时的大气看成是一个巨型的变折射率的空气透镜，它使远距离的景物移近、放大，映现于天幕。此看法已在蜃景演示仪的模拟实验中得到了初步验证。

蜃景不仅能在海上、沙漠中产生，柏油马路上偶尔也会看到。蜃景的种类很多，根据它出现的位置相对于原物的方位，可以分为上蜃、下蜃和侧蜃。

蜃景有两个特点：一是在同一地点重复出现，比如美国的阿拉斯加上空经常会出现蜃景；二是出现的时间一定，比如我国蓬莱的蜃景大多出现在每年的5～6月份，俄罗斯齐姆连斯克附近蜃景往往是在春天出现，而美国阿拉斯加的蜃景一般是在6月20日以后的20天内出现。

蜃景以海面上多见，称"海市"或"海市蜃楼"。我国山东蓬莱和浙江普陀山是此景出现几率较多的两个地方。1988年6月1日，山东蓬莱附近海面出现了长达2 h罕见的海市蜃楼。人们惊奇地发现海面上突然出现了一条闪光乳白色雾带，雾带变幻成两个岛屿和一座大山，山上楼亭阁榭隐约可见……庐山的五老峰，因东邻鄱阳湖，也会出现海市蜃楼。

海上蜃景奇观古人早有觉察，因做不出解释，便附会出蛟龙一类的"蜃"，吐气为楼构成海上神仙住所的传说。因此，这种奇观就得名为"海市蜃楼"。我国古代把蜃景看成是仙境，秦始皇、汉武帝曾率人前往蓬莱寻访仙境，还屡次派人去蓬莱寻求灵丹妙药。在西方神话中，则把蜃景描绘成魔鬼的化身，是死亡和不幸的凶兆。现代科学已经对大多数蜃景做出了正确解释，认为蜃景是地球上物体反射的光经大气折射而形成的虚像，所谓蜃景就是光学幻景。

4.3　我国气候特征及景观地域差异

4.3.1　我国气候特征

我国幅员辽阔，南北相距逾 5000km，从北纬 4°～北纬 53°，横跨热带、亚热带、暖温带、中温带、寒温带 5 个温度带；东西相距逾 5500km，从海滨直到内陆，分为湿润、半湿润、半干旱、干旱 4 个干湿区；我国地型复杂，既有平原盆地，也有巨大的高原山地；我国位于世界最大的大陆——亚欧大陆东部，处于世界最大的大洋——太平洋的西岸，这样的诸多条件，构成了我国的气候具有明显的两大特征：类型复杂多样；大陆性季风气候显著。

4.3.1.1　类型复杂多样

由于我国南北跨将近 50 个纬度，各地所获热量不同，有热带、亚热带、暖温带、中温带和寒温带 5 个温度带。又由于距海远近不同，各地降水量差异大，干湿状况不一，所以气候类型复杂多样。再加上约占全国面积 1/4 的青藏高原，是世界上海拔最高的高原，平均海拔超过 4000m，成为"世界屋脊"。青藏高原由于地势高，冬寒夏凉，气压低，但日照时间长，形成典型的高山气候，更加剧了我国气候的复杂性。

4.3.1.2　大陆性季风气候显著

我国位于东亚季风气候区，热带、亚热带、温带 3 种季风气候在我国都有分布，其中亚热带季风和温带季风分布面积广，都在东部地区；热带季风在我国北回归线以南的一些地区分布，但面积不大。

我国大部分地区在季风的影响作用下，气候特征季节变化明显。冬季，我国盛行偏北的冬季风，气候寒冷干燥，北方地区最为突出，1 月平均气温低于 0℃，在 −30～0℃，而且少雨雪。冬季风势力很强，持续时间长，影响范围广。夏季，我国盛行偏南的夏季风，气候温暖湿润。所谓气候的大陆性，是与世界上同纬度地区比较，夏季气温较高，冬季气温较低，气温年际差异大。同时，气温昼夜变化即气温日较差，与同纬度其他地区相比也较大。因此，我国气候具有大陆性强的特点。

4.3.2　我国气候景观地域差异

上述气候特征，使我国成为世界上气候旅游景观最丰富多彩的国家之一。大体上可将我国气候景观分为东部季风区、西北内陆区和青藏高原区三大类型区，各类型区内又因为所处温度带和干湿状况组合不同，以及地形地势的差异，形成更为复杂多样的气候景观类型。

4.3.2.1　东部季风区

在我国，习惯上把夏季风所影响的范围和地区，称为季风区；把夏季风影响不到或影响不明显的地区，称为非季风区。二者之间的界线大体是：大兴安岭—阴山—贺兰山—祁连山东段—巴颜喀拉山—冈底斯山一线，此线东南一侧为季风区，西北一侧为非季风区。东部季风区中，由于各地纬度及地形差异，气候景观也有很大不同。

（1）岭南地区

主要包括广东、广西、福建、海南、台湾等省区。这里为热带和南亚热带气候景观区，是全国热量和水分最充足的地方。林木葱茏，四季花开，沿海椰林沙滩，四时风景宜人。农业生产以水稻和甘蔗为主，乡村可见到传统的干栏式住宅，不仅避热避湿，而且样式美观，掩映在绿树繁花之中，独具魅力。本区没有明显的旅游淡旺季，只是夏季气温略高，又多阴雨，对旅游活动有一定影响。北方游客往往选择在冬季来此，达到旅游与避寒的双重目的。

（2）长江流域季风区

主要包括四川盆地、云贵高原、长江中下游平原以及江南丘陵等地形区。这里是世界上典型的亚热带季风气候区，冬温夏热，四季分明，一年都可以进行旅游。但夏季因为气温高，往往成为其旅游淡季。四川盆地周围有高峻的山地环绕，冬季气温较高，霜雪少见，四季云量特别多，日照少，有"蜀犬吠日"之语。重庆有"雾都"之称。云贵高原因海拔较高，年温差小。尤其是昆明一带，冬无严寒，夏无酷暑，四季如春，旅游淡旺季不明显。昆明是我国的春城。长江中下游平原地势低洼，气候湿润，河汊纵横，湖荡星罗棋布，是"水乡泽国"。这里夏季炎热，人们常说的长江沿岸"三大火炉"——南京、武汉和重庆，前两个都在本区。因此夏季是长江中下游平原的旅游淡季。每年6月，我国冬夏季风的锋面雨带移到长江流域，这里有长达1个月的梅雨季节。"黄梅时节家家雨，青草池塘处处蛙"。此时江南水乡烟雨濛濛，犹如一幅迷离的水墨画。但是这种梅雨天气也给游人出行造成一定麻烦，因此也有很多人到本区旅游时，都尽量避开梅雨期。江南丘陵名山众多，一年四季都是旅游的好时机，即使是夏季，山地也较凉爽，像庐山、黄山等都是夏季避暑之地。

（3）黄河中下游地区

这里是我国暖温带半湿润地区，冬季寒冷干燥，夏季闷热多雨。都不是旅游的理想季节。9～10月份，秋高气爽，是一年中旅游的黄金季节。另外，4～5月份，春暖花开，大地一派生机，是春游的高峰。所以本区旅游有春、秋两个旺季，有冬、夏两个淡季。但因春季多风沙，旅游条件不如秋季。

（4）东北地区

这里绝大多数地方属于中温带，有少量的寒温带和暖温带。除小兴安岭和长白山区降水较多，为湿润地区，其余皆为半湿润地区。本区冬季严寒漫长，夏季虽然不像黄河中下游地区那样闷热，但有些天数气温也会达到35℃以上，因此冬夏都不是旅游的最佳季节。春秋两季比较短，但气候适宜，都是旅游旺季。本区冬季长达半年以上，"千里冰封，万里雪飘"。为了使冬季旅游淡季不淡，近年来各地都积极开发冬季旅游项目。像吉林省举办的"雾凇节"，黑龙江省的冰雪节，辽宁省的温泉旅游，每年都吸引大量的中外游客。尤其是黑龙江省，近年推出"春季活力世界，夏季清凉世界，秋季多彩世界，冬季冰雪世界"四重旅游佳境，努力做到冬季旅游"淡季不淡"。

4.3.2.2　西北内陆区

本区主要包括内蒙古、甘肃、宁夏和新疆等地。因深居内陆，降水稀少，为干旱和半干旱地区。其中甘肃河西走廊、新疆天山以南的南疆属于暖温带，其他地方为中温带。本区的内蒙古高原为温带草原景观。河西走廊和新疆的盆地边缘，可以引高山积雪融水进行灌溉，为绿洲景观。新疆盆地的内部，则为戈壁沙漠。本区是典型的温带大陆性气候，冬季十分严寒，夏季又十分炎热，气温的年较差和日较差都很大，如新疆有"早穿皮袄午穿纱，围着火炉吃西瓜"的谚语。新疆吐鲁番盆地是我国夏季有名的"火洲"，新疆北部的富蕴冬季又是我国的"寒极"。因冬寒夏热，春季又多风，故本区旅游旺季为秋季。每年秋天，草原牛肥羊壮，绿洲瓜果丰收，一派兴旺景象。西北内陆的沙漠，近年来也开发了一些旅游项目，如滑沙、响沙、沙雕等，也十分吸引人。

我国的"火洲"和"火焰山"

我国的吐鲁番盆地，夏季炎热，素有"火州"之称。6～8月的平均气温都在30℃以上，绝对最高温度可达47.8℃，这是全国气温的最高纪录。沙表气温记录最高达82.3℃。吐鲁番市平均年降雨量仅16.6mm，托克逊县只有3.9mm，降雨量最多的鄯善县也不过25.5mm。而蒸发量极大，有时雨滴在降落过程中即被蒸发，地面不见滴水，因而有"干雨"的现象。

吐鲁番盆地中部有一条东西向红色砂岩构成的低山。山上岩石裸露，夏季骄阳照射在红色砂岩上，红光反射，犹如火焰，这就是自古有名的"火焰山"。

《西游记》中说，唐僧师徒西天取经途中，遇"火焰山"受阻。那山"有八百里火焰，周围寸草不生"。谁要"过山，就是铜脑盖、铁身躯，也得化成汁"。这火只有靠铁扇公主的芭蕉扇才得熄灭。孙悟空使尽了浑身本领，最后巧施计策，钻进铁扇公主的肚子里造反，大战牛魔王，才算制服了铁扇公主和牛魔王，借得扇子，将800里大火熄灭，师徒得以继续西去。

4.3.2.3 青藏高原区

平均海拔在 4000m 以上的青藏高原，构成我国一个非常独特的气候单元——高寒气候区。这里冬寒夏凉，气温年较差小，但昼夜温差大。气压低，太阳辐射强，日照长。西藏的首府拉萨，是我国有名的"日光城"。这样的气候环境对外来游客来说，需要有一定的适应能力。但这种独特的气候也使很多人感到新奇，产生要亲自体验的愿望。同时由于气候的原因，还使青藏高原的人文景观很有特色。因为气温低，无霜期短，所以青藏高原的农业为河谷农业，主要种植青稞，牧业主要为饲养牦牛。牦牛身矮体健，善于爬山负重，被誉为"高原之舟"。纯朴的藏乡风情，神秘的宗教色彩，再加上明媚的高原风光，使这里成为很多游客的向往之地。

神秘的西藏对日益兴起的旅游热来说具有极大的魅力。雪域高原、白云雪山、飞流峡谷、原始森林，这些纯净自然的风光，加上独具魅力的民族风情，一直令人神往。但以前旅游者进藏，汽车要数天才能到达。乘飞机往返票价也要数千元以上超过普通人的消费能力。青藏铁路通车后，为游客提供了更加方便、安全、舒适、价廉的交通方式，这不仅使赴藏的旅游者大增，同时也为西藏发展旅游业奠定了基础。随着青藏铁路的开通，青藏高原旅游已经跨入一个历史性的新阶段。

综上所述，我国具有世界上最复杂的气候景观类型，气候旅游景观极其丰富多彩。目前作为旅游资源的一个重要组成部分，气候旅游景观得到了应有的重视，在旅游业的发展中也起到了其应有的作用。今后，我国的旅游上应在大力开发康乐气候这一方面多下功夫，因为从目前我国和世界各国的旅游发展趋势来看，人们的旅游动机已经从观光游览为主转为娱乐、休闲、康体为主。为了缓解日常生活的压力，人们急于寻找能够最大限度地放松自己的地方，那些风景秀丽、气候宜人、民风古朴、远离尘世、宛如世外桃源的地方，便成为人们返璞归真的旅游度假地。如我国四季如春的云贵高原，可以避暑的山地和海滨，可以避寒的热带、亚热带地区，空气新鲜纯净的森林地带，都可以针对不同需要，开发出各具特色的康体度假旅游地。

【思考题】

1. 什么是天象奇观？什么是气候景观？
2. 天象奇观与气候景观的旅游价值有哪些？
3. 我国有哪些著名的天象奇观观赏地？
4. 什么是佛光和蜃景？简述我国这两种景观的最佳观赏地。
5. 简述我国气候景观地区差异及形成条件。
6. 吉林雾凇为何能成为中国四大自然奇观之一？

【经验性训练】

1. 查找资料，对佛光、蜃景、雾凇等天象景观做出科学合理的解释。
2. 针对学校所在地区的气候类型和特点，分析其旅游的淡旺季，并研究如何开发或增加一些新的旅游项目，使淡季也能吸引一定量的游客。请写出自己的创意和实施方案。

【案例分析】

江西庐山的"神灯"之谜

1961 年，著名科学家竺可桢教授在庐山考察期间，将庐山"神灯"作为庐山大自然的三大谜题之一提出，希望科学工作者加以研究，揭开"神灯"之谜。

庐山"神灯"，亦称"佛灯"，月黑星灿之夜，庐山"大天池"一带的峰谷间会突然涌现出数十数百点灯火，时大时小，时聚时散，忽明忽暗，忽东忽西。有时数年不见，有时一月之内可见几次。

这一奇观其出现原因却无法解释。试图做出科学解释的人日益增多，但答案千差万别，众说纷纭。随着科学的发展，这个千年之谜，终有大白之时。

案例思考题：

1. 你能够解释这一奇观吗？
2. 在导游中如何向游客介绍这一类奇观？

【本章推荐阅读书目】

1. 神奇的黑龙江. 孙晓谦. 黑龙江人民出版社，2002.
2. 中国旅游资源学. 陈福义，范保宁. 中国旅游出版社，2003.
3. 中国自然奇观特色旅游. 章采烈. 对外经济贸易大学出版社，1996.
4. 旅游资源概论(第 2 版). 赵利民，朱廉. 北京理工大学出版社，2014.

第5章　古遗址

【本章概要】

　　本章侧重学习古遗址旅游资源的概念、分类、空间分布，探讨我国主要古遗址及其特色、形成、分布规律，分析旅游开发的现状、问题。

【学习目标】

　　掌握古遗址的概念、分类；掌握我国各类主要古遗址形成、分布、特征；具备对同类、异类旅游资源的分析、对比、识别、判断能力，进而培养古遗址类资源开发利用与即景导游的能力。

【关键性术语】

　　古遗址、古人类遗址、古战场、废城。

【章首案例】

到底是在保护遗址，还是在破坏？

　　郑州商代遗址，距今有3600多年，是目前我国发现的规模最大、保存最好的商代早期都城遗址，被列入"20世纪中国百项考古大发现"。它是早于"安阳殷墟"的商代前期城市遗址，遗址内目前仍保存着一座周长7km的商代城墙。

　　据新闻资料显示，从2004年开始，郑州市投资5亿元进行商城遗址的保护整治，2011年遗址城墙修复工程进入了鼎盛时期，在原7km长的旧墙基础上掀起大规模的修复、改造工程，郑州商代仿古城墙应运而生。然而，这些千苦堆积起来的人造城墙似乎并不"给力"。

　　2011年10月份，郑州紫荆山路一段近百米的人造古城墙刚刚落成，就被一场雨水冲刷的满身斑驳，面目全非。而当年在东大街建起的一段全长240m，高10m的人造仿古城墙，刚落成就坍塌，被群众调侃称"山寨豆腐渣工程"。城南路一段被"改造"过的城墙，则出现了大面积坍塌、滑坡。如此这般的城墙事故层出不穷。

　　城墙修复应该以遵循历史根基为准绳，有棱有角的"人造城墙"，让人无法与有着3000多年历史的商代遗址联系起来。更让人迷惑的是，新的城墙成了扶不起的阿斗，硕果仅存的古城墙又在遭受损害，如此这般的折腾，到底是在保护，还是在破坏？

案例思考题：

1. 查找资料，了解郑州商代遗址概况。
2. 根据《中华人民共和国文物保护法》相关规定，你认为上文中哪些做法不妥？
3. 对郑州商代遗址保护与开发，你有何建议？

所谓古遗址是指已废弃的目前不再有实际用途的古代人类活动遗存和各种构筑物。在人类产生发展、人类社会演化进步过程中，各个时期的各种活动所遗留的场所和实物，既包括古人类为不同用途所营建的建筑群体，也包括古人类对自然环境利用和加工而遗留的一些场所。它们共同的特征是在历史的长河中逐渐湮没，现在已经失去原始的功能，只是作为历史遗迹，通过残留的场所和实物诉说着曾经的岁月。

5.1 古遗址主要类别

根据不同的标准，遗址可以划分为不同的类别。如单纯按照时代划分，遗址分为古人类遗址、奴隶社会遗址、封建社会遗址和近现代遗址；按照最初功能差异，遗址可以分为生产遗址、生活遗址、交通遗址、军事设施及战争遗址、宗教文化遗址等；本着综合分析和突出旅游吸引力的原则，按照时代和类型的差异，则大致可把古遗址分为古人类遗址、废城遗址、古战场、古关隘遗址、古道路与古桥梁遗址等，而且把时间段限制在古代。

5.1.1 古人类遗址

古人类遗址指的是从人类形成到有文字记载历史以前的人类活动遗址，包括人类化石产地和旧石器时代遗址、新石器时代聚落遗址等。古人类遗址是反映人类早期发展阶段的生存环境和生产生活状况的实物资料，对研究人类起源和进化具有重要价值和意义。而其悠久性、神秘性以及与现代社会的巨大差异性，则对游客具有独特的吸引力，构成人文旅游资源的一部分。

我国目前所知的人类化石产地和旧石器地点 200 多处，除新疆、海南两个省区外，各地都有发现，尤其是旧石器时代晚期的遗存分布很广，著名的如云南元谋人遗址、陕西蓝田人遗址、北京周口店遗址等。目前只有北京周口店遗址建成博物馆，接待游客。

我国目前所知的新石器时代遗址有 1 万余处，具有普遍分布、重点集中的特点——遍布全国各个省、自治区、直辖市，其中以黄河流域、长江流域等几条大的水系为集中分布区。代表性的如河北磁山遗址、河南仰韶遗址、西安半坡遗址、临潼姜寨遗址、甘肃秦安大地湾遗址、浙江余姚河姆渡遗址、辽宁凌源牛河梁遗址等。较早进行旅游开发的是西安半坡遗址。

5.1.2 废城遗址

所谓废城遗址，简言之，就是已经废弃不用的古城遗址。废城遗址包括三大类。

第一类是历代中央政权的都城遗址，如商朝的殷墟遗址、西周的丰镐遗址和洛邑遗址、秦朝的咸阳遗址、西汉的长安遗址等。

第二类是古代方国和地方民族政权遗址，如周原遗址、临淄齐国故城、赵邯郸故城、大夏统万城遗址、金上京遗址以及广泛分布于丝绸故道的古西域各国遗址，如高昌故城、交河故城。

第三类是那些在古代因经济、政治、交通、军事等某一或某些原因而发展起来的城镇遗址，如分布于四川盆地的南宋城堡群、新疆喀什的石头城等。

这些废城遗址或者曾是全国或区域的政治、经济、文化中心，或者曾是当时交通枢纽、军事重镇中心，后来因为历史或自然原因遭到毁弃，湮没在荒滩蔓草中。这些废城因为其昔日的辉煌繁盛与现今的荒凉废弃形成鲜明的对比，给人一种沧海桑田的震撼，勾起怀古思幽的心绪，对游客独具魅力。

悠久的历史和广阔的地域使得我国废城遗址数量大，分布广，灿若群星。大江南北，长城内外，西域关东，到处都能见到它们的踪迹。近些年，庄于文化旅游的刺激，开发保护文化意识的提高，一些地方政府、旅游部门开始注意到这些废城遗址的旅游价值和历史魅力。一些废城所在地政府，抓住旅游经济大发展的契机，利用废城承载的丰富文化与神秘感，进行旅游开发，吸引八方游客。

开发的方式多样，有的建立历史博物馆，如殷虚遗址历史博物馆、齐国历史博物馆、长城历史博物馆等；有的开发为旅游景点，如高昌故城、交河故城等；有的运作申请世界遗产，如位于蒙陕交界的统万城，以其独特高超的建筑技术，以及现存唯一的匈奴国都城的优势，申请进入世界遗产名录。

从已开发的数量上看，比例还是非常小的；从开发的侧重点看，开发者更注重经济效益，而忽略或轻视社会效益、文化效益，重开发、轻保护的现象严重。如何对这些历史遗产进行有效的保护和开发，是一个值得思考和讨论的课题。

5.1.3 古战场、古关隘遗址

从传说中的逐鹿之战、阪原之战，到春秋战国时期的城濮之战、马陵之战、长平之战，再到三国的赤壁之战、南北朝的官渡之战，……在漫长的历史进程中，中国广阔的疆域内发生过频繁的军事战争，留下数以千万计的军事工程和古战场遗址。这些遗址遗迹以及与之关联的历史战役、事件、人物和传说等，构成了具有丰富内涵的旅游资源，吸引游客，缅怀历史，凭吊古人。

著名的古战场遗址很多，如山西高平秦赵长平之战遗址、河南荥阳楚汉荥阳之战遗址、河南中牟县官渡之战遗址、湖北蒲圻三国赤壁之战遗址以及山西雁门关、甘肃玉门关等古战场。因为年代久远、风雨剥蚀和人为毁弃，许多古战场已经找不到当年战事的蛛丝马迹，人们只是从历史文献中确定它们的位置；而那些留有实物、遗址明显的古战场，部分已经被开发成旅游景点，其他的也开始引起地方政府和相关旅游部门的注意。

古关隘遗址主要有敦煌的古阳关和古玉门关。

对遗址的存在状态研究不难发现一个规律：很多遗址保存好坏与该地的经济、交通状况存在负相关性。如果当地经济发达、交通便利、人类活动频繁，因为被扰动的机会大、频率高，常常破坏严重；而遗址分布地经济欠发达、交通欠便利、人类活动相对少的区域，遗址存在状态反而相对好些。

5.1.4 古道路遗址

道路是沟通不同国家、不同城市和不同聚落的重要工具。我国最早有文字记载的道路出现在周朝，当时就有对不同级别道路的命名，说明在周朝或更早时期我们的先祖就已经开始了修筑道路的历史。此后历代统治者出于政治、经济或军事等目的，开辟和修筑了许多闻名于世的道路工程。历史上著名的道路很多，包括历代驿道、褒斜道、秦驰道、秦直道以及闻名中外的丝绸之路、茶马古道等。由于时代久远、自然风化和人为因素的影响，这些历史上的道路工程，现在大多已经废弃，湮没于历史的时空，只有些许遗址，无声地诉说着曾经的沧桑和辉煌。

与其他遗址存在状态类似，现在留有遗迹、保存相对好的道路遗址多分布于交通不便或所谓老少边穷之区域。究其原因，仍与人类活动扰动频繁与否有关。现在褒斜道遗址位于陕西汉中市境内的一段保存较完好；秦直道遗址在陕西、内蒙都有发现，其中以内蒙古鄂尔多斯境内东胜一段保存最完整；丝绸之路多借助自然地貌开辟而成，人工痕迹较少；茶马古道在山高林密的云南、贵州一些地段仍有完好保留。其他如历代驿递道路、秦驰道等因自然或人为原因，已经没有多少遗址遗迹残留。

5.1.5 古桥梁遗址

我国建桥的历史悠久，著名的古代桥梁很多，现在有部分桥梁仍保存完好，发挥着沟通南北、贯穿东西的作用，如河北赵州桥、北京卢沟桥、泉州洛阳桥、广西程阳风雨桥等，而更多的已不见踪影或只留残迹。保存完好的都已经成为今天游人光顾的景点，而那些只留下部分实物的桥梁遗址，也因为其辉煌的过去和历史的沧桑感引起人们的慨叹，而具有独特的魅力。著名的如咸阳沙河古桥遗址、西安灞桥遗址等。

桥是路的延伸，跨河而建，所谓逢山开路，遇水搭桥。桥和路都是记载人类开发自然、创造文明、书写历史的笔和墨。桥是路与水相遇的杰作，大凡路遇江河，都需要桥来帮忙到达彼岸。因此我国修桥的历史与修路的历史一样悠远，桥的数量比路还浩繁。但是，岁月的流逝、风雨的侵蚀、人为的遗弃、沙水的冲埋，更多的桥梁已经沉睡地下或隐逸红尘不为人知了。沉睡地下的，可能会因工程建设重见天日，揭开神秘的面纱，订正某些历史；而那些隐逸红尘的只能在古代骚人墨客的笔墨中一领风骚。

不同历史时期的古遗址，反映的是特定时空下人类的经济、社会、文化、民族等方面的状况，悠久的历史性和与现代人们生活环境的巨大差异性，使其能满足旅游者怀古思幽和猎奇的审美需求。

5.2 我国古遗址主要遗存

广泛分布于全国各地的数以千万计的遗址、遗迹是历史的化石，忠实地记录着中华民族五千年的文明发展历程。这些遗址遗迹从不同侧面反映和叙述着我国人民在各个历史的时空节点上的政治、经济、军事、文化、宗教等方面的史实。它们或者生动形象地体现了早期人类生产、生活方式及与周围自然环境的关系，含有神秘、奇妙的吸引功能；或者以恢宏而盛大的姿态传达着权威、繁荣、神秘和秩序，引领今人回溯历史的天空；或者记录一段悲壮、激烈、英勇和不屈的战争，勾起游人的凭吊情怀。遗址内容的丰富性、历史性、独特性能满足不同年龄、职业、国别、个性游客的旅游需求，成为重要的旅游资源，在传递历史的同时发挥了吸引游客、促进经济贸易、增加就业、扩大了解等功能。

三星堆之谜

出四川广汉 3~4km，有 3 座突兀在成都平原上的黄土堆，三星堆因此而得名。1929 年春，有当地农民在宅旁挖水沟时，发现了一坑精美的玉器，由此拉开三星堆文明的研究序幕。1986 年，三星堆两个商代大型祭祀坑的发现，上千件稀世之宝赫然现世，轰动了世界，被誉为世界"第九大奇迹"。

三星堆的发现将古蜀国的历史推前到 5000 年前，而且带给今人层层迷雾。

这里数量庞大的青铜人像、动物，不归属于中原青铜器的任何一类。且这里的青铜器上没有留下一个文字，简直让人不可思议。

出土的"三星堆人"高鼻深目、颧面突出、阔嘴大耳，耳朵上还有穿孔，不像中国人，倒像是"老外"，有人说三星堆人有可能来自其他大陆。

虽经多年的发掘、研究，三星堆遗址及其出土文物的许多重大学术问题，至今仍是难以破译的千古之谜。虽然专家学者对其中"七大千古之谜"争论不休，但终因无确凿证据而成为悬案。

第一谜，三星堆文化来自何方？目前人们认为三星堆文化是本土文化与外来文化彼此融合的产物，是多种文化交互影响的结果。但究竟来自何方？

第二谜，三星堆遗址居民的族属为何？目前有氐羌说、濮人说、巴人说、东夷说、越人说等不同看法。

第三谜，三星堆古蜀国的政权性质及宗教形态如何？三星堆古蜀国是一个附属于中原王朝的部落军事联盟，还是一个相对独立的已建立起统一王朝的早期国家？其宗教形态是自然崇拜、祖先崇拜还是神灵崇拜？或是兼而有之？

第四谜，三星堆青铜器群高超的青铜器冶炼技术及青铜文化是如何产生的？是蜀地独自产生发展起来的，还是受中原文化、荆楚文化或西亚、东南亚等外来文化影响的产物？

第五谜，三星堆古蜀国何以产生？持续多久？又何以突然消亡？

第六谜，出土上千件文物的两个坑属何年代及什么性质？年代争论有商代说、商末周初说、西周说、春秋战国说等，性质有祭祀坑、墓葬陪葬坑、器物坑等不同看法。

第七谜，晚期蜀文化的重大之谜"巴蜀图语"。三星堆出土的金杖等器物上的符号是文字？是族徽？是图画？还是某种宗教符号？可以说，如果解开"巴蜀图语"之谜，将极大地促进三星堆之谜的破解。

5.2.1 古人类遗址主要遗存

（1）西安半坡遗址博物馆

作为反映古人类活动的遗址，最早进行旅游开发的是位于陕西省西安市东郊半坡村的半坡遗址，陕西省政府在西安半坡遗址修建了博物馆。西安半坡博物馆是中国第一座史前遗址博物馆。

半坡遗址属于新石器时代仰韶文化层，是黄河流域一处典型的仰韶文化母系氏族聚落遗址，距今5600~6700年。该遗址于1953年发现，共发掘出房屋遗址45座、圈栏2处、洞穴200多处、陶窑6座、各类墓葬250座，以及生产工具和生活用具约近万件文物。

半坡遗址博物馆分出土文物陈列、遗址大厅和辅助陈列三部分。出土文物陈列主要展出半坡遗址和姜寨遗址出土的原始先民使用过的生产工具、生活用具和艺术品等；遗址大厅是就地发现、原貌保存的半坡先民居区的一部分，包括半坡先民居住过的房屋、使用过的窑穴、陶窑、墓葬等先民遗址，生动而具体地展现了我们祖先开拓史前文明的艰难足迹；辅助陈列有两个展室，主要举办一些与史前文化相关的民族学、民俗学、艺术史、古人类史方面的专题展览。

1961年国务院颁布半坡遗址为全国重点文物保护单位。1996年半坡博物馆被确定为全国100个爱国主义教育示范基地之一。1997年西安市政府将半坡博物馆评定为"西安旅游十大景"之一。

（2）周口店遗址博物馆

位于北京市房山区周口店镇龙骨山脚下的北京人遗址，最早于1921年被发现，它是世界上发现材料最丰富、最系统的旧石器时代早期阶段的人类遗址。1921、1923和1927年在"北京人"洞穴遗址陆续发现了三枚人类牙齿化石，"中国猿人北京种"这一命名在考古界诞生。1929年又在此发现了"北京人"头盖骨化石、人工制作的石器和用火遗迹，成为当时震惊中外的重大发现。"北京人"洞穴的堆积层厚达40m有余，大致形成于距今70万~23万年前。"北京人"的发现，为中国古人类及其文化的研究奠定了基础。

中华人民共和国成立后，恢复了对周口店"北京人"遗址的发掘工作，并在各次发掘中获取了大量的化石资料。1953年建立周口店遗址博物馆。这是一座自然科学类古人类遗址博物馆，陈列内容有复原部分"北京人"洞穴、"北京人"塑像、周口店遗址发掘历史和研究历史、"北京人"体质特征、生产劳动、生活景观和"北京人"时期自然环境等，系统地向观众介绍了60万年前的"北京人"、10万年前的"新洞人"以及1.8万年前的"山顶洞人"的生活环境和生活状况，为我们探求远古祖先的进化过程和生活环境提供了证据。

（3）河姆渡遗址博物馆

浙江余姚河姆渡遗址博物馆于1993年5月落成开放，博物馆由文物陈列馆和遗址现场展示区两大部分组成。文物陈列馆紧邻遗址西侧，主体建筑造型根据河姆渡7000 年前"干栏式"建筑风格"长脊、短檐、高床"的特点而设计。

博物馆内设 3 个基本陈列厅和 1 个临时展厅，共展出文物 400 余件。

第一展厅为序厅，概括地介绍了河姆渡文化的基本情况。

第二展厅"稻作经济"，反映稻作农业及渔猎采集活动。展出的实物有 7000 年前的人工栽培稻谷及照片，此外展出的还有骨耜、木杵和石磨盘、石球等稻作经济的全套耕作、加工工具。从这里陈列的骨哨、骨箭头、弹丸等渔猎工具，以及酸枣、橡子、芡实、菱角等丰富的果实来看，证明渔猎和采集仍是河姆渡人不可缺少的经济活动。

第三展厅反映河姆渡人定居生活和原始艺术两个内容。陈列着被称为是建筑史上奇迹的带有榫卯的干栏式建筑木构件和加工工具。此外，陈列的还有种类繁多的纺织工具，展示了当时成熟的纺织技术。在生产和生活领域里创造了许许多多奇迹的河姆渡人，以其精湛的雕刻工艺，生动逼真的陶塑，优美的刻划装饰与绚丽的绘画，创造了辉煌的原始艺术，展现了河姆渡先民丰富多彩的精神生活。

5.2.2 废城遗址主要遗存

（1）殷墟

河南安阳的殷墟遗址是商代晚期的都城遗址，总面积约 $24km^2$。遗址规模宏大、遗存丰富、分布密集。包括宫殿、宗庙区，铸铜、制骨、制陶等手工作坊区，居民区，王陵区和平民墓地等部分。出土有大量青铜器、玉器、骨角器、陶器等遗物。此外，遗址内还出土甲骨卜辞 15 万余片，包括单字 5000 多个，这是我国迄今为止发现的最早的文字。安阳殷墟遗址是商代甲骨文的发现地，为研究商代晚期历史提供了重要而丰富的资料。

1961 年，国务院公布把殷墟列为全国首批重点文物保护单位。为了保护和利用殷墟，使其不再遭受人为破坏，经国家有关部门的批准，在殷墟宫殿区遗址上兴建了殷墟博物馆。包括复原宫殿区、青铜器展区 、甲骨文碑林、车马坑展区等。

（2）高昌故城

高昌故城位于新疆吐鲁番市东 40km，座落在火焰山脚下。现为全国重点文物保护单位，游人向往的旅游胜地之一。

高昌故城和交河故城同为古丝绸之路上的历史名城。高昌故城奠基于公元前 1 世纪，由于地势高，富庶昌盛，故名高昌。公元 14 世纪被废弃，距今已经有六七百年。

公元前 1 世纪，西汉大将李广利率领部队在此屯田，设立高昌壁。公元 327 年设高昌郡。公元 450 年，北凉残余势力灭了车师前国后，高昌城一跃成为吐鲁番盆地的政治、经济、文化中心。公元 460 年成为高昌国都城。公元 640 年唐朝统一高昌，在此设立西州，辖高昌、交河、柳州、天山、蒲昌五县。9 世纪后成为回鹘高昌国的首府。公元 1275 年，蒙古游牧贵族都哇叛乱时率领 12 万骑兵围攻火州（高昌），长达半年，回鹘高昌王英勇战死，高昌城毁于一旦。

岁月悠悠，斯人已逝，经历千百年自然界风雨洗礼和人类血雨涤荡的高昌故城，仍然城墙高耸，气势不凡，昔日雄风犹存。登高展望，全城平面略呈不规则的正方形，布局可分为外城、内城和宫城三部分，总面积 220 万 m²，城内的建筑布局与当时长安城相仿。故城现在城垣保存较好，外城墙基厚 12m，高 11.5m，周长约 5.4km。城墙都由夯土筑成，间杂少量的土坯，有极清晰的夹棍眼。据史书记载，兴盛时城市中房屋鳞次栉比，有作坊、市场、庙宇和居民购买区，全城人口达 3 万，僧侣 3 千。因为地处丝绸要道，往来僧徒、商旅和中外使节络绎不绝，俨然西域一大都市。

现在，城内建筑遗址遍布，尤以西南最为密集，当年的庙宇、佛堂、街道都历历在目。当年唐代高僧玄奘也曾在此盘桓过一段时间，还为高昌王讲过经。现在高昌故城已经被开发成新疆重要旅游景点，高昌故城在新时期的旅游热潮中，再一次以其悠久神秘的历史和雄风犹存的气度，吸引着中外游客前来观瞻、追思、膜拜，徜徉其间，流连忘返。

(3) 交河故城

交河故城距吐鲁番市西 10km，它是古代丝绸之路必经之地，因修建在两条河流的交汇处，故名交河。该城始建于公元前 2 世纪，在汉代曾是屯兵、屯田的重地，也是吐鲁番地区的政治中心。高昌城兴起后，政治中心转移到高昌，但交河仍为军事重镇。直到元朝末年的 14 世纪，这座古城渐渐被废弃。

交河故城东西宽 300m，南北长约 1650m。全城只有一个大门——南门，四周没有城墙，这是与我国其他故城所不同之处。

进入古城，只见一望无际的残垣断壁，鳞次栉比。这些房屋多为二层，一层在地下，系挖掘而成；一层在地面，为夯土筑成。这种风格的建筑至今在吐鲁番城中还可以见到，保存相当多。这与当地炎热的天气和著名的"风库"有关。因为地下室既可避暑，又可防风。

故城中心还有一座寺院，保存比较完好。寺院四周建有长方形土墙，院内的塔柱、廊坊都历历在目，十分壮观。

城北还有一座佛塔，高达数十米，也是夯土建成，已被风沙严重侵蚀。

交河故城虽是夯土建造的，但是由于常年干旱的环境，千年古城被大自然奇迹般的保留下来，成为中外游人络绎前来的旅游胜地。

(4) 楼兰古城

楼兰古城位于新疆罗布泊西部，处于古西域的交通枢纽，是历史上古楼兰王国的中心城市。古王国的范围，东起古阳关附近，西至尼雅古城，南至阿尔金山，北到哈密，在古代丝绸之路上占有极为重要的地位。许多商队经过这一绿洲时，都要在那里暂时休憩。楼兰王国从公元前 176 年建国，到公元 630 年消亡，共有 800 多年的历史。这个王国究竟为什么会消亡，直到现在仍然是一个谜，楼兰遗址也成为世界注目的焦点。楼兰城内最高建筑物是位于城东部的一座高 10m 多的佛塔，塔身是由土坯加木料垒砌而成的。塔基为方形，每边长近 20m，塔身的南面连接着一大片大型建筑遗址，堆积着许多木料，这些木料都经过精细加工。楼兰城中最显眼的建筑遗迹是城中部的

"三间房"。这三间房屋都是木结构，木料上还残留着朱漆。从位置和构造等情况分析，这里可能就是当年楼兰城统治者的衙门府所在地。在人类历史上，楼兰是个充满了神秘色彩的名字。它曾经有过的辉煌，形成了它在世界文化史上的特殊地位。

丝绸之路

所谓丝绸之路，是指历史上贩运丝绸的贸易商路。早在4000多年前，中国人就掌握了养蚕、缫丝技术。到了汉代，织锦和刺绣已达到很高的水平。随着生产水平的不断提高和商品交换的广泛发展，中国人把绚丽多彩的丝织品和其他商品传至西方。当时传播有多条途径，而持续时间最长、影响最大的，就是丝绸之路。它是由长安或洛阳出发，经渭河流域、河西走廊、新疆、帕米尔到中亚、西亚、欧洲、北非的路线。

此路线成为中西经济、文化交流的主要通道。我国的四大发明、生产技术以及产品经此路传向西方，西方的天文、数学、宗教、艺术、产品也传至中原。在东西方的交流中，丝绸贸易额巨大，曾引起西方世界的轰动。因此，19世纪德国地质地理学家李希霍芬首先称此路为"丝绸之路"。丝绸之路是中国与西方国家间的一条贸易通道，也是一条政治、经济、文化交往的友谊之路。

随着丝绸之路的开辟和繁荣，沿途许多地方得到开发，曾盛极一时，并留下了数量巨大、种类丰富的历史遗物和历史遗迹，有着很高的历史价值和艺术价值。例如，在军事设施方面，以临洮秦长城遗址、汉代阳关和玉门关、明代嘉峪关最为著名；在宗教方面，以石窟、寺院最为突出，其中主要有敦煌石窟、麦积山石窟、炳灵寺石窟、拜城克孜尔千佛洞和夏河县拉卜楞寺等；丝路沿途古墓遍布各地，其他文物亦多有发现，如文书、印章、竹简、绘画、货币、丝织品、兵器等。其中有些具有很高的历史价值，有些属于艺术珍品。出土于甘肃武威雷台东汉墓葬的铜天马，想象大胆，造型奇特，已被选做中国旅游的标志。古丝绸之路曾有过众多小国、聚落、关隘等，后来由于气候变化，河流改道或消失，疾病、风沙、战争等原因，有的成为废墟，有的被风沙掩埋。如阳关、玉门关、米兰古城、古楼兰、高昌故城、交河故城等。虽然如此，其旅游意义仍不衰减。

5.2.3　古战场、古关隘遗址主要遗存

（1）长平之战遗址

长平之战遗址是古战场遗址中面积较大、保存较好者之一，位于山西省高平市长平村。2000多年前的战国时期，就是在这里，发生了著名的秦赵长平之战。

长平之战是我国古代战争史上非常著名的一次战争，也是规模最大、影响深远的一次战争。当时两国动用部队上百万人，其规模和气势在冷兵器时代是一个壮举。长平之战影响深远，它是封建割据进入统一王朝的转折点。由于秦国取得了长平之战的胜利，从而获得了统一六国的制胜权，中国历史上第一个大一统王朝——秦王朝应运而生。虽然战争已经过去2000多年了，但是，在白起坑杀赵国40万士兵的杀人谷，

至今仍然浸透着萧瑟的战争气氛，战争遗物令人触目惊心，成为后来人寻古凭吊之地。

长平之战遗址范围广阔，宽约 10km，长约 30km。山西高平三面环山，丹河从北向南纵贯全境。这里崇山峻岭，地形险要，历来为兵家必争之地。长平之战遍及大半个高平，涉及到的山岭、河谷、关隘、道路、村镇 50 多处。东西两山之间、丹河两岸的河谷地带均属于遗址重点保护区。

（2）官渡之战遗址

在河南中牟县城北，现有官渡桥村，因傍官渡水而得名。东汉建安五年（200年），曹操与袁绍"官渡之战"就发生在此地。据记载，当时"曹操驻兵官渡，引河水于地中，覆之以土，灌袁绍军处。"官渡之战，是中国战争史上以弱胜强的一个典型。现在官渡村附近有村名草场，因曹操当年在此存放粮草而得名；还有一荒岗，传说是袁绍屯兵处，故名袁绍岗。

（3）逍遥津

逍遥津位于安徽合肥市东北隅，古为淝水上的渡口。史载东汉建安二十年（215年），曹操手下大将张辽与东吴孙权在此大战。现在这个古战场的遗址上修建了逍遥公园，张辽的衣冠冢也在此。逍遥公园几经扩建，面积已达 20 万 m^2。园内有湖、岛、亭台水榭，花木成阴，为著名旅游胜地。

（4）古赤壁

湖北省有两个赤壁，一个称"周郎赤壁"，是赤壁之战遗址，位于湖北蒲圻的长江南岸，故也称"蒲圻赤壁"或"武赤壁"。据传由于火攻曹军，火光冲天，江岸石壁映红而得"赤壁"之名，临江石壁刻"赤壁"二字；另有一处赤壁称"东坡赤壁"，位于武汉以东的黄州（今鄂州市）长江北岸，因苏轼前、后《赤壁赋》及《念奴娇·赤壁怀古》等名篇而蜚声中外，故也称"黄州赤壁"或"文赤壁"。现有二赋堂、碑阁、坡仙等景点。建筑与山水相互映衬，极富民族特色，特别是保存的书法名画，堪称我国书法绘画精华。

（5）玉门关遗址

玉门关遗址地处河西走廊最西端，位于甘肃省敦煌市西北 90km 的戈壁滩上，玉门关北依天山余脉，南邻阿尔金山麓，疏勒河自东而西流经关北，沿河两岸水草丰足，为天然通道，是丝绸之路上的重要关隘之一。

玉门关自西汉设置，中间经历东汉、魏晋、隋、唐的不断维修巩固，直到宋代防御阵线收缩而废除，历时达 1140 余年。

玉门关遗址地理位置重要，年代跨度长，附近灰层较多，历年来曾出土大量汉简及各类文物。出土的汉简主要内容有诏书、奏记、檄、律令、品约、牒书、簿册、历谱、医药等。这些汉简的发现为研究河西走廊地区各代行政建置，西汉以来该地区的政治、经济、军事和社会历史，丝绸之路北道中西文化交流以及这一地区环境变迁等提供了珍贵的资料，具有重要历史价值和学术研究价值。自汉晋以来，玉门关及长城烽燧在军事防御、中外交通、通商贸易、防卫祖国西北边陲稳定、加强西域各民族团结、保护丝绸之路的安全、开展对外经济文化交流等方面，都做出了不可磨灭的历史贡献。

玉门关也是一个诗人咏叹的对象，历史上曾有许多诗人对它做过精彩的描述，留下千古绝唱，如唐王昌龄的"青海长云暗雪山，孤城遥望玉门关"，王之涣的"羌笛何须怨杨柳，春风不度玉门关"，李白的"长风几万里，吹度玉门关"等千古传颂的佳句。

玉门关遗址现在已经成为甘肃省着力开发的旅游景点之一。

（6）古阳关遗址

古阳关遗址地处河西走廊最西端，位于甘肃省敦煌市西南 70km 处，因在玉门关之阳而得名。早在公元前 121 年，西汉王朝为抗击匈奴，经营西域，在河西走廊设置了武威、张掖、酒泉、敦煌四郡，同时建立了阳关和玉门关。

从此，阳关作为通往西域的门户，又是"丝绸之路"南路的必经关隘，其战略地位极其重要。如今阳关关城早已湮没，仅仅是在一座红色的砂质山峰上，残留有被称为"阳关耳目"的烽墩，残高 4.7m。遗址周围看不到残垣断壁，只有在沙丘之间暴露出的板结地面。墩台南侧，是一片凹地，人称"古董滩"，到处可见碎瓦残片，让人不由自主回忆起丝绸之路上悠远亘古的驼铃。自古以来，阳关在人们心中，总是悲凉凄婉、寂寞孤零的。例如唐代诗人王维的《送元二使安西》一诗中，即有名句"劝君更尽一杯酒，西出阳关无故人。"然而，今天的阳关，已是柳绿花红、林茂粮丰、泉水清清、葡萄串串的好地方。烽火台高耸的山上，修建了名人碑文长廊。游人漫步在长廊里，既可欣赏诗词书法，又可凭吊古关遗址，还可以远眺绿洲、沙漠、雪峰等自然风光。

5.2.4　古道路遗址主要遗存

（1）秦直道遗址

秦直道是公元前 212 年，秦始皇命大将蒙恬修筑的从陕西咸阳至九原郡的一条直达通道，其工程之巨大，建设时间之快，令人惊讶，程度不亚于长城。秦直道的修筑促进了中原农耕文化与草原游牧文化的交流与融合，使北方的农业生产迅速发展壮大，为军事防御、拓展国家疆域提供了有力保障，促进了统一国家的进程，为我国的交通运输业的发展奠定了很好的基础，具有极高的历史价值和深厚的文化底蕴。

随着岁月的流逝，秦直道逐渐消失在人们的视线中，直到 20 世纪 80 年代，经过有关专家的考察发现，秦直道方又回到人们的视野。目前在陕西、甘肃和内蒙古境内都有秦直道遗址的发现，其中在内蒙古鄂尔多斯市境内约 160km，是秦直道保存最好的地段。2005 年，内蒙古在鄂尔多斯市建立了我国第一个秦直道遗址博物馆。

博物馆位于鄂尔多斯市东胜区西 35km 处的一段秦直道遗址上，土建主体工程为入口门景，它包括一个广场和一个仿秦式大门，大门的右侧建有一个高 12m 的烽火台和一驾重达 10t 的仿秦式铜马车。在大门的两边内侧则建有秦直道历史遗迹陈列馆，整个门景十分壮观。此外，土建工程还有观景台、秦王行宫区、兵营区和驿站区等。

（2）五尺道遗址

五尺道是秦汉以来沟通川滇的重要通道。五尺道始凿于公元前 250 年，是当时的秦国蜀郡守李冰领命开凿的一条沟通西南的驿道，因为道路宽仅五尺，故名五尺道。

当年李冰采用积薪焚石、浇水爆裂的方法，在陡峭的山崖上凿道，其艰难程度可想而知。李冰修筑的五尺道始于宜宾，止于昭通。汉武帝时期，国力强盛，又开始对这条道路进行续修，到公元前112年完工，形成从今宜宾经昭通达曲靖的通道。据史载，秦汉之际，川滇之间，"栈道千里，无所不通"。

古道漫漫，岁月悠悠，五尺道从历史的深处走来，绵延约900km，跨越了2200多年。演绎着王朝兴替，记录着历史纷争，承载着经济文化交流。公元794年，唐朝与南诏恢复关系，唐遣使册封南诏，派中丞御史袁滋一行奉旨入滇。他沿五尺道经石门关时，刻石记行，这就是著名的"唐袁滋题记摩崖"。摩崖是唐朝和南诏重新和好、各民族久远统一的有力铁证。

除唐摩崖，五尺道沿途还分布着许多人文古迹：汉碑、晋墓、过山洞遗址、望海楼、清官亭、……一路走去，星光璀璨，美不胜收。

（3）褒斜栈道

褒斜栈道号称"中国第一栈道"，因取道褒水、斜水两河谷，贯穿褒斜谷而得名。它是古代由关中穿越秦岭、巴山通往蜀地的咽喉要道。其修建渊源可以追溯到武王伐纣时代（公元前11世纪），现仅存一些遗址，而以陕西汉中市境内最为著名。

古褒斜道的走向为由今汉中褒城北入秦岭，溯褒河而上，曲折蜿蜒，终抵眉县斜峪关。全程235km。以其险、奇、雄而著称于世，历来也为兵家必争之地。两岸青峰如削，植被葳蕤。

褒斜栈道为蜀汉与秦川的交通咽喉，是古代交通大动脉上的一颗明珠，是劳动人民对特殊地理环境创造性的开发利用。褒斜栈道的开凿建成，把中国西北和西南连成一片，加强了中原与西南地区的经济文化联系，推动了巴蜀地区经济文化的发展，在我国古代交通史上占有重要的地位。

当年李白来往于秦蜀，走的就是这条险要栈道，所以他写出了"蜀道难，难于上青天"的千古绝唱。

楚汉战争中的经典战例"明修栈道，暗渡陈仓"，也与褒斜道密切相关。褒斜道走的是秦岭中段的斜河、褒河河谷，山势陡峭，道路险要。可以想象，假如韩信当年想从这条褒斜道上打出汉中去，那真是"难于上青天"了。而陈仓道走的是秦岭西端的嘉陵江河谷，山势较为平缓，但路途迂回遥远。韩信的过人之处在于他既以务实态度避开了这条险道，又运用其军事智慧充分利用了这条险道，从而创造出了"明修栈道，暗渡陈仓"的经典战例，声东击西战法一举突入关中，夺取陈仓，平定三秦。

褒斜栈道初修于两周，以后历代多有修复，两岸山高谷深，流水湍急，道路险峻，栈阁密布。沿途的文物古迹、风景名胜构成了自然、人文和历史互为交融的独特景观，被誉为"古栈道历史博物馆"。

褒斜栈道修造工程是我国交通建筑史上的伟大创举，栈道设计、建筑艺术都有深远影响。作为蜀汉与秦川的交通咽喉，褒斜栈道把西北和西南连成一片，促进了国家的统一，民族的团结。褒斜栈道对我国古代政治、经济、文化的发展起过重大作用，在我国古代交通史上占有极其重要的地位。

5.2.5 古桥梁遗址主要遗存

（1）秦汉沙河古桥遗址

秦汉沙河古桥遗址位于陕西咸阳市秦都区的沙河枯河道中，是 1986 年当地农民在淘沙时发现的。据专家考证为秦汉时代木柱木梁古桥，距今 2000～2100 年。古桥遗址共计 2 座，其中一座已被回填，另一座经考古工作者发掘清理后，暴露出了直径为 40cm、高约 2m 的木桥桩 16 排，总计 112 根。据桥梁专家考证，咸阳秦汉古桥遗址是世界上迄今所知规模最大、年代最古老的大型木结构桥梁遗址，在人类交通史、世界桥梁史上都有着十分重要的地位。秦汉沙河古桥遗址的发现，被评为 1989 年全国十大重大考古发现之一。

目前咸阳市对遗址已经进行保护开发，建成新的旅游景点。以古桥遗址为主体，建设古桥博物苑及古桥公园。现在古桥遗址博物馆和沙河古桥风情园已经建成，成为西安与咸阳之间一处旅游胜地，吸引着中外游客。

（2）隋唐灞桥遗址

隋唐灞桥遗址位于陕西省西安市城东的灞河上。灞桥始建于隋开皇三年（583年），是一座多孔石拱桥，规模宏伟，也是当时京城长安通往中原和江南各地的交通要道。当时，长安人送客东行，多在此折柳相赠，与远行者洒泪道别，因此灞桥又名消魂桥。"灞柳风雪"是著名的关中八景之一，每逢春季，团团柳絮随风起舞，如雪花漫卷，美丽异常。

灞桥遗址是在 1994 年发现的，人们在灞河取沙发现了这座尘封地下很久的古桥。遗址长约 400m，桥墩距 5.14～5.76m，墩下以石条铺成长方形底座。灞桥古桥的发现，为研究我国古代桥梁史、科技史提供了宝贵的实物资料。

以上按类别就历史上各种遗址遗迹进行逐一介绍，分析了其存在状态、空间分布和开发现状。总体上看，我国各类遗址遗迹可以概括为以下几个特点：

①分布广，类型多，数量大；

②损坏严重，保护难度大；

③资源丰富，内涵独特，开发价值大；

④已经开发的少，仍被遗弃的多；

⑤旅游开发中重视经济效益，忽略社会效益、文化保护和环境效益；

⑥保护开发速度慢于破坏速度。

【思考题】

1. 试分析我国的古遗址在空间分布上有什么特点？

2. 我国古遗址包括那几种类型，代表性的古遗址有哪些？

3. 分析古遗址的旅游价值。

4. 谈谈你对古遗址保护与旅游开发的看法。

【经验性训练】

结合当前古遗址类旅游资源开发的现状和面临问题，以某个古遗址为例，根据其文化特点，围绕其开发利用、产品创意、注意事项等，开展课堂讨论。

【案例分析】

"大夏"国都遗址——统万城走近世界遗产

2012 年国家文物局公布新的《中国世界文化遗产预备名单》，靖边统万城进入名单。

统万城是我国历史上五胡十六国时期，匈奴首领赫连勃勃建立的"大夏"国的国都遗址，位于陕西省靖边县最北端 58km 处的白则村。该遗址是我国古代匈奴族遗留在人类历史长河中唯一的一座都城遗址，有着不可替代的历史地位，对于研究我国古代北方少数民族史、民族关系史、古代文化史以及经济政治、城市建筑、军事、地理变迁等都有着极其重要的价值。陕西省靖边县人民政府于 2001 年全面展开申报统万城为世界文化遗产的工作。

统万城由宫城、内城和外廓城三部分组成，宫城里面还有一座赫连勃勃居住的皇城，内城则是各级官署和王侯贵族居所，外廓城是一般居民区。

统万城是我国历史上草原文化与中原文化(汉文化)交融、渗透、汇聚最具典范的例证，也是一个消逝了的民族遗留给历史的特殊见证。作为一处国家级文物保护单位，它与其他的古遗址相比，又有其独特性：作为一处沙漠遗址，在饱经 1600 年的人为破坏与风侵雨蚀后，仍然部分保留了其原始风貌，这在全世界屈指可数。

案例思考题：

1. 你了解历史上的大夏国吗？这些历史知识对旅游从业有什么意义？
2. 在地图上找到统万城大致位置，分析其位置特点。
3. 你觉得统万城遗址旅游开发前景如何？

【本章推荐阅读书目】

1. 美的历程．李泽厚．生活·读书·新知三联书店出版社，2014.
2. 华夏五千年名人胜迹．王行国．中国画报出版社，2006.
3. 中国旅游资源概论．肖星．清华大学出版社，2006.

第6章 城市、古建筑与古工程

【本章概要】

本章侧重学习城市、古建筑与古工程类旅游资源的类别、特性、分布、代表作，探讨中国城市、建筑与工程设施的发展沿革、分布规律，分析保护措施、旅游开发现状和存在的问题。

【学习目标】

掌握城市、宫廷建筑、礼制建筑、长城、古水利工程、古栈道、古桥梁的遗存现状和分布规律；掌握各类杰出代表及其文化内涵、审美规律、建筑风格；具备对同类、异类旅游资源的分析、对比、识别、判断能力，进而培养资源保护及合理开发利用的能力。

【关键性术语】

城市、宫廷、坛庙、长城、水利工程、古栈道、古桥梁。

【章首案例】

"千城一面"的中国城市

有着几千年历史的中国，已经到了城市高速发展阶段。随着城市化进程的加快，各城市间的竞争也日益激烈，许多后崛起的城市盲目照搬发达城市的模样，大有"克隆"的劲头。"克隆"使一座座历史悠久的城市失去了文化个性与特色魅力，导致"千城一面"的雷同。"南方北方一个样，大城小城一个样"。这是人类文明的倒退，是对城市的最大戕害。

个性缺失是当前城市规划建设中的最大弊端，亟须引起高度重视。只有突出了个性和特色，我们的城市才会生机勃勃，丰富多彩。城市建设中当然需要借鉴先进的、带有规律性的东西，但这并不等于盲目模仿，依葫芦画瓢。简单模仿只能导致城市建设的雷同、刻板、僵化，无异于走进城市建设的"死胡同"。

齐白石曾对学生说："学我者生，似我者死。"城市建设莫不如此。一味简单模仿，只能导致城市个性与文化丧失，这是城市的悲哀！城市需要个性，更需要文化。个性让城市不可替代，文化让城市居住者拥有共同的精神追求、价值观和身份认同感。城市个性是城市发展的核心竞争力，城市文化是城市的灵魂所在。

一座城市是一个自然生长的有机体，其魅力在于特色，没有特色的城市也就不可能有品牌效应。昔日许多城市的建筑都有适合当地自然条件、生活习惯的地域特色，体现出人与自然和谐相处的风格与韵味，也饱含着一个城市独有的个性与魅力。那么，在保持城市高速发展的前提下，如何从城市特色出发，把能够体现城市特色的资源进行集聚、整合和利用，以独特的魅力一领风骚，已成为摆在城市发展面前的一项重要课题。

案例思考题：

1. 城市形象口号是城市宣传地域特色、城市个性的重要手段。它的用语应简明易懂，朗朗上口，具有较强的冲击力和感染力。请据此为你所在的城市设计形象口号。

2. 谈谈你所看到的我国城市"千城一面"的各种表现。

3. 如何理解"城市个性是城市发展的核心竞争力"？

城市、古建筑与古工程，都属于旅游资源国家分类标准中的 F 主类——建筑与设施类。我国历史悠久，在城市发展、古建筑和古代重大工程的建设方面，堪称世界的典范。我国在这些方面至今有广泛、大量的遗存，尤其是有些经典之作保留较好，成为人文旅游资源的重要类别。

6.1 城市旅游资源

一般来说，人口较稠密的地区称为城市，它是一定区域政治、经济、文化和教育的中心。城市是人类社会发展到一定阶段的产物，是人类文明与智慧的结晶。城市的形成与发展，反过来又推动人类社会的文明与进步。

城市的产生迄今已有几千年的历史。它以原始社会居民点为基础，伴随着人类生产力水平的不断提高，逐渐发展演化成具有完备功能的现代城市。

6.1.1 我国城市发展历史沿革

6.1.1.1 原始社会时期

根据现有史料和考古实物证明，我国最早的一批城市产生于距今 4000 多年前的原始社会末期，相当于从传说中的黄帝时代，经尧、舜、禹直到夏朝前期，其间经历数百年之久。《周礼》《尚书》《左传》《史记》等早期文献中，都记载了关于三皇五帝建都的片断。从 20 世纪 30 年代开始，我国考古工作者在黄河中下游平原地区、长江中游两湖地区、长江上游四川盆地和内蒙古高原河套地区四大区域先后都发现了史前时期的城市遗址。湖南澧县城头山城址是我国目前所知最早的史前城址。

这一时期的城市规模一般较小，内部设施不完善，不具备政治、经济、文化中心的职能。严格地讲，这时的城市只是城堡。因此，这一萌芽时期产生的城市可称为

"雏形城市"。

6.1.1.2 奴隶社会时期

夏朝中、后期，中国的城市有一定的发展，主要有二里头古城、阳城、平阳、安阳、原城、河洛等城市。其中河南偃师二里头古城是我国古代城市形成的标志。

商朝是我国奴隶社会大发展的时期，政治、经济、文化等方面都有了较大进步。青铜工艺已相当纯熟，手工业专业化分工明显，城市也随之得以发展。目前已发掘的城市遗址主要有河南偃师尸乡沟商城、郑州商城、安阳殷墟、湖北黄陂盘龙城等。

到了西周时期，奴隶社会制度发展得更为健全。为了巩固和稳定政权，统治者采取分封诸侯和择地建都的政策，我国城市相应得到了较快发展，形成历史上的第一次城市建设高潮。

奴隶社会的城市较前一时期来说，数量有所增加，分布范围扩大，但城市规模仍然较小；城市的功能主要是政治中心和军事据点，经济功能不强；城市建设实行严格的城邑等级制度，并且形成一定的规制，特别强调都城方正、对称，宫城居中，对我国后来的城市尤其是国都的建设布局产生了深远影响。

6.1.1.3 封建社会时期

春秋战国时期，在经济大发展、政治大变革、频繁战争和水陆交通发展的背景下，城市如雨后春笋般地成长起来，数量之多、规模之大、分布之广都是前所未有，中国历史上的早期城市得到大发展。

秦始皇统一中国以后，推行郡县制。凡在国家政治势力所及范围都有相应的郡、县设置，我国广大南方、北方和东北地区开始广泛分布城市，行政中心城市特别是县城镇得到大发展。同时，由于手工业、商业的发展及交通线路的开辟，众多商业中心城市悄然兴起。

汉代沿用了郡县制，城市数量继续有所增加，分布地域范围广大。特别是汉武帝广开三边后，城市扩展范围更广。西汉时工商业进一步发展，以商业城市为中心，商业贸易联系为纽带，形成了若干城市经济区域。

东汉末年开始直到隋朝统一，将近400年的时间里，由于北方长期处于分裂战乱的状态，生产力遭到严重破坏，造成人口大量外迁。南方政局相对安定，在南、北方农民的结合和技术交流下，经济有了长足的发展，大大推动了南方城市的形成和发展，使魏晋南北朝时期城市发展呈"南升北降"的态势，分布上重心由黄河流域转移到了长江流域。

隋唐时期，城市分布表现出明显的沿大运河、长江密集分布的特色，并且在东南沿海出现了一批港口城市。另外，魏晋至隋唐时期城市规模等级结构有了调整，规模差距拉大，中间的府、州级城市数量显著增多。在都城建设方面，城市中轴线由局部发展到全城，形成纵贯全城严谨对称布局的空间形态；由宫城、皇城、外郭城组成三重环套结构形态；道路网由简单的、不甚严格的方格状演变为复杂的、十分完善的棋盘状结构，"坊"的排列也随之从不规整发展为整齐划一的形态；市场位置从城北移迁到城南，形成"前市后朝"的布置格局；作为城市物质要素之一的寺庙建筑，尤其是佛寺建筑大量增加。

五代十国时期，南方城市继续发展，数量增多，而北方城市仍在减少，延续了城市发展和分布的"南升北降"态势。到了宋代，许多大的商业都会和以经济职能为主的市镇迅速兴起，并且在城市内部空间结构发生了重大变化，即原有的封闭"坊""市"制度解体，开放型空间结构开始形成。元代时，以省会为中心的省级城市体系逐步确立；在城市的规划和营造上明显地向封建社会前期城市传统的礼制观念和风格复归。

明代直到清代鸦片战争前，中国的政治局面相对稳定，为城市发展提供了良好的环境。城市类型有所增多，如政治型城市、工商业型城市、对外贸易港口型城市、边防军事重镇等。众多小城镇特别是江南地区市镇蓬勃兴起，边陲地区的城镇分布地域有了较大扩展，沿江、沿运河城市发展轴线进一步增强。然而明清政府实行闭关和海禁政策，阻碍了沿海对外贸易，使元代发展迅速的沿海大中港口城市停滞、衰落，地方小港口城镇却开始兴起与发展。从城市内部建设来看，城市主体结构上礼制规划手法仍占据主导地位并有所发展；经济的繁荣和人口的增加，使城市中商业会馆建筑显著增多；普遍用砖修筑城区，城市军事防御设施体系坚固、完善；园林建设在一些城市中大量增加并达到相当水平。

纵观整个封建社会时期，城市发展的数量与政治局势关系密切。总体上较奴隶社会时期大幅增加，城市增长速度南方高于北方；城市分布范围明显扩大，沿江、沿海、沿边城镇迅速兴起、发展；城市功能逐渐完善；城市建设推崇礼制规划；城市规模宏大。

6.1.1.4 半殖民地半封建社会时期

鸦片战争以后，中国进入半殖民地半封建社会。原来在长期封建社会中慢慢发展的城市因此发生了变化。特别是在一些被开辟为租界商埠的通商口岸，如上海、天津、青岛、汉口等城市，租界纵横分割，市政布局混乱，道路狭窄，形成国中国、市中市。19世纪60年代洋务运动以后，工业、矿业发展，近代工矿业城市出现。公路、铁路不断修建，促成近代交通型城市兴起。

这一时期在城市规模上，大城市与小城镇呈两极化发展；在城市地域分布上，沿海与内地不平衡发展加剧；城市功能结构复杂化；城市空间结构由过去的"开"而"不放"型向开放型转变，大多形成半殖民地半封建城市特有的"多区拼贴"的空间结构特征。

6.1.1.5 社会主义时期

20世纪中期以后，从50年代末到80年代初，是我国城市发展的缓慢时期。这一时期由于频繁的政治运动和十年动乱的影响，新城市增加少，老城市市政建设混乱，除北京等几个大城市外，全国其他城市几乎没有总体规划，公共设施、城市绿化落后，城市交通设施不完善，道路狭窄。

十一届三中全会以后，党的工作重心向经济建设转移，改革开放政策实施，促使国民经济有了较快的发展，城市发展速度突飞猛进。在城市化发展方面，城市化进程经历了大起大落阶段以后，实现了持续增长，并进入了快速健康发展阶段；城市化发展的区域重点由西部地区向东部地区转移，城市数量增长上东部快于西部，南方快于北方；在各级城市普遍得到发展的同时，中小城市的发展速度快于大城市，小城镇迅速崛起；部分城市走向国际化。在城市建设方面，城市空间结构逐渐与经济社会形态相适应，城市建设体制迅速转变，城市旧城改造与新区开发如火如荼的进行，城市环境的建设逐步得到了重视。

6.1.2　城市发展旅游的优势

城市作为一个特殊的地理空间，发展旅游具有独特的优势，主要体现在以下几个方面。

（1）城市人口相对密集

城市本身拥有相对庞大的人口数量，而到城市进行探亲访友、商务洽谈、会议科研等活动的人流量较高，无形中加大了城市流动人口的数量。因此城市常住人口和流动人口共同构成了发展城市旅游重要的庞大的消费人群基数。

（2）城市交通条件良好

城市往往是区域交通的枢纽，具有良好的交通条件，而交通是旅游发展的基本条件。机场、车站、港口等交通设施依托城市，交通路线贯穿或连接城市，为旅游者的集散和中转提供了极大便利。

（3）城市旅游资源集中

一般来说，城市是人物荟萃、建筑密集、古迹众多、人文景观丰富的地方，旅游资源相对集中，从而形成旅游活动的集中区，或者以城市为中心，构成一个包括市区、城郊及周边城镇的旅游区。

（4）城市功能设施完备

作为区域的经济、政治和文化中心，城市功能强大，聚集了大量的商业、金融、工业、生产服务、文化娱乐设施，为开展城市观光、购物、娱乐、商务、考察、学术交流等一系列旅游活动提供条件。

（5）城市消费能力较强

城市具有较强的消费能力，因此城市是大型文化、娱乐设施布局的首选之地。许多城市在城市内部、城郊或周边地区增加旅游投入，开发新景区、景点，客观上推动了城市旅游的发展。

6.1.3　关于城市模式的中西差异

在世界城市建设模式中，最具代表性的有两种，一种是欧洲模式，一种是中国模式。这两种模式有着巨大的差异，也是东西文化差异的一个重要方面。

（1）欧洲模式的城市特点

一般说来，欧洲模式的城市主要有以下特点。

第一，圆形的城市。城市有一个明显的中心，包括广场、教堂、市场、政府机构等。随着城市人口的增加和各方面发展的需要，城市便由此中心逐渐向外发展，形成一个大体呈圆形的城市。

第二，放射状的道路。道路从圆形的城市中心广场出发，呈放射状向各方向延伸，相隔一段距离修建一条环形道路，所以鸟瞰城市，好像一个巨大的蜘蛛网。

第三，一般没有城墙。城市防御功能设施有卫城。

第四，主要建筑材料多为石材。

第五，同心圆似的平面布局。

（2）中国模式的城市特点

中国模式的城市特点与欧洲模式有很大不同，中国古代城市建设布局表现为以下特点。

第一，方形的城市。城池平面呈方形，周长多少、城门多少要根据城市的等级而定。

第二，纵横交织的道路。城市道路为东西走向与南北走向，经纬交织把城市分成方形网格。

第三，一般有城墙和护城河。中国古代城市十分重视城防建筑。城市又称城郭，在旧时其实指的就是都邑四周用作防御的城垣，一般有两重，里面的一重称为"城"，外面的一重称为"郭"。一些重要城市还建有护城河。

第四，主要建筑材料多为木材。

第五，中轴对称的平面布局。由于这种布局，加之纵横交织的道路，俯瞰城市好像一个巨大的棋盘，这种结构最便于将城市分片管理。

6.1.4 我国城市旅游资源

城市是人类社会生产力水平发展到一定阶段的产物，是人类文明的象征。出于人们对都市文明的向往与追求，城市逐渐成为具有发展潜力的旅游吸引物。城市的文明程度越高，特色越突出，就越有吸引力。因此城市是不容忽视的重要旅游资源之一。

城市形象旅游主题口号赏析

北京市：东方古都，长城故乡

福建厦门市：海上花园，温馨厦门

宁夏银川市：塞上明珠，中国银川

浙江宁波市：东方商埠，时尚水都

浙江绍兴市：梦幻水乡，人文绍兴

广西南宁市：绿城寻歌壮乡情

云南昆明市：昆明天天是春天

四川成都市：成功之都，多彩之都，美食之都

湖北宜昌市：金色三峡，银色大坝，绿色宜昌

　　辽宁大连市：浪漫之都，中国大连
　　江苏苏州市：人间天堂，苏州之旅
　　海南三亚市：天涯芳草，海角明珠
　　山东曲阜市：孔子故里，东方圣城

6.1.4.1　我国优秀旅游城市

　　为了促进旅游业的发展，进一步将"政府主导型"发展战略落实到实处，1995 年国家旅游局发出《关于开展创建和评选中国优秀旅游城市活动的通知》，拉开了在全国范围内组织开展创建中国优秀旅游城市工作的序幕。1998 年国家旅游局又出台了《中国优秀旅游城市检查标准》和《中国优秀旅游城市验收办法》，为"创优"工作提供了基本依据。这项"创优"活动得到了全国各旅游城市的热烈响应。优秀旅游城市建设，是我国旅游业发展的重要载体，通过推动创建中国优秀旅游城市，加快了我国旅游目的地体系建设，提升了我国城市旅游的吸引力。

　　截至 2012 年，中国优秀旅游城市已达 370 个。

6.1.4.2　我国历史文化名城

　　1982 年 2 月，为了保护曾经是古代政治、经济、文化中心或近代革命运动和重大历史事件发生地的重要城市及其文物古迹，使其免受破坏，"历史文化名城"的概念被正式提出。根据《中华人民共和国文物保护法》，历史文化名城是指保存文物特别丰富，具有重大历史文化价值和革命意义的城市。

　　国务院曾于 1982 年、1986 年、1994 年先后批准了三批共 99 个国家历史文化名城。从 2001 年起开始单独批准增补，至 2013 年 11 月山东省青州市列入为止，先后增补了 25 个，总数达到 124 个。

　　根据中国历史文化名城的成长发展和功能上的特点，可以将其分为六类：

　　一是古都类：是帝王居住的城市，即封建王朝的都城，如北京、西安。

　　二是地区统治中心类：是历史上诸侯国君、藩王割据政权所在的城市，如成都、江陵。

　　三是风景名胜类：是优美自然风景和丰富人文景观集聚的城市，如桂林、大理。

　　四是民族及地方特色类：是分布在少数民族聚居区域，具有悠久的传统和多民族文化特征的城市，如呼和浩特、日喀则。

　　五是近现代革命史迹类：是中国近现代革命事件的发生地，具有反映中国人民革命斗争历程的文物和建筑的城市，如延安、井冈山。

　　六是其他类：是古代科技、文化的标志性城市，包括海外交通、边防、手工业等特殊类，如泉州。

6.1.4.3　著名古都

　　19 世纪 20 年代，中国学术界开始出现五大古都的说法：西安、洛阳、南京、北京、开封。

19 世纪 30 年代，将杭州加入，列为"六大古都"，但是并未被大众所接受。

1983 年，陈桥驿在《中国六大古都》一书中将杭州列入大古都，自此六大古都被大众接受。

1988 年，由于谭其骧鼎力推荐，安阳被认定为大古都，因此就有了七大古都之说。

2004 年 11 月，中国古都学会认定郑州为大古都，因此就有了八大古都之说。

2010 年 9 月，中国古都学会认定大同为大古都，因此就有了中国九大古都之说。

（1）安阳

安阳是我国历史上最早的一座都城，具有 3300 多年历史。夏时属冀州。公元前 1387 年，商朝第 10 代国王盘庚为巩固商王室统治，将都城从奄（今山东曲阜）迁到北蒙（今河南安阳市郊小屯），改称为"殷"。"殷"都历经 8 代 12 王，历时 273 年，是商代后期的政治、经济、文化中心。西周和春秋时称"东阳"；战国时称"邺"，也称"宁新中"，先属魏，后属赵。公元前 257 年，秦攻占"宁新中"后，将其更名为安阳。秦至清，历为州、郡、路、府、县治所。

安阳市人文旅游资源丰富。主要人文资源有：商后期都城遗址"殷墟"；始建于五代后周时期、我国现存砖雕艺术价值最高的古塔——文峰塔；合称为"三袁"的袁世凯的"袁寨"遗址、袁世凯墓、袁府；我国规模最大的岳庙——汤阴岳庙等。

（2）西安

西安位于陕西关中平原中部，自然地理条件优越，气候温暖，土地肥沃，物产丰富。早在 100 多万年前的旧石器时代，以西安的蓝田猿人为代表，揭开了其人类文明的一页。到六七千年前的新石器时代，先民们在此建造了半坡村，成为中国母系氏族公社繁荣时期的典型代表。迄今为止，西安建城已有 3100 多年，历史上西周、秦、汉、前赵、后秦、西魏、北周、隋、唐等 13 个王朝在此建都，历时 1100 多年。盛唐时代，西安称为长安，是世界上最早的人口超过百万的国际化大都市。至今，西安与世界名城雅典、开罗、罗马齐名，共同被誉为世界四大文明古都。

西安文化积淀深厚，人文景观众多，有"天然历史博物馆"的美称。代表性的主要景观有：被誉为"世界第八大奇迹"的秦始皇兵马俑坑；我国首批列入世界遗产名录的秦始皇陵；至今世界上保存最完整、规模最宏大的古城墙遗址——明代古城墙；6000 多年历史的半坡遗址；被誉为石质历史书库的碑林博物馆；文物储藏量全国之最的陕西历史博物馆；唐代著名高僧玄奘法师译经之地大雁塔；西北历史最长的清真寺化觉巷清真大寺等。

西安的自然景观峭拔险峻，独具特色。代表性的景观有骊山森林公园、翠华山等。

西安的旅游商品品种丰富多样，并且具有浓厚的地方特色。如秦俑仿制品、仿古青铜器、秦绣、玉器、丝绸、工艺瓷器、户县农民画、唐三彩、瓷板画、麦杆画、关中剪纸等。

（3）洛阳

洛阳位于河南省西部，因地处古洛水之阳而得名，具有 4000 多年建城史。自公元前 770 年周平王由镐京迁都洛邑起，先后有东周、东汉、曹魏、西晋、北魏、隋（炀帝）、唐（武则天）、后梁、后唐等 9 个王朝在此建都，故称"九朝古都"，是中华民族历史文化的发祥地之一。

洛阳的历史文化悠久，有丰富的人文旅游资源。主要包括史学界公认的"华夏第一王都"——"二里头文化"的夏都遗址，该遗址发现了中国最早的宫殿基址群、礼器群、铸铜作坊遗址、绿松石器作坊遗址和中国最早的宫城，是迄今为止可以确认的中国最早的王朝都城遗址；"中国第一古刹"白马寺，是佛教传入我国后官府营建的第一座寺院；我国四大石窟艺术宝库之一的龙门石窟，全窟有北魏至唐的窟龛 2100 余个、佛塔 40 多座、碑记 3600 余品、人物造像 10 万余尊。

（4）南京

南京位于江苏省西南部、长江下游南岸，市区依山傍水，有"龙盘虎踞"之称。自公元前 472 年越王勾践在今中华门外筑越城开始，至今已有 2460 多年历史。此后东吴、东晋、南朝宋、齐、梁、陈先后建都于此，故有"六朝古都"之称。此外，五代南唐、明代初期、清代太平天国和近代国民党政府也都曾以此为都。

南京风光宜人，名胜古迹众多。明初有"金陵十八景"，清代有"四十景"和"乾隆四十八景"。现今著名的景点有：现存周长世界第一的明代古城垣；明太祖朱元璋和马皇后的陵寝明孝陵；列为"中国四大丛林"之一的著名古刹栖霞寺；气势宏伟的著名革命家孙中山陵墓——中山陵；为纪念新民主主义革命烈士修建的雨花台烈士陵园；为纪念抗日战争时期死于日本侵略者屠刀下的南京军民修建的侵华日军南京大屠杀遇难同胞纪念馆等。

（5）开封

开封位于河南东部、黄河下游冲积平原南翼。自公元前 364 年战国魏迁都于此开始，五代时期的后梁、后晋、后汉、后周以及北宋和金 7 个三朝曾先后建都于开封，故称"七朝都会"，建城至今已有 2700 多年的历史。在中国的历史上，开封曾被称为大梁、汴梁、东京、汴京等。北宋时东京是全国政治、经济、文化、军事中心，人口逾百万，系当时世界最繁华的都市。

开封是一座人文与自然景观交相辉映的城市，是中原旅游区重点观光游览城市，史有"一苏二杭三汴州"之说。在开封有巍然耸立的千年古塔——铁塔、繁塔；在宋、金故宫遗址上建造的雄伟壮观的龙亭；古迹斑斑的明朝城墙；风格别致的道教建筑——延庆观；古朴典雅的开封最古老的名胜——古吹台；玲珑剔透、以雕刻艺术著称的山陕甘会馆；宏丽华美的中原古刹——相国寺。开封还分布着包公湖、龙亭湖等诸多湖泊，水域面积达 145 万 m²，占老城区面积的 1/4，是我国著名的"北方水城"。近年来，开封市致力于发展旅游事业，重修和新建了许多历史人文景观，如"清明上河园""包公祠""宋都御街""天波杨府""翰园碑林"等等。

（6）杭州

杭州地处长江三角洲南翼，杭州湾西端，钱塘江下游，京杭大运河南端，是长江三角洲重要中心城市和中国东南部交通枢纽。杭州是华夏文明的发祥地之一，距今

5000多年前就有人类在此繁衍生息，并产生了被称为文明曙光的良渚文化。秦时这里设县治，五代吴越国和南宋王朝两代建都于此，迄今已有2200多年历史。杭州古称钱唐。隋开皇九年（公元589年）废钱唐郡，置杭州，杭州之名首次在历史上出现。

杭州山水自古闻名，13世纪意大利旅行家马可·波罗赞叹其为"世界上最美丽华贵之城"。目前，杭州有西湖和"两江一湖"（即富春江、新安江、千岛湖）风景名胜区；天目山、清凉峰自然保护区；之江国家旅游度假区；全国首个国家级湿地——西溪国家湿地公园；以及岳飞墓、六和塔、飞来峰造像、"良渚文化"遗址、灵隐寺、钱镠墓、沈括墓等文物保护单位。

（7）北京

北京位于华北平原西北隅，地处燕山、太行山两大山脉所包围的南向小平原，是内蒙古、东北与中原联系的枢纽地域。自公元前11世纪初，作为西周分封国燕的都城蓟开始，北京城已有3000多年历史。中间由郡治所蓟城、幽州，到南京、热京、北京，多次更名。历史上曾是辽、金、元、明、清和民国前期的都城，是驰名中外的历史文化名城。1949年10月1日，古城北京成为中华人民共和国的首都，并发展成为全国政治、文化、交通和对外交往的中心。

北京拥有富丽堂皇的宫殿、皇家园林、坛庙陵寝、宗教寺观、名人故居、各类博物馆、著名的街市及郊外风景名胜地，是中国和世界最富魅力的旅游名城。北京有世界上最大的城市中心广场——天安门广场；我国和世界最大、最完整的古建筑群——明清两代的皇宫故宫；世界建筑史上伟大奇迹之一——明代八达岭长城；明清两代帝王祭天祈谷之处——天坛；世界上造景最全、建筑最集中、保存最完整的皇家园林——颐和园；世界建园最早的辽、金、元、明、清皇家宫苑——北海；世界上埋葬皇帝最多的墓葬群——明十三陵；世界上古人类文化遗址中发现化石最多的周口店北京猿人遗址；世界上石刻经版收藏量最多的寺庙——云居寺等。

6.2 古建筑

建筑泛指人类在不同历史时期基于居住、交通、军事、宗教等原因修筑的各种设施、工程，是人类历史文化遗产中极为重要的一个组成部分。建筑被誉为"凝固的音乐"和"石头的史书"，以其独特的魅力吸引旅游者。按照不同的标准，建筑可以有不同的分类。按照时代，建筑可以分为古建筑、近现代建筑。但是基于古建筑设施的旅游吸引力和在旅游中的主体地位，这里着重介绍古建筑。古建筑是指一定区域内的民族在某一历史时期所创造的建筑物，具有鲜明的地域性、民族性、时代性、艺术性和科学性的特点，它综合地反映了该民族在特定历史阶段所达到的科学技术和文化艺术水平，是当时物质文明和精神文明的标志。古建筑按照类型和使用功能分为宫廷建筑、礼制建筑、宗教建筑、陵寝建筑、交通建筑、园林建筑、民居建筑、工程建筑等。本节重点介绍宫廷建筑和礼制建筑。

6.2.1　宫廷建筑

"宫"在甲骨文中是个象形字，原指所有居住建筑，秦汉以后成为帝王建筑的专用名词。"殿"最早出现于春秋战国时期，意指高大建筑。宫殿连用，特指帝王宫室。从秦始皇开始，宫廷成为皇帝及其皇族居住的地方。宫廷建筑是皇帝为了巩固自己的统治，突出皇权的威严，满足精神生活和物质生活的享受而建造的规模巨大、气势雄伟的建筑物。因为是天子居所，所以可以集全国之财力、域内之巧匠、天下之质材、海内之珍宝，务必使其恢弘壮丽，宇内至尊，集中反映当时社会最高建筑技术和文化艺术水平，充分显示了我国劳动人民的高度智慧和创造才能，成为今天中外游客探访历史的佳处。

6.2.1.1　宫廷建筑的历史沿革

（1）夏、商、周时期

我国宫廷建筑萌芽于三代，即夏、商、周三个王朝。据《竹书纪年》记载，"夏桀做琼宫瑶台，殚百姓之财。"《史记》中记载："三代之居皆在河洛之间。"1959 年，有古史学家在豫西进行"夏墟"调查时，在偃师二里头村发现了一处大型遗址，此后对遗址进行了多次发掘。据考古发掘和研究情况初步推定它是文献中记载的夏都宫殿，这是目前所知的中国最早的宫殿建筑群。

河南偃师商城是商汤灭夏后建立的第一个都城，偃师商城也为研究古代宫室建筑提供了重要线索，如宫庙分离、对称布局和寝宫与朝堂分离等。偃师商城南北长约1100m，东西宽约750m，内有宫殿、庙宇、祭祀场所、青铜作坊、供水池和排水系统等，是迄今为止保存最完好、并经过大规模发掘的商代都城遗址。

商朝曾经多次迁都，盘庚时期迁都于殷，从此商朝长期定都于殷，故商朝也称殷商。殷商的宫殿遗址已经确定，即位于河南安阳小屯村，现在已经完成考古发掘，并建立了殷墟遗址博物馆，有专门反映当时宫殿建筑形制、布局的展厅。

周王朝在历史上也几次迁都，史载周人祖先古公亶父（周太公）率族人至周，也就是现在的周原（今陕西歧山、扶风两县交界处），经考古勘察，在歧山县凤雏村和扶风县召陈村，1976 年发掘出两个大型建筑遗址。凤雏村建筑遗址房屋坐北朝南，以影壁、门道、中院、大厅、过廊、后室为中轴线，两边排列有东西厢房和耳房，其间都有回廊连接。檐柱和廊柱排列井然有序，门下有台阶通向院落。院内有阴沟排水管道。这种两进院的封闭式建筑，是我国目前发现最早的对称严密的四合院建筑形式。据推测该建筑很可能是西周早期的"太庙"。召陈村建筑遗址规模宏大，柱础直径达1.9m，可能是座巍峨壮丽的宫殿建筑。

周文王为了东进，准备代商而立，入主中原，迁都于丰京，周武王又迁都于镐京，即所谓宗周。丰镐遗址位于陕西省西安市西南 12km 的沣河两岸。丰镐是西周文王所建"丰邑"和武王所建"镐京"的合称。成王继位后，为了控制东方，威服南土，根据武王的遗愿，由周公、召公主持，在河南境内营建洛邑（今河南洛阳王城公园一带），作为东方的统治中心，周朝形成两都制。后来周平王时期东迁洛邑，洛邑成为周朝的唯一都城。

洛邑城以水为界分为东西两部分，水东为成周，由殷商遗民居住，殷八师驻守；水西为王城，是诸侯朝会的地方。

(2)秦、汉时期

秦汉以后，宫殿建筑更加恢弘壮丽。从秦始皇建造阿房宫开始，我国历代皇帝都为自己修建规模宏大、富丽堂皇的宫殿建筑群。

据《史记·秦始皇本纪》记载，三十五年(公元前212年)秦始皇认为都城咸阳人太多，先王的皇宫小，便下令在渭南的皇家园林上林苑中，仿集天下的建筑之精英灵秀，营造一座新朝宫。这座朝宫便是后来被称为阿房宫的著名古宫殿。

阿房宫集中了当时全国各地宫殿建筑的优点，规模空前，气势宏伟，景色特别壮观。唐代诗人杜牧在《阿房宫赋》中形容它"覆压三百余里，隔离天日。骊山北构而西折，直走咸阳。二川溶溶，流入宫墙。五步一楼，十步一阁；廊腰缦回，檐牙高啄；各抱地势，钩心斗角。"可见阿房宫确为当时非常宏大的建筑群。如今在陕西西安西郊，还保存着面积约60万 m^2 的阿房宫遗址。可以推知，当时阿房宫宫殿之多、建筑面积之广、规模之宏大，是世界建筑史上无与伦比的。

一拆一建，阿房宫引各方质疑

"六王毕，四海一，蜀山兀，阿房出。覆压三百余里，隔离天日。骊山北构而西折，直走咸阳……"唐代诗人杜牧笔下的《阿房宫赋》描述的"天下第一宫"，前两年一度引起舆论关注。古都西安计划投资380亿元再造"新阿房宫"——"阿房宫文化旅游产业基地"的消息令许多人担心，拆旧建新的阿房宫是否又会成为一个烧钱的形象工程？抑或是借遗址公园之名，行房地产开发之实，最终是否会对阿房宫遗址造成不可挽回的破坏？

阿房宫是秦王朝的巨大宫殿，始建于公元前212年，遗址在今西安西郊15km的阿房村一带，为全国重点文物保护单位。1994年联合国教科文组织实地考察，确认秦阿房宫遗址建筑规模和保存完整程度在世界古建筑中名列第一，属世界奇迹和著名遗址之一，被誉为"天下第一宫"。阿房宫与万里长城、秦始皇陵、秦直道并称为"秦始皇的四大工程"，它们是中国首次统一的标志性建筑，也是华夏民族开始形成的实物标识。

2013年8月，有媒体报道，西安市某城区管委会和北京某集团签订合作协议，计划投资380亿元，打造一个"新阿房宫"。其实在阿房宫遗址附近，原本已经有一个建成十多年的人造景点——阿房宫景区。距离阿房宫遗址200m，在运营13年之后，这个当时投资2亿元的项目被拆除。

一拆一建，令许多人质疑，认为这又是一次"烧钱的游戏"，是同一主题下的重复建设。另外，大规模投资参与遗址公园建设，有人认为，这不过是想靠开发遗址之名行房地产业之实而已。

汉朝著名的宫殿包括未央宫、长乐宫、建章宫，并称"汉三宫"，也极尽恢弘壮丽。

未央宫遗址在西安市西北 5km 处，是汉高祖称帝后由萧门监造兴建。史载未央宫周围约 8900m，建于高台之上，由 40 多个宫殿组成，极为豪华壮丽。现地面遗留未央宫前殿台基东西宽约 150m，南北长约 350m。1987 年，在前殿遗址北侧约 200m 处，发现一大殿遗址，估计为未央宫中皇后居住的宫殿。未央宫以北有天阁和石渠阁遗址，是西汉的皇家图书馆。

（3）唐朝时期

唐朝是我国的封建盛世，国力强盛，人民富足。与盛世相适应，不仅在都城长安建造大明宫、兴庆宫等富丽堂皇的宫殿，还在皇帝巡游沿途建造许多离宫别苑。

大明宫是唐长安城三大宫室中规模最大的一处，规模宏大，建制严谨，平面布局呈南北长方形。宫区占地约 3.5km²，宫城总长 8724m。据史籍记载：大明宫内的殿堂约有 50 余座，包括麟德殿、含元殿、三清殿等。

唐末，大明宫多次遭战乱破坏，最后废毁，沦为废墟。

大明宫遗址位于西安市自强东路以北，玄武路以南范围内，20 世纪 50 年代开始的田野考古工作，迄今已取得丰硕成果，在全面勘探的基础上，重点发掘了麟德殿、含元殿、三清殿等殿堂遗址和重玄门、玄武门等宫门遗址。大明宫遗址保存比较完整，埋藏丰富，是唐代建筑研究的珍贵实物资料。

麟德殿是皇帝举行宫廷宴会、乐舞表演以及会见宾客的场所。遗址保存完整，现已实施遗址保护复原工程。

含元殿是大明宫的前朝第一正殿，也是唐长安城的标志建筑，建成于龙朔三年（663 年），毁于僖宗光启二年（886 年），存在了 220 余年，其间逢元旦、冬至，皇帝大多在这里举行大朝贺活动。含元殿遗址保存较为完整。2003 年，由联合国教科文组织、中国、日本三方合作实施的含元殿遗址保护工程实现全面竣工；2004 年，日本政府无偿文化援助的文物陈列馆建成，陈列馆展出大明宫遗址出土的文物标本。

目前大明宫含元殿遗址、麟德殿遗址已向公众开放，欢迎八方游客前来观赏唐代文物、遗址，领略大唐文化之精华。

兴庆宫是唐朝修建的另一处规模宏大、豪华富丽的宫殿。它的最大特点是把宫廷与园林结合在一起。遗址位于如今的西安市内东北的兴庆公园，现在成为游人市民游玩娱乐的好去处。

（4）宋、元、明、清时期

北宋、元、明、清各朝也都修建了规模宏大、极尽奢华富丽的宫廷建筑，例如北宋汴京都城、元大都、明清故宫。现在，我国保存完好的古代宫廷建筑只有两处，即沈阳故宫和北京故宫，前者是清廷入关前的都城，清太祖、清太宗在这里居住和处理朝政，是一处集满、汉、蒙古文化于一体的宫廷建筑；后者则是明清两个王朝的宫廷，更能体现我国宫廷建筑的布局和建筑特色。

6.2.1.2　北京故宫的建筑特色

北京故宫又名紫禁城，是明、清两朝的皇宫。始建于明永乐四年（1406 年），明永乐十八年(1420 年)建成。故宫是我国现存最大最完整的古代宫殿建筑群,也是世界上最大的古代宫殿建筑群。它规模宏大,占地面积 72 万 m^2,建筑面积 15 万 m^2,有殿宇 9000 余间,保存有大量珍贵文物。1925 年设故宫博物院,1987 年被列入世界遗产名录。

作为明、清两朝皇帝宫廷的北京故宫,先后有 24 个皇帝在这里居住,历时 500 多年。其规模之浩大,建筑之辉煌,陈设之豪华,是世界上宫殿所少见的。故宫的建筑集中体现了中国古代宫廷建筑的特点,代表了中国古代建筑艺术的最高水平。其特点如下。

(1)宫城围绕

故宫平面呈长方形,四周围绕高约 10m 的高大城墙,城墙南北长约 961m,东西宽约 753m。四面各开有城门一座,南为午门,北为玄武门(清改为神武门),东为东华门,西为西华门。城的四角各建有一座玲珑美丽的角楼。城墙之外有 53m 宽的护城河。

(2)三朝五门

古代帝王的宫殿号称"九重宫阙",前有宫阙,后有五门三朝。北京故宫的三朝是前朝的三大殿:太和殿、中和殿、保和殿;五门是大清门、天安门、端门、午门、太和门。

北京故宫的正门——午门

午门是紫禁城的正门,位于紫禁城南北轴线。此门居中向阳,位当子午,故名午门。面阔 9 间,进深 5 间,重檐庑殿顶。两翼各有廊庑 13 间,俗称"雁翅楼"。廊庑两端建有重檐攒尖顶的方亭。午门整座建筑高低错落,左右呼应,形若朱雀展翅,故又有"五凤楼"之称。在民间,有"推出午门斩首"之说。午门外真是行刑的地方吗?其实不是,但是午门外施行廷杖是有的。

明代时,如果大臣触犯了皇家的尊严,便以"逆鳞"之罪,被绑出午门前御道东侧打板子,名叫"廷杖"。起初只是象征性的责打,后来发展到打死人。如正德十四年(1519 年),皇帝朱厚照要到江南选美,群臣上谏劝阻,皇帝发怒,受廷杖者 130 人,有 11 人被当场打死。明嘉靖皇帝朱厚熜,继承皇位后,欲追封他的生父为帝,遭到大臣们的抵制。皇帝下令施行廷杖惩罚,当场毙命 17 人。所以,在民间才有"推出午门斩首"之言流传。其实明清皇宫门前极为森严,犯人斩首决非此地,而是必须押往柴市(今西四)或菜市等地刑场处决。

(3)中轴对称

为了表现君权受命于天和以皇权为核心的等级观念,宫殿建筑采取严格的中轴对称的布局方式。故宫内有一条严格的建筑中轴线,所有重要建筑都在中轴线上,其他次要建筑则对称分布于中轴线之两侧。这条中轴线也是整个北京皇城的中轴线。

中轴线上的建筑高大华丽,轴线两侧的建筑低小简单。这种明显的反差,体现了皇权的至高无上和森严的等级观念。中轴线纵长深远，更显示了帝王宫殿的尊严华贵。而左右对称层层递进的四合院建筑群，有利于造成"山重水复疑无路，柳暗花明又一村"的美妙境界，如东西六宫等。

（4）前朝后寝

这是宫殿自身的布局。从整个建筑布局来看，故宫可分为前后两个部分：以中轴线上的乾清门为界，前部分称"外朝"或"前朝"，后半部分称"后寝""后廷"或"内廷"。

前朝是皇帝举行各种大典、行使朝政权力的地方。主要建筑有"三大殿"，即太和殿、中和殿、保和殿。太和殿，是故宫最宏伟的大殿，俗称"金銮殿"。高达35m，重檐庑殿顶，开间为11间，进深5间，正中安放皇帝宝座，是明、清两朝皇帝举行大典的地方；中和殿，在太和殿之后，开间3间，进深3间，为一座方形四角攒尖式建筑，是皇帝举行大典之前休息、接受大臣和执事人员跪拜之处；保和殿，是前朝最后一个大殿，开间9间，进深5间。清代每年除夕和元宵节，皇帝在此宴会王公阁僚，乾隆以后作为殿试场所。大殿两侧是文华殿和武英殿。

后寝是皇帝处理日常政务和皇帝及其家族日常起居之处。这一部分的主要建筑有乾清宫、交泰殿、坤宁宫和御花园。乾清宫，是皇帝的寝宫和处理日常政务的地方；交泰殿，是册封皇后及举行皇后诞辰等仪式的地方；坤宁宫，是皇后的寝宫和皇帝新婚的洞房。这三大宫殿都分布在中轴线上，东西两侧是东六宫和西六宫，是嫔妃们居住的地方。

（5）左祖右社

所谓"左祖"，就是在宫殿左前方设祖庙，祖庙是帝王祭拜祖先的地方，因为是天子的祖庙，故称太庙；所谓"右社"，就是在宫殿右前方设社稷坛，社为土地，稷为粮食，社稷坛是帝王祭祀土地神、粮食神的地方。古代以左为上，所以左在前，右在后。

中国是一个礼仪之邦，讲究礼制。礼制思想渗透于社会的方方面面，在建筑上，也处处有所体现。中国礼制中有一个重要内容是崇敬祖先、提倡孝道；祭祀土地神和粮食神。有土地才有粮食，"民以食为天"，"有粮则安，无粮则乱"，风调雨顺，国泰民安，这是人所共知的天经地义，左祖右社正是体现了这些观念。

明、清紫禁城在宫城左前方建有太庙，右前方建有社稷坛，是左祖右社布局的典型代表。

（6）等级森严

中国的传统建筑受到礼制的影响，具有等级森严的特点。建筑的等级体现在台基、开间与进深、屋顶、颜色、脊兽、彩画等诸多方面。

比如在屋顶的样式上，中国传统建筑的屋顶样式很多，级别不等，在明清故宫建筑中多有体现，级别最高的是重檐庑殿顶，只有皇宫的正殿、太庙才可以使用，如故宫的太和殿；其次是重檐歇山顶，如太和门、保和殿等；三等是单檐庑殿顶，如体仁阁、弘义阁等；四等是单檐歇山顶，如东西六宫等；五等是悬山顶，如太庙的神厨、神库等；六等是硬山顶，如保和殿两侧的庑房等；七等是四角攒尖顶，如中和殿等。

多样的屋顶既昭示着等级礼制，又使建筑富于变化，庄严不失灵动，增加美感和韵律感。

再比如颜色上，中国以红色为美满、喜庆的正色，含有庄严、幸福的意义，所以皇家建筑多饰以红色。黄色被视为尊贵之色，在中国的五行学说中，黄色代表中央的方位，有"中央属土，土为黄色"之说。因此，中国历代皇宫多用黄琉璃瓦进行覆盖，这最晚始于宋代。到明、清时更有明确规定，即只有皇宫、皇陵及皇帝下旨修建的坛、庙建筑，方可覆盖黄色琉璃瓦，即便王公贵族及皇子皇孙的住所也只能采用绿瓦或黑瓦，更不用说官吏、文人和商贾平民了。

北京明清故宫是我国最后两个封建王朝的宫廷，其建筑布局、艺术特色和特殊陈设是我们研究古代宫廷建筑的最好实物教材。

6.2.2 礼制性建筑

6.2.2.1 礼的概念和内容

《说文解字》曰："礼，履也，所以事神致福也。""礼"起源于原始宗教，是由原始宗教的祭祀礼仪发展而来的。我国的礼最早可以追溯到夏商周三代，夏有夏礼、商有商礼，到了周代，礼制已经很完善。周礼是后代礼制的渊源。

礼是我国古代维持社会、政治秩序，巩固等级制度，调整人与人之间的各种社会关系和权利义务的规范和准则。礼既是中国古代法律的渊源之一，也是古代法律的重要组成部分。秦汉之前，我国的礼制与法律是不能截然分开的，许多法律都是在礼制中规定的。

传统的观点认为，礼分"五礼"，即吉礼、凶礼、军礼、宾礼、嘉礼。（见《周礼·大宗伯》）

吉礼，就是祭祀的典礼。祭祀是国之大事，所以列为五礼之首。祭祀的对象可以是上帝祖先，也可以是日月星辰、山川林泽、风雨雷电、神鬼怪魔等。

凶礼，一般理解是指丧葬。除此之外，还应包括对饥馑、战乱等天灾人祸的哀吊。

军礼，指战事和与战事有关的活动，如校阅、田猎、出师、献捷、献俘、筑城等需要大量人力的活动。

宾礼，指诸侯对王朝的朝见、各诸侯之间的聘问和会盟等。

嘉礼，内容较为复杂，婚礼、冠礼、飨宴、立储、庆贺、交游等都在此列。

在阶级社会中，礼是上层建筑的一部分。礼规定了社会统治阶级和被统治阶级的区分，规定了社会各个等级的尊卑贵贱，因而具有鲜明的阶级性。

古代中国号称礼仪之邦，在古代社会长期发展中，礼成了"以血缘为纽带，以等级分配为核心，以伦理道德为本位的思想体系和制度"。这个被提得极高的尊卑意识、名分观念和等级制度，不仅贯穿于人际的政治待遇、社会特权、家族地位，而且渗透到了社会生活、家庭生活、衣食住行的各个领域。在建筑方面，它成了传统的一种象征与标志，无论城市规模、布局，还是建筑组群、单体建筑，甚至建筑的屋顶形式、面阔进深，斗拱、门钉、装饰色彩等，都纳入礼的规制。礼对建筑的制约，还突出地表现在建筑类型上形成了一整套庞大的礼制性建筑系列，正且把这些礼制性建筑摆到建筑活动的首位。

6.2.2.2 礼制建筑的类别

礼制建筑起源早，从传说中的黄帝封土为坛，祭祀鬼神山川开始，就有了早期的礼制建筑——祭坛。与实用建筑相比，礼制建筑延续久、形制尊、地位高。礼制建筑数量也很多，从坛庙宗祠到明堂牌坊，广泛分布于拥有五千年文明的神州大地。

历史上礼制建筑的主体是坛庙建筑。据学者研究，我国在新石器时期，在部落已经有祭祀祖先的庙出现。夏商周三代特别重视礼制祭祀活动。据《考工记》记载，夏有世室，商有重屋，周有明堂，都是礼制祭祀建筑。汉代坛、庙分开，也开始确立祭祀的礼仪等级。以后各代坛庙数量日益增多，制度日益完善。从礼制内容上祭祀性建筑可分为五大类。

（1）明堂辟雍

"明堂辟雍"是中国商周时期最高等级的皇家礼制建筑之一。明堂是古代帝王颁布政令，接受朝觐和祭祀天地诸神以及祖先的场所。辟雍即明堂外面环绕的圆形水沟，环水为雍（意为圆满无缺），圆形像辟（辟即璧，皇帝专用的玉制礼器），象征王道教化圆满不绝。

汉代明堂是十字轴对称的坛庙混合形式。东汉以后各类礼制建筑基本完备，明堂辟雍的祭祀功能减弱，成为王权代表的象征性建筑。宋以后即不再建造。我国现在已经没有保存完好的明堂了，但是在各地陆续发现有宋代以前各朝代的明堂建筑遗址。

（2）宗庙

宗庙是祭祀祖先的庙宇。皇帝的宗庙称太庙。王公贵族官吏都有各自的祖庙，庶人只能在家中设祭，称作祠堂。宗庙的等级限制很严，如《礼记·王制》规定，天子七庙，诸侯五庙，大夫三庙，士一庙。历代对各种人的宗庙建筑规格都有详细的规定。我国现存的太庙是位于北京的明清太庙，现在已经改为劳动人民文化宫。王公贵族的祖庙不可查，而祠堂保存下来的相对较多，在福建、陕西、湖南等许多省份都有大家族的祠堂建筑存在。广州陈家祠是我国现存祠堂建筑中保存最好、规模最大、建筑精美的世家祠堂。

（3）坛

坛，又称丘，是祭祀各类神灵的台座。《史记》记载，黄帝轩辕氏多次封土为坛，祭祀鬼神山川，称为"封禅"，应是坛的开始。此后历代王朝都要筑坛祭祀。祭祀的对象有天地山川、日月星辰、农蚕五谷等神，相应的名称如天坛、地坛、日坛、月坛、社稷坛等。有的时候，一个坛同时具有几种祭祀功能，如明清的天坛，最初是天地合祭的建筑。在以上祭坛中以天坛、地坛最为重要。中国古代帝王自称"天子"，他们对天地非常崇敬，历史上的每一个皇帝都把祭祀天地当成一项非常重要的政治活动，而祭祀建筑在帝王的都城建设中具有举足轻重的地位，必集中人力、物力、财力，以最高的技术水平，最完美的艺术去建造。

我国现存的坛庙最著名的是位于北京的明清天坛、地坛和社稷坛。

（4）祠庙

祠庙，是列入朝廷礼制的祭祀庙宇。其中一类是祭祀朝廷表彰的历史人物，如山东曲阜的孔庙、山东邹县孟轲庙、山西解州关帝庙、四川成都武侯祠、山西太原邑姜祠（晋祠）等。由于儒学是封建礼制的理论基础，孔子在封建社会有特殊地位，所以孔庙在祠庙中规格最高。孔庙又称文庙，京师以外，各府、州、县也都建造地方性文庙。另一类是祭祀著名的山川，秦汉已专门祭祀泰山，以后固定五岳、五镇、四渎、四海为朝廷设祭。

泰山在五岳中居于首位，所以东岳庙（岱庙）的规格也最高。

我国历史上五镇是指东镇沂山（在山东省临朐县）、南镇会稽山（在浙江省绍兴市）、北镇医巫闾山（在辽宁省北镇市）、西镇吴山（在陕西省宝鸡市）、中镇霍山（即霍泰山，在山西省霍州市）。"五岳五镇"在历史上地位极高，一直被尊称为"华夏十大名山"。

我国历史上四渎是指东渎——淮河，南渎——长江，西渎——黄河，北渎——济水。四渎中，今存黄河、淮河、长江，而济水古代发源于今河南，流经山东入渤海，但因黄河多次改道，侵占济水故道，今天已无。现在黄河下游的河道就是原来济水的河道。

我国历史上四海是指东海、南海、西海（巴尔喀什湖）、北海（贝加尔湖）。古人将青海湖也称为西海。

（5）杂祀庙

杂祀庙，是在城市和乡村中祭祀与人民生活有密切关系神灵的小祠庙，一部分列入朝廷小祀等级，大部分只是民间祭祀，如城隍、土地、龙王等。这类祠庙的形式比较自由，有些是风景名胜所在，有些是集市场所。

此外，礼制性建筑还有阙、华表、牌坊等建筑小品。

总体上说，我国古代礼仪祭祀建筑的主体是坛和庙，也是历代王朝最为重视的祭祀场所。

6.2.2.3 我国现存的重要礼制建筑

（1）太庙

位于天安门东侧，是明清两代皇帝祭祀祖先的场所，占地近 14 万 m²。始建于明永乐十八年（1420 年），嘉靖二十四年（1545 年）重建，明、清两朝曾多次重修。1924年改为和平公园，1951 年改为劳动人民文化宫。

明朝在兴建紫禁城时，根据皇宫"前朝后寝，左祖右社"的封建规制，统建太庙与社稷坛。凡新皇帝登基、大婚、元旦、出征、班师回朝等，都要到此祭祀祖宗。太庙垣墙外满布古柏，用常绿树丛造成肃穆气氛，是古代建筑绿化的成功经验。进入太庙戟门，则庭院空敞，与垣外形成对比。

太庙坐北朝南，两重围墙，外垣正面辟正门，门前建石桥。内垣正门为戟门，门前有单孔白石桥 5 座，桥南左为神库，右为神厨。从戟门进至前殿，为太庙正殿，大殿面阔 11 间，黄色琉璃瓦，重檐庑殿顶，位于汉白玉石砌须弥座台基上。台基分三层，都围以汉白玉护栏。台前修有御路，殿内金砖墁地。正殿是祭祀列祖列宗之处。东西有配殿。前殿之后为中殿，面阔 9 间，黄色琉璃瓦，庑殿顶，为清代供奉历代帝后神位之处，两厢配殿贮存祭器。后殿又称祧庙，是供奉清代远祖神位之所。太庙西垣共有 3 座门，分别通往天安门、端门、午门，以方便皇帝由紫禁城出入太庙。太庙虽历经修葺，仍大部分保持了明代的建筑法式，历史和艺术价值极为珍贵。

（2）天坛

在我国现存的各类坛庙中，北京天坛是最大的皇家言坛。

天坛位于北京市正阳门外，是我国现存最大的祭天古建筑群。天坛始建于明永乐时期，用工 14 年，与紫禁城同时建成。

天坛占地约 270 万 m^2，是明、清两朝帝王祭天祈谷之所。天坛有两重围墙，都呈北圆南方的形状，用以表示"天圆地方"。天坛内有三大三建筑：圜丘坛、皇穹宇和祈年殿，它们都分布在天坛主轴线——丹陛桥（也称海墁大道）上。

圜丘坛在中轴线的最南端，围以两道墙墙，外方内圆，四面设门，中央为圜丘坛，也称祭台或祭天台。祭天仪式在此举行，所以圜丘坛是天坛中最重要的建筑。

皇穹宇在圜丘坛之北，是一组圆形建筑，其正殿是"昊天上帝"神位供奉之处。皇穹宇圆形围墙磨砖对缝，平整光洁，是世界上著名的回音建筑——回音壁。

祈年殿位于丹陛桥最北端，是祈雨祈丰收之所。祈年殿是一座圆形三重檐大殿，高 38m，直径为 30m，三重檐皆覆以蓝色琉璃瓦，象征天是蓝色之意。大殿有 3 圈支柱，中间的 4 根龙井柱，代表一年分四季；中圈 12 根金柱，象征一年 12 个月；外围 12 根檐柱，象征一天有 12 个时辰；金柱与檐柱合计有 24 根，表示一年有 24 个节气。从这里我们可以看出，祈年殿处处体现出当时人们的天文知识与天人合一的思想。

（3）曲阜孔庙

位于孔子的故里——山东曲阜城中心的孔庙，是全国祭祀孔子的文庙中规模最大的一处，与北京故宫、承德避暑山庄并称为中国古代三大建筑群。

孔庙始建于公元前 478 年，即孔子逝世后的第二年，不过当时孔庙的规模很小，只有庙屋 3 间，内设孔子的衣冠礼器，岁时奉祀。汉武帝接受汉代大儒董仲舒"罢黜百家，独尊儒术"的主张后，孔子思想开始被奉为中国封建文化的正统。此后历代统治者各取所需，对孔子思想进行改造，将孔子奉为"至圣先师"。皇帝们或派官员，或亲去孔庙祭祀，孔子的地位被越抬越高，孔庙的规模也一天天扩大。隋时开始扩建，至唐代，已有正殿、两庑等建筑 30 余间。北宋时建为三路布局四进院落，殿堂廊庑 316 间。

今天的孔庙，是经过明清两代重修和扩建形成的。它的建筑仿皇宫式样，共分左中右三路九进庭院，中路为主体，主要建筑贯穿在一条南北中轴线上，附属建筑物左右对称排列。

大成殿是祭祀孔子的重要场所，也是孔庙的主体建筑。大殿位于须弥座石基之上，面阔9间，进深5间，重檐歇山顶，黄瓦飞甍，周绕回廊，环立28根雕龙石柱，大殿正中供孔子塑像。孔庙整个建筑群有建筑104座，共466间，占地21.8万 m²。庙内苍松翠柏，森然排列，四周围以红墙，配以门坊和角楼。殿宇雕梁画栋，金碧辉煌，气势宏伟，历史悠久，保存完整，在国内外享有盛名。

孔庙不仅以规模宏大的建筑闻名海内外，而且藏有丰富珍贵的文物，其中尤以碑刻石碣最为著名。孔庙现存碑碣2100多块，年代久远，数量可观。浩瀚的碑林，宛如一幅历史画卷，也是一个书法、石刻的博览会。

(4) 广州陈家祠

家族祠堂，除主要用来供奉和祭祀祖先，一般还具有多种用处。祠堂是族长行使族权的地方，如果有族人违反族规，就在这里被教育和受到处理，直至被驱逐出宗祠，所以说它也是封建道德的法庭；祠堂也是家族的社交场所；有的宗祠附设学校，族人子弟就在这里上学。正因为这样，祠堂建筑一般都比民宅规模大、质量好，越有权势和财势的家族，他们的祠堂往往越讲究，高大的厅堂、精致的雕饰、上等的用材，成为这个家族光宗耀祖的一种象征。一般来说，祠堂一姓一祠，旧时族规甚严，别说是外姓，就是族内妇女或未成年儿童，平时也不许擅自入内，否则要受重罚。

在我国，目前最有名的家族祠堂要数广州的陈家祠了。

陈家祠座落于广州市中山七路，又称"陈氏书院"，始建于清光绪十六年（1890年），光绪二十年（1894年）落成，它是由清末广东省72县的陈姓联合建造的，是广东省著名的宗祠建筑。

陈家祠堂的建筑结构可分为三轴、三进，建筑面积达8000m²。祠堂的每进之间既有庭院相隔，又利用廊、庑巧妙地联接起来，共有9座厅堂和6个院落。祠堂的整体布局上下对称，殿堂楼阁，虚实相间，气势雄伟。"聚贤堂"是陈家祠中轴线上的主殿堂，也是陈家祠整个建筑组合的中心。祠堂建成之初时的聚贤堂是供族人集会之用，后来改作宗祠，两边的侧房供书院使用。

陈家祠的建筑以装饰精巧、堂皇富丽而著称于世，1958年修缮后辟为广东民间工艺馆。

(5) 成都武侯祠

成都武侯祠又名"汉昭烈庙"，是纪念三国时期蜀国皇帝刘备和丞相诸葛亮的君臣合庙祠堂，是我国纪念诸葛亮祠堂中最负盛名的一处。1984年在原址成立成都武侯祠博物馆，正式成为诸葛亮与三国文化的资料中心和研究中心。

成都武侯祠始建于西晋末年，几经毁损，屡有变迁。开始，武侯祠是与"汉昭烈庙"分开的，从唐代的资料知道，当时武侯祠与刘备墓和刘备庙毗邻。而从唐代诗人杜甫的"丞相祠堂何处寻，锦官城外柏森森"的诗句推断，当时的祠堂是掩映于繁茂的柏树中的。明代初年，武侯祠被并入刘备庙。明代末年，祠庙毁于战火。清代康熙十一年（1672年）重建。重建时，以前后两大殿分祀刘备与诸葛亮，形成了君臣合庙的特有格局。

今天的武侯祠占地 3.7 万 m²，古柏苍翠，红墙环绕。主体建筑坐北面南，摆在一条中轴线上，依次是大门、二门、刘备殿、过厅、诸葛亮殿。西侧是刘备陵园及其建筑。轴线建筑两侧配有园林景点和附属建筑。

祠内文物以"三绝碑"最为珍贵。该碑矗立在大门至二门之间，高 3.67m，宽 0.95m，于唐代宪宗元和四年（809 年），由当朝宰相裴度亲自撰文，著名书法家柳公权书写，篆刻名匠鲁建雕刻。此碑称颂诸葛亮的绝世功德，因文章、书法绝妙，雕刻精巧，在明代即被誉为"三绝碑"。

刘备殿高大宏敞，正中供 3m 高的蜀汉皇帝刘备的贴金泥塑坐像。另有东西偏殿供奉着大将关羽、张飞等人。殿廊各有文臣武将的彩绘泥塑坐像 14 尊，东廊的文臣以庞统居首，西廊的武将是赵云领先。

诸葛亮殿内供祀着诸葛亮、诸葛瞻、诸葛尚祖孙三人的贴金泥塑坐像。诸葛亮羽扇纶巾，神态儒雅，颇有一代名相风度。

6.3　古工程

我国古代修建过许多重要工程，在历史上曾经产生过巨大影响，有些工程甚至今天还在发挥着重要作用。这些伟大工程是劳动人民智慧和汗水的结晶，是所产生时代的科技水平的标志，甚至在今天仍被看成是人间奇迹。有些工程还具有优美的传说和美丽的风景，因此古代的伟大工程往往成为魅力独具的旅游资源。

我国古代伟大工程中，旅游价值最高、最重要的有长城、水利工程、道路、桥梁等。

6.3.1　古军事工程——长城

6.3.1.1　长城的修建历史

中国万里长城是世界上修建时间最长、工程量最大的军事性防御工程，凝聚着我们祖先的血汗和智慧，是中华民族的象征和骄傲。

根据历史记载，从战国以来，有 20 多个诸侯国和封建王朝修筑过长城。长城的修筑历史最早可以追溯到战国时期的楚国，据《左传》记载，公元前 656 年，楚国为抵御齐桓公的进攻，建造方城。此后，齐、燕、魏、赵、秦等国为了防御北方游牧民族或敌国的入侵，也陆续修筑自己的长城。这时候各诸侯国修建的长城并不连接在一起，彼此分开，走向各异。

秦统一六国后，为了解除北方游牧民族匈奴的威胁，派著名大将蒙恬北伐匈奴，并把北边各国长城连起来，形成西起临洮、东至辽东、绵延万余里的巨大防御工事，这就是"万里长城"的由来。现在秦长城因为 2000 多年的风雨侵蚀，大多已经湮没无闻，但在陕西北部、内蒙古以及甘肃部分区域，现在还有几段秦长城仍能辨出工事痕迹。

同样出于防御北方游牧民族入侵的目的，自秦始皇以后，凡是统治着中原地区的朝代，几乎都要修筑长城。其中以汉、明两个朝代的长城规模最大。

汉朝初年，刚从战乱中站起的汉王朝对北方强大的匈奴采取守势，长期采取和亲的政策，缓解匈奴入侵的压力，同时继续对长城进行修补扩建。从汉文帝开始，陆续对秦长城进行修复。汉武帝时，汉王朝国力强盛，在军事上打败匈奴，收复失地之后，开始大规模修建长城以防御匈奴。首先是修缮秦始皇时的长城。汉武帝元朔二年（前 127 年），"汉遂取河南地，筑朔方，修缮故秦时蒙恬所为塞，因河为固。"元狩二年（前 121 年）开始，汉武帝又在新夺取的河西地修建新的长城，从甘肃永登（古令居）经武威、张掖、酒泉、敦煌一直到玉门关以西，绵延几千里。以后，昭宣二帝又不断对长城加以巩固和修筑，使汉长城成为西起罗布泊、东至鸭绿江、全长近 1 万 km 的我国历史上最长的长城。汉长城的修筑，不仅起到防御匈奴的作用，在开发北疆、保护丝绸之路畅通、促进中西交流方面都功不可没。

明代，为了防御鞑靼、瓦剌族的侵扰，从没间断过对长城的修建，从洪武至万历，其间经过 20 次大规模的修建。明朝初期修建的长城东起鸭绿江，西达祁连山麓，全长 7300km 之多；明朝中叶以后经过修缮的自山海关至嘉峪关一线的长城比较完好。

6.3.1.2 长城的旅游价值

长城有极高的旅游观光价值和历史文化意义。长城的修建客观上起到了防止匈奴南侵、保护中原经济文化发展的积极作用。孙中山先生曾评价："始皇虽无道，而长城之有功于后世，实上大禹治水等"。

（1）优秀的古代军事工程

中国古人在 2000 多年的长城修筑过程中积累了丰富的经验。布局上，充分考虑了环境的地形地貌特征，"因地形，用险制塞"；建筑材料和结构上，"就地取材、因材施用"，并创造了多种构造方法。

长城在重要的道口、险峻山口、山海交接处设置关城，既可交通，又可防守。在跨越河流的地方，长城下设水关，使河水通过。出于防守的需要，在长城上每隔不远处建有突出的墙台，便于左右射击靠近墙体之敌；相隔一定距离又有敌楼，用来存放武器、粮草和供守卒居住，战时又可用作掩体。在长城沿线还建有独立的烽燧、烽台，用于在有敌来犯时，举火燃烟，传递信息。

建筑材料有夯土、块石片石、砖石混合等结构。在西北黄土高原地区，长城大多用土夯筑或土坯垒砌，其坚固程度不亚于砖石。如甘肃的嘉峪关长城墙体，修筑时专门从关西十多千米的黑山挖运黄土，夯筑时使夯口相互咬实，这种墙体土质结合密实，墙体不易变形裂缝。在沙漠中还利用了红柳枝条、芦苇与砂粒层层铺筑的结构，在今甘肃玉门关、阳关和新疆境内保存了西汉时期这种长城的遗迹。

明代修筑长城以用砖、石砌筑和用砖石混合砌筑为主。墙身表面用条石或砖块砌筑，用白灰浆填缝，平整严实，草根、树根很难在缝中生长，墙顶有排水沟，排除雨水保护墙身。

长城是一个完整的防御工程体系，由城墙、敌楼、关城、墩堡、营城、卫所、镇城、烽火台等多种防御工事所组成。这一防御工程体系，由各级军事指挥系统层层指挥、节节控制。以明长城为例，在万里长城防线上分段了辽东、蓟、宣府、大同、山西、榆林、宁夏、固原、甘肃9个军事管辖区来分段防守和修缮，称作"九边重镇"，每镇设总兵官作为这一段长城的军事长官，受兵部的指挥，负责所辖军区内的防务或奉命支援相邻军区的防务。

（2）丰富的历史文化内涵

长城是一部凝固的建筑史、军事史、文化史、科文史，是中华民族古老文化的丰碑和智慧结晶，象征着中华民族的血脉相承和民族精神。

自从长城开始修建以来，在长城内外，就演出了许多壮丽的历史剧。许多惊心动魄的伟大战役就在这里发生，许多改朝换代的变故都与臣守长城的得失有关。

随着长城内外著名战例的发生，也涌现了不少著名人物，包括许多军事家和政治家，大大丰富了长城这座亘古建筑的文化内涵。如战国时代李牧在赵国主持修建长城并利用长城抗击匈奴侵犯，立下丰功伟绩，开创历代壁垒防御战的光辉战例。为纪念他的功绩，后人在雁门关修筑李牧洞以为纪念，至今祠堂遗址尤存。

（3）雄浑壮丽的阳刚之美

雄伟的长城在崇山峻岭上起伏，翩如惊鸿，宛如骄龙。雄踞高山之巅，镇守华夏大地。登上长城，看四野云合，苍山涌动，谁能不心情激荡，浮想联翩。

长城的美，属于阳刚之美，雄浑壮丽。阳刚之美会在刹那间震慑人的心灵，因此，阳刚之美对于鼓舞一个民族的自信心，振奋一个民族的精神，从而推动历史的前进，具有不可估量的价值和意义。长城所代表的阳刚之美，正是具有这种影响历史创造力的深层内涵。长城的这种阳刚之美，来源于它巨大的身姿所形成的磅礴气势。长城以它绵延万里的雄姿，征服了无数的瞻仰者。在初次看到长城的一刹那，每个人都会被长城那种气吞山河的形势所震撼。这也就是长城建筑艺术的主要审美特征。

用法律保护古长城

绵延万里，贯通千年的万里长城，承载着中华民族厚重的历史，象征着中华民族伟大而坚强的凝聚力和战斗精神。1987年长城因其独特的历史、艺术、科学价值和原真性，被联合国教科文组织整体列入世界遗产名录。但是，据中国长城学会的科学考察显示，目前明长城有较好墙体的部分不到20%，有明显可见遗迹的部分不到30%，很多地段的长城已经不复存在。而且，仅存的长城遗址区关不合理开发或有意人为破坏而遍体鳞伤。2004年，长城这举世无双的伟大建筑因破损严重而入选世界古遗迹基金会全球100处最濒危遗址名单。如今10年过去，长城的状况依然很不乐观，保护长城，依然迫在眉睫！

2006年10月23日《长城保护条例》出台，当时在社会各界曾引起热烈反响。此次立法标志着长城保护从此走入法治轨道。但是，制定了相关法律不等于就万无一失，长城被破坏的步伐也没有因法律的颁布而停止。如今，除了少数经过旅游开发的长城段外，绝大多数长城段依然还处于自生自灭状态。八达岭等个别景点令人目眩的光环所掩映的，是万里长城一段段消亡的真相；"万里长城永不倒"的豪迈气概背后，是

"长城精神"一天天淡漠的危机。在部分长城景区，急剧攀升的游客使纪念品商店、小吃摊和停车位爆满，完全夺去了长城的古朴壮观之美；每到节假日，游人蜂拥而至，挤得水泄不通；城墙上被各种涂鸦文字覆盖，遍地是丢弃的垃圾；长城墙脚还建成了许多工厂和设施；……长城，作为民族脊梁的象征，早已风烛残年，旅游大潮与掠夺式开发更使其不堪重负。长城肯定会越来越老，但是我们必须竭尽所能，最大限度地延缓它的衰老，而不是漠不关心，放任纵容这种种的破坏行径，否则，长城就会毁在我们的手中。

6.3.1.3 长城主要游览点

现在经过精心开发修复，山海关、居庸关、八达岭、嘉峪关等处长城已成为驰名中外的旅游胜地。蹬高远眺，凭古怀幽，古战场的金戈铁马似乎就在眼前。

（1）山海关

山海关位于河北省秦皇岛市东北，处于渤海湾的尽头，因在燕山与渤海之间，故名山海关。依山傍海，形势险要，控扼出入关内外的咽喉，是明代长城东部最重要的关口之一，历来为兵家必争之地，享有"天下第一关"的美誉。山海关的关城为四方形，周长 4km，并有护城河围绕。东南西北各有一个城门。关城的东西两头又筑有东西罗城。万里长城自关城东门"天下第一关"城楼向两侧伸展，向南伸入大海，向北直上燕山。关城东门的城台呈长方形，南北连接长城。中部有巨大的砖砌拱门，沟通关城内外。登上城台远眺，北望长城蜿蜒山间，南眺渤海波涛浩渺，正如古诗所说，"曾闲山海古榆关，今日行经眼界宽。万顷洪涛观不尽，千寻绝壁渡应难"。山海关自公元 1381 年建关设卫，至今已有 600 多年的历史，自古即为我国的军事重镇。

山海关景区内名胜古迹荟萃、风光旖旎、气候宜人，是著名的历史文化名城和旅游避暑胜地。有开发和观赏价值的名胜古迹达 90 多处。山海关旅游景区以长城为主线，形成了"老龙头""孟姜女庙""角山""天下第一关""长寿山""燕塞湖"六大风景区，全部对中外游客开放，是国内外著名的旅游区。

（2）八达岭长城

八达岭长城在北京市延庆县，是万里长城的精华，在明长城中，独具代表性。

其关城为东窄西宽的梯形，建于明弘治十八年（1505 年），嘉靖、万历年间曾修葺。关城有东西二门，东门额题"居庸外镇"，西门额题"北门锁钥"。两门均为砖石结构，券洞上为平台，台之南北各有通道，连接关城城墙。京张公路从城门中通过，为通往北京的咽喉。从"北门锁钥"城楼左右两侧，延伸出高低起伏、曲折连绵的万里长城。

八达岭地理环境优越，自古以来就是通往山西、内蒙古、河北张家口的交通要道，取"四通八达"之意，故名八达岭。八达岭长城的战略地位非常重要，所以此段长城修筑工程非常宏大，城墙高大坚固，敌楼密集。城墙随着山峰的走势，蜿蜒起伏，如巨龙盘绕。

（3）嘉峪关长城

嘉峪关长城，在甘肃省嘉峪关市区西南 6km 处，位于嘉峪关最狭窄的山谷中部，城关两侧的城墙横穿沙漠戈壁，是明代万里长城最西端的关口，以巍峨壮观著称于世，被誉为"天下雄关"，自古为河西第一隘口。

关城始建于明洪武五年（1372年），地势险要，建筑雄伟。它由内城、外城、城壕三道防线组成重叠并守之势，形成5里一燧、10里一墩、30里一堡、百里一城的军事防御体系。现在关城以内城为主，周长640m，城高10.7m，以黄土夯筑而成，西侧以砖包墙，雄伟坚固。内城有东西二门，东为光华门，意为紫气东升，光华普照；西为柔远门，意为以怀柔而致远，安定西陲。在两门外各有一瓮城围护。嘉峪关内城墙上还建有箭楼、敌楼、角楼等。嘉峪关关城是长城众多关城中保存最为完整的一座。

从嘉峪关关城向北延伸约7km，至石关峡左侧有一段东西向沿山而上的长城，史称"石关峡左侧长城"。在明代，这段长城与黑山的悬壁长城相连相应，共同构成石关峡口"一夫当关，万夫莫开"的防御工事。历经沧桑，石关峡左侧长城和悬壁长城都遭到了不同程度的破坏。

6.3.2 古水利工程

我国现存的古代水利工程很多，最著名的是我国四大水利工程，包括都江堰、京杭大运河、灵渠和坎儿井。

（1）都江堰

著名的都江堰水利工程，位于四川省成都市西北的都江堰市，是战国时期（公元前3世纪）秦国蜀郡太守李冰父子率众修建的宏大水利工程，被誉为"独奇千古"的"镇川之宝"。2200多年来，都江堰一直发挥着巨大效益，这在世界水利史上是个奇迹。李冰修建都江堰，变水患为水利，功在当代，利在千秋。都江堰是我国科技史上的一座丰碑，是世界文明的伟大杰作，是造福人民的伟大工程。

都江堰水利工程最主要的是渠首工程，这是都江堰灌溉系统中的关键设施。渠首主要由鱼嘴分水堤、宝瓶口引水工程和飞沙堰溢洪道三大工程组成。

"鱼嘴"是都江堰的分水工程，因其形如鱼嘴而得名，它昂头于岷江江心，把岷江分成内外二江。西边叫外江，俗称"金马河"，是岷江正流，主要用于排洪；东边沿山脚的叫内江，是人工引水渠道，主要用于灌溉。鱼嘴的设置极为巧妙，它利用地形、地势，巧妙地完成分流引水的任务，而且在洪、枯水季节不同水位条件下，起着自动调节水量的作用。

鱼嘴所分的水量有一定的比例。春天，岷江水流量小，灌区正值春耕，需要灌溉，这时岷江主流直入内江，水量约占六成，外江约占四成，以保证灌溉用水；洪水季节，二者比例又自动颠倒过来，内江四成，外江六成，使灌区不受水涝灾害。

飞沙堰是都江堰三大工程之一，看上去十分平凡，其实它的功用非常之大，可以说是确保成都平原不受水灾的关键工程。飞沙堰的主要作用是当内江的水量超过宝瓶口流量上限时，多余的水便从飞沙堰自行溢出。如遇特大洪水的非常情况，它还会自行溃堤，让大量江水回归岷江正流。飞沙堰另一作用是"飞沙"，岷江从万山丛中急驰而来，挟着大量泥沙、石块，如果让它们顺内江而下，就会淤塞宝瓶口和灌区。飞沙堰利用离心力作用，巧妙地将上游带来的泥沙和卵石，甚至重达千斤的巨石，从这里抛入外江，以保内江通畅，确有鬼斧神功之妙。

宝瓶口是玉垒山伸向岷江的长脊上凿开的一个口子，它是人工凿成控制内江进水的咽喉，因它形似瓶口而功能奇持，故名宝瓶口。留在宝瓶口右边的山丘，因与其山体相离，故名离堆，离堆上有祭祀李冰的神庙伏龙观。

宝瓶口是内江进水咽喉，是内江能够"水旱从人"的关键水利设施。由于宝瓶口自然景观瑰丽，有"离堆锁峡"之称，属历史上著名的"灌阳十景"之一。

宝瓶口宽度和底高都有极严格的控制，古人在岩壁上刻了几十条分划，取名"水则"，那是我国最早的水位标尺。

2200多年来，李冰的都江堰引水灌溉工程，变害为利，灌溉良田千万亩，使蜀地有了"天府之国"的美誉。

都江堰附近景色秀丽，文物古迹众多，主要有伏龙观、二王庙、安澜索桥、玉垒关、离堆公园、玉垒山公园和灵岩寺等。都江堰旅游得天独厚，地理位置优越，距成都仅48km。它与附近的道教名山——青城山，于2000年被共同列入世界文化遗产。

（2）灵渠

位于广西兴安县境内的灵渠，又名秦凿渠，是我国古代著名的水利工程，也是世界最早的有闸运河。建成于秦朝，它与四川省的都江堰、陕西省的郑国渠并称为秦代三大水利工程。灵渠是我国乃至世界最古老的运河之一，是我国古代劳动人民勤劳和智慧的结晶。

灵渠的开凿与秦始皇征服百越的军事行动有关。公元前221年，秦始皇平定中原六国后，为了完成统一中国的大业，派50万大军分5路南下，与岭南地区的西瓯、骆越、苍梧三大部落作战。其中第二路南下的军队被西瓯部落阻挡在今天的贺州一带，由于山路崎岖，运输线太长，秦军陷入粮草缺乏的困境。为了早日结束岭南征战，秦始皇下令凿渠运粮。

公元前218年，秦将史禄率秦军和数万劳工在兴安开凿灵渠。几经寒暑，终于将灵渠开凿成功。从湘江用船运来的粮饷，通过灵渠进入漓江，运至前线。到公元前214年，秦军终于全部攻下岭南，并设置了桂林、南海、象三郡。灵渠为完成这一伟业做出了重要的贡献。

灵渠全长36.4km，渠道分南、北两个渠。北渠全长约4km，连接湘江。南渠全长33km，流向漓江。通过南、北两渠把属长江水系的湘江与属珠江水系的漓江巧妙的沟通在了一起，从而连接了中原和岭南。

灵渠的主要设施包括大天平、小天平、铧嘴、秦堤、斗门等。

大、小天平是建筑在湘江上的一座"人"字形拦江滚水坝。由于它既提高了湘江水位，又可排洪，起到了平衡南北两渠水量的作用，因此称为"天平"。

铧嘴是建筑在大、小天平顶端的一道分水石堤。由于它前锐后钝，形似犁铧，故称"铧嘴"。铧嘴有两个作用：一是为了保护大、小天平交汇点这个关键部位免遭洪水冲击；二是为了"三七"分流。在正常水量时，上游的河水经铧嘴过后，70%的水量顺大天平进入北渠，再回至湘江，30%的水量顺小天平进入南渠，流向漓江，因而有

"三分漓水七分湘"之说。

秦堤是砌筑于南渠和湘江之间的一道石堤。秦堤夹于两泓清流之间，堤上树木繁茂。春来桃李争艳，杨柳飘丝；夏至夹竹桃怒放，一片火红；秋天丹桂盛开，香飘数里；寒冬雪压枝头，腊梅竞秀。"桃花满路落红雨，杨柳夹堤生翠烟。"是明代诗人对秦堤美丽风光的生动描述。

陡门是灵渠工程中的一项重要设施，它的作用是为了关闸蓄水，提高水位，以利船只通航。原理与现代船闸的作用相同，是世界上最古老的船闸。陡门从唐代开始记载以来共有 36 座。

南宋诗人范成大在《桂海虞衡志》中赞美道："治水巧妙，莫如灵渠者。"

幽幽古灵渠是我国古代水利工程的瑰宝。渠中碧水 2000 多年流淌不竭，完全依赖于当年设计者和建造者对引水规律的认识，同时掌握和成功地运用了一整套符合引水规律的方法，使灵渠成为中国古代科学治水的经典之作。

2000 多年来，灵渠一直是沟通岭南与中原地区经济文化交流的枢纽。在 1937 年没有公路、铁路之前，它每天可以运输 300t 物资，现在虽然作为漕运的历史已经结束，但它仍然灌溉着两岸数万亩土地，每年吸引几十万人到这里观光考察。古老的灵渠依然焕发着勃勃生机。

(3) 京杭大运河

除灵渠外，我国在世界内河航运史上占有重要地位的，还有一条著名的运河，就是世界上最长的运河——京杭大运河。今天的大运河北起北京，南达杭州，途经北京、天津、河北、山东、江苏、浙江 6 省市，全长 1794km。沟通我国海河、黄河、淮河、长江和钱塘江五大水系，形成了经纬相连、沟通南北东西的水运网。这是我国古代劳动人民改造大自然的一项奇迹。

大运河的前身可以追溯到春秋末年。公元前 486 年，吴王夫差为了北上争霸，开凿了一条南起江都(扬州)，北至末口(江苏淮安)，沟通长江和淮河的运河，长约 150km，时称邗沟。

邗沟的开凿最初主要是为了军运，大约到了东汉以后，其经济价值才逐渐显著。后来，秦、汉、魏、晋和南北朝又相继修缮和延伸了河道，发挥着沟通江淮水运的重要作用。

通常所说的京杭大运河指的是隋唐大运河。大运河的开凿是时代的需要和历史的必然。当时，隋朝的政治和军事中心在北方，而南方江淮地区的经济却有了很大的发展。北方城市所需要的物资，特别是粮食，有很大一部分要依靠江淮地区供应。而开凿沟通南北的大运河，既能满足南方物资的北运，又利于对东南地区的控制，也利于促进全国各地的经济文化交流。

隋大业元年(公元 605 年)，隋炀帝下令开凿通济渠，"发河南淮北诸郡男女百余万，开通济渠"。通济渠西起洛阳，向东南到淮河南岸的山阳(今江苏淮安)，沟通黄、淮两大河流的水运。通济渠又叫御河。

同年，隋炀帝还征调淮南民工 10 多万人，扩建山阳渎。山阳渎北起淮水南岸的山阳(今江苏淮安市)，径直向南，到江都(今扬州市)西南接长江。两渠都是按照统一的标准开凿的，并且两旁种植柳树，修筑御道，沿途还建离宫40多座。通济渠与山阳渎的修建与整治是齐头并进的，施工时虽然也充分利用了旧有的渠道和自然河道，但因为它们有统一的宽度和深度，还要依靠人工开凿，工程浩大而艰巨。

在完成通济渠、山阳渎之后，隋炀帝决定在黄河以北再开一条运河，即永济渠。大业四年（公元608年），"诏发河北诸郡男女百余万，开永济渠，引沁水南达于河，北通涿郡"。永济渠是利用沁水、淇水、卫河等河为水源，引水通航，在天津西北利用芦沟（永定河），直达涿郡（今北京）的运河。

两年后，隋炀帝又下令疏浚纵贯太湖平原的江南河。史书载"大业六年冬十二月，敕穿江南河，自京口至余杭，八百余里，广十余丈，使可通龙舟，并置驿宫、草顿，欲东巡会稽。"

隋朝的大运河，史称南北大运河。它贯穿河北、河南、江苏和浙江等省。

元朝时期对大运河进行重新开凿疏浚。元朝定都大都（今北京）后，要从江浙一带运粮到大都。但隋朝的大运河在海河和淮河中间的一段，是以洛阳为中心向东北和东南伸展的。为了避免绕道洛阳，元朝开凿修建了济州、会通、通惠等河。

从元朝都城大都（今北京市）到东南产粮区，大部分地方都有水道可通，只有大都和通州之间、临清和济州之间没有便捷的水道相通，于是元朝先后开凿了济州河、会通河。这两段运河凿成后，南方的粮船可以经此取道卫河、白河，到达通州。

由于旧有的河道通航能力很小，元朝很需要在大都与通州之间修建一条运输能力较大的运河，以便把由海运、河运集中到通州的粮食，转运到大都。于是相继开凿了坝河和通惠河。

元朝开凿运河的几项重大工程完成后，便形成了今天的京杭大运河。京杭大运河利用了隋朝的南北大运河不少河段，如果从北京到杭州走运河水道，前者比后者缩短了900km的航程。

明、清两代，又对大运河中的许多河段进行了改造。

京杭大运河是我国古代劳动人民创造的一项伟大工程，它肇始于春秋，形成于隋代，发展于唐宋，最终在元代成为沟通五大水系、纵贯南北的水上交通要道。在2000多年的历史进程中，大运河为我国经济发展、国家统一、社会进步和文化繁荣作出了重要贡献，至今仍在发挥着巨大作用。

京杭大运河显示了我国古代水利航运工程技术领先于世界的卓越成就。国外著名的大运河有苏伊士运河、巴拿马运河、前苏联土库曼运河等。这些运河的长度比我国的大运河短得多，开凿的时间也晚1000多年。大运河还留下了丰富的历史文化遗存，孕育了一座座璀璨明珠般的名城古镇，积淀了深厚悠久的文化底蕴，凝聚了我国政治、经济、文化、社会诸多领域的庞大信息，为今天文化旅游开发提供丰富的资源和素材。

（4）坎儿井

坎儿井，早在《史记》中便有记载，时称"井渠"。它是我国古代西北劳动人民为了提高自身的生存能力，根据本地气候、水文等生态条件，创造出来的一种地下水道工程。坎儿井与万里长城、京杭大运河并称为中国古代三大工程。

坎儿井的开凿历史可以追溯到西汉的龙首渠。汉武帝元狩年间，在关中平原由北向南修建一条引洛河水的灌溉渠道。因有些地段土质疏松，渠岸容易崩塌，于是修渠的劳动人民因地制宜，发明了"井渠法"，即在地面上开凿一系列竖井，在地下修建暗渠使井井相通，水在井下流通。

井渠法在当时就通过丝绸之路传到了西域，直到今天，新疆人民在沙漠地区仍然用这种井渠结合的办法修建灌溉渠道，即著名的"坎儿井"。

目前新疆大约有坎儿井 1600 多条，分布在吐鲁番盆地、哈密盆地、南疆的皮山、库车和北疆的奇台、阜康等地，其中以吐鲁番盆地最多最集中，达 1200 多条，总长超过 3000km。

坎儿井是一种结构巧妙的特殊灌溉系统。它由竖井、暗渠、明渠和涝坝（一种小型蓄水池）四部分组成。竖井的深度和井与井之间的距离一般都是愈向上游竖井愈深，间距愈长，约有 30～70m；愈往下游竖井愈浅，间距愈短，约有 10～20m。竖井是为了通风和挖掘、修理坎儿井时提土用的。暗渠的出水口和地面的明渠连接，可以把几十米深处的地下水引到地面上来。坎儿井不因炎热、狂风而使水分大量蒸发，因而流量稳定，保证了自流灌溉。

吐鲁番盆地周围的高山雪峰，春夏时节有大量雪水和雨水流下山谷，潜入戈壁滩下。人们利用山的坡度，巧妙地创造了坎儿井，引地下潜流灌溉农田。

参观过坎儿井的人，无不为它设计构思的巧妙、工程的艰巨而赞叹。它是我国各族人民智慧的结晶、勤劳的丰碑！吐鲁番市郊的五道林坎儿井、五星乡坎儿井已经对外开放，可供参观游览。

坎儿井的清泉浇灌滋润吐鲁番的大地，使火洲戈壁变成绿洲粮田，生产出驰名中外的葡萄、瓜果和粮食、棉花、油料等。现在，尽管吐鲁番已新修大渠、水库，但是，坎儿井在现代化建设中仍发挥着生命之泉的特殊作用。

6.3.3 古交通工程

桥梁与道路都属于交通功能的工程，古桥、故道一般都具有旅游价值。我国从古至今，修建过无数的桥、路，可惜或湮灭或改观，大多已难见其昔日情景，以旧貌尚存者很少，因此越显难得与珍贵。

6.3.3.1 我国著名故道

我国历史上曾修建过多种道路，按类型大致可分为驰道、驿道、栈道三类。其规模和工程的难度不仅在当时堪称壮举，即使在今天也令人叹为观止。驰道是天子专用之道路。史载秦始皇修驰道，"东穷燕齐，南极吴楚，江湖之上，滨海之观毕至。道广五十步，三丈而树。"秦之驰道不仅平坦宽阔，而且通达全国各地。现在陕北榆林地区发现的秦驰道遗址，宽达百米，可并行六、七辆卡车。道两侧还分布有兵城、烽火台、馆驿、行宫等遗址，极适于开展访古旅游。

驿道是供邮传和民间之用的道路。其规格较低，但长度远在驰道之上。我国汉代时驿道已通达西南少数民族地区，总长度在几十万千米，沿途设有邮亭。现存古驿道以四川境内最著名，为秦汉时所凿蜀道之遗存，在四川北部从剑阁至阆中，绵延 150km。越危岩，度崇岭，形如鸟道。行道两旁，广植松柏，夏日不知炎暑，故名"翠云廊"，壮观秀丽，是古时沟通秦蜀之咽喉。蜀道自古有名，唐朝大诗人李白曾有《蜀道难》一诗，惊叹"蜀道难，难于上青天。"现在以剑门关为中心的蜀道已成为独具特色的旅游路线，有"剑门天下险"之说。

栈道是在悬崖绝壁上凿孔支架木桩，铺上木板而形成的窄道。在我国古代《三十六计》中，有一计为"明修栈道，暗渡陈仓"，是汉代大将军韩信所创，是古代战争史上著名的成功战例。至今，在我国一些陡峭的山崖上，还保存有古老的栈道，其特点不在长，而在险。如长江三峡栈道，在三峡南岸，栈道临空，与高峡江流蜿蜒并行，景象奇绝；陕西华山的长空栈道，高悬千仞，令人望而生畏；四川峨眉山的黑龙江栈道，则陡壁夹峙，下临清溪，幽曲可爱。

6.3.3.2 我国著名古桥

桥梁不仅提供交通之便，而且其优美的造型还丰富了水景，精湛的工艺也具有观赏价值。人游桥上，可掬水弄月，或临风远眺，是赏水景之佳处。

我国造桥历史极为悠久，早在五、六千年前的半坡遗址中，已有桥梁建筑。随着工程技术的不断进步，古代工匠们创造了各种结构、材料和造型的桥梁，如拱桥、梁桥、吊桥、浮桥、廊桥等，千姿百态，美不胜收。我国古代建桥艺术精湛，桥梁坚固，所以古桥遗存较多。

（1）赵州桥

位于河北省赵州洨河之上，又名安济桥，当地俗称大石桥。此桥为隋代工匠李春设计建造，至今已有 1300 余年，在我国古代桥梁中最为驰名。赵州桥是一座单曲敞肩石拱桥，长为 50.82m，跨度 37m，在桥梁两端石拱上，各开有两个小孔券，成为"敞肩拱"。这样既减少了桥身自重，省工省料，又有利于洪水宣泄，减轻河水对桥身的冲击。石桥造型精巧优美，是我国桥梁史上的一颗明珠，在世界上也名声远播，是世界上最古老的敞肩石拱桥，它的出现比欧洲同类桥梁早 700 余年。

（2）洛阳桥

位于福建省泉州东北的洛阳江入海处，又称万安桥。这是我国第一座海港大石桥，建于北宋。全长约 1200m，宽约 5m。当年造桥工匠首创"筏型基础"式桥墩，并采取"养蛎固基"法保护桥基。桥南有"蔡忠惠工祠"，以纪念主修桥人北宋官员蔡襄。

（3）安平桥

位于福建省泉州晋江，俗称五里桥。建于南宋，全长 2200m，有"天下无桥长此桥"之说，是我国现存古代第一长桥，也是我国古代最大的梁式石桥。此桥结构严谨，工程浩大，雄伟壮观，驰名中外。

（4）卢沟桥

位于北京西南永定河上，永定河原称卢沟河，故名卢沟桥。建于金代，距今已有800 余年的历史。卢沟桥为一大型联拱石桥，长 266m，宽 7.5m，桥身共有 11 孔，由建筑、雕刻、绘画、文学相结合构成艺术美。桥两边桥栏望柱上，雕刻有各种姿态的石狮子，多达 485 个。有的母子相抱，有的交头接耳，有的侧耳帝听，有的凝神远望。神态各异，栩栩如生。桥东有乾隆所题"卢沟晓月"汉白玉碑。"卢沟晓月"为明清"燕京八景"之一。意大利旅行家马可·波罗在《马可·波罗游记》中，赞美卢沟桥是"世界上最好的、独一无二的桥梁"。

卢沟桥是七七事变的发生地。为此，1987 年在七七事变 50 周年之际，在宛平城建立中国人民抗日战争纪念馆。

中国人民抗日战争纪念馆

中国人民抗日战争纪念馆座落在北京西南卢沟桥畔的宛平城内，占地面积 3 万 m² 有余，1987 年 7 月建成开馆。馆的建筑基本分三部分：资料中心、主馆和南北四合院，全部展览面积约 7000m²。"卢沟桥事变"的半景画馆居主馆之中，它以画、景，配以声、光、电等现代化手段构成立体形象效果，再现了日军在卢沟桥挑衅和中国军民奋起抗击的情景。陈列馆中还有全国抗战馆、日军暴行馆、人民战争馆和抗战英烈馆。馆中采用了现代化陈列手段，如大屏幕、电视墙、多媒体幻灯和电脑触摸屏等；美术作品、景观及大量珍贵文物，增加了陈列的吸引力，使人们对这段历史有更深刻的了解。该陈列被国家文物局评为"1997 年十大陈列展览精品"。

七七事变又称卢沟桥事变，发生于 1937 年，为中国抗日战争全面爆发的起点。1937 年 7 月 7 日，卢沟桥的日本驻军在未通知中国地方当局的情况下，径自在中国驻军阵地附近举行所谓军事演习，并以其一名士兵失踪为借口，要求进入宛平县城搜查。中国守军拒绝了这一要求，日本军队于 7 月 8 日凌晨向宛平县城和卢沟桥发动进攻，中国守军予以还击，由此掀开了中国全面抗日战争的序幕。七七事变是日本全面侵华开始的标志，是中华民族进行全面抗战的起点。

（5）程阳风雨桥

位于广西三江侗族自治县程阳村林溪河上，为具有浓郁民族建筑风格的桥梁，建于 1916 年。长约 76m，有 5 孔 4 墩，桥上建有避风遮雨的长廊，故名"风雨桥"。每个桥墩上各建有楼亭一座，塔式飞檐，层层翘起，活泼轻盈，风格独特。程阳风雨桥不仅有交通之用，而且遮风避雨，也是当地群众贸易集会的场所。

此外，我国四川大渡河上的铁索桥、苏州的宝带桥、杭州的西湖断桥、扬州瘦西湖上的五亭桥、北京颐和园中的十七孔桥、青岛海滨的栈桥等，也都是我国有名的古代桥梁。

【思考题】
1. 历史文化名城的概念及意义是什么？
2. 城市旅游的优势有哪些？如何充分利用这些优势开发城市旅游？
3. 以北京故宫为例，说明我国宫廷建筑的特点。
4. 我国礼制建筑的主要类型和遗存有哪些？
5. 简述天坛的修建历史、特点及主要建筑。

6. 对长城的旅游价值做简要分析。

7. 简述古道路、古桥梁的旅游价值。

【经验性训练】

1. 列表对比我国古代四大水利工程的位置及结构、特点。

2. 查找资料，对北京故宫、天坛、都江堰进行模拟导游练习。

【案例分析】

长城的价值与地位

长城，在中国人心目中，有着极其崇高的地位。1985 年长城在公众投票评选中，被列为中国十大风景名胜之首。长城甚至出现在国歌中，作为中华民族勤劳、智慧和坚强、勇敢的象征和精神的凝聚力。在外国人心目中，长城同样倍受推崇，不仅把它当作古老中国的象征，而且还将其誉为"世界第八奇迹"和"世界中古七大奇迹"之一。

所谓"世界七大奇迹"，是源于公元前希腊数学家菲龙的一篇论文，指的是世界古代的七项伟大工程，即：埃及的金字塔、法罗斯岛亚历山大城的灯塔、巴比伦的空中花园、奥林匹亚的宙斯神像、以弗所的阿苔密斯神庙、小亚细亚哈里卡纳苏的摩索拉斯陵墓和地中海罗得岛的太阳神像。中国的长城为"第八奇迹"。

距今约三四百年前，又有所谓"世界中古七大奇迹"一说，它们是：意大利罗马大斗兽场、利比亚亚历山大地下陵墓、英国萨里巴利石围圈、中国万里长城、中国南京大报恩寺琉璃塔、意大利比萨斜塔和土耳其君士坦丁堡索菲亚大教堂。

案例思考题：

有很多人认为，将长城列为"世界第八奇迹"和"世界中古七大奇迹"之一，并不足以体现长城的伟大与卓越，长城的价值要超越其他的任何一个奇迹。你同意这个说法吗？为什么？

【本章推荐阅读书目】

1. 城市旅游. 保继刚. 南开大学出版社，2004.

2. 中国六大古都. 陈桥驿. 中国青年出版社，1985.

3. 现代旅游文化学. 马波. 青岛出版社，1998.

4. 长城. 罗哲文. 清华大学出版社，2008.

5. 中国人文旅游资源概论. 朱桂凤. 北京大学出版社，2009.

第7章　园林艺术

【本章概要】

本章讲授我国古典园林的发展历史、特点和成就，古典园林的分类，以及对它们开发利用的现状和前景。

【学习目标】

掌握园林的概念、分类、特征；形成对同类、异类园林资源的分析、对比能力，进而形成或提高对该类景观即景导游的能力。

【关键性术语】

园林、圃、苑、构景手法、园林类型、园林流派。

【章首案例】

李格非与《洛阳名园记》

李格非（约1045—1105年），字文叔，济南人。著名女词人李清照之父。北宋文章名流，《宋史》中有传。曾任冀州（今冀州区）司户参军、试学官，后为郓州（今山东东平县）教授。宋代有兼职兼薪制度，郡守见他清贫，欲让也兼任其他官职，他断然谢绝，表现了廉洁清正的风节。宋哲宗元佑四年（1089年）官太学正。他专心著述，文名渐显，于宋哲宗元佑六年（1091年），再转博士，以文章受知于苏轼，为"苏门后四学士"之一。绍圣二年（1095年），撰成传世名文《洛阳名园记》。

《宋史·李格非传》云："尝著《洛阳名园记》，谓洛阳之盛衰，天下治乱之候也。其后洛阳陷于金，人以为知言。"

《洛阳名园记》10卷，记洛阳名园，凡19处。北宋朝廷达官贵人日益腐化，到处营造园圃台榭供自己享乐。李格非在对这些名园盛况的详尽描绘中，寄托了自己对国家安危的忧思。

在"书《洛阳名园记》后"中，李格非写道：

洛阳处天下之中，挟殽黾之阻，当秦陇之襟喉，而赵魏之走集，盖四方必争之地也。天下当无事则已，有事则洛阳必先受兵。予故尝曰："洛阳之盛衰，天下治乱之候也。"

方唐贞观、开元之间，公卿贵戚开馆列第于东都者，号千有余邸。及其乱离，继以五季之酷，其池塘竹树，兵车蹂践，废而为丘墟；高亭大榭，烟火焚燎，化而为灰烬，与唐共灭而俱亡，无馀处矣。予故尝曰："园圃之兴废，洛阳盛衰之候也。"

且天下之治乱，候于洛阳之盛衰而知；洛阳之盛衰，候于园圃之兴废而得。则《名园记》之作，予岂徒然哉?

呜呼！公卿大夫方进于朝，放乎一己之私以自为，而忘天下之治忽，欲退享此乐，得乎? 唐之末路是矣！

案例思考题：

1. 为什么李格非说："园圃之兴废，洛阳盛衰之候也"?
2. 何谓"圃"? 与"苑""囿""园林"等有何区别与联系?

园林是指在一定的地域范围内，利用山、水、植物、建筑等要素组合而成的具有诗情画意、供人游憩的综合建筑艺术品。

中国园林是中华文明的重要组成部分，其园林体系博大精深，园林内容丰富多彩，园林艺术独特精湛，在世界园林建筑中独树一帜。

7.1 我国园林的历史沿革

我国造园艺术经历了一个漫长的发展过程，从粗糙到精巧，由不成熟趋向成熟。按照发展过程的特点，其发展进程大体可以划分为萌芽时期、形成时期、转型时期、成熟时期、高峰时期等几个主要阶段。

7.1.1 萌芽时期

我国园林起源于商周时期。商周时的园林叫作"囿"，"囿"是园林的最初形式，是供帝王、后妃、大臣及奴隶主贵族们游览、观赏及打猎的地方。从商周到秦代，"囿"的范围一般都很大，《孟子》中记载，周"文王有囿方七十里"，"囿"中饲养珍禽异兽，栽种名贵花木，还要修建大量的楼台殿阁，并设"囿人"一职专门进行经营管理，供统治者享受。

先秦时期的"囿"

在《孟子》一书中，有关于周文王之囿的记载，见于《孟子.卷二.梁惠王章句下》：

齐宣王问曰："文王之囿，方七十里，有诸?"

孟子对曰："于传有之。"

曰："若是其大乎?"

曰："民犹以为小也。"

曰："寡人之囿，方四十里，民犹以为大，何也?"

曰："文王之囿，方七十里，刍荛(chú，ráo 割草打柴)者往焉，雉兔者往焉，与民同之。民以为小，不亦宜乎？臣始至于境，问国之大禁，然后敢入。臣闻郊关之内有囿方四十里，杀其麋鹿者，如杀人之罪，则是方四十里为阱于国中。民以为大，不亦宜乎？"

春秋战国时期的园林已有了成组的风景，既有土山又有池沼，自然山水主题已经萌芽，而且在园林中构亭营桥，种植花木。园林主要的组成要素都已具备。

7.1.2　形成时期

秦、汉时期是我国园林艺术的形成时期。秦灭六国实现统一以后，为了彰显至高无上的皇权，大兴土木，筑山理水，于渭水之南营建上林苑，整个宫苑建筑绵延数百里。

两汉时，中国园林在秦代园林的基础上有了进一步发展，主要体现在规模更加宏大，建筑更加华美。

汉武帝将长安以南的广大地区纳入其苑囿范围，拓展了秦时的上林苑。除了以自然山水为主的上林苑外，在宫廷中还以人工方法开辟园林。建章宫就是其中最大的一个。汉武帝时虽独尊儒家，但也相信方士神仙之说，故在宫内开太液池，并在池内置蓬莱、方丈、瀛洲诸山，以象征东海神山。这种"一池三山"的建园模式，不仅模仿了自然山水，而且又在其间注入了象征和想象的因素，成为以后历代帝王营建宫苑的一种模式。东汉迁都洛阳，园林的规模虽不及西汉，但却更为精致。

汉代后期，私家园林开始出现，一些贵族官僚、富商大贾如宰相曹参、大将军霍光、梁冀、茂陵富人袁广汉等均在长安、洛阳两地建有园林。

这一时期的特点是，园林主要是皇家苑囿，规模大，基本属于圈地的性质，虽然出现了人工造园的活动，但造园主旨意趣淡漠。

7.1.3　转型时期

此时期包括魏、晋、南北朝在内 300 多年的时间。魏、晋、南北朝是我国古代园林史上的一个重要转折时期。园林虽然继承了古代"一池三山"的传统，但抛弃了秦、汉以宫室楼阁为主的形式，造园艺术开始崇尚自然。这一方面是受我国山水画发展的影响，另一方面是由于社会动荡，玄学受崇。

这一时期我国绘画艺术中山水画逐渐显露出独特的艺术魅力，其构图手法和色彩层次，丰富了造园手法。因为古代不少造园艺术家同时也是画家，造园理论与绘画理论彼此是密切联系的。这一时期佛教已传入中国，东汉末年道教也已经创立。受宗教玄学思想的影响，当时贵族士大夫阶层追求精神解脱，以隐逸野居为高雅，陶醉于山水园林之中，尤其钟爱自然山水，于是园林艺术从单纯模仿自然进而对其进行艺术加工，叠山理水，高林巨木，使园林宛若真实山林一般。由于佛教盛行，各地立寺成风，僧侣们喜择深山水畔建立清静梵刹。建筑讲究曲折雅致，所以寺院本身往往也是一座绝好的园林。同时在一些贵族官僚中间还盛行"舍宅为寺"的风尚。自愿捐献住宅作为佛寺,住宅中的园林也就成了寺院的附属园林,从而形成了一种新的园林——寺观园林。

这一时期的特点是初步确立了再现自然的基本原则,逐步取消了园林中狩猎、生产方面的功能,而把其主要作为观赏艺术来对待。此时园林形式除了皇家苑囿外,还出现了私家园林和寺观园林。

7.1.4 成熟时期

成熟时期是指从隋唐至五代、宋的园林发展时期。隋唐是我国封建社会中期的全盛时期,经济迅速恢复与发展,文学艺术充满蓬勃生机。在这样的政治、经济、文化背景下,城市和宫苑建筑又相继发展起来,园林的发展相应进入了一个全盛时期。

隋时,隋文帝在大兴城建造了大兴苑。隋炀帝迁都洛阳后,首先修建了显仁宫,后又修建规模更大的西苑。苑内的建筑手法大部分承续了汉时的旧制,但也有所突破,如在大园中以建筑群围成若干小院,构成园中园,这种处理方法是前所未有的。

到了唐代,伴随着经济发展,文化艺术也达到了一个新的高峰。山水画已经形成独立画科,以自然山水为主题的山水诗文及游记十分流行,这些表明对于自然美的认识又有所深化,审美观念的转变极大地影响了当时造园艺术的发展。在修建都城长安的过程中,构建了独特的"三内"布局,包括城北部居中的太极宫——"西内"、城外东北角的大明宫——"东内"、皇城兴庆宫——"南内"。在长安城北修筑了东苑、内苑、禁苑"三苑"。与此同时,商贾仕宦也大兴园林之风。在长安、洛阳一带,私家园林几乎遍布各坊里。除此以外,一般文人还以自然山林为主略加人工雕琢修建山居别墅,如白居易在庐山建造了草堂,王维在蓝田建造了辋川别业。

五代十国的割据,虽使社会经济遭到极大破坏,但却使南方一些城市成为当时政治、手工业、商业中心,造园之风随即传播到此。例如地处吴越的苏州与位于东南的广州。

宋代,填词和绘画方面取得了很高成就。宋代诗词重细腻感情的抒发;写意山水画派不求形似,重写意传神,这些为园林造景开拓了更大的可能性,使宋代的园林在隋唐五代的基础上又有所提高,日臻完善。

北宋园林多集中于东京汴梁(今河南开封)和西京洛阳(今河南洛阳)两地。较著名的有东京的寿山艮岳、金明池、琼林苑、玉津苑等皇家园林。南宋园林多聚于临安(今浙江杭州)、平江(今江苏苏州)一带。借西湖山水之胜,占据优美之地的皇家园林达 10 余座。两宋时期的私家园林,在南北两地布局手法和风格上各有不同,各具特色。

宋徽宗与宋代花石纲

宋徽宗赵佶(1082—1135),北宋第八代皇帝。1100—1125 年在位。徽宗在艺术上有多方面的成就,能书善画,书法称"瘦金体"。然而在政治上,他极端腐败,生活骄奢淫逸,挥霍无度。

宋徽宗酷爱园林花石,曾在汴京东北隅作土山,名为艮岳。艮为地处宫城东北隅之意。政和七年(1117年)兴工，宣和四年(1122年)竣工，初名万岁山，后改名艮岳、寿岳，或连称寿山艮岳。艮岳突破秦汉以来宫苑"一池三山"的规范，把诗情画意移入园林，以典型、概括的山水创作为主题，在中国园林史上是一大转折。苑中叠石、掇山的技巧，以及对于山石的审美趣味都有提高。可惜得是，艮岳只存在了短短4年，便于1127年金人攻陷汴京后被拆毁。

为修造艮岳，宋徽宗命人广罗天下花木奇石，分批送往汴京，安置于艮岳之中，运输花石的船队称为"花石纲"。为什么叫作花石纲呢？

原来，宋代陆运、水运各项物资大都编组为"纲"。如运马者称"马纲"，运米的称"米饷纲"。马以"五十四为一纲""米以一万石为一纲"。为满足宋徽宗对花石的贪欲，特设苏杭应奉局，专门索求奇花异石等物，运往东京开封。这些运送花石的船只，每十船编为一纲，从江南到开封，沿淮、汴而上，舳舻相接，络绎不绝，故称花石纲。

花石纲之扰，波及两淮和长江以南等广大地区，而以江浙为最甚。凡民家有一木一石、一花一草可供玩赏的，应奉局立即派人以黄纸封之，称为供奉皇帝之物，强迫居民看守。稍有不慎，则获"大不恭"之罪；搬运时，破墙拆屋而去。凡是应奉局看中的石块，不管大小，或在高山绝壑，或在深水激流，都不计民力千方百计搬运出来。因船载巨石，所经州县，有拆水门、桥梁、城垣以过者。应奉局原准备的船只不能应付，就将几千艘运送粮食的船只强行充用，甚至旁及商船，造成极大危害，前后延续20多年，而以政和年间(1111—1117)为最盛。官吏一伙乘机敲诈勒索，大发横财，给东南人民造成极大的灾难，成为激起方腊起义的重要原因之一。

这一时期园林的特点是，造园活动空前高涨，园林数量多，规模大，类型多样。伴随着文学、诗词，尤其是绘画艺术的发展，对自然美的认识不断深化，出现了许多山水画的理论著作，对造园艺术的发展产生了深刻的影响。文人直接参与造园活动，更将造园艺术与诗、画相联系，在园林中创造出诗情画意的境界，使造园艺术日趋成熟。

7.1.5 高峰时期

在宋代之后，我国古典园林的修建曾经有一个短暂的停滞时期，即元代，至明清时又进入一个高峰阶段。

元灭南宋后，中国的民族矛盾、阶级矛盾异常激烈。由于经济处于停滞状态，这个时期的造园活动也无多建树，在北方仅将金大宁宫改建为大液池、万岁山，使之成为宫中的禁苑。元大都(今北京)及其他各地虽有若干私家园林，但数量不多。

元代园林的发展特点是造园活动不多，造园实践和理论均无大建树。

到明、清两代，我国园林又进入一个大发展的历史时期。明成祖迁都北京后，以元大都为基础重建北京，将太液池向南开拓，形成三海：北海、中海、南海，并以此作为主要御苑，称西苑。它是明朝宏大、华丽宫苑的代表。明代中叶，由于农业、手工业有了较大发展，造园风气又复兴盛，这时的造园活动主要集中在北京、南京、苏州一带。苏州虽属于一般城市，但其富庶的地区经济背景，为造园活动的发展提供了良好的条件。许多官僚地主均在此建造私家宅园，一时形成一个造园的高潮。现存的许多园林诸如拙政园、留园、艺圃等都始建于此。明代时造园风气不仅兴盛于江南一带，江北地区也颇受影响。

这一时期，许多文人、画家还直接参与了造园活动，其中最杰出的代表为明代末期的计成，他所著的《园冶》一书，系统地总结了造园经验，从相地、立基、屋宇、装折、门窗、墙垣、铺地、掇山、叠石、借景10个部分，全面评述造园艺术手法和经验技巧，成为我国古代唯一的造园专著。

《园冶》卷一：兴造论

作者：计成（明）

世之兴造，专主鸠匠，独不闻三分匠、七分主人之谚乎？非主人也，能主之人也。古公输巧，陆云精艺，其人岂执斧斤者哉？若匠惟雕镂是巧，排架是精，一梁一柱，定不可移，俗以"无窍之人"呼之，其确也。故凡造作，必先相地立基，然后定其间进，量其广狭，随曲合方，是在主者，能妙于得体合宜，未可拘率。假如基地偏缺，邻嵌何必欲求其齐，其屋架何必拘三、五间，为进多少？半间一广，自然雅称，斯所谓"主人之七分"也。第园筑之主，犹须什九，而用匠什一，何也？

园林巧于"因""借"，精在"体""宜"，愈非匠作可为，亦非主人所能自主者，须求得人，当要节用。"因"者：随基势之高下，体形之端正，碍木删桠，泉流石注，互相借资。宜亭斯亭，宜榭斯榭，不妨偏径，顿置婉转，斯谓"精而合宜"者也。"借"者：园虽别内外，得景则无拘远近，晴峦耸秀，绀宇凌空，极目所至，俗则屏之，嘉则收之，不分町疃，尽为烟景，斯所谓"巧而得体"者也。体、宜、因、借，匪得其人，兼之惜费，则前工并弃，既有后起之输、云，何传于世？予亦恐漫失其源，聊绘式于后，为好事者公焉。

到了清代，造园活动又有了长足发展，尤以康熙、乾隆两个时期为盛。清代自康熙以后，历朝皇帝都有园居的习惯，故而北京附近风景优美之地有许多行宫园林，西北郊先后建造了"三山五园"，即玉泉山的静宜园、香山的静明园、万寿山的清漪园以及圆明园、畅春园等皇家苑囿。此外，还有承德避暑山庄、蓟县盘山行宫等。乾隆时期，北方皇家苑囿开始吸取江南私家园林的处理手法，形成了清代园林的一个重要特点，即集各地名园胜景于一园。清代的皇家苑囿无论在数量或规模上都远远超过了明代，是为造园史上北方皇家园林的鼎盛时期。

这一时期的特点是造园活动在数量、规模、类型等方面都达到了空前的水平；造园艺术、技巧日趋精致、完善并且上升为造园理论；文人、画家积极投身于造园活动，出现了一批专业造园匠师。

7.2 我国园林的艺术特色及成就

7.2.1 我国园林的艺术特色

我国园林尤其是古典园林，与世界上其他国家的园林相比，有很独特的风格。这种独特的风格是历史上逐渐形成的，并极大地反映了中国人的美学思想和文化气质。其艺术特色主要有如下几点。

（1）追求自然

园林之美，贵在自然。在宗教玄学和中国哲学的背景下，中国园林始终以自然山水化的造园思想为指导，因地制宜，充分利用地理环境、地势起伏进行人工造景。古代许多园林建筑真真假假，虚虚实实，处处成景，处处模拟真山真水，令人入园犹如进入真正的山水胜景。这种自然山水意境正是中国园林的优胜之处。园内建筑物仅仅起"点景"作用，不能喧宾夺主，故要求园林叠山理水应达到"虽由人作，宛自天开"的境界。为了达到这种境界，中国古代造园专家们总结出一系列特殊的艺术手法，其中核心可概括为"因""借"二字。因、借法贯穿于从园林择地、规划布局到园林各部分设计的每一个环节，师法自然，从而映现自然山水之美。

（2）追求意境

在中国艺术理论中，通常把作者思想情感的表现叫做意（或情），把画面形象叫做境（或景、象）。所谓意境，就是指艺术作品要情景交融，客观形象（也就是境）要能表达出人的主观情感（也就是意）。

意境美是中国古典园林所刻意追求的，是园林审美的最高标准。从唐代开始，大量文学家、画家参与造园，园林艺术深受诗歌、绘画艺术的影响，意境逐渐成为评价园林审美价值的准则。中国园林追求意境的手段主要有突出形象、比拟象征、借用文字三种。

在突出形象方面，园林主要通过综合运用各类艺术语言，如空间组合、比例、尺度、色彩、质感、体形等造成鲜明的艺术形象，引起人们的共鸣和联想，构成意境；在比拟象征方面，主要是给景物以艺术的比拟和象征，赋予"观念形态"上的意义和想象上的"人格化"，从而使园林富有诗情画意；在借用文字方面，则是运用匾额、对联、刻石等文字来托意，赋予园林以一定涵义，从而使景观蕴含意境之美。

（3）追求含蓄

受诗、书、画的影响，我国园林也十分重视含蓄的艺术原则。另外，追求自然和追求意境两个特点，也决定了中国园林必然表现出追求含蓄的艺术个性。要将千变万化的自然美加以集中，概括到一个特定的园林空间中去，就不能照搬自然，而要"外师造化，中得心源"（唐·张璪语）。要在有限的园林空间之内创造大自然的深广意境，就不能直白浅露，意境本身就包含着含蓄的内涵。中国园林的含蓄美除了可以体现在利用象征和暗喻手法上以外，园林中惯用的抑景、透景、对景、障景、框景、漏景、借景等构景手法，也都可以视为制造含蓄的手段。

（4）追求个性特色

我国其他类型的古建筑，一般都有制度上或程式化的制约性，所以很难展示其个性特征，唯独园林建筑，却几乎完全没有这些制约，而能够充分体现出自由创造的艺术魅力。中国园林首先要有建筑的总体风格设计，它是决定园林布局单体建筑的基本。任何构园若不先纵观全局风格，而一味追求枝节问题，必然陷入舍本求末、难以定论的局面。只有风格确定后，才能言及局部单体，宜亭斯亭，宜榭斯榭，宜山叠山，宜水引水。这些单体建设须符合总体风格的要求。花木、山、水、人工建筑为构园四要素，此为园林之共性。四要素的艺术造型差别，形成了各园的个性。有个性才有吸引力，其吸引力都凝聚在建筑的特色和风格上。

7.2.2 我国园林的成就

我国园林艺术成就斐然，概括起来，主要有如下几点。

（1）世界园林之母

中国是世界上园林艺术起源较早的国家之一，在世界园林史上占有极重要的位置，并具有极其高超的艺术水平和独特的民族风格。中国园林被誉为世界造园史上的渊源之一，是"世界园林之母"。

在世界各国的历史文化交流中，我国"虽由人作，宛自天开"的自然式山水园林的理论和实践，对亚洲、欧洲一些国家的园林艺术创作发生了重大持久的影响。自唐、宋时代开始，我国的造园艺术传入日本、朝鲜等国。明朝末期，计成的造园理论专著《园冶》流入日本，抄本题名为《夺天工》，至今日本许多园林建筑的题名都还沿用古典汉语。13世纪，意大利旅行家马可·波罗把杭州西湖的园林称誉为"世界上最美丽华贵之城"，从而使杭州的园林艺术名扬海外。时至18世纪，中国自然式山水园林由英国著名造园家威廉·康伯介绍到英国，使当时的英国一度出现了"自然热"。英国人钱伯斯到广州，观赏到中国园林艺术之美，回英国后撰写了《东方园林论述》。由于人们对中国园林艺术的逐步了解，英国造园家开始对规则式园林布局原则感到单调无味，东方园林艺术的设计手法随之发展。如1730年在伦敦郊外所建的植物园，即今天的英国皇家植物园，其设计意境除模仿中国园林的自然式布局外，还大量采用了中国式的宝塔和桥等园林建筑的艺术形式。在法国仅巴黎一地，就建有中国式风景园林约20处。

中国园林造园艺术不仅在世界造园史中占有一席之地，而且在现代世界园林艺术的发展实践中也取得了一系列的好成绩。1980年，由陈从周主持仿苏州网师园"殿春簃"设计的中国古典庭园"明轩"落成于纽约大都市艺术博物馆，受到公众褒扬。1983年，在慕尼黑举行的第16届国际园艺展上，以"芳华园"命名的中国园林获得了"园林建筑中央联合会大金质奖章"和"德意志联邦共和国大金奖"。1984年，在英国利物浦国际园林节上，中国的"燕秀园"在评比中获得"大金奖"金质奖章、"最佳亭子奖"和"最佳艺术造型永久保留奖"。2010年，中国前所未有地囊括了美国景观设计师协会（ASLA）12个设计奖中的3个大奖，其中包括最高设计奖：上海后滩公园获得杰出设计奖。每年ASLA颁发的设计奖都毋庸置疑地会影响世界范围内的园林景观设计的美学标准。

（2）园林数量多、分布广

中国古典园林在历史上可以说多如繁星，数不胜数。从今天遗存的角度看，其数量也是极大的。仅苏州一地，就有园林近200处。从分布来看，中国古典园林大多分布在历代都城、各大都会及其附近。我国古都名城繁多，分布也很广泛，因此全国各地几乎都有园林分布。有些园林历史很悠久，如宋、元时代的园林，在我国还有遗存。明、清的园林，因为时间距今较近，是古典园林遗存中的主体。

（3）集各种艺术之大成

中国园林的构成因素中，就含有山、水、花木与建筑诸要素，所以园林艺术集山水、花木、构景艺术与建筑艺术于一体。同时山石多有题刻，有建筑物必有匾额、楹联、绘画、雕刻等艺术与之相附。这不仅是装饰，而且可以点出风景，引起联想，或表达园主的志趣。常常言词隽永，艺术精湛，且颇多典故。所以园林艺术是集各种艺术之大成的综合艺术，最能集中反映中国传统文化特色。

（4）是世界园林三大流派之一

在世界古典园林中，主要有三大流派：一是中国古典园林，二是西方古典园林，三是中东园林。这三大流派各有其突出的特点。

中国古典园林属于写意自然山水型，"师法自然，高于自然"，追求造园意境，以山水为中心，在选址、布局以及建筑细部处理上，都能够和周围环境相和谐，都能获得如身处大自然的艺术效果，同时又能体现出造园者的思想情趣。因此中国古典园林被形象地称为是"诗人的园林"。

西方园林则不然，它并不以追求自然为最高宗旨，也不像中国古典园林那样具有个人创造性，而是追求理念，追求严整对称。园林大多呈现规则的几何图形，在壮丽的主体建筑前方，有突出的轴线，轴线上设很大的水池，水池往往也呈几何图形，并多有大理石雕像和喷泉。轴线两侧会配置大面积的花圃草坪，也都呈几何图形，甚至将树木、绿篱都修剪成几何图形，称为"绿篱雕刻"。正由于西方园林具有这样的一些特点，故被称为是"哲学家的园林"。

中东园林又称为西亚园林或伊斯兰园林。因为这些地方干旱少雨，因此园林特别注重水的利用，即用水造景。园林大多采取封闭空间形式，四周围以建筑物，其内种植花木，布局呈规则形状，并常以五色石铺地，构成抽象规则图案，这显然与中东地区普遍信仰伊斯兰教有关。

在世界园林三大流派中，"中国园林甲天下"，中国古典园林居于最重要地位。

（5）是中国"文化四绝"之一

中国古典园林成就巨大，对国内外影响深远，尤其在旅游业发展的今天，园林更成为发展旅游事业不可或缺的重要资源。中国古典园林集建筑、绘画、雕塑、书法、金石等各种艺术于一体，达到了极其完美的艺术境界，因此，被誉为"中国文化四绝"之一（其他三绝是山水画、烹饪、京剧）。

7.3　园林要素及构景手法

7.3.1　园林要素

中国园林主要是由山、水、植物、建筑4种基本要素组合而成的。因为山水诗和山水画对中国园林影响较大，园林中尤其要再现自然山水之美，按自然之趣叠山理水，成为我国园林的主要手段，所以中国古典园林又被称为山水园。

（1）叠山

叠山就是以土石等为材料，按照自然山水景色加以模拟和提炼而建成山石景。山是园林的骨架，也是分割空间的手段。《园冶》中讲到，山要"有高有凹，有曲有深，有峻有悬，有平有坦，自成天然之趣。"可见我国园林艺术中对假山叠石的要求之高。要以假乱真，达到高度的自然美。对叠山的材料，要选择奇石。奇石的标准，是瘦、透、漏、皱、丑，所谓丑到极处便是美到极处。在我国，园林选用的奇石有很多是太湖石，因为太湖石具有瘦、透、漏、皱的特点，符合奇石审美的标准。

太湖石

太湖石在我国园林石景中使用最多，因产于太湖而得名，它是指产于环绕太湖的苏州洞庭西山、宜兴一带的石灰岩，其中以鼋山和禹期山最为著名。我国古代就开发利用太湖石，唐时白居易曾写有《太湖石记》，专门描述太湖石。宋代《云林石谱》中也有专门记载。宋代是中国古典赏石理论最成熟、最有建树的时期，有"石痴"之称的北宋大画家米芾，其爱石、赏石、觅石的轶闻趣事至今仍广为流传。他提出的"瘦、透、漏、皱"评鉴理论，也成了古代赏石的经典范本。"瘦"是指体态纤瘦，石体挺拔；"透"是指纹理纵横，玲珑剔透；"漏"是指内外澄明，孔洞贯通；"皱"是指沟痕密布，苍老嶙峋。而发生在北宋末年的"花石纲"，指的主要就是太湖石，从而引起了农民起义。历史上遗留下来的著名太湖石有苏州留园的"冠云峰"、上海豫园的"玉玲珑"等园林名石。

太湖石属于石灰岩，多为灰色，少见白色、黑色。石灰岩长期经受波浪的冲击以及含有二氧化碳的水的溶蚀，在漫长的岁月里，逐步形成大自然精雕细琢、曲折圆润的太湖石。太湖石为典型的传统供石，以造型取胜，"瘦、皱、漏、透"是其主要审美特征，多玲珑剔透、重峦叠嶂之姿，宜作园林用石。

现在还有一种广义上的太湖石，即把各地产的由岩溶作用形成的千姿百态、玲珑剔透的碳酸盐岩统称为广义太湖石。

（2）理水

理水就是凿池引水。无论哪一种园林，水都是其中最有生气、不可或缺的元素。水是万物生长之本，它可以使空气湿润，使花草树木茂盛，因此水被称为园林的血液。水还可以造成多种供游人观赏的景点，并与山石景相映成趣。因为山无水泉则不活，山水之间是相互依存相得益彰的。正因为如此，园林造景一定要凿池引水。

古代园林理水之法，以自然美为最高标准，少露人工痕迹。一般有 3 种：一为掩，即使用建筑或绿化等手法，将池岸加以掩映，造成池水无边的视觉印象。二是隔，用不同的手法将水面分割开来，使有限的水面增加景深和层次。三为破，即以乱石为岸，使其犬牙交错，或用杂草野藤，弥漫岸边，增加其山野风致。

（3）植物

植物是园林的毛发，也是园林造景不可缺少的元素。植物使园林得到美化和绿化，再美的园林离了花木也会毫无生机。园林中的许多景致，就是以植物为主题的。如承德避暑山庄的"万壑松风"，杭州西湖的"曲院风荷"，苏州留园的"远香溢清"等。古树名木对创造园林气氛更加重要，它会使园林产生一种古朴幽深的意境。

（4）建筑

为了使园林可居可游，园林中必须有建筑，而且建筑被看作是园林的眼睛。园林就像人一样，有了眼睛才有了神采。作为园林中的建筑，首先必须顺应自然，与园林整体相和谐；其次必须具有形式美，注意创造艺术境界，丰富游览者的审美感受；最后，还要有名字美，如烟雨楼、听鹂馆、望海楼等，可以极大地引起人们的审美联想，构成无限广阔的意境。

我国园林中的建筑，主要有亭、台、楼、阁、馆、榭、轩、廊、桥等形式。其中楼、阁、馆、轩等建筑常常是园林中较重要的主体建筑，用来居住、贮物、集会、宴饮等，而亭、榭、廊、桥等虽在实用性上不居于重要地位，但因其灵活多变，尤其具有民族特色，在园林构景中常起到画龙点睛之作用。

亭 是一种小型的四面开敞的建筑，供人休憩凭眺之所。它是园林中最重要的点缀物，或立山巅，或枕清流，或处平野，或藏幽林。形式上多种多样，布局上灵活多变，空间上独立自在。在建筑艺术中，亭可以说是最集中体现我国古代建筑艺术特色、最富民族色彩与气质、最生动活泼的一种建筑形式。

在《说文》中，有这样的解释，"亭者，停也。"就是供人歇息的建筑。亭在中国起源很早，周时为边防要塞的小堡垒，设有亭吏；秦时为维护地方治安的基层组织，"十里一亭，十亭一乡"；魏晋时驿代替亭；以后驿亭制消失，亭便成为专供旅途歇息和引景的建筑。

中国名亭很多，安徽滁州的醉翁亭、北京陶然亭公园的陶然亭、湖南岳麓山的爱晚亭、浙江杭州西湖的湖心亭，被并称为"四大名亭"。此外，北京颐和园的廓如亭、知春亭，济南的历下亭，苏州的沧浪亭，绍兴的兰亭等，也都是名亭。

台 是高而平的建筑。台的起源也很早，如历史上记载商纣王建有"鹿台"，周文王建有"灵台"，春秋时有赵国的"武灵丛台"，以及历代建的钓鱼台、读书台、观景台、点将台、烽火台等。

榭 是建在台子上的房屋，一般多建于水边或花畔，借以成景。如承德避暑山庄的水心榭。

廊 是中国园林中最富有可塑性与灵活性的建筑。廊在园林中不仅有交通的作用，更重要的是有观赏的作用，是一种生动活泼颇具特色的民族建筑。廊可使游人免遭风吹雨淋日晒，又可将园内景物组成有机的整体，并巧妙地分割空间，造成对景、漏景、框景等各种构景，使游人移步换景，充分领略中国古典园林之美感特征。

廊中最有名的是北京颐和园的长廊，它长达728m，为中国古典园林中之最长者。

桥 在园林中除了交通实用，更主要的也是为了连接风景点，点缀风景，增加园林的情趣和意境美。我国园林中的桥常见的有拱桥、平桥、廊桥、曲桥等。较有名的有颐和园的十七孔桥、杭州西湖的断桥、扬州瘦西湖中的五亭桥等。

7.3.2 构景手法

中国园林的构景手法很多，在宏观与微观上，在各个环节上，都采用各种巧妙的手段表现自然，极力取得自然、淡泊、恬静、含蓄的艺术效果。主要构景手法有抑景、对景、框景、漏景、借景、移景等。

抑景 就是要把好的景色藏在后面，不要让人一览无遗，要欲扬先抑，使人有"柳暗花明"之感。如园林入口处常修有假山，这种处理就叫山抑。

对景 是要求园林各景点的对面要有景可看，能够从甲点观赏已，从已点观赏甲。如北京颐和园中，在万寿山可俯瞰昆明湖，在昆明湖可仰观万寿山，昆明湖与万寿山就互成对景。

框景 是用门窗或花木等合成景框，将远处景物包含其中，使景物看起来就像画框里的画面，极大地加强景物的美感。如杜甫著名的诗句"窗含西岭千秋雪，门泊东吴万里船"，讲的就是框景的效果。

漏景 一般是采用漏窗，透过窗隙，看窗外之景。这种仅见斑驳迷离之部分、不能一览无余的视觉效果，可以加强景物的神秘感与吸引力。

借景 在我国园林构景手法中极为重要，它指的是把园外景物巧妙组合到园内来，以充实园内空间，丰富园内景色，使园内外景色融为整体。因为不管是皇家园林还是私家园林，尽管大小有差别，但空间都是有限的。怎样才能小中见大，让游人能扩展视觉和联想，最重要的办法便是借景。因此明代造园专家计成在《园冶》中指出"园林巧于因借"，"夫借景，园林之最要者也。如远借、邻借、仰借、俯借、应时之借，然物情所逗，目寄心期，似意在笔先。"

所谓远借，就是把离园较远的景物借到园中来。邻借是把邻近的周围景物纳入园内。如颐和园借数十里之外的西山群峰为远借，借相邻的玉泉山和宝塔则为邻借。仰借是借园外高处须仰视的景物，如园外山景。俯借是借园外低处须俯视的景物，如池中荷花、水中鱼儿等。应时之借是借不同时间的自然现象，如日出日落、月色秋声、雨雪云霞等。

移景 移景之移，并非真的迁移，实际指的是仿建。仿建在皇家园林中较常见，如颐和园中的谐趣园，就是仿江苏无锡寄畅园而建。避暑山庄的烟雨楼，则是仿浙江嘉兴南湖的烟雨楼而建。

纵观我国历代古典园林的组成要素与构景手法，可以看出，崇尚自然是其最高追求，各种要素的组合，各种构景手法的运用，无不是要在有限的空间内，移天缩地，使人不出城郭，而享山林之美。表现自然还要高于自然，要充分体现出意境，营造出符合园主人审美情趣与主观情感的小天地。

7.4 我国园林的分类

根据不同的划分标准，我国园林可以划分为不同的类型。

7.4.1 按照园林所在地区及艺术风格分类

按照园林所处的地理位置及艺术风格，可将园林分为北方园林、江南园林、岭南园林和少数民族园林。

（1）北方园林

北方园林总体上的特点是粗犷豪放。首先，因为北方地域宽广，所以北方园林一般范围较大；其次，因北方不像南方那样温暖湿润，受自然条件所限，北方园林中河溪、湖泊、园石、树木较少，尤其缺乏热带、亚热带的常绿花木；第三，北方园林风格粗犷，多野趣，秀媚不足；最后，北方园林人工建筑往往是厚重有余，而婉约不足。

北方园林中，皇家园林堪称其代表，是北方园林的主流，主要分布在历代都城及其附近，如北京、西安、洛阳、开封等古都，尤其以北京为代表。

（2）江南园林

江南园林多属私家园林，以宅园为主，大多是达官巨富、文人骚客为颐养天年而筑。江南园林具有以下特点：首先，因南方人口较为密集，加之私家财力与皇家相比十分有限，故江南园林地域范围较小，建筑也多小巧淡雅；其次，又因南方温暖湿润，所以园林中多奇山秀水、奇花异木；第三，精心设计，故能小中见大，玲珑纤巧，轻盈秀丽，景色多变；第四，充分利用一切空间造景，即使墙角、路面也精心点缀，富田园情趣，有"城市山林"之誉；最后，江南园林舒适恬淡，但意境多趋于消沉。

江南园林的艺术造诣颇高，常被作为中国园林的代表，其影响渗透到各种园林类型与各种园林流派之中。

江南园林大多集中于南京、上海、无锡、苏州、杭州、扬州等地，其中尤以苏州为代表，有"苏州园林甲江南"之誉。江南园林中著名的有苏州的沧浪亭、狮子林、拙政园、留园，无锡的蠡园、梅园，扬州的个园、何园，等等。

（3）岭南园林

岭南园林地处我国南岭以南，以珠江三角洲为中心。岭南园林以宅园为主，具有以下特点：首先，因岭南地区历史发展较晚，其造园艺术曾师法北方园林与江南园林，因而风格在二者之间；其次，近代接受外来文化影响较多，岭南园林又受外国园林构景手法的影响，有中西合璧的特色；第三，由于地处南亚热带与热带，终年常绿，园中多榕树、椿树、木棉、藤本植物，具有明显的热带、亚热带自然景观特征；最后，因环境湿热，建筑物一般较高而且宽敞，洗练简洁。

广州、潮州、番禺、佛山、顺德、东莞等地皆有名园。顺德清晖园、东莞可园、番禺余荫山房、佛山十二石斋被称为"岭南四大名园"。

（4）少数民族园林

我国少数民族地区的园林多具其民族风格特色，尤以西藏拉萨的罗布林卡为此类园林之杰作。罗布林卡意为"珍珠花园"，建于清代，为历代达赖喇嘛避暑的行宫。园内有宫殿、亭台、池榭，建筑精美别致，花木繁盛，具有浓厚的民族色彩和宗教氛围，为中国最著名的古典藏式园林。

7.4.2 按照园林性质分类

按照园林所属性质不同，可将园林分为皇家园林、私家园林、寺观园林、湖山胜境园林。

（1）皇家园林

皇家园林历史上为皇家所有，是专供帝王游憩享乐的园林。皇家园林最大的特点是：首先，规模宏大，园中多真山真水；其次，建筑恢宏，豪华富贵，充分显示皇家的气派；第三，主体建筑升高，显示皇权的威严与至高无上；最后，主体风格大多昂扬向上。

如北京颐和园占地面积达 290 万 m^2，而避暑山庄面积是颐和园的两倍。二者都利用自然，创造了接近自然的山水景物。同时又集我国建筑艺术之精华，颐和园共有各式建筑 3000 余间，桥梁 30 座，堪称民族园林艺术的典范。

根据位置和功能，皇家园林分为大内御苑、行宫御苑、离宫御苑。著名的代表有北京颐和园、承德避暑山庄等。

（2）私家园林

又称为府宅园林，是文人雅士尤其是官吏、富豪等建造的园林。这种园林多为主要建筑物的附属部分，是在府邸宅院内特辟出来的美化生活环境的部分。与皇家园林相比，私家园林的特点是：首先，规模较小，所以常用假山假水；其次，建筑小巧玲珑，淡雅素净；第三，善于利用有限空间，组成园林千变万化的景色，以特色取胜；最后，情感志趣上，大多趋向于归隐等消极色彩。

根据位置和功能，私家园林有宅园、游憩园、别墅园。现存的私家园林著名者如北京的恭王府，苏州拙政园、留园、网师园，扬州的个园、何园，无锡的寄畅园，上海的豫园等。

（3）寺观园林

亦称宗教园林。是附属于宗教建筑、祭祀场所或陵寝的园林，多建于城郊旷野之处。园内广植松柏竹类等树木，以体现主题建筑所需要的特殊气氛，造就肃穆、庄严、神秘的色彩。

著名的宗教园林有北京碧云寺的水泉院、苏州的西园、承德的外八庙、杭州的灵隐寺、成都的青羊宫等。

（4）湖山胜境园林

湖山胜境园林多位于名山秀水之地。经过历史的发展，这些地方成为人们游览观赏、避暑休憩的自然境地，其间都有楼台亭阁、寺观庙宇、石桥溪涧点缀。此类园林虽事先并无一定设计规划，但在长期发展过程中形成完整的园林格式。著名的代表有北京陶然亭、绍兴东湖和兰亭、济南趵突泉、昆明大观楼、大理蝴蝶泉、杭州西湖、济南大明湖等。

此外，按照园林基址的选择和开发的方式划分，还可以将园林分为人工山水园和天然山水园两类。

　　人工山水园的突出特点是人工性，即最大限度地发挥人的创造性，灵活运用造园技艺创造出园林。多以人为堆叠的假山和开凿的池沼来充作自然山水，力求在小环境中表现大自然。由于人工山水园更加集中地反映了人的艺术创造力和造园思想，因此最能代表中国古典园林的成就。

　　天然山水园的突出特点是自然性与人工性的结合。造园时利用天然的真山真水，因势利导，局部调整，加以建筑和花木，组合成供人们游历观赏的园林。

7.5　我国现存著名园林

　　在我国众多的园林中，颐和园、避暑山庄、拙政园、留园被称为中国四大古典园林。它们分别被称为我国皇家园林和私家园林的代表。

7.5.1　代表性皇家园林

（1）颐和园

　　颐和园是我国现存最完好、规模最宏大的古代园林之一。位于北京市西郊。颐和园原名为"清漪园"。清乾隆十五年（1750 年），乾隆帝为母亲祝寿而建。咸丰十年（1860 年），英法联军疯狂抢劫并焚烧了园内大部分建筑，珍宝被洗劫一空。光绪十四年（1888 年）慈禧太后挪用海军经费重建，并将其改名为"颐和园"。光绪二十六年（1900 年）颐和园又遭八国联军的野蛮破坏，1903 年重新修复。1911 年，辛亥革命推翻清王朝，1925 年颐和园作为公园对外开放参观，一直延续至今。

　　颐和园由万寿山、昆明湖构成其基本框架，占地面积约 290 万 m²，水面面积约占3/4。园中有建筑物 100 余座、大小院落 20 余处，亭、台、楼、阁、廊、榭等不同形式的建筑 3000 余间，古树名木 1600 余株。其中佛香阁、长廊、十七孔桥、石舫、苏州街、谐趣园等，是园中代表性的建筑。

　　颐和园大致可分为政治、生活、游览三个功能区域。政治活动区，以仁寿殿为中心，是慈禧太后和光绪皇帝办理朝事，会见朝臣、使节的地方。生活居住区，以玉澜堂、宜芸馆、乐寿堂为主体，分别是光绪及后妃、慈禧居住之地。风景游览区，以万寿山前山、后山、后湖、昆明湖为主，是全园的主要组成部分。

　　颐和园布局和谐，浑然一体。万寿山前山的中轴线上，金碧辉煌的佛香阁、排云殿建筑群起自云辉玉宇牌楼，经排云门、二宫门、排云殿、德辉殿、佛香阁，终至山颠的智慧海，重廊复殿，层叠上升，气势磅礴。巍峨高耸的佛香阁八面三层，踞山面湖，统领全园。昆明湖湖水清澈碧绿，景色宜人。沿湖北岸横向而建的长廊，长 728m，共 273 间，像一条彩带横跨于万寿山前，连结着东面前山建筑群。长廊中有精美图画14 000 多幅，素有"画廊"之美称。

　　烟波浩淼的昆明湖中，宏大的十七孔桥如长虹偃月倒映水面，南湖岛、藻鉴堂、治镜阁三座岛屿鼎足而立，寓意神话传说中的"海上仙山"。位于湖西北岸的清晏舫（石舫），中西合璧，精巧华丽，是园中著名的水上建筑。后山后湖，林茂竹青，景色幽雅，到处是松林曲径、小桥流水，风格与前山迥然不同。山脚下的苏州河，曲折蜿蜓，时狭时阔，颇具江南特色。与前湖一水相通的苏州街，酒幌临风，店肆熙攘，仿佛置身于 200 多年前的皇家买卖街。后湖东端的谐趣园，仿无锡名园寄畅园而建，具有浓重的江南园林特色，被誉为"园中之园"。

颐和园是汲取江南园林的建园手法和意境而建成的一座大型天然山水园，也是我国保存最完整的一座行宫御苑。

（2）避暑山庄

避暑山庄又称"热河行宫"，位于河北省承德市中心以北的狭长谷地上，占地面积约 584 万 m²。始建于清康熙四十二年（1703 年），雍正（1723—1736 年在位）时代一度暂停营建，清乾隆六年（1741 年）到乾隆五十七年（1792 年）又继续修建，增加了乾隆三十六景和山庄外的外八庙，前后历时近 90 年。康熙帝亲自题写了"避暑山庄"门额。

避暑山庄主要分为宫殿区和苑景区两部分。

宫殿区位于山庄南部，宫室建筑林立，布局严整，是紫禁城的缩影。包括正宫、松鹤斋、万壑松风和东宫四组建筑。正宫是清代皇帝在山庄时，处理政务、休息和举行重大典礼的地方；松鹤斋寓意"松鹤延年"，供太后居住；万壑松风是清帝批阅奏章和读书处，是宫殿区与湖区的过渡建筑，造型与颐和园的谐趣园类似；东宫在宫殿区最东面，原为清帝举行庆宴大典的场所，后毁于战火。

苑景区分湖泊区、平原区和山岳区。宫殿区以北为湖区。湖区集南方园林之秀和北方园林之雄，将江南园林的景观移植到塞外。区内湖泊总称"塞湖"，总面积 57 万 m²。平原区位于湖泊区以东，占地 53 万 m²。区内的万树园不施土木，仅按蒙古民族的风俗习惯设置蒙古包数座。乾隆帝常在这里召见各少数民族政教首领，举行野宴。平原区的西部和北部是山岳区，面积占避暑山庄总面积的 4/5。高耸的山峰似天然屏障，阻挡西北寒风的侵袭，是调节避暑山庄气候的重要因素。

避暑山庄外围是著名的外八庙，原有 11 座，现存 7 座，是当时清政府为了团结蒙古、新疆、西藏等地区的少数民族，利用宗教作为笼络手段而修建的。其中的 8 座由清政府直接管理，由朝廷派驻喇嘛，又在京师之外，故被称为"外八庙"。庙宇按照建筑风格分为藏式寺庙、汉式寺庙和汉藏结合式寺庙三种。这些寺庙融和了汉、藏等民族建筑艺术的精华，气势宏伟，极具皇家风范。

避暑山庄继承和发展了中国古典园林"以人为之美入自然，符合自然而又超越自然"的传统造园思想，按照地形地貌特征进行选址和总体设计，完全借助于自然地势，因山就水，顺其自然，融南北造园艺术精华于一身。它是中国园林史上一个辉煌的里程碑，是中国古典园林艺术的杰作，享有"中国地理形貌之缩影"和"中国古典园林之最高范例"的盛誉。

7.5.2　代表性私家园林

（1）拙政园

拙政园位于苏州古城区东北街，占地面积约 4 万 m²。明正德四年（公元 1509 年）由御史王献臣始建，因晋代文人潘岳《闲居赋》中有"灌园鬻蔬，以供朝夕之膳，是亦拙者之为政"之句,拙政园即取其之意而命名。几百年来,拙政园沧桑变迁,屡易其主,几度兴废,原来浑然一体的园林演变为相互分离、自成格局的东、中、西三座园林。

东园竹坞曲水,平岗草地,空间开阔,主要景点有秫香馆、芙蓉榭、天泉亭等。

中园山水明秀,厅榭典雅,花木繁茂,是全园的精华所在。其主体建筑为远香堂,也是拙政园的主建筑,园林中各种各样的景观都是围绕远香堂而展开的。远香堂是一座四面厅,面水而筑,面阔三间,结构精巧,四面落地玻璃窗,举目可见周围景色。堂中陈设精雅,正中间悬挂明代文征明所题的"远香堂"匾额。

西园水廊透迤,楼台倒影,清幽恬静。主要景点有波形廊、塔影亭、倒影楼等。

拙政园具有浓郁的江南水乡特色,经过几百年的变迁,至今仍保持平淡疏朗、旷远明瑟的明代风格,被誉为"中国私家园林之最"。

（2）留园

留园位于苏州阊门外留园路,占地面积 2.3 万 m^2。始建于明代万历二十一年（1593 年）,为太仆寺少卿徐泰时的私家园林,时人称东园。清代乾隆五十九年（1794年）,园为吴县东山刘恕所得,因园主姓刘而俗称刘园,取其音而易其字,改名留园,被称为"吴下名园之冠"。

留园建筑布局紧密、精致,建筑空间处理恰当,组合成若干个特点不一的景区。全园可分 4 个景区：中部以山水见长,有绿荫轩、涵碧山房、闻木樨香轩、可亭,可以分别用来观赏春、夏、秋、冬四季景色。东部以厅堂庭院建筑取胜,有著名的楠木厅、揖峰轩、鸳鸯厅等。北部陈列数百盆朴拙苍奇的盆景,一派田园风光。西部颇有山林野趣。留园以建筑艺术精湛著称,厅堂宏敞华丽,庭院富有变化。

留园中矗立有著名的留园三峰,冠云峰居中,瑞云峰、岫云峰屏立左右。冠云峰高 6.5m,玲珑剔透,相传为宋代花石纲遗物,系江南园林中最高大的一块太湖石。它与上海豫园的玉玲珑、杭州苗圃的绉云峰、北京颐和园的青芝岫,并称中国园林四大奇石。

留园是我国大型古典私家园林,具有典型的清代风格。

【思考题】

1. 简述中国园林的发展历史与成就。

2. 如何对园林进行分类? 各类有何特点?

3. 中国园林的构景手法主要有哪些?

4. 东西方园林有哪些明显差异?

5. 今天我们应该如何继承我国古典园林文化?

【经验性训练】

1. 以颐和园为例,做园林即景模拟导游练习。

2. 参观学校附近的著名园林,判断其园林类型,挖掘其文化内涵,并进行现场导游练习。

【案例分析】

世界文化遗产：苏州古典园林

上有天堂，下有苏杭。苏州乃"园林之城"，素以众多精雅的园林名闻天下。苏州古典园林历史绵延 2000 余年，在世界造园史上有其独特的历史地位和价值，它以写意山水的高超艺术手法，蕴含浓厚的传统思想文化内涵，展示东方文明的造园艺术典范，实为中华民族的艺术瑰宝。

苏州园林占地面积小，采用变换无穷、不拘一格的艺术手法，以中国山水花鸟的情趣，寓唐诗宋词的意境，在有限的空间内点缀假山、树木，安排亭台楼阁、池塘小桥，使苏州园林以景取胜，景因园异，给人以小中见大的艺术效果。苏州城内有大小园林近 200 处，其中沧浪亭、狮子林、拙政园和留园被称为苏州"四大名园"，它们分别代表着宋、元、明、清四个朝代的艺术风格，网师园也颇负盛名。

苏州园林是城市中充满自然意趣和文化意蕴的"文人写意山水园"。古代的造园者都有很高的文化修养，能诗善画，造园时多以画为本，以诗为题，通过凿池堆山、栽花种树，创造出具有诗情画意的景观，被称为是"无声的诗，立体的画"，一山一水、一草一木均能产生出深远的意境，徜徉其中，可得到心灵的陶冶和美的享受。

1997 年，拙政园、留园、网师园和环秀山庄作为苏州古典园林的代表被列为世界文化遗产。2000 年，沧浪亭、狮子林、耦园、艺圃和退思园作为苏州古典园林的扩展项目也被列为世界文化遗产。

世界遗产委员会这样评价苏州古典园林：没有哪些园林比历史名城苏州的园林更能体现出中国古典园林设计的理想品质，咫尺之内再造乾坤。苏州园林被公认是实现这一设计思想的典范。这些建造于 16～18 世纪的园林，以其精雕细琢的设计，折射出中国文化中取法自然而又超越自然的深邃意境。

案例思考题：

1. 如何理解苏州园林是"无声的诗，立体的画"？

2. 如何理解"文人写意山水园"这一概念？

3. 你认同世界遗产委员会的评价吗？你如何评价苏州古典园林？

【本章推荐阅读书目】

1. 中国古典园林设计与表现．孙锦．天津大学出版社，2014.

2. 中国园林文化史．王毅．上海人民出版社，2004.

3. 现代旅游文化学．马波．青岛出版社，2005.

4. 中国园林文化史．王毅．上海人民出版社，2004.

5. 园冶注释．(明)计成 原著，陈植注释．中国建筑工业出版社，2009.

第8章 宗教艺术

【本章概要】

本章学习宗教艺术的旅游价值，宗教建筑在我国的形成、发展及其主要遗存。

【学习目标】

掌握我国四大宗教的建筑遗存特点及分布，在了解宗教艺术等相关知识的基础上，形成对宗教旅游资源的即景导游能力。

【关键性术语】

佛寺、石窟、佛塔、伽蓝七堂、道观、清真寺、教堂。

【章首案例】

法门寺与迎佛骨风波

法门寺位于陕西省扶风县城北 10km 处的法门镇，始建于东汉末年，距今 1700 多年的历史，有"关中塔庙始祖"之称。

法门寺因舍利而置塔，因塔而建寺，原名阿育王寺。据传释迦牟尼佛灭度后，遗体火化结成舍利。公元前 3 世纪，阿育王统一印度后，为弘扬佛法，将佛的舍利分成 84 000 份，分送世界各国建塔供奉。中国有 19 处，法门寺为第 5 处。公元 625 年，唐高祖李渊敕建并改名"法门寺"。唐贞观年间曾三次开塔就地瞻礼合利。原塔俗名"圣冢"，为一座四级木塔。

唐代 200 多年间，先后有高宗、武后、中宗、肃宗、德宗、宪宗、懿宗和僖宗 8 位皇帝六迎二送供养佛指舍利。据史载"三十年一开，则岁丰人和"。每次迎送佛骨都声势浩大，朝野轰动，皇帝顶礼膜拜，等级之高，绝无仅有。

唐元和十四年(819 年)，正好是"三十年一开"的大日子，唐宪宗便下令中使率领三十宫人，带备香花迎接佛骨，先在宫中供奉三天，再转送长安各寺庙轮流供奉，庇佑自己长命百岁，国泰民安。圣旨一下，长安城可真热闹起来，三公士庶，奔走施舍，其中有废业破业以全部财产奉献施舍的，也有甚至不惜毁身残肢、烧顶灼臂而求供养者。面对这种情况，当时刑部侍郎韩愈极不以为然，乃上衰习谏，写了有名的

《谏迎佛骨表》。韩愈以触目惊心的事例，尖锐深刻的语言，严厉地批评了佛教，极力劝阻宪宗迎佛骨之举：

"今闻陛下令群僧迎佛骨于凤翔，御楼以观，舁入大内。又令诸寺递迎供养。臣虽至愚，必知陛下不惑于佛。作此崇奉以祈福祥也，直以年丰人乐，徇人之心，为京都士庶设诡异之观，戏玩之具耳。安有圣明若此，而肯信此等事哉！然百姓愚冥，易惑难晓。苟见陛下如此，将谓真心事佛。皆云：天子大圣，犹一心敬信。百姓何人，于佛岂合惜身命。所以灼顶燔指，百十为群。解衣散钱，自朝至暮。转相仿效，唯恐后时。老少奔波，弃其生业。若不即加禁遏，更历诸寺，必有断臂脔身以为供养者。伤风败俗，传笑四方，非细事也。"

但是韩愈为此几乎丢了性命。宪宗睹韩愈奏章，怒不可遏，指其对佛法忤逆，且言历代信佛之君主均不长寿，今则亦为诅咒当今圣上，罪当处死。宰相裴度见状，连忙向宪宗求情，加上朝中众人亦替韩愈苦苦求情，宪宗怒气稍消，遂免其死罪，贬往荒蛮之地潮州，由刑部侍郎贬为潮州刺史，一封朝奏落九天。

咸通十五年（874 年）正月初四，唐僖宗李儇最后一次送还佛骨时，按照佛教仪规，将佛指舍利及数千件稀世珍宝一同封入塔下地宫，结坛供养。唐代诸帝笃信佛法，对舍利虔诚供养，寺院大、小乘并弘，显密圆融，使法门寺成为皇家寺院及举世仰望的佛教圣地。佛塔被誉为"护国真身宝塔"。

案例思考题：

1. 你知道什么是"舍利"和"佛塔"吗？
2. 阅读《谏迎佛骨表》全文，对于韩愈在该文中表达的关于佛教的观点，你怎样看待？
3. 在开发宗教文化旅游资源时，我们应该注意些什么？

宗教是一种特殊的社会意识形态，是人类社会在漫长的历史时期中普遍存在的现象。宗教的产生十分久远，它的历史几乎与人类自身的历史一样古老，在史前社会便产生了。正如恩格斯所说，"宗教是在最原始时代，从人们关于自己本身的自然和周围的外部自然的错误的、最原始的观念中产生的"，"一切宗教都不过是支配人们日常生活的外部力量在人们头脑中的幻想的反映。在这种反映中，人间的力量采取了超人间的形式。"

宗教在一定的历史条件下产生，也必然会在一定的条件下消亡。不过宗教的消亡将是很久以后的事情，有学者认为，它的消亡，甚至要晚于阶级和国家的消亡。所以对于这样一种长期伴随着人类社会的文化现象，我们应该采取科学的态度加以认识和对待。

在中国历史上，曾经不同程度地流行过多种宗教，影响极大。其中有原始宗教，也有道教及世界性的三大宗教——佛教、基督教与伊斯兰教。其中尤以佛教对我国历史的发展影响最为深刻而重大，在今天各种宗教遗存中，占据最重要的成分，成为宗教旅游资源的主体。

正因为多种宗教在我国历史上的广泛流行，使我国留有大量的宗教遗存，因其特殊的建筑与艺术价值，备受中外旅游者的青睐，成为今天重要的旅游资源，在我国旅游业发展中起着极为重要的作用。

8.1 佛教

佛教是对中国影响最大的宗教。佛教约创立于公元前 6 世纪。在世界各大宗教中，佛教创立时间最早。创始人为释迦牟尼，是古印度加毗罗卫国净饭王的太子。

佛教在世界上的传播，主要有三条路线：北传佛教、南传佛教、藏传佛教。北传佛教是从古印度向北传入中国，再由中国传入朝鲜、日本、越南等国。以大乘佛教为主，其经典主要属于汉语，所以也称为汉传佛教。南传佛教是从古印度向南，传入南亚、东南亚国家以及中国云南傣族等少数民族地区。以小乘佛教（上座部佛教）为主，其经典主要属于巴利语，所以也称巴利语佛教。藏传佛教主要是印度密乘佛教传入西藏，与当地苯教结合而形成的具有西藏地方色彩的佛教。其经典属于藏语。中国佛教包容了北传佛教、南传佛教与藏传佛教三大体系。

现在佛教在印度基本消声匿迹，而在我国，佛教发展流传 2000 多年，与我国传统文化相融合，不断发扬光大，并向外传播到东亚、东南亚。可以说，佛教"创立于印度，发扬光大于中国"。

佛教传入中国后，佛教建筑遍及中国各地，至今还有大量古代的佛教遗存。尤其是"天下名山僧占多"，一些山地佛寺林立，成为佛教名山，如著名的"四大佛教名山"。佛寺、石窟、佛塔被称为佛教三大建筑，在我国都有广泛分布。

"伊存授经"与"永平求法"

历史上佛教传入中国有两个重要事件："伊存授经"与"永平求法"。

西汉哀帝元寿元年（公元前 2 年），大月氏王使臣伊存来到长安，向中国博士弟子景卢口授《浮屠经》，佛教开始传入中国。史称这一佛教初传历史标志为"伊存授经"。

东汉永平 8 年（公元 65 年），汉明帝刘庄派使者到西域求佛法。佛教在我国逐渐传播开来，史称这一事件为"永平求法"。据说，汉明帝曾梦见一个高大的金人。第二天，他和大臣议论这件事，有人对他说，金人就是西方的佛。汉明帝便派人去西域求佛，请来两位天竺高僧摄摩腾和竺法兰，于东汉永平 11 年（公元 68 年）到达洛阳，还用白马驮来了佛经。汉明帝安排他们在洛阳居住下来，不久在他们居住的地方建造了白马寺。

白马寺因为是我国官方修建的第一座佛寺，故被称为"释源"和"祖庭"。

8.1.1 佛寺

8.1.1.1 概念和布局

佛教寺院简称佛寺，是佛教徒供佛、诵经、做法事以及生活修行的场所。按照传播方向和影响范围，我国的佛教分为汉传佛教、藏传佛教和南传佛教。相应的佛寺也就有汉传佛教佛寺、藏传佛教佛寺和南传佛教佛寺之分。其中汉传佛教流传时间长，影响范围广，佛寺遗存多，藏传佛教次之，南传佛教更次之。

汉传佛教是在公元 1 世纪初传入中土并逐渐在中原汉族区域发展繁荣起来的。早期，中国的汉地寺院在布局上受印度寺庙影响，也是以塔为中心，但是在建筑样式上已经与中国传统建筑相结合，形成木构架结构。唐代以后，随着佛教的进一步中国化，佛教寺院建筑布局也逐渐中国化，由以佛塔为中心转变为以佛殿为中心的轴对称布局。整个寺院的布局、殿堂的结构、屋顶的建造等，都仿照皇帝的宫殿，形成了中国佛教建筑的特色。唐代禅宗盛行后，"伽蓝七堂"的寺院布局开始占据主流，成为后世寺院布局的蓝本。

伽蓝为梵语，即僧园或僧院。"伽蓝七堂"是佛寺七种不同功能的建筑，随宗派不同而各相异，以禅宗为例，七堂指山门、佛殿、法堂、僧堂、厨库、浴室、西净（厕所）。其布局一般是，在南北的中轴线上由南而北，依次建有山门、天王殿、大雄宝殿、法堂、藏经楼等，这些建筑体量大，规格高，屋顶以庑殿顶和歇山顶为主；其中大雄宝殿是最重要的佛殿，属于正殿或主殿。正殿两侧对称建有配殿，如药师殿、三圣殿等。此外还有钟鼓楼、僧房、斋堂等配备建筑，这些建筑体量小，规格低，屋顶以悬山和硬山顶为主。

山门　实际上是三门的另一种写法，为佛寺的大门，一般三门并立，中间为空门，东侧无相门、西侧无作门，象征"三解脱"。有的寺院只有一个门，也称做"山门"。山门是僧俗两界的分界线，山门之内为僧界，山门之外为俗界。山门两侧一般立有护法天神哼哈二将。

天王殿　又称弥勒殿，是佛教寺院内中轴线上的第一重大殿，多为单檐歇山顶，殿内正中供奉着弥勒佛塑像，左右供奉着四大天王塑像，背面供奉韦驮天。据佛教中传说，弥勒从佛预言将继承释迦牟尼佛位而成佛，所以称未来佛。四大天王是护法天神，衣服、身体颜色和手中法器各不相同：东方持国天王，衣身白色，手拿琵琶；西方广目天王，衣身红色，右手托宝塔，左手缠龙；南方增长天王，衣身青色，手持宝剑；北方多闻天王，衣身绿色，右手持伞，左手握银鼠。佛教认为四大天王分别护持东西南北四方。

天王殿最初多见于净土宗寺院，中国禅宗本不供弥勒。但两宋之后中国佛教出现禅净双修的局面，天王殿开始出现在大部分中国寺院里。

大雄宝殿　天王殿往北，是大雄宝殿。大雄宝殿是佛寺的正殿，俗称大殿，是供奉佛祖释迦牟尼的地方，多为重檐歇山顶，也有单檐歇山顶的。"大雄"两字有两层含义：一是歌颂佛祖像勇士一样无畏；二是出自佛祖的德号"大雄"。大雄宝殿中有供奉一尊佛的，也有供奉三尊佛的。供奉一尊佛的一般是佛祖释迦牟尼（净土宗供奉弥勒佛）；供奉三尊佛的，就有差异了，可能是"三身佛"，也可能是"三世佛"，或者是"三方佛"，还有可能是"华严三圣"。辽宁省义县大佛寺的大殿供奉七尊佛，是个特例。

所谓"三身佛"者：中间为法身佛——毗卢遮那佛，左为报身佛——卢舍那佛，右为应身佛——释迦牟尼；所谓"三方佛"者：中间是娑婆世界教主——释迦牟尼，左为东方净琉璃世界教主——药师佛，右为西方极乐世界教主——阿弥陀佛；所谓"三世佛"者：中间为现在佛——释迦牟尼，左为过去佛——燃灯佛，右为未来佛——弥勒佛。

大雄宝殿内供奉的附属塑像通常有十八罗汉、三大士、海岛观音等，大雄宝殿两侧一般有配殿。

法堂　是禅宗盛行后的佛寺建筑，一般设在大雄宝殿的北方，是寺僧演说佛法，皈戒集会的地方，也是寺院的重要建筑。

藏经阁　在法堂的后面，通常有收藏佛经的藏经阁，是佛寺最后一进院子，一般为两层。藏经阁内依藏经的方式与格局的不同，又可分为柜藏、壁藏、云宫藏和转轮藏四种。

佛教在中国流传很广，不计其数的佛教寺庙遍布中国各地。它们庄严雄伟，精美华丽，和自然的风景融为一体，不但是佛教徒朝拜的圣地，也是中外游客参观游览的好地方。

汉传佛寺分布最广，除了西藏、青海、内蒙古等边远地区和省分，汉传佛寺广泛分布于大江南北，长城内外。著名寺院很多，包括洛阳白马寺、扶风法门寺以及佛教四大名山的寺院等。藏传佛教的寺院主要分布在西藏、青海、内蒙古以及云南、四川等藏族居住区，著名的寺院包括布达拉宫、大昭寺、扎什伦布寺、塔尔寺以及西藏三大寺—甘丹寺、色拉寺、哲蚌寺等。南传佛教主要流行于我国云南省傣族等少数民族聚居地区。

8.1.1.2　我国著名汉传佛寺

（1）白马寺

白马寺位于河南省洛阳市，始建于东汉永平十一年（68 年），是中国佛教的第一座庙宇，故有"释源"之称。近 2000 年来，白马寺屡经兴废，最初的寺貌已不可考。目前白马寺的格局，大体是明嘉靖三十五年（1556 年）重修后的规模。

白马寺现在的建筑有山门、天王殿、大雄宝殿、接引殿、清凉台、毗卢阁、摩腾殿、法兰殿以及摄摩腾、竺法兰之墓等。

寺外东南有释迦舍利塔，俗称齐云塔，相传为汉明帝所建浮图故址。唐末五代时曾建殿宇及 9 层木塔，称东白马寺。宋时毁于兵火。金大定十五年（1175 年）建成砖塔。现称白马寺塔。

（2）少林寺

少林寺位于河南省登封县嵩山的少室山，因为位于少室山之密林中，故称少林寺。少林寺的历史久远，始建于北魏太和十九年（495 年）。寺院建成 32 年后，印度名僧菩提达摩来到少林寺传授禅宗。以后，寺院逐渐扩大，僧徒日益增多，少林寺声名大振。达摩被称为中国佛教禅宗的初祖，少林寺被称为禅宗祖庭。

禅宗与达摩

禅是佛教"禅那"的简称，梵语的音译。其意译为"思维修"或"静虑"，是佛教的一种修持方法。禅宗是中国汉传佛教主导宗派，始于菩提达摩，盛于六祖惠能，中晚唐之后成为汉传佛教的主流，也是汉传佛教最主要的象征之一。

佛陀拈花微笑，被认为是禅宗的开始。

相传有一天，世尊在灵山会上，拈花微笑。众皆默然，不明所以，唯摩诃迦叶破颜为笑。佛陀当时就说："吾有正法眼藏，涅盘妙心，实相无相，微妙法门，不立文字，教外别传。付嘱摩诃迦叶。"佛陀于是将法门付嘱大迦叶，大迦叶成为禅宗第一代祖师，禅宗就这样开始传承下来。

禅宗在印度代代相传，传到第 28 代禅师，此人名为菩提达摩。达摩，天竺僧人，中国禅宗鼻祖。是把禅学带入中土的第一人。他为弘扬佛法东渡震旦，在海上颠簸了3 年，于 526 年达中国南海广州登岸。其时正逢南北朝动乱时代，南朝梁武帝萧衍在位。梁武帝笃信佛法，命人接达摩于都城建康（今南京），但面谈不契，遂一苇渡江北上，至北魏都城洛阳，转往嵩山少林寺面壁。达摩在嵩山五乳峰洞中面壁九年，得悟大道，确立了禅宗思想。此洞因之称为达摩洞，达摩被尊称为禅宗初祖，少林寺便成为佛教禅宗祖庭。

在达摩之后，少林禅宗经二祖慧可、三祖僧璨、四祖道信、五祖弘忍、六祖慧能等大力弘扬，终于一花五叶，盛开秘苑，成为中国佛教最大宗门。

禅宗修行的禅法称为"壁观"，就是面对墙壁静坐。由于长时间盘膝而坐，极易疲劳，僧人们就习武锻炼，以解除身体的困倦。因此传说少林拳是达摩创造的。

唐初，少林寺和尚惠场、昙宗、志坚等 13 人在李世民讨伐王世充的征战中，助战解围，立下了汗马功劳，因此少林寺在唐朝初年就扬名海内。唐太宗后来封昙宗和尚为大将军，并特别允许少林寺和尚练僧兵，开杀戒，吃酒肉。由于朝廷的大力支持，少林寺发展成驰名中外的大佛寺，博得"天下第一名刹"的称号。

宋代，少林武术又有很大提高，寺僧多达 2000 余人。在明朝，少林寺到达鼎盛时期，从清朝开始衰落。

新中国成立后，屡加修缮，渐复旧观。现有山门、大雄宝殿、千佛殿、法堂、地藏殿、白衣殿、达摩亭及方丈室、僧寮等建筑。

寺西北有"初祖庵"，后殿称"面壁庵"，原有达摩面壁影石，现已毁。寺西有塔林，这是唐以来少林寺历代住持僧的葬地，共 200 余座，是我国最大的塔林。塔的大小不等，形状各异，大都有雕刻和题记，反映了各个时代的建筑风格，是研究我国古代砖石建筑和雕刻艺术的宝库。少林寺内还保存了不少珍贵的文物。山门门额上悬挂的"少林寺"匾额，是清康熙皇帝亲笔书写的。

8.1.1.3 我国著名藏传佛寺

藏传佛教寺庙可分藏式、藏汉混合式和汉式三种。在西藏及其毗邻省份，几乎全是藏式；内蒙以藏式为主的藏汉混合式最多，也有少数汉式；北京、承德和五台山的喇嘛庙，则大都是汉式或以汉式为主的藏汉混合式。

藏式喇嘛庙又可分为建在平地的寺庙和建在山麓的寺庙两种，以后者居多。平地寺庙常取接近于规整对称的方式，作为构图中心的主体大殿形象最为突出；山麓地带的寺庙取自由式布局，没有总体轴线，也没有事先规划，但也遵循着一些基本的布局规则，如寺庙多北负山坡，南向平地，在后部高处安置体量高大色彩鲜丽的经堂和佛殿，其外安排活佛府邸，在外三面围以大片低矮小院，居住一般僧人。一座大寺，多是在几十年的发展中逐渐完备的。

（1）大昭寺

西藏拉萨的大昭寺是建于平地佛寺的代表，从公元 7 世纪开始建造，经历代增扩，保存到了今天。寺大门向西，面临八角街。八角街围绕大昭寺一圈，每天都有信众沿着它右旋（顺时钟方向）回行，表示对佛的尊敬。

大昭寺主殿是觉康大殿。供奉着文成公主入藏时带来的释迦牟尼大像，有一间佛堂还有松赞干布、文成公主和尼泊尔尺尊公主的塑像。寺正门外有一座小围院，内有传为文成公主手植的公主柳、唐蕃会盟碑和劝人种痘碑。

（2）拉卜楞寺

15 世纪初（明初），来自青海的高僧宗喀巴在西藏实行宗教改革，创立格鲁派，又称黄教。以后势力渐强，不但在宗教上，在政治上也逐渐占据了优势，曾建造了著名的黄教六大寺，也是藏传佛教的著名寺庙，有拉萨甘丹寺、哲蚌寺、色拉寺，日喀则扎什伦布寺，青海湟中塔尔寺和甘肃夏河拉卜楞寺。它们都建在山麓地带，以拉卜楞寺为代表。

拉卜楞寺位于甘南藏族自治州夏河县城西，是藏族人民心目中的吉祥圣地。建于1709 年。历经多年的修建、扩充，发展成为一个庞大建筑群。拉卜楞寺建筑属藏式布局，建筑形式多为藏式、汉地宫殿式和藏汉混合式。寺内佛像多达万余尊，就质地而言，有金、银、铜、铝等金属作品，还有象牙、檀木、玉石、水晶和泥塑作品。而且不少佛冠及佛身均嵌以珍珠、翡翠、玛瑙、金刚石等珍物。佛像制作精美，形态庄重，面容慈祥，给人以美感。寺内珍藏的上万幅唐卡，多出自藏画之乡青海五屯艺人之手。

作为藏传佛教格鲁派六大寺院之一，拉卜楞寺还是甘南地区的政教中心，目前保留有全国最好的藏传佛教教学体系。拉卜楞寺也是现有藏传佛寺藏书最丰富的寺院之一，保存经卷约 6.5 万余部，可分为哲学、宗教、医药、历史、地理、传记、工艺、文法修辞等 10 余类；珍藏有贝叶经（写于印度贝多罗树叶上的经文）二部；印经院内保存有各种木刻经版 7 万余块。另外，拉卜楞寺还保存有众多清王朝以来的历史文献资料。

（3）布达拉宫

布达拉宫建造在西藏拉萨红山上。"布达拉"，是梵语音译，又译作"普陀罗"或"普陀"，原指观世音菩萨所居之岛，所以布达拉宫又被称为第二普陀山。从松赞干布到十四世达赖的 1300 多年间，先后有 9 个藏王和 10 个达赖喇嘛在这里施政布教。

布达拉宫始建于公元 7 世纪松赞干布时期，主体建筑分为红宫和白宫，红宫居中，白宫横贯两翼。红宫有历代达赖喇嘛的灵塔和各类佛堂及经堂，白宫部分是达赖喇嘛处理政务和生活居住的地方。布达拉宫主楼高 115m，13 层，东西长 360m，南北宽 270m，建筑面积约 12 万 m²，由寝宫、佛殿、灵塔殿、僧舍等组成。宫内珍藏大量佛像、壁画等文物，是藏民族文化艺术的瑰宝。从五世达赖喇嘛开始，布达拉宫就成为历代达赖喇嘛的冬宫，并供奉历代达赖喇嘛的灵塔，也是历史上西藏地方政教合一政权的统治中心，重大的宗教、政治仪式均在此举行。

8.1.1.4 我国著名佛山

我国著名佛山当属佛教四大名山。四大佛山是历史上逐渐形成的佛教寺庙集中地，包括山西五台山、四川峨眉山、安徽九华山、浙江普陀山。

（1）五台山

五台山位于山西省五台县，因山有五峰，顶平如台，故名五台山。海拔3061m，号称"华北屋脊"。山上四月解冻，九月即雪，又名清凉山。东汉年间始建佛寺大孚灵鹫寺，即今之显通寺，为文殊菩萨的道场，四大佛山之首。现存寺庙58座，遍布五台山全境。其中最著名者有塔院寺、显通寺、菩萨顶、殊像寺、罗睺寺，称为五台山"五大禅处"。唐建南禅寺，为我国现存最早的木结构建筑。佛光寺也是唐代建筑，在东南亚一带极富盛名，被称为"亚洲佛光"。

五台山：世界文化景观遗产的价值和影响

中国五台山是2009年6月26日在西班牙塞维利亚召开的第33届世界遗产委员会会议上通过审议，被作为文化景观遗产而列入《世界遗产名录》的。

为此，世界遗产委员会特作如下评价："五台山位于中国山西省忻州市，是中国佛教名山之首，以浓郁的佛教文化闻名海内外。五台山保存有东亚乃至世界现存最庞大的佛教古建筑群，享有'佛国'盛誉，由五座台顶组成，将自然地貌和佛教文化融为一体，典型地将对佛的崇信凝结在对自然山体的崇拜之中，完美地体现了中国'天人合一'的思想，成为一种独特的、富有生命力的组合型文化景观。"

不言而喻，这是以世界的眼光和尺度对五台山文化景观遗产所作的权威解读，也是对五台山在佛教文化与自然景观完美结合上的科学定位。

（2）峨眉山

峨眉山位于四川峨眉县，最高峰万佛顶海拔3079m。山体巍峨雄伟，气势磅礴，景色秀丽，向有"峨眉天下秀"之誉。东汉年间就建有佛寺，是普贤菩萨的道场。其主要寺庙有报国寺、伏虎寺、清音阁、洪椿坪、万年寺、洗象池及金顶正殿等。万年寺中的宋代普贤骑象铜像，是珍贵的历史文物。

峨眉山气候暖湿，动植物种类繁多，还有珙桐、小熊猫等珍稀物种，被誉为"自然博物馆"。峨眉山猴子众多，也给游人带来很大乐趣。

峨眉山风景秀美，日出、云海、佛光、神灯是其四大奇景。

（3）九华山

九华山位于安徽青阳县，东晋以来 始建佛寺，唐末辟为地藏王道场。山有99峰，十王峰最高，海拔1344m，素有"东南第一山"之称。千百年来山中古刹林立，香烟缭绕。现存大小寺庙 80 余座，著名的有化城寺、肉身宝殿、百岁宫等。百岁宫内还供奉有明代"无暇禅师"的装金真身佛像，尤为罕见。

（4）普陀山

普陀山是浙江省舟山群岛中的一座岛屿，早在五代后梁时期，佛教开始传入，成为观音菩萨的道场。最盛时有佛寺 80 余座，古人赞誉其为"海天佛国""南海胜境"，在东南亚佛教界、华侨和日本人中有深远影响。现存佛寺以普济寺、法雨寺、慧济寺三大寺最为有名。

普陀山为花岗岩山岛，海拔只有 286m，但自然景观奇秀。佛教建筑与奇特的自然景观，构成普陀山风景"五绝"，即寺院、金沙、奇石、潮音、幻景。岛上古木参天，巨石嵯峨，冬暖夏凉，是理想的避暑胜地。

8.1.2　石窟

石窟即石窟寺，是佛寺的一种，就着山势开凿洞窟，佛教徒用来聚居修行或供佛而成为寺庙建筑。石窟寺起源于印度。据传说佛祖在世时佛教徒已经有在天然洞窟修行居住的惯例。印度著名的阿旃陀石窟寺据说就是佛祖涅槃之地。后经佛教徒的历代开凿扩展，发展成佛教世界的著名石窟寺。此后随着佛教的对外传播，开凿石窟寺的传统也传播到世界各地。

我国石窟建筑开始于公元 4 世纪中期，随着佛教的传入而兴起。我国石窟的发展，历经 1600 余年，北魏、隋、唐为最盛，经五代到宋、元，以后逐渐衰落。

石窟艺术属于综合艺术，是集宗教、建筑、雕塑、绘画等多科艺术的综合体。石窟内雕塑佛像和佛教故事，在石质疏松、不易雕刻的窟中，则以壁画代替。因修筑年代不同，其雕塑和绘画风格迥异，造型、线条、色彩都有区别。

我国有 100 多座石窟，主要分布在新疆地区（古代的西域）、甘肃西部（古代河西地区）以及黄河流域和长江流域，在南方集中分布于云南省。最著名的有甘肃敦煌石窟、山西大同云冈石窟、河南洛阳龙门石窟、甘肃天水麦积山石窟，并称为我国"四大佛教石窟"。此外还有享誉世界的重庆大足石刻，以及遍布全国各地的摩崖造像等。著名的四川乐山大佛，又名凌云大佛，开凿于唐代，通体高 71m，为一座弥勒坐像，是中国最大的佛教石雕像。中国的石窟艺术在世界上占据重要地位。

（1）敦煌莫高窟

敦煌莫高窟位于甘肃省敦煌市东南 25km 的鸣沙山东麓崖壁上，上下五层，南北长约 1600m。始凿于前秦时期的公元 366 年，后经十六国至元十几个朝代的开凿，形成一座内容丰富、规模宏大的石窟群。

莫高窟被誉为 20 世纪最有价值的文化发现，以精美的壁画和塑像闻名于世，是世界上现存规模最大、内容最丰富的佛教艺术圣地，被誉为"东方艺术明珠"。莫高窟现存洞窟 492 个，壁画 4.5 万 m²，彩塑 2400 余身，飞天 4000 余身，唐宋木结构建筑 5 座，莲花柱石和铺地花砖数千块，是一处由建筑、绘画、雕塑组成的博大精深的综合艺术殿堂。

　　莫高窟中数量最大、内容最丰富的部分是壁画，包括尊像画（人们供奉的各种佛、菩萨、天王及其说法相等）、佛经故事画（以佛经中各种故事完成的连环画）、经变画（隋唐时期兴起的，综合表现一部经的整体内容，宣扬想象中的极乐世界）、佛教史迹画（表现佛教在印度、中亚、中国的传说故事和历史人物相结合的题材）、供养人画像（即开窟造像功德主的肖像）。

　　在莫高窟各个时代的壁画中，有反映当时的一些生产劳动场面、社会生活场景、衣冠服饰制度、古代建筑造型以及音乐、舞蹈、杂技的画面，也记录了中外文化交流的历史事实，为研究4世纪到14世纪的中国古代社会提供了宝贵的资料，具有极其珍贵的社会价值。

　　提起敦煌，人们就会想到神奇的飞天。飞天是佛教中称为香音之神的能奏乐、善飞舞、满身异香而美丽的菩萨。唐代飞天更为丰富多彩，气韵生动，她既不像希腊插翅的天使，也不象古代印度腾云驾雾的天女。中国艺术家用绵长的飘带使她们优美轻捷的女性身躯漫天飞舞。飞天是中国民族艺术的一个绚丽形象。

　　莫高窟的彩塑多属佛教人物及其修行涅磐事迹的造像。因为莫高窟的岩质疏松，无法进行雕刻，工匠们用的是泥塑。唐朝以前的泥塑在其他地方很少保存下来，因此莫高窟的大量彩塑显得更为珍贵难得。

　　莫高窟在历史上屡遭劫难。1900年道士王圆箓发现"藏经洞"，洞内藏有写经、文书和文物4万多件，莫高窟引起世人注目，敦煌文化的浩劫也从此开始。1907、1914年英国的斯坦因两次掠走遗书、文物1万多件。以后，法国、日本、俄国的艺术强盗也纷至沓来。1924年，美国人华尔纳竟使用特制的化学胶液，粘揭盗走莫高窟壁画26块。这些盗窃和破坏，使敦煌文物受到很大损失。

　　建国后，国家加大对莫高窟的修复与保护，相关研究也不断深入，敦煌莫高窟正以崭新的姿态迎接中外游客，诉说着悠悠历史，展示着精深文化。

莫高窟：当文化遭遇旅游

　　近年来，世界文化遗产敦煌莫高窟旅游持续升温，旅游开发为莫高窟带来了大量游客。2012年，莫高窟全年接待游客量达到80万人，创历史新高。旅游旺季时，莫高窟平均每天游客量逾4千人次，有时达到六、七千人次，最大单日游客量竟达1.8万人次，而其最佳游客承载量在3千人次以内。不仅如此，莫高窟游客接待量还在呈现逐年激增态势，每年增加逾10万人次。

　　大量游客涌入莫高窟给敦煌带来了经济效益，也给莫高窟的保护带来了巨大压力。莫高窟遗址群落虽然规模宏大，但大多数洞窟的空间十分狭小。洞窟可承载的游客容量十分有限。莫高窟内的壁画和彩塑历经千余年，自然因素和人为因素的破坏，壁画和彩塑已经存在不同程度的损坏，大量游客涌入，引起窟内温度、湿度、二氧化碳浓度及墙体表面温、湿度的变化，从而对壁画、彩塑的颜料层造成破坏，引起变色，这对洞窟内十分脆弱的壁画、彩塑保存，是严重的威胁。洞窟内的壁画很多都已失去了当初鲜艳的肉红色，变成了铅黑色。有些游客还在彩塑和壁画上触摸刻字，对文物造成更大损害。

为了协调莫高窟的保护和旅游开发，应对游客逐年增多给莫高窟保护、管理带来的压力，敦煌研究院开展了洞窟承载量的基础研究，实施预约参观和淡旺季调节，对游客进行分流。敦煌研究院对前来参观的游客实行窟内分流，将开放的50个洞窟划分为8条参观路线，同时将当地居民购买优惠票的时间由旅游旺季改成了淡季。敦煌莫高窟还启动了游客参观预约制度，游客在参观莫高窟之前必须和敦煌研究院预约，才能获准参观。

敦煌研究院还在洞窟内装上了玻璃屏风，避免游客直接接触壁画和雕塑，并修建了博物馆、陈列馆以及网上数字化系统，借此分流游客或缩短他们在洞窟内的逗留时间。

（2）大同云冈石窟

云冈石窟位于山西省大同市西16km的武周山麓。石窟依山开凿，东西绵延1km。它是我国规模最大的石窟群之一，也是世界闻名的艺术宝库。

云冈石窟是在北魏中期开凿的。文成帝和平年间（460—465年）云冈石窟开始大规模营造，到孝明帝正光五年（524年）建成，前后共60多年。最初由著名的高僧昙曜主持，"于京城西武州塞，凿山石壁，开窟五所"。现第16～20窟就是"昙曜五窟"。现存洞窟大部分凿于太和十八年（494年）北魏迁都洛阳前。据《水经注》记载，当时"凿石开山，因岩结构，真容巨壮，世法所稀。山堂水殿，烟寺相望，林渊锦镜，缀日新眺"，这是当时石窟盛景的真实写照。从石窟所保存的纪年铭刻和艺术风格上看，这处宏伟的艺术工程基本上都是北魏的遗物，距今已有1500多年的历史。现存洞窟53个，石雕造像5.1万余尊。大佛最高者17m，最小者仅几厘米。

云冈石窟以气势宏伟、内容丰富、雕刻精细著称于世，其雕刻在吸收和借鉴印度犍陀罗佛教艺术的同时，有机地融合了中国传统艺术风格，在世界雕塑艺术史上有十分重要的地位。

（3）洛阳龙门石窟

龙门石窟位于河南省洛阳市南面12km处，始凿于北魏孝文帝迁都洛阳（494年）前后，历经东西魏、北齐、北周，到隋、唐、宋等朝代又连续大规模营造达400余年之久。密布于伊水东西两山的峭壁上，南北长达1km，1300多个石窟。现存窟龛2345个，题记和碑刻3600余品，佛塔50余座，造像10万余尊。其中最大的佛像高达17.14m，最小的仅有2cm。这些都体现出了我国古代劳动人民很高的艺术造诣。

现存石窟以唐代开凿居多，占60%，尤其是武则天时期的为多。龙门著名的石窟有奉先寺、宾阳洞等。

奉先寺是龙门唐代石窟中最大的一个石窟，长、宽各30m有余。据碑文记载，此窟开凿于唐代武则天时期，历时3年。洞中佛像明显体现了唐代佛像艺术特点，面形丰肥，两耳下垂，形态圆满，面容安详、亲切，极为动人。石窟正中卢舍那佛坐像为龙门石窟最大佛像，身高17.14m，造型丰满，仪表堂皇，衣纹流畅，具有高度的艺术感染力，实在是一件精美绝伦的艺术杰作。

龙门石窟中另一个著名洞窟是宾阳洞。开凿于北魏中期，这个洞窟前后用了24

年才完成，是开凿时间最长的一个洞窟。洞内有 11 尊大佛像。主像释迦牟尼像，高鼻大眼、体态端祥，左右两边有弟子、菩萨侍立，佛和菩萨面相清瘦，目大颈平，衣锦纹理周密刻划，有明显西域艺术痕迹。窟顶雕有飞天，挺健飘逸，是北魏中期石雕艺术的杰作。洞中原有两幅大型浮雕《皇帝礼佛图》和《太后礼佛图》，画面上分别以北魏孝文帝和文明皇太后为中心，前簇后拥，组成礼佛行列，构图精美，雕刻细致，艺术价值很高，是一幅反映当时帝王生活的图画。可惜被美国人勾结中国奸商盗运到美国，现分别藏于美国堪萨斯城纳尔逊艺术馆和纽约市艺术博物馆。洞口唐朝宰相书法家褚遂良书碑铭，很值得欣赏。

龙门石窟不仅佛像雕刻技艺精湛，石窟中造像题记也不乏艺术精品。龙门石窟造像题记遍布许许多多的洞窟，其中龙门二十品，是我国优秀文化遗产的一部分，在国内外学术界、书法界有很广泛的影响。

8.1.3 佛塔

佛塔起源于印度，梵语称浮图或浮屠，原用于存放佛（释迦牟尼）的舍利，后演变为寺院的标志性附属建筑。佛陀圆寂火化后结成许多舍利子，为了保存舍利子，在印度就建立了一种叫"窣堵坡"（stupa）的建筑，后又译为"浮图"。佛塔传入中国后，与我国原有传统建筑形式相结合，出现了许多新的塔形。

在佛教形成初期，一般是先建佛塔，然后以佛塔为中心建寺院，形成塔寺合一的建筑群，此后这一传统基本流传下来。唐代以后，中国塔寺的布局有所变化，由原来的中间为塔、周边为寺格局变为了前寺后塔甚至塔寺分建的形式。佛塔的分布是与佛教的传播范围相一致的。但是，佛塔的建筑类型因为时代不同以及文化差异而表现为千差万别。

8.1.3.1 塔的类别和基本结构

按照不同的标准，佛塔可以有不同分类方式。

按建筑材料可分为木塔、砖石塔、金属塔、琉璃塔等。两汉南北朝时以木塔为主，唐宋时砖石塔得到了发展，而金属塔、琉璃塔并不具有普遍性。

按塔身的形式可分为楼阁式塔、密檐式塔、喇嘛塔、金刚宝座塔等。

楼阁式塔 是我国古塔的主流，源于中国传统建筑中的楼阁形式，中空，可攀登远眺。此类佛塔著名的有陕西西安大雁塔、山西应县佛宫寺释迦塔、苏州的虎丘塔、杭州的六和塔、开封铁塔等，这些都是楼阁式塔中的佼佼者。

密檐式塔 是以外檐层数多且间隔小而得名。其特点是塔身第一层非常高大，以上各层之间距离很短，塔檐层层重叠。这种塔大都是实心，一般不能登临。著名者有河南登封嵩岳寺塔、云南大理千寻塔、西安小雁塔、北京天宁寺塔、辽阳白塔、锦州大广济寺辽塔等。

喇嘛塔 又称覆钵式塔，俗称白塔。元代以后，为藏传佛教所常用。其典型特征是塔身部分为半圆形的覆钵，上面安置一个瘦长的塔刹，覆钵之下是一个高大的须弥座，通体洁白。这种塔也是高僧墓塔的主要形式，或作为园林名胜的点缀物。著名的有北京妙应寺白塔、北京北海白塔、山西五台山塔院寺大白塔、扬州瘦西湖的白塔等。

金刚宝座塔 是在一个方形高台子（宝座）上建有五个正方形密檐小塔，供奉"金刚界五佛"。我国现存金刚宝座塔仅有十来处，大都是明清时期建造的。较著名者有北京真觉寺金刚宝座塔、北京碧云寺金刚宝座塔、内蒙古呼和浩特五塔寺金刚宝座塔、云南昆明妙湛寺金刚宝座塔等。

大体上，楼阁式塔分布在中原汉族政权的影响区，既我国的黄河、长江两大流域；密檐式塔主要建造于辽宋对峙时期大辽国版图范围之内，即今天的黄河、长城一线以北的地区，现在辽宁和内蒙古东部分布较为集中；喇嘛塔和金刚宝座塔主要分布于藏传佛教影响区域，如西藏、青海、内蒙古等地区。

一般来说，不论佛塔是什么形态、大小如何，它的基本造型都是由地宫、塔基、塔身、塔刹四部分组成。塔基有四方形、圆形、多角形。塔身以阶梯层层向上垒筑，逐渐收拢。塔的层数一般为单数，如三、五、七、九、十一、十三层……所谓"救人一命，胜造七级浮屠"，七级浮屠指的就是七层塔。

8.1.3.2 我国著名佛塔和塔林

我国的佛塔，若论数量和它们形式的多样，风格的丰富，可以说在世界上也是绝无仅有的。各种极富有建筑装饰美感的佛塔，与山川、河流、村落共同构筑了中华民族独特的人文自然景观。遍布我国南北东西的上万座佛塔，是古代高层建筑的代表，其用料之精良、结构之巧妙、技艺之高超、类型之丰富，远远超出了历代文人墨客的笔端。我国佛塔众多，分布广泛，有的众塔成林，其中以五大塔林最为著名，包括五台山塔林、少林寺塔林、灵岩寺塔林、青铜峡塔林和飞龙山白塔林。鬼斧神工，各具特色。现仅举几例。

（1）大雁塔

大雁塔坐落于陕西省西安市南部的大慈恩寺内，从建筑形制上是属于空心仿木楼阁式塔。大慈恩寺是唐贞观二十二年（648 年），太子李治为纪念亡母文德皇后以报答养育之恩而修建的，故名"慈恩寺"。并请赴印度取经回国的高僧玄奘主持寺务，著名的画家阎立本、吴道子都在此绘制过壁画。唐永徽三年（652 年），玄奘在寺内西院建塔，名慈恩寺塔，即今之所称大雁塔，用以存放从印度带回来的经籍。大雁塔一名的由来，据《慈恩寺三藏法师传》中记载：摩揭陀国有一僧寺，一日有一只大雁离群落羽，摔死在地上。僧众认为这只大雁是菩萨的化身，决定为大雁建造一座塔，因而又名雁塔，也称大雁塔。

大雁塔为七层方形楼阁式砖塔，通高 64m。形如方锥体，造型简洁，庄严古朴。从前每当举子及第后，都来"雁塔题名"，塔前曾留下自唐至清千余年间陕西举人题名的刻石。

至今，大雁塔仍是古城西安的标志性建筑，也是闻名中外的胜迹。如今，随着旅游的大发展，大雁塔作为西安市的重要旅游景点，每天吸引着大量中外游客前去观赏拜谒。

（2）应县木塔

应县木塔位于山西省应县城内西北佛宫寺内，原称佛宫寺释迦塔，俗称应县木塔。建于辽代清宁二年（1056 年），为五层楼阁式木构佛塔，通高 67.13 米。古朴浑厚，挺拔壮丽，是我国现存最古最高的一座木结构大塔。

应县木塔从类型上属于楼阁式木塔。木塔建造在 4m 高的台基上，底层直径30m，呈平面八角形。第一层立面重檐，以上各层均为单檐，共 5 层 6 檐，各层间夹设暗层，实际为 9 层。整体比例适当，建筑宏伟，艺术精巧，外形稳重庄严。

塔身底层南北各开一门。二层以上周设平座栏杆，每层装有木质楼梯，游人逐级攀登，可达顶端。凭栏远眺，远山近水，尽收眼底，令人心旷神怡。塔内各层均塑佛像，雕塑精细，各具情态，有较高的艺术价值。

应县木塔的设计，大胆继承了汉、唐以来富有民族特点的重楼形式，充分利用传统建筑技巧，广泛采用斗拱结构，有机地将梁、坊、柱结成一个整体，设计科学严密，构造完美，巧夺天工，是一座既有民族风格、民族特点，又符合宗教要求的建筑，历经 900 多年的风雨侵蚀、地震战火，至今仍保存完好。在我国古代建筑艺术中可以说达到了最高水平，即使现在也有较高的研究价值。

（3）呼和浩特慈灯寺金刚宝座塔

呼和浩特慈灯寺，俗称五塔寺，位于内蒙古自治区首府呼和浩特市的旧城东南部。五塔又名金刚座舍利宝塔，是一个在金刚宝座上建有 5 个玲珑小塔的建筑，所以称为"五塔"。五塔造型匀称，比例适中，线条和谐，庄严优美。塔高 16.5m，塔体从上到下共雕刻有 1000 多尊佛像，故又称"千佛塔"。我国仅有北京真觉寺的五塔同它的造型相似，就建筑艺术而言，呼和浩特的五塔更为精美。

五塔原为喇嘛召庙慈灯寺内的一座重要建筑，建于清雍正五年（1727 年），后来慈灯寺败落，寺宇塌毁，唯遗五塔巍然独立。因五塔凌云挺秀，很远处都能望见，让人们认为塔下仍存一寺，因此数百年来由五塔苦撑着寺的门面，后来人们就称五塔为"五塔寺"。

（4）曼飞龙塔

曼飞龙塔位于云南省景洪大勐乡曼飞龙寨，距景洪县城 69km，建于 1203 年，是西双版纳著名的南传上座部佛教建筑。

塔系砖石结构，属八角金刚宝座群塔，由大小九塔组成。塔基为圆形石座，周长 42.6m，八角各砌一佛龛。主塔高 16.29m，四周小塔各高 9.1m。塔呈葫芦状，塔身洁白，有各种精美的塑饰和彩画。佛龛饰有各种动物、花草、卷云纹装饰。塔刹由宝瓶、银铃、风铃等组成。此塔是融内地汉族与边疆傣族建筑艺术为一体的南传佛教古建筑，有较高的艺术价值。

每年泼水节，各族群众和中外宾客风涌而至，参观傣族的泼水、丢包、赶摆、放高升活动。

（5）少林寺塔林

少林寺塔林是少林寺历代高僧的墓葬群，位于河南省登封市嵩山西麓的五乳峰下。是我国现有数量最多的墓塔群，现存有唐至清之间的各代砖石墓塔 200 余座。塔的层级不同，一般为 1～7 级，塔高均在 15m 左右，绝大多数有雕刻和题记。造型有四角、六角、柱体、锥体、直线形、抛物线形、瓶形、圆形以及独石雕刻等，种类繁多，制式多样，是综合研究我国古代砖石建筑和雕刻艺术的宝库。

（6）青铜峡塔林

青铜峡塔林又名 108 塔，位于宁夏青铜峡水库西侧的山崖上，青山临水，因塔数总计为 108 座，故称 108 塔。据考证，108 塔始建于西夏。每当风和日丽，群塔倒映在金光闪闪的湖水中，景色奇特、幽雅明丽。塔林坐西朝东，背山巨水，山势由上而下，错落有序，塔群林立，呈奇数排列，构成一个等边三角形，塔群的总体布局别具匠心，风格独特。

8.2　其他宗教

其他宗教主要指道教、基督教和伊斯兰教，其宗教艺术对我国也有很大影响。

8.2.1　道教

道教是我国土生土长的宗教，具有中华民族古代宗教意识的特点。在漫长的封建时代，道教与佛教并称为两大宗教。道教历史悠久，一般认为它产生于东汉顺帝年间（126—144 年），首创者为当时的沛国（今江苏）人张道陵，尊老子为道主，以《道德经》为经典，逐渐发展，形成正一和全真两大教派。

8.2.1.1　道观

道观是各类道教建筑的总称。它是道教信徒们修炼、传道和举行各种宗教仪式以及生活的场所。其中规模巨大、或者由皇家兴建的，被称为"宫"，其次的称为"观"，再次之称为"道院"。后来此类建筑便被统称为"宫观"。

道教建筑与仪式多吸取佛教，但以墙壁、柱子、门窗等皆用红色为特点。建筑布局也与佛教相近，其最主要殿堂为三清殿，内供三清神像。三清是道教的最高层神团，居中者为玉清元始天尊，手持佛尘；其右为上清灵宝天尊，手持太极球；其左为太清道德天尊（即太上老尊），手持太极图。此外，道教神祇中，最重要的便属八仙了。八仙即铁拐李、钟离权（汉钟离）、张果老、吕洞宾、蓝彩和、曹国舅、韩湘子、何仙姑。道教最重要的标志是阴阳八卦轮。

因为道教的神仙体系庞杂，供奉神灵众多，所以道观的规模和型制也不尽相同。

从布局上看，较成规模的道观都采取中轴对称，分为前后几进院落。从山门进入，沿着南北中轴线从南向北依次分布着几座大殿。这些大殿供奉的神灵主要包括两类，一类是供奉尊神的，如三清、四御、三官等，依次称作三清殿、四御殿、三官殿等；另一类供奉唐宋以来被仙化的道教人物，如吕洞宾、王重阳、邱处机等人，对应称为纯阳殿、重阳殿和邱祖殿。不同的宫观，殿堂的布局、数量、院落进深和供奉神灵可能不同。下面列举我国几处著名道观予以说明。

（1）北京白云观

北京的白云观是道教全真派三大祖庭（陕西终南山重阳宫、北京白云观、山西芮城永乐宫）之一，也是道教全真派第一丛林，现在是我国道教协会所在地。

白云观始建于唐朝开元二十七年（739年），现存的建筑为清代重建。由层层递进的四合院组成，共有大小殿堂50多座，占地约2万m²。主要殿堂分布在南北中轴线上，依次为牌楼、山门、灵官殿、玉皇殿、邱祖殿、四御殿、戒台等。

（2）成都青羊宫

四川成都的青羊宫是成都市区内现有的一座最大、最古老的道教庙宇，地处成都市西郊。据《道藏辑要》记载，这里曾是太上老君为关令尹喜真人演法传道之所，后名青羊观、玄中观，唐僖宗时期扩建后改名为青羊宫。

现在青羊宫的建筑主要是明清以后的建筑，从山门进入，沿着中轴线依次排列着混元殿、三清殿、斗姥殿、玉皇殿等。

青羊宫的第一座建筑是山门。原山门建于明代，现建山门庄严宏伟，重叠飞檐。

山门之后是混元殿。宋真宗崇奉道教，封太上老君为混元上德皇帝，殿内正中供奉的就是"混元祖师"。现在的混元殿为清光绪年间重建。

三清殿，又名无极殿，是青羊宫的主殿，始建于唐朝，重建于清康熙八年（1669年），殿内供奉贴金泥塑三清尊神坐像。

斗姥殿建于明代，殿内供奉的斗姥，是道教信奉的一大女神。道书中说她名紫光夫人，共生了九个儿子，即包括玉皇、紫微、文曲等九皇。传说斗姥是一位执掌人间生死罪福的天神。在斗姥右边供奉的是女仙之首西王母，即民间所说的王母娘娘，左边祀奉的是后土皇地祇，为执掌阴阳生育、万物之灵与大地山河之秀的女神。斗姥殿是青羊宫现存的唯一明代原建筑物。

玉皇殿，原为清道光年间建造，后因危楼拆除。新殿建于1995年，殿内楼上供奉玉皇大帝，楼下前面供奉三官大帝，后面供奉紫微大帝和真武大帝。

道教著名的宫观除了北京白云观、成都青羊宫以外，还有山西芮城的永乐宫、江西龙虎山的上清宫、沈阳太清宫、福建莆田湄洲妈祖庙等。

8.2.1.2 "洞天福地"

道教认为，要想悟道成仙，需远离尘世，潜心修行，采天地之灵气，吸日月之精华，因此创造出三十六洞天、七十二福地的概念。在这些洞天福地建造宫观，使我国一些名山成为道教名山。著名的有四川青城山、湖北武当山、安徽齐云山、江西三清山、江西龙虎山、江苏茅山、山东崂山、甘肃崆峒山等。其中湖北武当山是最大的道教名山。

武当山位于湖北省西北部丹江口市西南，海拔1612m，又名太和山、玄岳山，与四川青城山、江西龙虎山、安徽齐云山并称四大道教名山，是我国著名的道教圣地。相传道教信奉的"真武大帝"即在此修仙得道飞升。

武当宫观始建于唐，唐贞观年间建五龙祠。宋代以崇祀真武帝君为根本理义，直接为皇室服务的武当道教基本形成。至明代成祖朱棣时，在山上大兴土木，动用30万工匠，13年时间在山上建成玉虚宫、紫霄宫、遇真宫、太和宫等33处建筑，加上点缀性小品建筑，有殿堂庙宇2万多间、400多处，"五里一庵十里宫，丹墙翠瓦望玲珑"。其规模之宏大、技艺之精湛、工程之艰巨，实为世所罕见。其中金殿和紫霄宫最为有名。到明世宗朱厚熜时，封武当山为"治世玄岳"，这时武当道教达到鼎盛时期，成为至高无上的皇室家庙和全国道教活动中心。

武当山整个建筑体系按照政权和神权相结合的政治意图，每一建筑单元都建在峰、峦、坡、崖、涧的合适位置上，借自然风景的雄伟高大或奇峭幽壑，构成仙山琼阁的意境。既体现了皇权的威武庄严，又体现了神权的玄妙神奇，创造了自然美与人文美的完美统一。

武当山拥有我国目前规模最大的道教宫观建筑群，其优美的自然风光与丰富的人文内涵，使它享誉世界。围绕武术养生、道家文化、太极理念等武当元素打造的武当功夫、太极拳、武当道茶等，不仅成为武当旅游亮点，更成为一张张响亮的文化"名片"。

吕洞宾其人

在民间，吕洞宾是一位妇孺皆知的人物。唐宋以来，他与铁拐李、钟离权、蓝采和、张果老、何仙姑、韩湘子、曹国舅并称为"八洞神仙"。在民间，关于他的传说很多。谈到八仙传说，人们不禁会问：吕洞宾究竟是仙，还是人？他的故乡在何处？

吕洞宾，原名吕岩，故乡在河中府永乐镇（今山西永济县）。他出生于世代官宦之家，祖辈都做过隋唐官吏。吕洞宾自幼熟读经史，有人说他曾在唐宝历元年（825年）中了进士，当过地方官吏。

后来，他因厌倦兵起民变的混乱时世，抛弃人间功名富贵，和妻子一起来到中条山上的九峰山修行。他和妻子各居一洞，相对可望，遂改名为吕洞宾。他的道号为纯阳子。他在弃官出走之前广施恩惠，将万贯家产散发给贫民，为百姓办了许多好事。民间传说他在修炼过程中，巧遇仙人钟离权，拜之为师。修仙成功之后，下山云游四方，为百姓解除疾病，从不要任何报酬。吕洞宾一生乐善好施，扶危济困，深得百姓敬仰。他死后，家乡百姓为他修建了"吕公祠"，以示纪念。因为他信道教，金代时改为"吕公观"。元朝初年，忽必烈知道吕洞宾信奉的道教在群众中颇为流传，就想利用宗教和吕洞宾的声望巩固自己的统治，派国师丘处机管领道教，拆毁"吕公观"，大兴土木，修建了"永乐宫"，历时110年，几乎与整个元朝共始终。

8.2.2 基督教

基督教是信奉耶稣基督为救世主的各教派之统称。基督教与佛教、伊斯兰教并称为世界三大宗教。基督教在公元1世纪由巴勒斯坦人耶稣创立，后来逐渐分裂为天主教、东正教、新教和其他一些小教派。基督教信奉上帝，其经典为《圣经》，其标志为十字架（象征耶稣受难）。

8.2.2.1 基督教之传入

基督教有四传中国之说。基督教曾于唐代传入中国，称为景教，后在武宗灭佛风云中，被作为"胡教"而遭厄运。元代再次传入，又随元朝的灭亡而消失。明末再次传入，曾对中西文化交流起过积极作用。但因教会内部爆发"中国礼仪之争"，遂被康熙皇帝禁教，驱逐传教士。鸦片战争后，西方传教士蜂拥来华，在不平等条约保护下强行传教，并日益沦为外国势力侵华的工具，因而遭到中国人民的强烈抵制，常被称为"洋教"。这一"洋"字，表明它与我国广大群众格格不入。所以它基本上是以原貌客居在我国大地上，在我国影响远不如佛教那样深远，宗教遗存也较少，因此其旅游价值很有限。

8.2.2.2 著名教堂

我国著名的教堂很多，天主教堂包括北京南堂、北京北堂（即西什库天主教堂）、上海徐家汇天主堂和广州圣心大教堂等；东正教教堂包括哈尔滨的圣索菲亚教堂、上海圣母大教堂；新教的教堂包括上海国际礼拜堂、上海的圣三一堂等。

（1）北京北堂

又称西什库教堂，位于北京西城区，是一座天主教教堂，初建于 1703 年。曾经长期作为天主教华北教区的主堂，是目前北京最大和最古老的教堂之一。

整体建筑风格中西结合，教堂的主体为一座 3 层哥特式建筑，顶端共由 11 座尖塔构成，建筑平面呈十字形，教堂建筑的正面有 3 个尖顶拱券形入口。而围绕哥特式教堂建筑的是传统的中式台基，环以汉白玉栏杆，栏杆和栏杆上的装饰均为传统的中式设计。堂前左右两侧各有一座碑亭，为黄顶琉璃瓦重檐歇山顶设计，庭内安放乾隆皇帝手书御碑两通，碑亭内侧则是四尊中式的石狮子，还有一对石供。石供，也称供石。在苏东坡的赏石名篇《怪石供》中，首次提出了以石为供的概念，后世遂有供石、石供之称。

（2）圣索菲亚教堂

圣索菲亚教堂位于黑龙江省哈尔滨市内，是远东地区最大的东正教堂，通高53.35m，占地面积 721m²，是拜占庭式建筑的典型代表。教堂平面采取希腊十字架式，在空间上创造巨型圆顶 5 个葱头顶。

圣索菲亚教堂气势恢弘，精美绝伦。教堂的墙体全部采用清水红砖，上冠巨大饱满的洋葱头穹顶，统率着四翼大小不同的帐蓬顶，形成主从式的布局。4 个楼层之间有楼梯相连，前后左右皆有门出入。正门顶部为钟楼，7 座铜铸制的乐钟恰好是 7 个音符，由训练有素的敲钟人手脚并用，敲打出抑扬顿挫的钟声。

巍峨壮美的圣索菲亚教堂，构成了哈尔滨独具异国情调的人文景观和城市风情。同时，它又是沙俄入侵东北的历史见证和研究哈尔滨市近代历史的重要珍迹。1997 年6 月，圣索菲亚教堂修复并更名为哈尔滨市建筑艺术馆。

拜占庭式与哥特式

拜占庭风格的教堂基本属于东正教教堂。拜占庭建筑的特点，主要有 4 个方面：第一是屋顶造型普遍使用"穹窿顶"。第二是整体造型中心突出。在一般的拜占庭建筑中，建筑构图的中心——体量既高又大的圆穹顶，往往十分突出，成为整座建筑的构图中心。围绕这一中心部件，周围又常常有序地设置一些与之协调的小部件。第三是它创造了把穹顶支承在独立方柱上的结构方法和与之相应的集中式建筑形制。其典型作法是在方形平面的四边发券，仿佛一个完整的穹顶在四边被发券切割而成，它的重量完全由四个券承担，从而使内部空间获得了极大的自由。第四是在色彩的使用上，既注意变化，又注意统一，使建筑内部空间与外部立面显得灿烂夺目。

哥特式教堂建筑在艺术造型上的特点：首先在体量和高度上创造了新纪录，从教堂中厅的高度看，德国的科隆大教堂中厅高达48m；从教堂的钟塔高度看德国的乌尔姆市教堂高达161m。其次是形体向上的动势十分强烈，轻灵的垂直线直贯全身。不论是墙还是塔都是越往上分划越细，装饰越多，也越玲珑，而且顶二都有锋利的、直刺苍穹的小尖顶。不仅所有的顶是尖的，而且建筑局部和细节的上端也都是尖的，整个教堂处处充满向上的冲力。这种以高、直、尖和具有强烈向上动势为特征的造型风格是教会的弃绝尘寰的宗教思想的体现，也是城市显示其强大向上蓬勃生机的精神反映。

哥特式教堂结构变化，造成一种火焰式的冲力，把人们的意念带向"天国"，成功地体现了宗教观念。人们的视觉和情绪随着向上升华的尖塔，有一种接近上帝和天堂的感觉。

8.2.3 伊斯兰教

伊斯兰为阿拉伯语的音译，本意为"顺服"，即顺服唯一的真主安拉。其教徒称"穆斯林"，也是阿拉伯语的音译，本意为"顺服者"，即顺服安拉意志的人。伊斯兰教创立于公元 7 世纪初，创始人为阿拉伯半岛麦加人穆罕默德。伊斯兰教尊安拉为宇宙间唯一的神。穆罕默德为安拉的使者。以《古兰经》为经典，以耶路撒冷为伊斯兰教圣地。伊斯兰教主要流传于西亚、北非各国，至今这些地区的一些国家仍奉伊斯兰教为国教。穆罕默德归真后，伊斯兰教分裂为两大派别，即逊尼派和什叶派。逊尼派是人数最多的教派，中国穆斯林大多属于逊尼派。

伊斯兰教信奉安拉为唯一之神，反对信多神、拜偶像。在中国，穆斯林也称安拉为"胡大"或"真主"。

8.2.3.1 伊斯兰教之传入

伊斯兰教约于公元 7 世纪中叶由阿拉伯传入中国。在漫漫历史长河中，是中国和阿拉伯的使者、商人架起了中阿两大地区间经济文化交流的桥梁，是他们把这一具有世界影响的宗教移植和传播到了中国；同时也把古老的中国文明带到了阿拉伯伊斯兰世界。

据中国史书记载，唐宋两朝是伊斯兰教传入中国的初期。中国和中亚乃至中东之间，自古以来就有两条丝绸贸易通道（即海上和陆上丝绸之路）。这两条商贸之路对世界文化的贡献是巨大的。它缩短了东西方文化间的距离，在把古老的中国文明通过丝绸之路介绍到西方的同时，也把伊斯兰教文化和西方文明带到了中国。

据《旧唐书》记载：唐永徽二年（651 年），大食遣使来唐朝贡。我国史学界一般以这一年为伊斯兰教传入中国的标志年。

伊斯兰教随着海上和陆上丝绸之路传入，所以伊斯兰教名寺多分布在我国东南沿海及西北地区。伊斯兰教旧称"回教""回回教"或"清真教"，现在主要流行于我国的西北地区，我国仍有回族、维吾尔族、哈萨克族等 10 个民族信奉伊斯兰教，

8.2.3.2 著名清真寺

清真寺是穆斯林举行宗教仪式、传授宗教知识的寺院的通称，也称礼拜寺。中国清真寺建筑有中国传统式建筑和阿拉伯式建筑两种。中国传统式建筑一般有明显的中轴线，而阿拉伯式建筑的清真寺则没有中轴线。传统的阿拉伯式清真寺建筑为堡垒式，必备建筑包括圆顶（礼拜堂）、围墙和尖塔（宣礼塔）。中国式清真寺布局采取院落式，分为几进，但是里面设置了清真寺特有的建筑设施。

清真寺以礼拜殿为主体，朝拜方向要面向伊斯兰教圣地麦加，因此中国的礼拜殿都坐西朝东。望月楼、梆歌楼（宣礼楼）、浴室等是其特有建筑。清真寺建筑内部不设偶像，也不以动物形象作装饰，而多以阿拉伯文经文和花草为饰。

我国的清真寺主要分布于东南沿海和西北各地，著名者有"伊斯兰教四大古寺"（泉州清净寺、杭州凤凰寺、广州怀圣寺、扬州仙鹤寺）和北京牛街清真寺、西安化觉寺、喀什艾提尕尔清真寺等。

（1）泉州清净寺

泉州清净寺创建于北宋大中祥符二年（1009 年），寺院布局仿照叙利亚大马士革伊斯兰教礼拜堂形式，用花岗石和辉绿石建造，是我国现存最古老的清真寺之一。

清净寺建成后又先后重修扩建，现存建筑主要有寺门、奉天坛和明善堂。是国内唯一用花岗石和辉绿石建造的典型阿拉伯中亚风格的清真寺。它是泉州发展海外交通贸易的重要史迹，是中国与阿拉伯各国友好交往的历史见证。

寺内保存有明永乐五年（1407 年）所颁保护清真寺及伊斯兰教的石刻《上谕》一方。

（2）西安化觉寺

西安化觉寺历史悠久，始建于唐天宝元年（742 年），历经宋、元、明、清各代的维修扩建，逐渐形成了今天的巨大古建筑群规模。其建筑风格体现了伊斯兰文化与中国传统建筑艺术的有机统一，是迄今为止我国最具特色、保存最完整、最典型的中国式清真寺之一。

全寺布局呈东西向长方形，南北宽约 50m，东西长约 250m，建筑面积约 6000m²。全寺分五进院落，每进庭院均为四合院模式，由楼、台、亭、殿组成。其庭院布置可以说在中国清真寺中别具一格，与阿拉伯风格的堡垒式清真寺风格迥异，可称其为

"世界上唯一中国式伊斯兰寺院"，它以清真寺的"另类"风格在中国清真寺中独树一帜。

西安化觉寺是一座历史悠久、规模宏大的中国宫殿式古建筑群，是伊斯兰文化和中国文化相融合的结晶，是回族重要的历史文化遗产，也是全人类的宝贵财富。

（3）喀什艾提尕清真寺

艾提尕清真寺是中国伊斯兰教著名清真寺，是中国最大的伊斯兰教宗教建筑。它座落于新疆喀什，建于明正统年间（1436—1449年）。

艾提尕清真寺是新疆最有代表性的伊斯兰风格建筑。全寺布局合理，工艺精细，由礼拜堂、教经堂、门楼和其他一些附属建筑物组成。建筑采用雕刻、镶嵌、彩绘等多种技法，使建筑整体显得既古朴又典雅，充分显示出维吾尔族高超的建筑艺术，是中国伊斯兰建筑的典范。

这座庄严雄伟的建筑是喀什城的瑰丽珍宝。新中国成立以后，人民政府多次拨款进行修缮。现在它既是喀什穆斯林的重要"聚礼"之地，同时也是喀什民族节日中群众游乐歌舞的重要场所。

【思考题】

1. 什么是"伽蓝七堂"？
2. 对比介绍我国四大佛教石窟艺术。
3. 举例说明佛塔的分类及各类特点。
4. 道教宫观有什么建筑特点？
5. 简述基督教的传入及其在我国的主要教堂。
6. 我国有哪些著名清真寺？

【经验性训练】

1. 查找资料，以嵩山少林寺为例，进行佛寺模拟导游练习。
2. 查找资料，对比分析我国四大佛教名山和四大佛教石窟的异同点。

【案例分析】

悄然升温的禅修旅游

现代生活的快节奏，给人们身心带来很大的压力，尤其是都市职场白领，感觉更是"压力山大"。于是，一种在我国港台地区以及广东、江浙等地流行多年的减压方式——禅修，近期在我国各地悄然升温。

听禅院钟声，品清风朗月，抛却宠辱、名利和欲望，享受一份惬意与自在，这是压力下人们的普遍追求，谁不想给自己的身心放个假？于是清净的佛山禅院，悠扬的古刹梵音，成为人们逃避压力放松身心的地方。将修身养性与休闲度假相结合的"禅修旅游"，已然成为都市白领舒展身心、减轻压力的绝佳途径。

我国禅修旅游潜力巨大。针对现代人愈发沉重的社会压力，将修身养性与休闲旅游相结合的禅修旅游几年前已开始在许多地方流行。相关资料显示，仅我国台湾地区就有 1200 余万的"禅修客"，每年要到妈祖庙进行为期两三天甚至一周或半月的禅修。

我国古刹佛山众多，发展禅修旅游的资源优势得天独厚，如果将修身养性的禅修与休闲旅游结合起来，深度开发以"禅修、静心、休闲、减压"为主题的"禅修游"特色旅游产品，让游客通过坐禅、听经、食素，了解禅宗知识、舒展身心，在山水间体验"心灵旅行"，不仅对认识佛教文化有相当禅益，而且也会促进各地的旅游发展。

案例思考题：

1. 对于禅修旅游的升温，你怎样看待？

2. 开发禅修旅游需要注意些什么？

3. 禅修旅游开发如何能立足于佛教文化，又能寻找到与当代市场经济需求的结合点？

【本章推荐阅读书目】

1. 佛教的故事．黄复彩．中国书籍出版社，2004.

2. 中国古代文化史．殷法鲁，许树安．北京大学出版社，1989.

3. 中国旅游资源概论．肖星．清华大学出版社，2006.

4. 中国佛教文化．谢路军，潘飞．长春出版社，2011.

第9章 古墓葬

【本章概要】

本章学习我国古代墓葬的历史沿革、古代墓葬的旅游价值、古代墓葬在我国的主要遗存。

【学习目标】

掌握我国古代墓葬的历史沿革，掌握目前遗存的主要古墓葬及其旅游内涵，形成对古墓葬旅游资源的即景导游能力。

【关键性术语】

古墓葬、陵寝、封土、方上、因山为陵、宝城宝顶。

【章首案例】

西夏王陵——"东方的金字塔"

与宋代约同时代，在我国西北宁夏一代，有一个党项羌族建立的大夏政权，宋称之为"西夏"。

西夏王朝是 11~13 世纪党项族建立的统辖我国西部的地方民族政权。从 1038 年李元昊建国，直到 1227 年为蒙古所灭，共传 10 帝，历时近 190 年。

西夏王陵坐落在银川市西郊贺兰山东麓，距市区大约 35km，是西夏历代帝王陵墓所在地。这些陵墓的封土呈圆锥形，故有"东方金字塔"之称。陵区南北长 10km，东西宽 4km，里边分布着 9 座帝王陵和 140 多座王公大臣的殉葬墓，占地近 50km^2。西夏王陵受到佛教建筑的影响，是汉民族文化、佛教文化、党项民族文化的有机结合，因此构成了我国陵园建筑中别具一格的形式。

西夏王陵规模宏伟，布局严整。每座帝陵都是独立完整的建筑群体，坐北向南，呈纵长方形，整体规模同明十三陵相当。其中泰陵是旅游者经常参观的一座王陵，考古调查称 3 号陵，位于西夏博物馆西南，俗称"昊王坟"，虽遭破坏，但仍是整个陵区中规模最大的西夏帝王陵墓。陵主即为李元昊。

为再现当年神韵，陵区现已设置了声光装置。每当夜幕降临，万籁俱寂，从地上射出的灯光呈黄、蓝两色照在陵台、角楼、神墙上，宛若神话世界。游客可乘坐马车进入陵区，游览陵园遗址，观看"西夏王"等介绍西夏历史的激光影片。

西夏王陵是我国现存规模最大、地面遗迹保存最为完整的帝王陵园之一，是我国最大的西夏文化遗址，也是宁夏最重要的一处历史遗产和最具神秘色彩的文化景观。

案例思考题：

1. 有"东方金字塔"之称的西夏王陵，有什么别具一格之处？
2. 了解西夏的历史，谈谈西夏王陵的旅游价值。
3. 关注西夏王陵的研究动态，思考如何用这些研究成果来充实其旅游内涵。

世间万物有生有灭，人也有生有死，这是大自然不可抗拒的规律。但是古往今来，人类普遍存在着对生的依恋和对死亡的恐惧。人类不仅依恋自己的生命，还普遍存在着对逝者的依恋和对祖先的崇拜。大约在 10 万年前的旧石器时代中期，人类产生了万物有灵的原始宗教观念。那时，人们便认为死是灵魂与肉体的分离，肉体可以消失，而灵魂却可以长生不死，并同死者生前所在的群体保持着密切的联系。死者的灵魂具有一种神秘的力量，它可以给活着的人带来灾难，也可以赐福给活着的人，这完全出于鬼魂的愿望。所以人们对死者的亡魂既崇敬又恐惧。为了安抚鬼魂，让它能给活着的人带来福利，至少不造成灾祸，人们尽量善待死者的遗体，将其安葬得尽量"舒适"、"安乐"，这便是丧葬礼仪的起源。

在宗教产生以后，人们更加相信有所谓的来世转生，因此更加重视丧葬礼仪。中国封建伦理崇尚孝道，主张"事死如事生"，"厚葬以明孝"，致使厚葬之风长期盛行不衰。为了使死者在另一个世界生活得美好，人们越来越重视坟墓的构筑和物品的随葬。出于情感和祈福的需要，人们还要经常到死者墓前举行祭祀祈祷活动，于是墓区的祭祀建筑也越来越被重视。因此，我国保存有许多古代大型墓葬，尤其是一些帝王陵园建筑，保存十分完整，并珍藏有许多珍贵的历史文物，已成为举世瞩目的旅游胜地。

9.1　我国古墓葬的历史沿革

在世界上不同国家、不同民族、不同时期，丧葬方式都可能会有所不同。在我国，传统的葬式是实行土葬。其他丧葬方法也多种多样，有土葬、火葬、水葬、天葬、悬棺葬等形式。其中火葬、水葬和天葬等方式不会保留下有形的墓葬；悬棺葬在我国只曾经流行于极少数古代民族，至今遗存不多，较著名者有长江三峡和福建武夷山的古代悬棺。大量的古墓葬皆为坟墓土葬，而且以历代帝王陵墓为最重要。

土葬首先要把死者安置在棺中，然后埋入土穴。埋棺之处叫墓，也叫茔；在埋棺之处地面上堆土成丘，叫坟，也叫冢。合称起来，就是坟墓。

坟墓的形式随历史的发展而演变。我们以帝王的陵寝为例，来说明这种演变的过程。

9.1.1　原始社会，葬仪极简

在原始社会，葬仪极其简单。《礼记·檀弓》中曰："古也，墓而不坟。"说明在古代原始社会，人死后不过是将其遗骸掩埋于野外土穴中，其上并没有隆起的坟包。即使是尧、舜、禹这样的部落首领埋葬也很简单，尸体用葛包裹，棺反厚不过 3 寸，坑埋深度也不深，地面不起封土，也绝无大规模陵寝建筑，更无殉葬之举。因不起坟，所以"树不改列，农不易亩"，植树和耕作都不受影响。

9.1.2　奴隶社会，厚葬盛行

在原始社会后期，厚葬已开始萌芽，到了奴隶社会，则厚葬盛行，而且出现了残酷的人殉制度，车马也是常见的殉葬之物。

夏、商时期的墓葬是不起坟丘的。所谓"古之葬者，厚衣之以薪，藏之中野，不封不树"。但是随着剩余产品的产生，在墓葬中开始发现陪葬品。而且由于阶级分化和财富分配不均，墓葬规模大小和随葬品多少已经存在很明显的差异了。与原始社会墓葬相比，棺板加厚，坑埋更深，但是包括王陵在内，地面上仍没有封土。例如已经挖掘的殷代武官村大墓和妇好墓，都没有坟丘。

总之，东周以前墓葬的地面是不起封土的，即"不封不树"，'墓而不坟，与地齐平"。

9.1.3　春秋时期，始封土为坟

大约从东周时代的春秋时期开始，出现"封土为坟"的做法。根据《周礼》记载，当时"以爵为封丘之度"，即按照官吏级别大小决定封土规模，当然天子、诸侯陵墓的封土无疑是最大的。周代陵墓集中分布于陕西咸阳以北，封土多为平顶方锥体，就是在墓穴之上用黄土层层夯筑而成一个上小下大的锥体，上部方形平顶，呈覆斗状，故名"方上"。东周时期陵墓地面还出现了陵园。初期的陵园，大多在陵墓的四周挖掘城壕或夯筑围墙，也有利用天然沟崖作屏障的。陵园一侧有门，园内除陵墓外，没有其他附属建筑。

据说首先打破墓不封土古制的人是孔子。《礼记·檀弓》记载，孔子将其父母埋葬后，要学生们帮他在墓地上封土，学生们就堆起了一个四尺高的坟头。孔子感叹说：我知道，古代的墓是不封土的，但我是一个"东南西北之人"，如果不堆点土，等我下次来扫墓，就该找不到父母的墓了。

战国时期，这种"封土为坟"的墓葬形式开始流行，从战国中期起，赵、秦、楚、燕、齐、韩等国的君主死后都营建高大的坟丘，并尊称为"陵"，即指其高大如山陵，也象征着王权的尊严和地位的崇高。坟丘都经过夯筑，非常坚固，形状大体分为圆锥形和覆斗形两种。战国时期的有坟丘墓葬遗址很多，例如，在河北易县燕下都附近墓地，有 20 多座锥形大墓，都属于战国时期。因为秦惠文王规定，"民不得称陵"，从此陵便成为帝王墓葬的专有名词。陵又与寝合称，是为陵寝。

所谓"寝"，是寝庙的简称。古人认为灵魂不死，在另一个世界还像活人一样处理

政务，饮食起居，所以要为死去的祖先建宗庙。宗庙的格局和帝王生前的宫殿"前朝后寝"一样，前部是庙，供死去帝王的牌位，定期祭祀；后部是寝，寝中陈列祖先衣冠和生活用品，时时供奉。

中国历代帝王都非常重视陵寝的建设，这是为了推崇皇权和维护身份等级制度的一种手段。陵寝是最高权威者在死后的寄身之处，为了显示自己的权威，同时幻想自己在另一个世界仍能够居高临下，统帅万民，中国的许多封建帝王常在当政不久就开始营造自己的陵墓。陵墓常常反映了该时代国家建筑的最高水平，集当时建筑精华于一身。

根据考古资料和史书记载，在帝王陵园中建筑有"寝"的陵寝制度，创设于战国，确立于秦代，推行于汉代。

9.1.4 秦汉两代，高冢大墓

秦汉时期，帝王陵墓依然都取"方上"形式，尤以秦始皇陵最为典型。但不管是地面的封土还是地下的建筑，秦汉皇陵都规模宏大，随葬品也极为空前。如秦始皇陵兵马俑震惊世界。西汉帝陵中的"黄肠题凑"木棺椁，以及汉代开始出现的砖石墓室，都是中国古代墓葬制度划时代的大变化，对后代产生深远影响。

9.1.5 唐代"因山为陵"

到了唐代，唐太宗李世民认为平地筑高坟太劳民伤财，改为"因山为陵"，形成定制。即利用天然山丘作为陵墓，把地宫掘进山里去。这样既能体现帝王的尊严，又能防止盗墓和水土流失。李世民的昭陵和李治、武则天的合葬墓——乾陵都是这种形式。

9.1.6 宋代恢复"方上"形式

宋陵规模较小，但设集中陵区。北宋陵集中在河南巩义市，南宋陵集中在浙江绍兴。宋陵虽然恢复了秦汉时期的"方上"形式，但不是简单重复，在陵园布局和地形选址等方面也有其自身特点，而且"方上"的规模要比秦汉时小得多。

9.1.7 元朝蒙古密葬，不留痕迹

13世纪初，蒙古贵族以其强悍的军事力量统一了中国，建立了元朝，结束了元以前的分裂混战局面，疆域空前辽阔。但是他们的社会生产方式还留有蒙古游牧部族的特征。反映在葬俗上，蒙古贵族实行秘密潜埋习俗。据史料记载，蒙古贵族死后不起坟，埋葬之日要选两头母子骆驼赶到墓地。将死者埋葬之后，以马踏平葬地，然后在这片墓地上，当着母骆驼的面，把子骆驼杀死，淋血在地上，并派千骑士兵守护。到来年春天，草木生长茂盛之后，士兵迁帐撤走，而一般人所看到的只是茫茫草原，不知其墓地所在。以后如果要到墓地祭祀时，就拉着那只倒霉的母骆驼引路，但见母骆驼悲鸣之处，就算是墓地了。由于墓地上无任何标志，从此也就无法辨认灵柩真正的埋葬地点了。

9.1.8　明清两代的"宝城宝顶"

明清两代陵寝制度大致相同，都选址于"风水宝地"，设集中陵区。

明代朱元璋恢复了预建寿陵的制度，并且对汉唐两宋时期的陵寝制度作了重大改革。这些改革表现在很多方面。

首先，陵墓形制由唐宋时期的方形改为圆形，以适应南方多雨的地理气候，便于雨水下流不致侵润墓穴。

其次，陵园建筑取消了下宫建筑，保留和扩展了谒拜祭奠的上宫建筑。

再次，明代陵园建筑的艺术风格比较以前历代都有较大的突破，形成了由南向北、排列有序的相对集中的木结构建筑群。

最后，明代的陵寝建筑改变了传统的"方上"制度，采用"宝城宝顶"形式，这些特点和形式也被后来的清王朝沿袭。

所谓"宝城"指的是在地宫之上砌筑高大的砖城墙，城墙上设垛口和女墙，宛如一座小城。所谓"宝顶"是指在砖城内填土，形成高出城墙的圆顶。宝城的形式有圆形和长圆形两种，明陵多是圆形，清陵则多长圆形。在宝城之前，尚有一个突出的方形城台，上建明楼，称之为"方城明楼"。楼内竖立皇帝或皇后的谥号碑，是帝王陵的陵名标志。

这种以宝城宝顶和方城明楼构成的坟头，建筑结构较复杂，艺术性较强，突出了皇家陵寝的庄严气氛。

总之，我国古代的葬式和陵寝制度有一个不断发展完善的过程，总体特点和趋势是由俭朴到奢华，由小规模到大手笔，由只注重地下到地下地上都注重。

9.2　古墓葬的旅游价值

9.2.1　科学文化价值

古墓葬的旅游价值首先表现为科学文化价值。许多古墓葬尤其是帝王陵寝，不仅地上地下建筑辉煌，而且殉葬品丰富。其中往往包括一些珍贵的文献古籍，已发现者如我国第一部游记《穆天子传》、重要历史著作《战国策》、重要的军事著作《孙子兵法》等。还有大量生产工具、武器、乐器、纺织品、陶瓷、金银制品、绘画、雕刻等。这些珍贵的出土文物，对于了解当时社会状况、生产水平、文化艺术及科技发展水平等，都是极为重要的佐证。

9.2.2　历史价值

丧葬是历史的产物，必然在许多方面反映出当时的历史。如殷墟的发现，证明了商王朝存在的真实性。其中出土的甲骨文，记载了商朝社会的生产状况和阶级关系，大大丰富了我国奴隶社会的历史资料。

9.2.3 美学价值

古墓葬与其建筑形式和殉葬品等出土文物，有的具有一定的观赏价值。如商王朝的青铜器皿，造型端庄。上面的纹饰古朴奇特，如饕餮纹，具有较高的美学价值。历代墓室中出土的陶器、绘画、雕刻及画像砖、画像石等，在体现出当时社会文化艺术水平的同时，还给我们带来一定的美感享受。尤其是帝王陵寝，其形制雄伟，建筑富丽，文物丰富而多彩。再加上多选址于"风水宝地"，"皇陵禁地"植被与风景保护极佳，从而使陵区成为今天人们休憩游览的理想场所之一。

正因为陵寝有诸多的美学价值，所以成为一项重要的旅游资源。我国几千年的厚葬习俗，使古墓葬数量高居世界之冠。仅帝王陵墓就有170多座。我国一些保护较好、文化价值较高的陵寝，还被列为世界文化遗产。其中有秦始皇陵兵马俑坑、曲阜孔林、明清皇家陵寝等。像我国这样的一些大型古代陵寝，在世界上是不多见的，可与之媲美者只有埃及金字塔、印度泰姬陵、日本仁德天皇陵等少数几处。

神道、石像生、华表、石龟

我国的很多古代陵墓，墓前都有一条长长的大道——神道。古人认为，人死了以后，还有灵魂，在墓前建道，可以方便死者行走。神道两侧要置放石像生，就是石人和石兽。历代石像生数量不等，但都是为了装饰陵墓，凸显帝王生前的威仪。

陵墓前的石人又称作翁仲，传说秦朝有一名大力士，名阮翁仲，身长一丈三尺，力大无比。曾驻守临洮，征伐匈奴有功，但在很年轻时就死了。秦始皇为怀念他，特制翁仲铜像立于咸阳宫门外。从此，人们把宫阙或陵墓前的铜人、石人都称为翁仲了。

华表是我国宫殿、范围、帝陵前独具风格的一种柱状装饰物，顶端有承露盘，其上再蹲一兽，叫做犼，据说是龙的九子之一，有守望的习性。华表由来已久，传说古代尧舜时已有之。相传是帝王征求民众意见的"诽谤木"。到了汉代，逐渐用石柱代替，成为皇家建筑前的一种华贵装饰。

在皇家陵庙、园林，人们常会看到一座座石龟驮碑。传说那石龟名叫赑屃（音必细），是龙的第九子。它力大无穷，能驮三山五岳。由于擅长负重，颇受中国历代帝王器重，便专门为帝王驮碑了。如今，石龟驮碑已经成为重要的历史文物，是研究我国古代历史、书法艺术等重要的实物资料。

9.3 我国著名古墓葬

9.3.1 历代帝王陵寝

9.3.1.1 上古帝王陵

（1）黄帝陵

被誉为"人文初祖"的轩辕黄帝，其陵寝位于陕西省黄陵县城北桥山上。《史记·五帝本纪》载："黄帝崩，葬桥山"。山上古柏成林，郁郁参天。陵高 3.6■，周长 48m。墓前有碑亭，内有石碑镌刻"桥山龙驭"，再向前有"古轩辕黄帝桥陵"石碑。黄帝陵雄伟庄严、肃穆古朴，已成为国内外炎黄子孙寻根谒祖的民族圣地，中华民族精神的凝聚力。

（2）尧陵

尧陵在山西省临汾市东北。尧都平阳城南有尧庙，城东筑尧陵，三周土崖环峙，河水经陵前南泄。陵前筑有祠宇，相传为唐初所建。金代碑文载：唐太宗征辽曾驻跸于此。元中统年间道人姜善信奉元世祖命修筑尧陵。现陵丘如故，松柏依旧。祠内有山门、牌坊、厢房、献殿、寝殿、碑亭等建筑。布局紧凑，木雕精细，红墙绿瓦，围以清流古柏，相映成画。祠内碑碣十余通，纪尧王功绩与陵宇沿革。

（3）舜陵

舜陵在湖南省宁远县九嶷山。《史记·五帝本纪》载："（舜帝）南巡狩，崩于苍梧之野，葬于江南九嶷，是为零陵。"陵庙建于明代，内竖隶书石碑刻"帝舜有虞氏之陵。"

（4）禹陵

禹陵位于浙江省绍兴市东南 6km 的会稽山麓。《史记·夏本纪》载："或言禹会诸侯江南，计功而崩，因葬焉，命曰会稽"。禹陵背负会稽山，面对亭山，前临禹池，雄伟壮观，宁静清雅。

禹庙位于禹陵旁，始建于梁，为五进庙宇，顺山势逐渐升高，气势庄严。

9.3.1.2 秦始皇陵

位于陕西省临潼骊山北麓，南倚骊山，北临渭水，是我国最大的一座古代帝王陵墓。据史料记载，公元前 246 年，年仅 13 岁的秦王嬴正继位后就开始给自己修陵墓，直到公元前 209 年去世，前后历经 36 年。他令丞相李斯征发 70 万人为他修建陵墓，大将章邯充任监工。《史记·秦始皇本记》载："始皇初即位，穿治郦山，及并天下，以七十余万人穿三泉，下铜而致椁，宫观百官，奇器珍怪，徙藏满之。令匠作机弩矢，有穿近者辄射之。以水银为百川、江河、大海，机相灌输。上具天文，下具地理，以人鱼膏为烛，度不灭长久之。"从中可以看出陵墓规模之大、工程之繁和陈设之豪华。秦始皇在位 36 年，修陵墓 36 年，直到秦始皇病逝陵墓还没最后竣工。

陵园占地近 8km²，由于 2000 多年的风雨剥蚀，陵高从原来的 115m 降到现在的 50m 左右。根据初步普查，陵园分为内城和外城，内城呈方形，周长为 3000m 左右，北墙有两门，东、西、南 3 墙各有 1 门。外城呈矩形，周长约为 6200m，四角各有门址一处。内外墙之间，有葬马坑、珍禽异兽坑、陶俑坑，陵外有马厩坑、人殉坑、刑徒坑、修陵人员墓，内外总计有 400 余座坑墓。

就单一陵墓而言，秦始皇陵是中国历史上最大的。1974 年，在其附近发现兵马俑随葬坑，目前已挖出俑坑三个。一号坑最大，发掘出与真人真马同样大小的武士俑和陶马 6000 余个，神态逼真，栩栩如生，再现了 2000 多年前的战阵军容。这一发现引起世界性轰动，被誉为"二十世纪最壮观的考古发现"，兵马俑被誉为"世界第八奇迹"。

9.3.1.3 汉帝陵

西汉帝王及重臣陵墓多在咸阳北原及长安附近。西汉也如秦代一样，大规模的修建陵墓，汉制以每年赋税的 1/3 用于修陵。西汉帝陵创"陵邑"制度，迁天下豪富居之，为帝王守陵，并首开石像生之先河，即在神道两侧置石人、石兽。

汉代帝陵中以汉武帝茂陵规模最大，位于陕西省兴平县境内。

霍去病墓作为茂陵的陪葬墓，在茂陵东面，墓冢以岩石砌成祁连山的形状，以纪念霍去病征战匈奴、屡建奇功。墓前有一组大型纪念性的雕刻，包括"马踏匈奴"、石人、卧马、卧牛、伏虎等 14 件。采用圆雕手法，雄浑古朴，是我国古代石刻艺术的珍品。

东汉帝陵集中于河南省洛阳市北面的邙山，规模较小，取消了陵邑制度，墓前立墓表，设石像生，墓室内墙壁多有画像或雕像。

9.3.1.4 唐朝帝陵

唐朝国力强盛，重新开始修建巨大的陵墓。唐陵分布在陕西省礼泉、三原、乾县一带。唐陵不再采用堆土为陵的办法，而改用"因山为陵"，陵前的神道石刻有了很大的发展，大型的"石像生"仪仗队石刻已经基本形成。此外还有众多的碑石，成为我国唐朝书法艺术的荟萃之地。唐朝帝王陵墓也如汉代，以"功臣密戚、德业佐时者陪葬"，形成庞大的陵园。

（1）昭陵

唐陵中以唐太宗李世民的昭陵规模最大，位于陕西省礼泉县境内的九嵕山。昭陵原有辉煌的地面建筑，还有著名的"昭陵六骏"石浮雕，以纪念李世民南北征战的开国功业。六匹骏马都是李世民生前征战时的坐骑，六骏浮雕造型极为生动传神，姿态矫健，在我国美术史上久负盛名，可惜已被损毁。

（2）乾陵

唐高宗李治与武则天的合葬墓乾陵，位于陕西省乾县梁山北峰，是唐代关中十八陵中最有代表性和迄今为止保存最好的一座陵墓。陵前神道除有华表和石像生之外，还有石碑两方，其一为《述圣记》碑，由武则天撰文，唐中宗李显书写，是歌颂唐高宗文治武功的。另一方为无字碑，按武则天遗言"己之功过由后人来评不看文字"之意而立。

乾陵这座合葬墓至今未被盗过。1966—1971 年，我国考古学家曾多次对此墓进行勘察，结论是其墓坚固异常，据勘查，从墓道口到墓门长 631m，全用石条填砌，各层石条再用铁栓板固定，并灌注了铁汁，这些情况与文献所载一致，由此完全可以确信此墓确实难以开掘。

9.3.1.5 宋代帝陵

宋代包括北宋和南宋两个时期。北宋帝王陵集中在河南省巩义市洛河南岸台地上，葬有北宋七帝及宋太祖之父赵弘殷之墓，故为七帝八陵，每座帝陵的周围还有皇后陵和一些王公、大臣的陵墓。南宋陵位于浙江省绍兴市。

9.3.1.6 元代帝陵

元代是中国历史上由蒙古族建立的王朝。元代帝陵除成吉思汗纪念陵以外，其他帝陵不知所在。这是因为元朝皇帝去世后，依蒙古族风俗及为防盗墓，将遗体葬于草原，再以万马踏平地面，使之不留痕迹。成吉思汗陵也只是一座纪念性的陵墓，位于内蒙古鄂尔多斯高原上的伊金霍洛旗。1227年，成吉思汗病死于清水行宫，按其生前所嘱，遗体葬于鄂尔多斯。但其真正的陵墓原址，一直是历史悬案。今存之成吉思汗陵建于1954年，由三座蒙古包式的大殿和廊庑相连而成，具有鲜明的蒙古民族风格。

9.3.1.7 明代帝陵

明代帝陵分为三处：一为明孝陵，二为明十三陵，三是景泰陵。

（1）明孝陵

明孝陵为明代开国皇帝朱元璋的陵墓，位于南京东郊紫金山南麓。

（2）明十三陵

明十三陵位于北京市昌平区天寿山南麓，是明成祖朱棣迁都北京后除代宗朱祁钰以外13个皇帝的陵墓。陵区以长陵天寿山为主峰，蟒山、虎山守卫陵区大门。门后为神道，有碑亭、华表及各种石像生。陵区内各陵除面积大小、建筑繁简有别外，建制与布局基本相同。各陵平面均呈长方形，主要建筑有陵门、碑亭、棱恩门、棱恩殿、明楼、宝城等。明十三陵以长陵和定陵闻名，长陵以地上宫殿建筑宏伟著称，定陵以地下宫殿著称。

（3）景泰陵

景泰陵是明代宗朱祁钰的陵墓，在北京西郊海淀区玉泉山北麓。

明十三陵之主陵——长陵

长陵是明成祖朱棣的陵墓，位于北京昌平天寿山南麓中央。永乐七年（1409年）开始营建，历时4年建成。其规模宏大，气势雄伟，布局合理，是明十三陵中建筑最早、面积最大、规模最宏伟、工艺用料最考究、原建筑保存最完整的一座，为我国古代建筑史上的杰作。

在十三陵神道尽头，过汉白玉七孔大桥，就是长陵寝宫的大门。长陵建筑平面是前方后圆形状，与明孝陵相比较稍有变通。整个陵园用围墙环绕，前面的方形院落共有三进，进入陵门为第一进院落，院内原建有神厨、神库各5间。神厨前有碑亭1座，木结构，重檐歇山顶，建于明嘉靖二十一年（1542年），直到清顺治十六年（1659

年)以后，碑上才镌刻文字，它是目前十三陵中唯——一座仍是明代原构的碑亭。

院内居中是祾恩门，门庑面阔5间，进深2间，单檐歇山顶，朱门金钉，装饰华丽。祾恩门系天门的意思，进入此门即称升入天堂。

进入祾恩门，便进入了第二进院落。院内北面建有高大巍峨的祾恩殿，落成于明永乐十四年(1416年)，是"藏衣冠几杖"的地方，以供奉帝后神牌和举行祭祀活动。祾恩一词，是祭陵感恩而受福的意思。它是明代帝陵中唯一保存至今的陵殿，仿照明皇宫金銮殿修建，规模宏大，等级至高。大殿面阔9间，进深5间，黄瓦红墙，重檐庑殿顶。殿内有32根金丝楠木本色明柱，最大直径1.17m，高14.3m，举世无双，梁、柱、檩、椽、斗拱等物件也都是楠木制作。殿中端坐于九龙宝座之上的永乐皇帝铜像，形象逼真，做工精湛考究，是精美绝伦的艺术佳作。大殿坐落在三层汉白玉丹陛台基上，台基高3.2m，每层均有勾栏围绕，显得庄重森严。

祾恩殿后为内红门，内红门的彩绘色调深沉、肃穆，使谒陵人员一走进门内即有诚惶诚恐的感觉。门内是陵园的第三进院落。院内沿中轴线方向建有两柱棂星门及石供案。案上摆放着象征性的石雕祭器，中间是香炉，两侧是烛台和花瓶。院的后面，是圆形的宝城。宝城高7.3m，方圆1000m有余，外侧雉堞(垛口)林立，内侧置女墙，中为马道，象一座封闭的城堡。宝城之内为高大的封土陵冢，其下是埋葬帝后的玄宫。宝城的前部，沿中轴线方向建有方城和明楼。方城之上，建有一座重檐歇山顶的碑亭，名为"明楼"，楼上有匾额，书写陵名，楼内树"圣号牌"。

长陵地宫的内部情况，史书上没有记载，但从已发掘的定陵地宫来看，其建筑无疑是奢丽豪华，而随葬品一定也是极为丰富珍贵的。

9.3.1.8 清代皇家陵寝

清朝是中国封建社会最后一个王朝。清代皇家陵寝主要有关外三陵、清东陵和清西陵。

(1)关外三陵

关外三陵是清王朝入关之前的皇家陵寝，指新宾的永陵、沈阳的福陵和昭陵。永陵是清太祖努尔哈赤父亲和祖辈的陵墓，又名兴京陵；福陵是努尔哈赤和孝慈皇后叶赫那拉氏的陵寝，因在沈阳东郊，又称东陵；昭陵是清太宗皇太极和孝端文皇后博尔济吉特氏的陵寝，因在沈阳北郊，又称北陵。

清朝入关之后的皇陵有清东陵和清西陵两处。

(2)清东陵

清东陵在河北省遵化市马兰峪，距北京约125km。因在北京以东，故名东陵。东陵有帝陵5座、后陵4座、妃陵5座、公主陵1座。5座帝陵分别是孝陵(顺治)、景陵(康熙)、裕陵(乾隆)、定陵(咸丰)、惠陵(同治)。诸陵中孝陵为主陵，地面建筑以慈禧的定东陵最为考究，地下建筑以乾隆的裕陵较为壮观。

(3)清西陵

清西陵在河北省易县，距北京约120km。因在北京西南，故名西陵。清西陵中有

5 座帝陵，即泰陵(雍正)、昌陵(嘉庆)、慕陵(道光)、崇陵(光绪)和末代皇帝溥仪之墓。西陵五帝中，以雍正的泰陵规模最大，嘉庆的昌陵建筑尤为富丽堂皇。此外还有一些皇后、公主、王公等陵寝。

9.3.2　其他著名古墓葬

(1)孔林

孔林地处山东省曲阜城北，是孔子及其家族的墓地。是中国，也是世界上规模最大、持续年代最久、保存最完整的一处家族古墓群。上下延续2000余年，绵延76代，这在世界上是绝无仅有的。据记载，孔子死后，"弟子各以四方奇木来植，故多诸异树。"至今留有古树 2 万余株。

孔子墓在孔林的中部，有红墙围绕。墓前有明代所立石碑，篆书"大成至圣文宣王墓"。墓东为其子孔鲤墓，南为其孙孔伋墓，其格局即所谓"携子抱孙"。在孔子墓西侧，还有一个"子贡庐墓处"。据《史记》载：孔子葬后，他的学生服丧三年，独有子贡在此"结庐守墓"六年，方肯离去，表现了师生的深厚感情。

(2)青冢

青冢即昭君墓，位于内蒙古呼和浩特市城南 9km，传说是西汉元帝时远嫁匈奴的王昭君之墓。唐代杜信《通典》中最早记载了这座昭君墓，以后历代记载甚多。

王昭君是西汉南郡秭归(今属湖北省兴山县)人。相传有"落雁"之美，元帝时被选入宫。竟宁元年(前 33 年)匈奴呼韩邪单于入朝求和亲，昭君自愿远嫁匈奴，后立为宁胡阏氏，留下了脍炙人口的"昭君出塞"的故事。

墓身为人工夯筑的封土堆，高达 33m，占地 13 000m²。墓前有平台及阶梯相连，与中原地区汉代帝王陵墓的形制颇近。高大墓身矗立在一片平畴中，更显其巍峨高耸，姿态雄伟。远望呈青黛色。唐朝诗人杜甫曾留下过"一去紫台连朔漠，独留青冢向黄昏"的诗句。据说每年"凉秋九月，塞外草衰"的时候，唯有昭君墓上草色青青，因此，历代相传称为"青冢"，"青冢拥黛"被誉为呼和浩特八景之一。

(3)岳飞墓

岳飞墓俗称岳坟，位于浙江省杭州市西湖栖霞岭下。岳飞，字鹏举(1103—1142年)，河南汤阴县人，南宋著名抗金英雄。当年南宋统治者贪图享乐，对金采取屈辱求和的政策，而岳飞因坚决抗战，反对议和而被以宋高宗赵构、权相秦桧为首的投降派杀害，死时年仅 39 岁。墓碑上刻"宋鄂岳王墓"，墓道两侧有石象生。墓前还有四个铁人，都反剪双手，向岳墓而跪，他们是杀害岳飞的秦桧夫妇、张俊、万俟卨。墓阙上有楹联："青山有幸埋忠骨，白铁无辜铸佞臣。"墓左侧为其子岳云墓。岳飞墓的东侧，就是庄严雄伟的岳王庙。

当然，中国著名的古墓葬不止如上所述，有影响、有旅游价值的古墓葬还有很多，有待我们做深入的认识与进一步的保护、开发与宣传。

【思考题】

1. 试论我国古墓葬的旅游价值。
2. 简述我国古代陵寝的历史沿革。
3. 简述我国历代帝王陵寝的分布与特点。
4. 解释"方上"和"宝城宝顶"。

【经验性训练】

1. 查找资料，试对孔林、岳坟进行模拟导游练习。
2. 查找资料，分析秦始皇陵的考古价值与旅游价值。

【案例分析】

乾陵"无字碑"的猜想

在我国帝王陵墓中，唐高宗李治和武则天的合葬墓——唐乾陵是极具个性的一座。它很大，周围约有40km，建筑齐全，规模宏伟。从各个方面来判断，它没有受到盗墓者的破坏，这是极其少见的。

乾陵在陕西乾县北门外6km处的梁山上，居长安西北，按照八卦，是乾卦位置，故名乾陵。

乾陵的独特之处，集中表现在那里埋着武则天，而成为我国唯一的女皇陵和双帝陵。此外，就是墓前为武则天立的那座"无字碑"。为什么立"无字碑"？答案大致有五：

(1)功高德大，无以言表；

(2)自惭形秽，无话可说；

(3)子孙所立，子无以言；

(4)位在陵左，权以代"祖"（即左祖右社）；

(5)千秋功过，待后人评说（据说这是武则天的遗言）。

案例思考题：

1. 对于"无字碑"，谈谈你的看法。
2. 如果你是导游，该如何对游客讲解"无字碑"？

【本章推荐阅读书目】

1. 新编中国旅游地理.刘振礼，王兵.南开大学出版社，2007.
2. 帝王陵.高一爷.世界知识出版社，2004.
3. 全国导游基础知识.谢春山.辽海出版社，2010.

第 10 章　旅游商品

【本章概要】

本章学习旅游商品的概念，我国重要的旅游商品类别、特点及其分布情况。

【学习目标】

掌握我国旅游商品的类别、特点与分布，形成对各种旅游商品的识别、判断和鉴赏能力。

【关键性术语】

菜系、土特产品、瓷器、丝绸、刺绣、织锦、茶叶、中草药、名酒、工艺美术品、民间工艺品。

【章首案例】

关于旅游商品的定义

关于旅游商品的定义，国内外目前并无定论，我国学者对此众说纷纭。

有学者认为，旅游商品并非旅游购物品的狭小范围，而是旅游者在旅游购买活动中所需要的实物产品和一系列服务的总和。

有学者认为，旅游商品是旅游者在旅游活动中购买的以物质形态存在的实物。

也有学者认为，旅游商品应主要指那些带有鲜明的地方特色，能集中反映出当地的人文景观，同时又能在一定程度上丰富人们的旅游生活和旅游情趣，因而总体上具有一定旅游观赏价值和商业价值的商品。

还有学者研究旅游商品的定义，采取排除定义方式。认为旅游商品第一不是景观，景观性的东西只能留下一个印象，不能被旅游者带走。第二不是服务，服务性的东西是一种消费过程，服务过程结束了，消费也就结束了。第三不是餐饮，因为餐饮基本上是即时消费，即时消费的就不应该是旅游商品。因此认为旅游者围绕着旅游活动购买的一切实体性物品都是旅游商品。

案例思考题：

1. 对于旅游商品定义，你的观点是什么？

2. 你觉得旅游商品应该具备哪些特点?

3. 谈谈你印象最深的一件旅游商品。

目前国内外学术界对旅游商品的概念还未达成共识,一般说来,旅游者围绕着旅游活动购买的一切实体性物品都是旅游商品。旅游者在旅游活动过程中购买的物品,也可称作旅游购物品。旅游商品应具备独特性、纪念性、艺术性、实用性、收藏性等基本特征。我国各地旅游商品种类繁多,主要有风味食品、土特产品、工艺品等。有些土特产品和工艺品成为很好的旅游纪念品,深受国内外游客青睐。

10.1 地方风味饮食

民以食为天,美食既能满足游客的生理需求,又以其所包含的文化内涵和艺术价值成为旅游特色商品。旅游是一种体验,地方风味饮食也和土特产品、工艺品一样,代表一地的文化品格,甚至是一种象征,是旅游体验最直接的物化形式和不可忽视的载体。

中华民族的“食”文化源远流长。我国享有“烹饪王国”的美誉,与法国、土耳其烹饪并称为世界三大烹饪体系。总体来看,中国菜肴讲究色、香、味、形,选料极为广泛,从山珍海味到一般动植物均可入菜。其共同特点是用料考究,刀工精细,制作精绝,百菜百味,回味无穷,余香满口。但是由于我国地域辽阔,民族众多,不同的地域、不同的民族在饮食习俗上存在着较大的差异,形成了风格迥异的菜系、地方特色小吃及民族风味流派。

10.1.1 八大菜系

(1)鲁菜

鲁菜也称山东菜,由济南、胶东、孔府菜点三部分组成。鲁菜有如下特征:一是取材广泛,选料精细;二是调味较重,纯正醇浓,并尽力体现原料的本味;三是精于制汤,善以葱香调味,尤其对海珍和小海味的烹制,堪称一绝;四是面食品种多,小麦、玉米、黄豆、高粱、小米均可制成风味各异的面食。著名菜点有炸山蝎、德州扒鸡、葱烧海参等。

(2)川菜

川菜融合了成都、重庆以及自贡等地方菜点特色,分为成都、重庆两个流派。川菜主要特征是麻辣为主,味型多样,变化精妙。味是川菜的灵魂,调味是川菜最讲究之处,善于用辣椒、胡椒、花椒、豆瓣酱等主要调味品,以不同的配比,变幻出麻辣、酸辣、椒麻、蒜泥、芥末、红油、鱼香等各种味型,有“一菜一格,百菜百味”的佳话。著名菜点有宫保鸡丁、鱼香肉丝、毛肚火锅、夫妻肺片、麻婆豆腐等。

(3)粤菜

粤菜即广东菜,由广州、潮州、东江三地特色菜点发展而成,以广州菜为代表。

粤菜虽起步晚，但影响大，现今香港、澳门乃至世界各国的中餐馆，多数以粤菜为主。其特征是选料广泛、奇杂而重生猛；口味讲究鲜爽滑嫩，有"五滋"（即香、松、软、肥、浓）和"六味"（即酸、甜、苦、辣、咸、鲜）之别；时令性强，夏秋讲清淡，冬春讲浓郁。著名菜点有"龙虎斗"、烤乳猪、白灼基围虾、蚝油牛肉等。

（4）淮扬菜

淮扬菜是以扬州、淮安为中心的地方风味菜系，集江南水乡各地菜肴的精华。其特征为选料讲究鲜活鲜嫩，主料突出；刀工精细；擅长炖、焖、烧、烤；重视调汤，讲究原汁原味；精于造型。著名菜点有清炖狮子头、拆烩鲢鱼头、水晶肴蹄、冬瓜盅、蟹黄汤包等。

（5）闽菜

闽菜以福州、闽南、闽西地方风味菜为主形成。其特征为淡雅、鲜嫩，口味偏重甜、酸和清淡，常用红糟调味；烹饪原料以海鲜和山珍为主；刀工巧妙，烹调细腻，特别注意调味，一切服从于味；汤菜考究，变化无穷。著名的菜点有佛跳墙、醉糟鸡、酸辣烂鱿鱼、烧片糟鸡、太极明虾、荔枝鱼肉等。

（6）浙菜

浙菜成名较早，包括杭州、宁波和绍兴三地的菜点。其特征是选料讲究，烹饪独到，注重本味，制作精细。选料讲究，就是做到"细（精细）、特（特产）、鲜（鲜活）、嫩（柔嫩）"；烹饪独到，就是烹调技术上用最擅长的炒、炸、烩、溜、蒸、烧六种方法；注重本味，就是突出主料，注重配料，讲究口味清鲜脆嫩，以纯真见长；制作精致，是指浙菜的菜品造型细腻，秀丽雅致。著名菜点有龙井虾仁、西湖醋鱼、炸响铃、叫化鸡、东坡肉等。

（7）湘菜

湘菜包括湘江流域、洞庭湖区和湘西山区的菜点。其特征是鲜辣浓香。著名菜点有东安子鸡、腊味合蒸、红椒腊牛肉等。

（8）徽菜

徽菜包括皖南、沿江、沿淮之地的菜点。其特征是清雅纯朴，原汁原味；酥嫩香鲜、浓淡适宜；选料严谨，火工独到；讲究食补，注重本味；菜式多样，南北咸宜。著名菜品有符离集烧鸡、火腿炖甲鱼、腌鲜桂鱼、火腿炖鞭笋、雪冬烧山鸡等。

10.1.2　地方特色小吃和民族风味

中国地方特色小吃分为南北两大体系。以主食类型作为划分根据，南方以米为主食，北方以面为主食。

我国各地都有自己独特的风味小吃，如山西太原的刀削面、炝锅面；甘肃兰州的牛肉拉面；广东广州的生滚粥；云南昆明的过桥米线；北京的焦圈、蜜麻花、豌豆黄；上海的蟹壳黄、南翔小笼馒头；天津的狗不理包子、耳朵眼炸糕、桂发祥大麻花等。

我国民族众多，各少数民族在长期的历史发展中，形成了各自的饮食特色，出现了不少著名的菜肴风味流派，如清真菜、蒙古族菜、满族菜、朝鲜菜等，这些流派也是我国饮食文化中不可缺少的一部分。

"过桥米线"的由来

"过桥米线"已有100多年的历史了。传说很早以前，有一位书生在云南蒙自县城外南湖的湖心亭刻苦读书，他的贤妻每天都要过一座桥给这个书生送饭，而那饭常常是他爱吃的米线。

有一天，妻子觉得丈夫很辛苦，就炖了只鸡放进土罐里准备送给丈夫吃，可是中途有事便耽搁了，等回来才发现米线已经不热，可是土罐里的鸡还是热的。打开土罐一看，秀才娘子发现鸡汤上覆盖着厚厚的一层鸡油，有如盖盖一样，可以让汤保持温度，于是就用鸡油烫米线给丈夫吃。书生吃后赞不绝口。后来她每次去送饭，索性就先把肥鸡熬好清汤，上覆厚厚鸡油；米线在家烫好；把配料切得薄薄的，到岛上后再用滚油烫熟，之后加入米线，鲜香滑爽。

此法一经传开，人们纷纷仿效。因为书生的妻子每天送饭都要从南湖的桥上过，所以书生起名为"过桥米线"。

经过历代滇味厨师不断改进创新，"过桥米线"声誉日著，享誉海内外，成为滇南的一道著名小吃。

10.2 土特产品

我国幅员辽阔，地大物博，历史文化十分悠久。由于地理、气候条件等原因，形成了与各地环境相适应又能充分表现地方特色的产品。这种与地理、气候条件密切相关，带有浓厚地域特色的产品，我们称之为土特产品。土特产品包含的种类非常众多，人们的衣、食、住、行、用等生活的各个方面都会因地域不同而形成自身的特色，成为当地的土特产品。其中比较著名的有瓷器、丝绸、茶叶三大中国传统特产，以及中草药、中国名酒等。

10.2.1 瓷器

瓷器是中国古代三大传统特产之一。自唐宋以来，外国一直把中国瓷器视为珍宝，称中国是"陶瓷之国"。

瓷器是以瓷土或瓷石为原料，经过成型、干燥、焙烧等工艺流程制成的器物。瓷器具有以下特点：第一，瓷器胎料瓷土成分主要是高岭土，化学成分是氧化硅和氧化铝，含铁量低。瓷胎烧结后，胎色白，具有透明或半透明性。第二，瓷器质地致密，胎体吸水率不足1%或不吸水，叩之有清脆悦耳金石之声。第三，瓷器的烧成温度在1200℃以上，胎釉经过高温烧结后不易脱落。因此，古人形容瓷器之美时，说它"薄如纸，明如镜，声如磬"。

我国生产瓷器的历史最早可以追溯到公元前16世纪的商代中期，当时已经出现了原始青釉瓷器。到了西周时期，由原始瓷发展为瓷器。中国瓷器主要以青瓷、白瓷、彩瓷为主。青瓷体系窑址遍布南方，唐代越窑青瓷最为优秀，曾为皇帝烧制"秘色瓷"。宋代瓷器生产达到高峰，汝窑、官窑、哥窑、钧窑、定窑是当时的五大名窑。白瓷体系窑址多集中于北方，其工艺较为复杂。白瓷在南北朝时期才出现，唐代的邢窑、宋代的定窑是烧制白瓷最好的窑址。元、明、清三代则以烧制彩瓷为主，其中最有代表性的产品是青花瓷，白地蓝花，淡雅清新。从 15 世纪前期开始，景德镇的青花瓷器占据了中国瓷器生产的主流，景德镇也由此成为中国的瓷都。在青花瓷的基础上，派生出了釉里红、粉彩等釉上彩系列，把彩瓷分割为釉上和釉下两大分支。如今享有盛誉的中华陶瓷已经成为世界各大博物馆的珍藏，是中国和世界各地专家学者的研究对象，也是广大收藏家、陶瓷爱好者以及旅游者所青睐的艺术品。

瓷都——景德镇

江西景德镇素有"瓷都"之称。景德镇自五代时期开始生产瓷器，至今已有千年历史。景德镇瓷器造型优美、品种繁多、装饰丰富、风格独特，以'白如玉，明如镜，薄如纸，声如磬"的独特风格蜚声海内外。青花、玲珑、粉彩、颜色釉，合称景德镇四大传统名瓷。薄胎瓷人称神奇珍品，雕塑瓷为中国传统工艺美术品。

据有关史书记载，古代东南亚、阿拉伯、非洲及欧洲地区的人十分喜欢中国瓷器，特别是景德镇的瓷器。

明永乐三年(1405 年)开始，郑和七次下西洋，携带了大量瓷器，特别是景德镇瓷器，促使中国陶瓷远销海外，扩大了中国陶瓷的声誉，对发展一国的陶瓷生产，特别是发展景德镇的青花瓷，起了很大的促进作用，也极大地推动了景德镇的陶瓷国际贸易。

由于郑和七次下西洋，景德镇青花瓷、浙江青瓷、福建白瓷，扬名海外，并由东非传及欧洲，使中国瓷器，特别是景德镇青花瓷，名声大振，海外需求大量增加。当时不但海外商船相继到泉州，并派人到景德镇、杭州贩运瓷器绸缎等商品，而且明代国内不少大商人，也大量装载瓷器等物出海销售，满足海外需求。当时巨商郑龙芝兄弟，拥有商船百艘，海员千余人，常到景德镇采购青花瓷、茶叶，去浙江采购绸缎，然后派遣海船运到东南亚、阿拉伯、东非各地销售，深受欢迎。

后来，日本著名陶瓷考古学家三上次男率学者在东南亚、非洲考察了中国古代陶瓷输出亚非各国的大量碎片，著有《陶瓷之路》一书，称海上丝绸之路为陶瓷之路，也是古代景德镇陶瓷的国际贸易之路。

10.2.2　织绣工艺

丝绸是中国古代三大传统特产之一，被誉为"纤维皇后"。因其承载着悠久的中国丝绸文化历史和天然、珍贵、华美、神秘的特质，自古受到人们的追捧，成为身份和地位的象征。在外国人眼里，丝绸甚至就是中国的象征。古代西方人称中国为"赛尔斯"(Seres)，意为"丝国"。

中国是世界丝绸文化的发源地。1926 年，中国考古学者在山西省夏县西阴村遗址中发现了大半个已经割开的茧壳化石，揭开了从田野考古研究中国乃至世界丝绸文化起源的序幕。此后，中国考古学界先后在马王堆、河姆渡等文化遗址中发现了数千年前的蚕丝织物或丝织器具。大量的考古资料证实中国是世界丝绸文化的发祥地。其中浙江湖州钱山漾文化遗址中发现的丝织物，是目前世界上发现的最早的丝织物。这些丝织物距今约有 4700 年，可以说中国的丝绸文化几乎与中国的文明同时产生，而且又与中国的文明同步发展。

中国的丝绸对于世界文明的贡献极为重大，其意义不亚于中国的四大发明，因而丝绸被誉为中国的"第五大发明"。此外，中国丝绸促进了国家间的文化交流。自从汉代张骞出使西域后，中国的丝绸便源源不断地经甘肃、新疆传入西亚、欧洲和非洲，外国的货物和文化也随之传入中国，形成了著名的"丝绸之路"。"丝绸之路"既是各国物资交流的通道，又是文化交流的桥梁。

目前，丝绸产品仍然是我国对外出口的支柱产业之一，也是我国唯一垄断国际市场的大值出口产品。

我国丝绸工艺品以刺绣和织锦最为著名。苏绣、湘绣、蜀绣、粤绣并称为中国"四大名绣"，江苏南京的云锦、江苏苏州的宋锦、四川成都的蜀锦，并誉为当代"三大名锦"。

10. 2. 2. 1　四大名绣

刺绣是用针引线在绣料上刺出一定图案和彩色花纹的装饰织物。它是我国传统的手工艺品，已经有二三千年的历史，名品倍出，风格独特。其中"四大名绣"最为有名。

（1）苏绣

苏绣是江苏苏州一带刺绣品的总称。苏绣作品的主要艺术特点是：山水能分远近之趣；楼阁具现深邃之体；人物能有瞻眺生动之情；花鸟能报绰约亲昵之态。在刺绣的技艺上，苏绣大多以套针为主，绣线套接不露针迹。评价苏绣时人们往往用"平、齐、细、密、匀、顺、和、光"8 个字来概括。代表作品有双面绣《猫》等。

（2）湘绣

湘绣是湖南长沙一带刺绣产品的总称。湘绣的特点是用丝绒线绣花，将绒丝在溶液中进行处理，防止起毛，这种绣品当地称作"羊毛细绣"。湘绣多以国画为题材，形态生动逼真，风格豪放，曾有"绣花花生香，绣鸟能听声，绣虎能奔跑，绣人能传神"的美誉。建国后，流失于民间的刺绣绝技得到系统开发和利用，在原来的"双面绣"的基础上，发展创造出了"双面全异绣"，即在同一面料上正反两面绣出画面、针法、色彩完全不同的绣品，使世人惊叹，堪称世界绝技。代表作品有《虎》等。

（3）蜀绣

蜀绣亦称"川绣"，指以成都为代表的四川刺绣。蜀绣的纯观赏品相对较少，以日用品居多，取材多数是花鸟虫鱼、民间吉语和传统纹饰等，颇具喜庆色彩。清中后期，蜀绣在当地传统刺绣技法的基础上吸取了苏绣的长处，一跃成为全国重要的商品绣之一。蜀绣用针工整，平齐光亮，丝路清晰，花纹边缘如同刀切一般，非常齐整，色彩鲜丽。代表作品有《熊猫》《芙蓉鲤鱼》等。

（4）粤绣

粤绣是广东地区刺绣品的总称。在艺术上，粤绣构图繁密热闹，色彩富丽夺目，施针简约，绣线较粗且松，针脚长短参差，针纹重叠微凸。常以凤凰、牡丹、松鹤、猿、鹿以及鸡、鹅为题材。自清中期以来，粤绣分为绒绣、线绣、钉金绣、金绒绣4种类型，其中尤以加衬浮垫的钉金绣最著名。代表作有《百鸟朝凤》《金鱼》等。

10.2.2.2　三大名锦

织锦是用彩色提花织成各种图案花纹的丝织品。是我国民间传统手工艺品之一。中国织锦的种类繁多，其中云锦、蜀锦、宋锦、壮锦、傣锦等较为知名，被誉为"五大名锦"。尤其是云锦、蜀锦、宋锦这三大织锦，最为有名。

（1）云锦

云锦产于江苏南京，因锦纹如云，故名。云锦因其丰富的文化和科技内涵，被称作是中国古代织锦工艺史上最后一座里程碑，它是中华民族和全世界最珍贵的历史文化遗产之一。南京云锦集历代织锦工艺艺术之大成，代表了中国古代织锦发展的高度。南京云锦始于南朝，自宋代由彩锦演变而来，至元、明、清三朝时被指定为皇室御用贡品。云锦主要品种有"织金"（用黄金打成箔，切成丝，捻上线织就）"织锦""库缎""妆花"四大品种，妆花是南京云锦中的杰出代表。古时，云锦用于皇帝龙袍、皇后凤衣、霞帔、嫔妃的丽装靓服、宫廷装饰及褥子、靠垫、枕头等实用品。

（2）蜀锦

蜀锦产于四川成都，始于汉代。因盛产于蜀，因而称之于蜀锦。蜀锦以年代最为久远、工艺最为独特而被誉为"东方瑰宝，中华一绝"，是我国珍贵的传统文化遗产。西汉初年，成都地区的丝织工匠就在织帛技艺的基础上发明了织锦。成都蜀锦全系真丝织品，质地柔软，色泽艳丽，品种多样，牢固耐用，富有鲜明的民族色彩和地方色彩。产品分被面、衣料、装饰锦，以被面为主。其主要锦样有方方锦、月华锦、雨丝锦、浣花锦、铺地锦。

（3）宋锦

宋锦产于江苏苏州，因兴起于北宋末年，故名。宋锦具有独特的风格，在纹样组织上，精密细致，质地坚柔，平服挺括；在图案花纹上，对称严整而有变化，丰富而又流畅生动；在色彩运用上，艳而不火，繁而不乱，富有明丽古雅的韵味。宋锦的品种分大锦、合锦、小锦3种。大锦组织细密、图案规整、富丽堂皇，常用于装裱名贵字画、高级礼品盒，也可制作特种服装和花边。合锦用真丝与少量纱线混合织成，图案连续对称，多用于画的立轴、屏条的装裱和一般礼品盒。小锦大花纹细碎的装裱材料，适用于小件工艺品的包装盒等。

此外，我国的壮锦、傣锦也比较有名。壮锦产于广西宾阳，是壮族传统文化之一。织工精巧，结实耐用，多用红、绿、黄三色，鲜艳夺目，图案别致，富有民族特色。傣锦产于云南傣族居住的地区。特点是线条宽窄错落，图案简练夸张，具有明显的地方和民族色彩。傣锦是傣族生活的必需品，也是傣族青年表达爱情的信物。不过壮锦和傣锦所用材料丝绸较少，而是多以彩色棉线为主。

10.2.3 茶叶

茶叶是中国古代三大传统特产之一。中国是世界上最早种茶、最早喝茶的国家，其他国家的茶树、茶叶及制作技术和品饮方式都是由我国直接或间接传入的。公元4世纪末5世纪初，佛教由中国传入高丽国时，茶叶亦随之传入朝鲜半岛。此后，中国茶叶开始广泛传播于世界。

作为饮料的茶叶，由茶树芽叶制成，由于茶树芽叶内各种物质含量比例不同，适宜制成不同的茶叶。按照加工工艺的不同，可把茶叶分为绿茶、红茶、乌龙茶、白茶、花茶、紧压茶六大类。

（1）绿茶

绿茶是我国产量最多的茶叶。绿茶的基本特征是叶绿汤清，加工工艺是鲜叶采摘后经过高温杀青，然后经揉捻、干燥后制成。著名的绿茶品种有杭州龙井、太湖碧螺春、黄山毛峰、江西婺源的婺绿、庐山云雾、安徽屯溪的屯绿、安徽六安瓜片、河南信阳毛尖等。绿茶中的"明前茶"和"雨前茶"，是在每年清明和谷雨前采摘嫩芽幼叶制成，尤为珍贵。

（2）红茶

红茶在国际市场中占大宗。其基本特征是叶红汤红。红茶的加工工艺是鲜叶采摘后不用高温杀青，而是经过萎凋、揉捻、发酵，叶子变红后再进行干燥。红茶又分为小种红茶、工夫红茶、红碎茶。著名的品种有安徽的祁红、云南的滇红、湖北的宜红、四川的川红、江西的宁红等。

（3）乌龙茶

乌龙茶也称青茶，外形色泽青褐，属于半发酵茶。其加工工艺是鲜叶采摘后经过晒青萎凋、反复数次摇青，叶子进行部分发酵红变，然后经高温锅炒、揉捻、干燥而成。冲泡后叶片上有红有绿，汤色黄红，有天然花香，滋味浓醇。著名品种有福建的武夷山岩茶（如大红袍、肉佳、水仙）、安溪铁观音、潮州凤凰单枞及台湾冻顶乌龙等。

（4）白茶

白茶属于不经发酵，也不经揉捻的茶，基本工艺是萎凋、晒干或烘干。成茶芽叶自然舒展，满披白色茸毛，汤色清淡，主要产于福建福鼎一带。

（5）花茶

花茶一般是用烘青绿茶和香花拼和窨制，使茶叶吸收花香制成花茶，有茉莉花茶、白兰花茶、珠兰花茶、桂花茶等品种，其中以茉莉花茶最常见。

（6）紧压茶

紧压茶是将各类茶叶经过加工蒸压成一定形状，如各种形状的砖茶、云南的普洱茶（沱茶）。紧压茶多销往边疆地区，故也称"边销茶"。

茶道

茶道是烹茶饮茶的艺术，是一种以茶为媒的生活礼仪，也被认为是修身养性的一种方式。它通过沏茶、赏茶、闻茶、饮茶，增进友谊，美心修德，学习礼法，是很有益的一种美感仪式。喝茶能静心、静神，有助于陶冶情操、去除杂念，这与提倡"清静、恬澹"的东方哲学思想很合拍，也符合佛、道、儒的"内省修行"思想。茶道精神是茶文化的核心，是茶文化的灵魂。

茶道以修行悟道为宗旨，是饮茶之道和饮茶修道的统一。茶道包括茶艺、茶礼、茶境、修道四大要素。所谓茶艺是指备器、选水、取火、候汤、习茶的一套技艺；所谓茶礼，是指茶事活动中的礼仪、法则；所谓茶境，是指茶事活动的场所、环境，所谓修道，是指通过茶事活动来怡情修性、悟道体道。

茶道最早起源于中国。中国人至少在唐朝或唐朝以前，就在世界上首先将茶饮作为一种修身养性之道，唐朝《封氏闻见记》中就有这样的记载："茶道大行，王公朝士无不饮者。"这是现存文献中对茶道的最早记载。在唐朝寺院僧众念经坐禅，皆以茶为饮，清心养神。

10.2.4　中草药

我国是中草药的发源地，在中草药资源方面我国占有垄断优势。目前我国大约有12 000 种药用植物。古代先贤对中草药和中医药学不断地深入探索、研究和总结，使得中草药得到了最广泛的认同与应用。

中草药源远流长，它的发现与应用经历了长期实践的过程。原始时代，我们的祖先通过采食植物和狩猎等活动，接触并了解到某些植物具有一定的治病作用，经过无数次的试验、观察、口尝身受等，慢慢积累起一些运用中草药的知识。我国古籍中记述的"神农尝百草之滋味……一日而遇七十毒"的传说，就生动而形象地概括了药物知识萌芽的实践过程。

由于植物性药材较多，使用也最普遍，所以古代把药学称为"本草"。本草典籍和文献资料十分丰富，记录着我国人民发明和发展医药学的智慧创造和卓越贡献，并较完整地保存和流传下来，成为中华民族优秀文化宝库中的重要内容之一。

我国现存最早的药学专著是《神农本草经》，简称《本经》。该书并非出于一时一人之手，而是经历了较长时期的补充和完善过程。其成书的具体年代虽尚有争议，但不会晚于公元 2 世纪。《本经》原书早佚，目前的各种版本，均系明氏以来学者考订、整理、辑复而成。《本经》系统地总结了汉以前的药学成就，对后世本草学的发展具有十分深远的影响。

唐代时，李绩、苏敬等主持编写了最早的一部药典学著作《新修本草》，又称《唐本草》。这部药典比 1546 年欧洲的《纽伦堡药典》要早出 800 余年，对医学的发展做出了重要贡献。

明代时，医药学家李时珍（1518—1593 年）以毕生精力，亲历实践，广收博采，实地考察，对本草学进行了全面的整理总结，历时 27 年编成了《本草纲目》。全书 52 卷，约 200 万字，收药 1892 种，附图 1100 多幅，附方 11 000 余首。《本草纲目》集我国 16 世纪以前药学成就之大成，在训诂、语言文字、历史、地理、植物、动物、矿物、冶金等方面也有突出成就。本书 16 世纪末即传播海外，先后有多种文字的译本，对世界自然科学具有举世公认的卓越贡献。

时至近代，随着西方医药学在我国的传播，本草学逐渐改称为"中药学"。虽然西方医药学非常发达，但是中草药的药效缓和、副作用少，并且用中草药治病，不是"头痛医头，脚痛医脚"，而是把全身作为一个整体，综合治疗，全面地解决问题，因此现今中国的中草药在世界医药学中也占有一席之地。

目前，我国很多地方的药店、旅游纪念品商店都有地方特产的中草药出售，如东北的人参、鹿茸，西北的枸杞，青藏的冬虫夏草等，南方各地出产的中草药更是数目繁多，品种不可胜数，受到广大游客尤其是外国游客的青睐。

10.2.5　中国名酒

我国是世界上最早酿酒的国家之一，早在 5000 多年前就已经开始酿酒。在漫长的历史过程中，各地酿酒工艺不断进步，形成了许多享誉中外的酒类名品，也有许多被评为中国名酒。

中国名酒是经过国家有关部门组织的评酒机构，间隔一定时期，经过严格的评定程序确定的。中国名酒代表了我国酿酒行业酒类产品的精华。

10.2.5.1　黄酒类名酒

黄酒是中华民族的瑰宝，它是我国历史上最古老的饮料酒，也是我国特有的酿造酒。历史上，黄酒名品数不胜数。由于蒸馏白酒的发展，黄酒产地逐渐缩小到江南一带，产量也大大低于白酒。但是，黄酒酿酒技术精华并没有被遗弃，在新的历史时期反而得到了长足的发展。黄酒魅力依旧，黄酒中的名品仍然家喻户晓。

（1）浙江绍兴加饭酒

绍兴酒在历史上久负盛名，在历代文献中均有记载。宋代以来，江南黄酒的发展进入了全盛时期，尤其是南宋政权建都于杭州，绍兴与杭州相距很近，绍兴酒得以较大的发展。当时的绍兴名酒中，首推"蓬莱春"为珍品。清代是绍兴酒的全盛时期，酿酒规模在全国堪称第一。绍兴酒行销全国，甚至还出口到国外。绍兴酒几乎成了黄酒的代名词。

加饭酒，顾名思义，是在酿酒过程中，增加酿酒用米饭的数量，相对来说，用水量较少。加饭酒是一种半干酒。酒度 15% 左右，糖份 0.5% ~ 3%。酒质醇厚，气郁芳香。

（2）福建龙岩沉缸酒

龙岩沉缸酒历史悠久。在清代的一些笔记文学中，多有记载。现在为福建省龙岩酒厂所产。这是一种特甜型酒。酒度在14%～16%，总糖可运22.5%～25%。内销酒一般储存2年，外销酒需储存3年。该酒在1963、1979、1983年3次荣获国家名酒称号。龙岩沉缸酒的酿法集我国黄酒酿造的各项传统精湛技术于一体。比如，龙岩酒用曲多达4种，有当地祖传的药曲，其中加入30多味中药材；有散曲，这是我国最为传统的酒曲，作为糖化用曲；此外还有白曲，这是南方所特有的米曲；红曲更是龙岩酒酿造必加的曲。酿造时，先加入药曲、散曲和白曲，酿成甜酒酿，再分别投入著名的古田红曲及特制的米白酒，长期陈酿。龙岩酒有不加糖而甜、不着色而艳红、不调香而芬芳三大特点。酒质呈琥珀光泽，甘甜醇厚，风格独特。

10.2.5.2 白酒类名酒

白酒中的名酒是按香型评定的。一般分为酱香型、米香型、清香型、浓香型、其他香型（董香型、凤香型等）。我国白酒名品很多，1952—1982年，五届全国评酒会评出国家白酒名酒17种，即：茅台酒、汾酒、泸州老窖特曲、西凤酒、五粮液、古井贡酒、全兴大曲、董酒、剑南春、洋河大曲、双沟大曲、特制黄鹤楼酒、郎酒、武陵酒、宝丰酒、宋河粮液、沱牌曲酒。

（1）茅台酒

酱香型名白酒中以贵州茅台酒最为著名。贵州茅台酒产于贵州省仁怀茅台镇，是与苏格兰威士忌、法国科涅克白兰地齐名的三大蒸馏名酒之一。茅台酒具有"酱香突出、幽雅细腻、酒体醇厚、回味悠长"的特殊风格，酒液清亮，醇香馥郁，香而不艳，低而不淡，闻之沁人心脾，入口荡气回肠，饮后余香绵绵。茅台酒最大的特点是"空杯留香好"，即酒尽杯空后，酒杯内仍余香绵绵，经久不散。茅台酒在历次国家名酒评选中，都荣获名酒称号。茅台酒还是许多重大的外事活动的专用品，因而被誉为"国酒""外交酒"。

（2）汾酒

汾酒产于山西汾阳县杏花村，属清香型白酒。作为我国白酒类的名酒，山西汾酒可以说是我国历史上最早的名酒。清代成书的《镜花缘》中所列的数十种全国各地名酒，汾酒名列第一。清代名士的笔记文学中，曾多次盛赞山西汾酒。

（3）泸州老窖

泸州老窖产于四川泸州。作为浓香型大曲酒的典型代表，泸州老窖以"香醇浓郁、清洌甘爽、饮后尤香、回味悠长"的独特风格闻名于世。1915年曾获巴拿马国际博览会金质奖，历届国家评酒均获"国家名酒"的称号。

（4）西凤酒

西凤酒产于陕西省凤翔柳林镇，属凤香型白酒。西凤酒具有"醇香典雅、浓郁而不酽腻、甘润挺爽、诸味谐调、尾净悠长"的特点，曾四次被评为国家名酒。

（5）五粮液

五粮液原名为"杂粮酒"，产于四川宜宾，该酒由高粱、大米、糯米、小麦和玉米五种谷物为原料酿制而成，属于浓香型白酒。相传创始于明代，1929 年定名为五粮液。五粮液酒具有"香气悠久、味醇厚、入口甘美、入喉净爽、各味谐调、恰到好处"等特点，在大曲酒中以酒味全面著称。该酒四次被评为国家名酒。

（6）古井贡酒

古井贡酒产于安徽亳州。据当地史志记载，该地酿酒取用的水，来自南北朝时遗存的一口古井。明代万历年间，当地的美酒曾贡献给皇帝，因而就有了"古井贡酒"这一美称。古井贡酒属于浓香型白酒，具有"色清如水晶、香纯如幽兰、入口甘美醇和、回味经久不息"的特点。

（7）董酒

董酒产于贵州省遵义市。1929—1930 年由程氏酿酒作坊酿出董公寺窖酒，1942年定名为"董酒"，1957 年建立遵义董酒厂，1963 年被评为国家名酒，以后又多次获此殊荣。董酒的香型既不同于浓香型，也不同于酱香型，而属于其他香型。该酒的生产方法独特，将大曲酒和小曲酒的生产工艺融合在一起。

（8）剑南春

剑南春产于四川绵竹。其前身为唐代名酒剑南烧春。当时所指的剑南，是指剑门关之南，唐代所谓的"剑南道"之省称，绵竹作为当时剑南道属下的一个县。1979 年第三次全国评酒会上，首次被评为国家名酒。剑南春属于浓香型白酒。

（9）洋河大曲

洋河大曲产于江苏省泗洋县洋河镇。洋河镇地处白洋河和黄河之间，距南北大运河很近，在古代时，水陆交通极为方便，是重要的产酒和产曲之乡。洋河大曲属于浓香型白酒。

（10）双沟大曲

双沟大曲产于江苏省泗洪县双沟镇。1984 年的第四次全国评酒会后，该酒以"色清透明、香气浓郁、风味协调、尾净余长"的浓香型典型风格，连续两次被评为国家名酒。

10.3 工艺品

人类为了生存，通过生产劳动，按照美的规律，创造了大量的直接为自己生活服务的工艺制品（简称工艺品），这些工艺品体现了实用价值与审美价值的双重性。工艺品不仅是劳动人民气质、素养、才能、智慧、情感的升华与结晶，而且是艺术与科学的产物，它服务于人们，并陶冶、感化着人们的心灵。

中国工艺品有着悠久的历史，它蕴含着我国劳动人民的智慧，融汇着中华民族的气质与素养，表现出特有的浑厚、博大的民族风格和特色。由于工艺条件及审美思维的差异，中国工艺品在各历史时期的时代风格是不相同的，因而丰富多彩，并强烈地反映了时代的精神和面貌。

从制作的工艺、水平来讲，我国的工艺品基本可以分为特种工艺美术品和民间工艺美术品两大类。

10.3.1　特种工艺美术品

特种工艺美术品使用的原材料较为珍贵，工艺过程比较精细，作为旅游纪念品属于较高档次。

特种工艺美术品的种类十分繁杂，至今已经有许多种产品，通常划分为两大类，一类为生活日用工艺品，即经过加工、装饰的生活实用品；另一类为装饰欣赏工艺品，即专供欣赏的陈设品。各种工艺美术品体现的实用和审美双重性是不同的，从工艺美术的本质上来说，实用性最为主要，是工艺美术品的基本内容。

10.3.1.1　漆器

漆器是我国古代具有民族特色的工艺品，它的制作原料是天然漆。天然漆经炼制后，具有透明、防腐、耐酸、耐碱等特点，再调和金、银、黑、红、绿等颜料，经制胎、涂漆、装饰(鎏金、彩绘)、磨光等制作过程，便可得到精美的漆器。

我国古代漆器工艺历史悠久，早在浙江余姚河姆渡原始社会遗址中，就有漆器作品发现。汉代是我国古代漆器发展的重要时期，漆器在当时极受重视，工序、二种、审查与监护的分工也非常精细。汉代漆器的制作不但广泛，而且多属精工细作的佳品，取得了极显著的艺术成就。汉代漆器以四川蜀郡和广汉郡两地为制作中心，作品数量多而精致，特别是金银漆器更为出名。明、清两代是我国漆器的又一个兴盛时期，不仅产量大增，而且还出现了许多新的品种，其中以雕漆、金漆、彩漆为最盛。我国漆器工艺品中最著名的是金漆镶嵌和脱胎漆器。

(1)金漆镶嵌

金漆镶嵌是在髹好漆底的胎型器物上运用镶嵌、彩绘、罩漆工艺制成的工艺品。北京金漆镶嵌中的螺钿镶嵌造型精巧，色彩瑰丽，风格沉稳。所谓螺钿镶嵌，是精选河蚌、鲍鱼贝、夜光螺等优质贝壳作原料，经磨制后，做成人物、亭台楼阁、花鸟鱼虫等图案，拼贴、镶嵌于漆坯上，再经髹漆、抛光而成。扬州镶嵌漆器，是中国三大著名漆器之一，始于战国，明清之际进入盛期，形成胎型稳固、做工精细、光泽腴润的独特风格。

(2)脱胎漆器

脱胎漆器是一种特种工艺漆器，先用木、绳或石膏等轻型材料制作成各种模型作为原胎，然后用漆将苎麻布或素绸层层裱在原胎上，待干固后脱去原胎作为漆器的底坯，再过髹漆、装饰等 20 多道工序，成为脱胎漆器。福州脱胎漆器始于南宋，质地牢固，装饰精细，色彩鲜艳，结实耐用，具有浓厚的民族风格和地方特色。

我国当代漆器的产地主要有北京、福州、扬州、成都、山西平遥、贵州大方等地。其中福建脱胎漆器、贵州大方漆器和扬州漆器是我国著名三大漆器。北京的雕漆也非常有名。

10.3.1.2　金属工艺品

金属工艺品是指用金、银、铜、铁、锡等金属材料，或以金属材料为主，辅以其他材料加工制作而成的工艺品，具有厚重、雄浑、华贵、典雅、精细的风格。金属工艺品主要产于北京、上海、江苏、四川、云南、浙江、山东等地。中国古代著名的金属工艺品有青铜器、景泰蓝等。

（1）青铜器

青铜器是由青铜（红铜和锡的合金）制成的各种器具，诞生于人类文明的青铜时代。青铜原料的颜色大多是金黄色，由于经过长期腐蚀表面生成青绿色的铜锈，因而得名。最具代表性的青铜器有各种鼎、酒尊、青铜人像、青铜兵器等。

（2）景泰蓝

景泰蓝又称铜胎掐丝珐琅。景泰蓝始于元代。它是用细扁铜掐成图案，焊在铜胎上，再点填上彩色釉料，经烧制、磨光、镀金而成，具有浑厚持重、富丽典雅的艺术特点。因其盛行于明代景泰年间，且多用宝石蓝、孔雀蓝等蓝色釉料，故俗称"景泰蓝"。清朝乾隆时期景泰蓝发展进入又一个辉煌阶段。此时的景泰蓝制作不仅规模大，品种多，而且技艺精细，风格由粗犷向色彩鲜明、华丽、清秀方面演变。当时著名的景泰蓝老商号"老天利"生产的"宝鼎炉"在国际博览会上得到了嘉奖。

10.3.2　民间工艺美术品

民间工艺美术品简称民间工艺品，是劳动人民为适应生活需要和审美要求，就地取材，以手工生产方式（现代工业也有半机械生产手段）制作的工艺美术品。由于各地区、各民族的社会历史、风俗习尚、地理环境、审美观点的不同，各有其独特风格。民间工艺品包括各种源于民间的手工艺品，如剪纸、风筝、皮影、面塑、泥人、竹编、草编等。

（1）剪纸

我国的剪纸艺术可以追溯到南北朝时期。它是劳动群众，特别是农村妇女创作的，是农村群众艺术活动之一。其题材多与农民生活密切相关，劳动群众喜爱的家禽和家畜（如鸡、鸭、鹅和猪、牛、羊等）、动植物（如老虎、猴子、孔雀、牡丹、荷花、梅花等）、一些具有喜庆寓意的图案"五谷丰登""连年有余"和戏曲人物、传说故事，都是剪纸表现的题材。

剪纸受到"剪"和"纸"的限制，只能通过镂空的手法形成虚实对比来刻画形象，但它可以通过作者丰富的想象力，以夸张、概括、变形的手法，表现出富有装饰性的艺术形象。剪纸艺术最大的优点是结构线条简练，色调明快，造型单纯质朴，构图巧妙。

（2）风筝

我国风筝历史很久，2000多年前的风筝是一种借助风力的通讯工具，也是用于作战的侦察器械。后来风筝发展成为了玩赏价值很高的装饰艺术品。把风筝作为民间玩具的史迹，最早出现于宋代的绘画作品中。风筝的造型艺术有5种基本形式，即硬膀、软膀、排子、长串和桶形。风筝制作工艺分为扎、糊、绘　每一项都有专门技术要求。放飞也要有一定的技艺。

我国许多城市有放风筝的习俗。比较著名的有山东潍坊、北京、天津等地。北京的风筝已有300多年的历史。天津的"风筝魏"是北方很有影响的一个风筝艺术流派。现今中国的风筝已成为在国际上颇有影响的民间工艺品。

（3）皮影

皮影是用驴皮（少数也有用牛皮）平面雕镂并着色的动画艺术品。我国皮影戏兴起于公元11世纪，公元13～15世纪中国皮影艺术便传入亚洲西部各国，接着又传入欧洲。

皮影具有鲜明的艺术特点。皮影人物、动物都是表现侧面的造型，即常说的表现"五分脸"。根据剧中的生、旦、净、丑等不同角色的要求，为了美化人物的典型形象和性格，对眼睛、鼻子、嘴唇等部位进行加大或移位。皮影人物的服饰与戏剧人物相一致，故在冠、帽、袍、带、鞋、靴等服饰处进行细腻的刻画。色彩多以红、黄、黑和青为主，使之艳丽明快。在镂雕的艺术处理上，分为透雕和半透雕，透雕者称"虚脸"，半透雕者称"实脸"。技法上要求刀法流畅，一气呵成。

皮影戏题材多为传统历史剧、神话剧，如《杨家将》《西游记》《白蛇传》等。皮影戏主要盛行于我国陕西、河北、湖南、山西、山东、黑龙江、吉林、辽宁等地区。这些地区的皮影艺术创作繁荣，使皮影成为了一种装饰性很强的造型艺术。

（4）泥人

泥人是泥塑作品中最引人入胜的作品，天津的"泥人张"和江苏无锡的惠山泥人，是最有代表性的泥塑作品。

【思考题】
1. 简述我国八大菜系的产地与特点。
2. 我国著名的瓷器产地有哪些？
3. 简述我国四大名绣和三大名锦的产地。
4. 简述我国白酒按照香型的分类及主要名酒。
5. 我国茶叶的分类和各类名品有哪些？
6. 我国著名的特种工艺品和民间工艺品产地有哪些？

【经验性训练】
1. 搜集学校所在地的特产及其相关资料，挖掘其文化内涵，模拟训练向游客介绍。
2. 课后学做剪纸、泥人或草编等，搞一次手工艺比赛。

【案例分析】

旅游纪念品有待开发

目前在我国很多旅游景区，都有旅游纪念品出售。但是，这些旅游纪念品都存在两个明显的特点：一是基本雷同。如不管在哪里，都是一些用于佩戴的玉佛、玉观音之类，或是一些用各种材料制作的项链、手镯等，体现地方、民族特色的纪念品比较少；二是这些旅游纪念品大多属于粗制滥造，材料低廉，工艺粗糙。

案例思考题：

1. 调查你学校所在地的旅游纪念品，看看是否存在上述问题。

2. 对于旅游纪念品的雷同和粗制滥造问题，应该如何加以解决？

【本章推荐阅读书目】

1. 旅游文物艺术. 安旭. 南开大学出版社，2003.

2. 旅游文物鉴赏. 刘咏梅. 旅游教育出版社，2005.

3. 全国导游基础知识. 谢春山. 辽海出版社，2010.

第 11 章　人文活动

【本章概要】

本章学习人文活动与旅游的关系。主要有文学、艺术、民俗等方面形成的旅游资源。

【学习目标】

掌握我国文学、艺术、民俗活动形成的旅游景观分布状况及三要遗存，民俗的概念及其分类，在了解相关知识的基础上，形成对人文活动旅游景观的即景导游能力。

【关键性术语】

文学、艺术、故居、绘画、戏剧、书法、民俗。

【章首案例】

火把节的传说

在我国西南地区，火把节是彝族、白族、哈尼族、傈僳族、纳西族、普米族、拉祜族等多个民族的传统节日。以燃火把为节日主要活动内容而得名。其中以彝族和白族的火把节最为隆重。其时间在农历的六月二十四或二十五，一般延续3天。但是对于这个节日的由来，却有许多各异的说法。

比如，对于彝族火把节的传说，不同彝族支系就有很多的说法。在凉山彝族的普遍说法是：很早以前，天上有个大力士叫斯热阿比，地上有个大力士叫阿体拉巴，两个人都力大无比。有一天，斯热阿比要同阿体拉巴比武，即摔跤，但阿体拉巴有急事要外出，临走时，他请母亲用一盘铁饼款待斯热阿比。斯热阿比认为阿体拉巴既然以铁饼为饭食，力气一定很大，便赶紧离开了。阿体拉巴回来后，听母亲说斯热阿比刚刚离去，便追了上去，要和他进行摔跤比赛，结果斯热阿比被摔死了。天神知道了事情的真相后，大发雷霆，派了大批蝗虫、蝻虫来吃地上的庄稼。阿体拉巴便在农历六月二十四那一晚，砍来许多松树枝、野蒿枝扎成火把，率领人们点燃起来，到田里去烧虫。从此，彝族人民便把这天定为火把节。现在的火把节成了彝族人祈福的节日，祈福能够丰收，杀灭害虫等。

而云南的白族同胞对火把节的来历，是这样传说的：唐初的云南境内本有6个部落，称为"六诏"。最南端的部落称为南诏。南诏日益强大，南诏王皮罗阁便产生吞并其他五诏的野心。于是他设下圈套，用松明建造了一座楼，以祭祀为名，邀约其他五诏首领在松明楼聚会。其中一个邓氏首领的妻子慈善夫人认为皮罗阁居心不良，极力劝丈夫不要前往。但丈夫不听，临走时慈善夫人含泪在丈夫的手臂上套了一个铁环，以求护身。

果然，祭祀完毕，皮罗阁便在夜里火烧了首领们聚集的松明楼，五诏首领均未幸免于难。面对松明楼灰烬，慈善夫人痛哭欲绝。她扑在灰烬中，扒出了丈夫佩带的铁环，这才认出了丈夫的尸体并将其运送回家。后来，皮罗阁见慈善夫人才貌双全，想娶她为妃。但慈善夫人坚决不从，她拥兵守城，终因寡不敌众，自尽殉节，留下这一段令人感慨万千的感人故事。

从此以后，云南的白族人民便过起火把节，以纪念"火烧松明楼"的历史故事和勇敢聪慧的慈善夫人。

案例思考题：

1. 你知道火把节的节日活动都有哪些内容吗？
2. 除了上面的说法，你知道关于火把节来历的其他说法吗？
3. 试述民俗节日对于旅游的重要意义。

在我国漫长的历史发展过程中，不同时代、不同民族的各种人文活动，创造了数不清的文化财富和丰富多样的民俗文化，成为中华传统的瑰宝。这些人文活动及其所创造的巨大的精神财富，是取之不尽用之不竭的。随着旅游业的迅速繁荣，这些人文活动及其卓越成果，逐渐为旅游业所开发利用，成为不可或缺的重要旅游资源。

在多种多样的人文活动中，文学、艺术与民俗活动和旅游的关系最为密切，形成的旅游资源和景观也最具吸引力。

11.1 文学与旅游

文学与旅游的关系十分密切。由旅游活动产生了旅游文学，如游记、山水诗词、散文等，这些文学作品又使某些旅游地得到宣传、渲染，使更多的人产生到此一游的旅游动机。比如，莎士比亚的故居使英国斯特拉特福小镇游客络绎不绝；法国作家大仲马的《基督山伯爵》，使马赛的伊夫岛古堡成为旅游热点；唐诗《枫桥夜泊》使苏州寒山寺名扬天下……这就是所谓的"文以景生，景以文传"。

我国文学历史源远流长，题材繁多。它们所反映的对象及题材很多与旅游活动密切相关。二者的关系体现在以下3个方面。

（1）旅游产生文学

我国的旅游资源丰富，众多的名山大川和古迹胜地，如长城、黄山、漓江、西湖等，无不以其独特的景致吸引着人们。人们涉足青山绿水之间，触景生情，有的题联树碑，有的吟诗填词，有的撰文寄志，产生了相当多的咏物言志、借景抒情的作品。

如曹操临碣石而作《观沧海》，杜甫登泰山而作《望岳》，柳宗元适柳州而作《永州八记》，徐弘祖行天下而作《徐霞客游记》……可见，旅游是旅游文学赖以产生的基础，不亲身游历，不耳闻目睹，是写不出优秀的文学作品的。

（2）旅游促进文学

从有文字记载的历史来看，秦汉以前，我国的旅行还不普及，相应的文学作品也较少，较著名的有秦始皇周游天下而命李斯所撰泰山、琅邪等刻石碑文，汉代的一些山水赋和狩猎赋等。魏晋南北朝，由于崇尚"清谈"，盛行玄学，许多文人寄情于山水，于是产生了大量的山水作品，出现了谢灵运、陶渊明这样著名的山水田园作家。特别是北魏时期，郦道元在"访渎搜渠"的基础上，写下了我国第一部有浓厚文学色彩的地理著作《水经注》。历史上几乎所有的著名作家都着意于旅游，写下了不朽的篇章。

（3）旅游需要文学

文学具有导游、兴游的作用。旅游活动本身是捕捉美感的高级精神活动，而"美"是一种诗情画意和理想交融的境界。美感的捕获除了靠山水名胜的优美度，也要靠文学作品对山水名胜的描写宣传。文学的艺术手法会使美的内涵得以揭示，使读者或游人回味无穷。这个过程就是导游、兴游的过程。有些地方本来很平凡，但由于某旅行家写了一篇诗文，加以形容，它便开始引起人们的注意，人们随即会慕名而去。如唐代诗人岑参写的边塞诗句"君不见走马川，雪海边，平沙莽莽黄入天"，"忽如一夜春风来，千树万树梨花开"，描写了我国西北沙漠不同寻常的景象，这些诗作成为一些游人探险猎奇的诱因。

11.1.1　因文学作品而知名的旅游地

在我国有很多旅游地，因某些文学作品而名扬天下。也有很多旅游地，本身具备一定的美感价值和一定的知名度，更因某些文学作品而名气大增。仅举数例如下。

（1）寒山寺

寒山寺位于苏州城西 5km 的枫桥镇，创建于梁代，初名"妙利普明寺院"。相传唐贞观年间诗僧寒山子曾在此当主持，遂改名寒山寺。苏州寒山寺之所以成为旅游热点，而且经久不衰，很大程度上得益于"诗人题二十八字，长留胜迹"，即唐朝诗人张继的《枫桥夜泊》："月落乌啼霜满天，江枫渔火对愁眠。姑苏城外寒山寺，夜半钟声到客船。"这首诗，意境凄美，自然和谐，余味无穷，千载之后仍能深深打动人们的心灵，寒山寺也随之永驻人们心头。这座寺庙历经数代，屡毁屡建，现在的寒山寺是清末重建的。寒山寺中的主要建筑有大雄宝殿、藏经楼、钟楼、碑文《枫桥夜泊》、枫江第一楼。

（2）江南三大名楼

黄鹤楼、岳阳楼、滕王阁，被誉为我国江南三大名楼。其名气经久不衰，皆得益于著名诗文。

黄鹤楼　位于湖北省武汉市，濒临万里长江，雄踞蛇山之巅，拔地独秀，辉煌瑰丽，很自然就成了名传四海的游览胜地。黄鹤楼原址在湖北武昌蛇山黄鹤矶头，相传唐朝时有位辛氏在此开酒店，经常免费给一位道士提供酒食。道士为了感谢她，临行前在壁上画了一只鹤，告之它能下来起舞助兴。从此宾客盈门，生意兴隆。过了10年，道士复来，取笛吹奏，黄鹤便从墙上下来翩翩起舞，道士跨上黄鹤直上云天。辛氏为纪念这位帮她致富的仙翁，便在其地起楼，取名"黄鹤楼"。

历代名士崔颢、李白、白居易、贾岛、陆游、杨慎、张居正等，都先后到这里游乐，吟诗作赋。而崔颢的《黄鹤楼》一诗，一直被认为是千古佳作。诗云："昔人已乘黄鹤去，此地空余黄鹤楼。黄鹤一去不复返，白云千载空悠悠。晴川历历汉阳树，芳草萋萋鹦鹉洲。日暮乡关何处是，烟波江上使人愁。"唐朝大诗人李白也有著名诗句描写黄鹤楼："故人西辞黄鹤楼，烟花三月下扬州。孤帆远影碧空尽，惟见长江天际流。"

岳阳楼　位于湖南省岳阳古城西面，滨临洞庭湖，素有"洞庭天下水，岳阳天下楼"的盛誉。岳阳楼气势壮阔，构制雄伟，堪称江南三大名楼之首。它是以三国"鲁肃阅军楼"为基础，一代代沿袭发展而来的。唐朝以前，其功能主要是用于军事上，自唐朝始，岳阳楼便逐步成为历代游客和文人雅士游览观光、吟诗作赋的胜地。

岳阳楼真正闻名于天下，是在北宋滕子京重修、范仲淹作《岳阳楼记》以后。可以说，滕子京是一个颇具远见的名臣，他认为："楼观非有文字称记者不为久，文字非出于雄才巨卿不成著。"于是，他请当时的大文学家范仲淹写下了名传千古的《岳阳楼记》，该文一出，广为传诵。虽然篇幅不长，却句句精炼，把岳阳楼、洞庭湖不同季节、不同时间的美感，甚至不同心绪下的感觉，都描写得淋漓尽致。其中"先天下之忧而忧，后天下之乐而乐"一句，成为千古名言。自此，岳阳楼更是名扬中外，以后历朝历代无数诗人、作家在此登楼吟咏，留下了大量优美的诗文。

滕王阁　位于江西南昌市沿江路赣江边。据史料记载，滕王阁为唐太宗李世民之弟李元婴在洪州(今南昌)时营建，因楼阁落成之时，恰逢皇帝封李元婴为滕王的诏书到达，故将其命名为滕王阁。滕王阁的声名卓著，与唐朝大诗人王勃关系极大。公元675年重建滕王阁，九月初九日，洪州都督阎伯屿在此邀宴宾客，适逢王勃省亲途经这里，遂得赴宴。席间，王勃应邀为滕王阁作序。只见他当众挥毫，连序带诗，一气呵成，令在座宾客折服。从此，《滕王阁序》成为千古流传的名篇。该篇文章字字珠玑，写景抒怀，意境深远。文中的"物华天宝，人杰地灵"以及"老当益壮，宁知白首之心，穷且愈坚，不坠青云之志"等佳句，千古传颂，影响深远。尤其是"落霞与孤鹜齐飞，秋水共长天一色"之句，更是神来之笔，超凡脱俗。继王勃之后，唐代的王绪写了《滕王阁赋》，王仲舒写了《滕王阁记》，被史书上称为"三王记滕阁"，成为佳话。文学家韩愈也撰文："江南多临观之美，而滕王阁独为第一，有瑰丽绝特之称。"滕王阁故有"江西第一楼"之誉。

(3)赤壁

在我国湖北省长江岸边，有两个赤壁。其一在湖北蒲圻，是三国赤壁之战的古战场，又称周郎赤壁或武赤壁。据说当年火攻赤壁时，周瑜站在矶头指挥，忽见冲天火光把断崖照耀得彤红一片，不觉豪兴大发，当场写下这"赤壁"两个大字，令人刻石纪念。此传说虽不可靠，但它揭示了"赤壁"命名的由来。"赤壁"二字的近旁，还有诸葛亮、刘备、关羽和张飞的画像石刻，它们与书法石交相辉映，可谓书画并茂。另一个赤壁在湖北黄冈，宋代苏轼当年被贬黄州，曾误以为这里就是三国赤壁之战的古战场，于此写下《念奴娇·赤壁怀古》一诗和前后两个《赤壁赋》。此赤壁因此被称为东坡赤壁或文赤壁，其名声甚至超过了真正的古战场蒲圻赤壁，可谓是以假乱真了。

（4）醉翁亭

醉翁亭位于安徽滁州琅琊山麓，是安徽省著名古迹之一。该亭因宋代大散文家欧阳修及其《醉翁亭记》而闻名遐迩。醉翁亭前有让泉，泉旁是小溪，终年水声潺潺，清澈见底。亭中有宋代文学家、书法家苏轼手书的《醉翁亭记》碑刻，称为"欧文苏字"。亭后最高处有一高台，叫做"玄帝宫"，登台环视，但见亭前群山涌翠，横呈眼底；亭后林涛起伏，飞传耳际，犹如置身画中。

（5）兰亭

兰亭位于浙江绍兴市西南 14km 处的兰渚山下，因晋代大书法家王羲之的《兰亭集序》千古留名。相传春秋时越王勾践曾在此植兰，汉时设驿亭，故名兰亭。这一带"有崇山峻岭，茂林修竹，又有清流激湍，映带左右"，是山阴路上的风景佳丽之处。晋穆帝永和九年（353 年）三月初，王羲之与当地"群贤少长"共 41 人，为修禊事在会稽山阴兰亭集会，当时作诗 37 首，后辑为《兰亭诗》。《兰亭集序》为王羲之为《兰亭诗》写的序文。《兰亭集序》共计 324 字，有"天下第一行书"之称，兰亭也因此成为历代书法家的朝圣之地和江南著名园林。园内"鹅池""曲水流觞""兰亭碑""右军祠"等建筑精巧古朴，是不可多得的园林杰作。

（6）莺莺塔

莺莺塔是山西永济普救寺中的一座普通佛塔，原名舍利塔，因为是小说《西厢记》故事的发生地，故被称为"莺莺塔"，旅游价值大增。莺莺塔雄峙于普救寺西侧，古朴端庄，独立擎天。这座塔同北京天坛的回音壁、河南宝轮寺塔、四川潼南县大佛寺内的"石琴"，并称为我国现存的四大回音建筑。

（7）桃花源

"桃花源"本是晋代大文学家陶渊明笔下虚构的一个理想世界，因为《桃花源记》一文脍炙人口，于是在湖南就出现了一个叫桃花源的旅游热点。该旅游地位于湖南省常德市境内，南倚巍巍武陵，北临滔滔沅水，集山川胜状和诗情画意于一体。桃花源现有神话故乡桃仙岭、道教圣地桃源山、洞天福地桃花山、世外桃源秦人村四大景区、近百个景点。其中，幽处武陵山腹地的秦人村，四围山峦阻隔。主要景点有秦人古洞、豁然台、秦人居、竹廊和秦人作坊等。穿过秦人古洞，就进入了世外桃源。洞外古朴的秦居、芳香的擂茶、深巷的犬吠，别有一番与世隔绝的韵味。另外，在江西也出现了一个"地下桃源"，即江西三清山，该山溶洞比比皆是，洞中随处可见的钟乳石、石笋，被大自然雕造得形状不一，神彩各异，或仙或妖，或人或兽，或草或山，千姿百态，栩栩如生，可谓鬼斧神工。

（8）碣石

东汉建安十二年（207年），魏武帝曹操北征乌桓，归途中，曾写下一首著名诗篇《观沧海》："东临碣石，以观沧海。水何澹澹，山岛竦峙。树木丛生，百草丰茂。秋风萧瑟，洪波涌起。日月之行，若出其中，星汉灿烂，若出其里。幸甚至哉，歌以咏志。"这是被学术界公认的我国历史上最早的一首完整的山水诗。但诗中描写的碣石所在的位置是具有争论性的学术问题，目前河北省昌黎县和辽宁绥中县分别开发了以碣石为名的旅游景点，山东无棣也宣称碣石位于该县境内，于是出现了一个地名三省相争的局面，可见由于著名文学作品形成的地名资源在旅游中的重大意义。

古之碣石今何在？

毛泽东词云："往事越千年，魏武挥鞭，东临碣石有遗篇。"那么古之碣石今何在？历代学者众说纷纭，虽然多认为在秦皇岛至山海关一带的海边或海上，但是具体地点却是三家分争。

辽宁说。持该说学者主要依据考古发现。1982年，辽宁省文物普查时发现，绥中县万家乡秦汉遗址即是"碣石宫"和汉代"望海台"址。这两处遗址距山海关5km，紧靠渤海边的墙子里村石碑地和贺家村黑山头。黑山头遗址由一组大型宫殿遗址组成，据分析，时代不远于西汉初年。登台举目，沧海无际，应为文献所记汉代"望海台"。石碑地遗址在黑山头东约1.5km，面对海中三块巨大的礁石，那便是民间传说中的"姜女坟"。礁石群的形状特点、气势与文献所记"碣石而立于巨海之中"完全吻合，位置又在山海关附近。因此，可以确证"姜女坟"礁石群就是古碣石。

山东说。持该说学者主要靠查找史籍。他们认为，《三国志·武帝纪》《曹操集》是研究魏武帝曹操的权威性资料，没有明确记载曹操《观沧海》写于什么地方。但是，从其字里行间，可以理出曹操的踪迹，从其踪迹中，不难发现历史上曹操"东临揭石"就发生在山东无棣确石山。

河北说。持该说学者主要靠情理推断。他们认为，曹操由歼灭乌桓主力的战场班师归来时，已到初秋九月，沿海的道路不再难行。为此，他在归途中特意取道今昌黎一带，"东临碣石，以观沧海"。当时，"登高必赋"的曹操登上碣石山，面对"众水朝宗来眼底"的雄壮景象，放喉高歌，吟出了组诗《步出夏门行》（又名《碣石篇》）的第一章《观沧海》。

（9）天门山

天门山位于安徽省当涂县西南的长江两岸，两山夹江对峙，象一座天设的门户，形势非常险要，"天门"即由此得名。李白写有《望天门山》一诗："天门中断楚江开，碧水东流至此回。两岸青山相对出，孤帆一片日边来。"诗中将山与水、人与景完美地描绘出来，让天门山更具诗情画意。

（10）白帝城

白帝城位于重庆瞿塘峡口的长江北岸，原名子阳城，为西汉末年割据蜀地的公孙述所建，因见此地一口井中常有白色烟雾升腾，形似白龙，故公孙述自称白帝，遂于此建都，并将子阳城改名为白帝城。唐宋以来，著名诗人留下了无数吟咏白帝城的作品，因此，白帝城又称诗城。李白《早发白帝城》妇孺皆知："朝辞白帝彩云间，千里江陵一日还。两岸猿声啼不住，轻舟已过万重山。"此诗让白帝城更成为人们十分向往的游览胜地。

因文学作品而知名的旅游地远远不止上述这些，还有很多著名山水名胜因文学而更熠熠生辉。如杜甫的《望岳》一诗，把泰山奇景描写得尽善尽美。其最后两句"会当凌绝顶，一览众山小"，不仅富有哲理，而且字里行间，充满着一种人生的旷达与豪气。

李白"五岳寻仙不辞远，一生好入名山游"，很多名山大川在他的笔下，更加秀丽神奇。如《望庐山瀑布》："日照香炉生紫烟，遥看瀑布挂前川。飞流直下三千尺，疑是银河落九天。"

苏东坡的山水诗，亦备受推崇。如《饮湖上初晴后雨》："水光潋滟晴方好，山色空濛雨亦奇。欲把西湖比西子，淡妆浓抹总相宜。"杭州西湖的美，可谓世间难见，而苏东坡的诗，更是人间难得，二者相得益彰，互添光彩。其歌咏庐山的诗《题西林壁》也是家喻户晓："横看成岭侧成峰，远近高低各不同。不识庐山真面目，只缘身在此山中。"

像这样"文以景生，景以文传"的例子，不胜枚举。随着旅游事业的发展，还会有更多这样的景点被发掘出来，成为热点旅游地，这将对提高我国旅游景观的文化层次大有裨益。

11.1.2　著名文学家故居、纪念地

我国许多杰出文学家的故居及其生活足迹目前已经成为旅游者参观浏览、吊古凭今的地方。游客可以借此全面了解这些文化巨匠的经历、情操与成就，研究他们的创作活动与社会背景的关系。当然，这一类旅游景观必须具有历史真实性。

从旅游开发的角度来看，目前我国较为重要的文学家故居和纪念地有如下几处：湖北秭归的屈原故里、江西庐山的陶渊明纪念馆、四川成都的杜甫草堂、四川江油的李白故居、安徽马鞍山的李白祠（李公青莲祠）、广西柳州的柳（宗元）侯祠、四川眉山的三苏祠（苏洵、苏轼、苏辙）、海南岛的苏公祠和东坡书院、山东济南李清照纪念堂、山东淄博蒲松龄故居、北京西山曹雪芹纪念馆、浙江绍兴鲁迅故居和三味书屋等。

（1）屈原故里

屈原故里位于湖北秭归。屈原，名平，战国时期楚国人，是一位具有远见卓识的政治家，是中国文学史上的第一位大诗人，是三峡里的"第一流才子"。他忧国忧民，最后投汨罗江以身殉国。屈原留下的《离骚》《九章》《九歌》等光辉诗篇，声贯古今，名扬中外。秭归是屈原故里，其名胜多与屈原有关，如屈原出生地香炉坪、屈原读书的读书洞以及纪念屈原的屈原祠。秭归还是历史悠久的柑桔之乡，屈原在他的名篇《桔颂》中，曾对桔树的形象和性格作过深刻的描写。每当深秋时节，这里满目都是柑

桔林，青枝绿叶藏红果，如诗如画。

(2) 陶渊明纪念馆

陶渊明纪念馆为纪念东晋诗人陶渊明而建，位于江西省庐山西麓九江县城，建筑体现明清时代江南民间风貌，青砖黛瓦，朱柱翘檐，骆驼山墙，花石点缀，素净幽雅。馆内陈列有《陶渊明集》历代版本 20 种，研究陶公的专著及论文多种，陶公大事年表，陶公活动遗址图片，还复制了历代名画家绘制的陶公田园生活图，以及以陶公靖节为题材创作的书画等等。

(3) 杜甫草堂

杜甫是我国历史上最著名的诗人之一，被称为"诗圣"。杜甫草堂是杜甫的故居，坐落在成都市西郊的浣花溪畔。唐朝安史之乱后，杜甫于公元 759 年由甘肃颠沛流离到了成都，靠了友人的帮助在城西浣花溪畔营建了居所。他在这里居住了将近 4 年，写下了 240 多首诗篇。《春夜喜雨》《茅屋为秋风所破歌》等，就是在这里写的。

(4) 李白故居

李白是我国历史上最著名的诗人之一，被称为"诗仙"。李白故居在四川江油的青莲乡。李白一生辉煌壮丽，曲折坎坷。李白在青莲度过了 24 个春秋，现留存有陇西院、磨针溪、石牛沟、名贤祠、粉竹楼、太白祠等 10 多处遗址遗迹，共分为月光湖景区、天宝山景区、青莲古镇景区和太华山景区四大景区。

李白故里之争

"床前明月光，疑是地上霜。举头望明月，低头思故乡。"

这首《静夜思》沉浸着李白的思乡之痛，但李白的故乡在何方呢？往事越千年，今天，四川江油、湖北安陆、甘肃天水、吉尔吉斯斯坦的托克马克市，纷纷自称是李白的故乡，点燃了李白故里争夺战。

李白故里争夺战的导火索是湖北安陆的一则城市宣传片。2009 年 8 月中旬，湖北安陆在央视 4 套投放城市宣传片，内容是"李白故里，银杏之乡，湖北安陆欢迎您。"

这让四川江油市极为不满，其认为江油才是李白的故里，安陆涉嫌"侵权"，要求该宣传片停播。安陆市则认为，宣传片主要为树立城市形象，不是商业行为，故侵权不成立。而且，江油也不该"独霸"李白故里。

正值两地争夺进入白热化之时，争夺的第三方出现了。2009 年 10 月，吉尔吉斯斯坦驻中国大使馆商务参赞访问安陆，称李白故里在吉国的托克马克市（古碎叶城），希望托克马克与安陆两个城市能够以李白为纽带，共同担负起弘扬李白文化的责任，并进一步拓展经济、贸易等方面的合作。

接着竟又出现了争夺的第四方。2010 年 3 月，有甘肃籍学者撰文，提出李白故里在甘肃天水秦安，当地随即举行了网友签名等活动，颇为热闹，但这些仅限于民间诉求。

(5) 柳侯祠

位于广西柳州的柳侯祠，是为纪念柳宗元而建造。柳宗元，字子厚，唐代河东

（今山西省永济县）人，世称柳河东。柳宗元曾任柳州刺史，因他在柳州刺史任上政绩卓著又死于此地，世人又称他为柳柳州。柳宗元的散文与诗词颇为华丽，与韩愈齐名，两人共同倡导古文运动，并称韩柳。

（6）三苏祠

三苏祠位于四川眉山市，是北宋时期著名文学家苏洵、苏轼、苏辙父子三人的故居。元代改宅为祠，祭祀三苏。三苏祠自元朝建祠，几度兴衰，却一直是历代文人墨客和人民祭拜圣贤之地。三苏祠是一座富有四川特色的古典式园林建筑。周围红墙环抱，绿水萦绕，荷池相通，小桥频架，曲径通幽，堂馆亭榭掩映在翠竹浓荫之中，错落有致，形成"三分水二分竹"的岛居特色。苏轼"宁可食无肉，不可居无竹"，从祠堂的布局便可见一斑。三苏祠现有大殿、启贤堂、木假山堂、来凤轩、云屿楼和陈列室等。

（7）李清照纪念堂

李清照，号易安居士，济南人。中国历史上最杰出的女作家，婉约派词人的卓越代表。李清照纪念堂位于济南趵突泉公园内漱玉泉北侧。纪念堂系仿宋建筑。陈列厅里有女词人的画像和著作，还有其父撰文的碑石拓片、其夫登泰山的题名刻石拓片，以及当代著名学者、作家叶圣陶等人的题字。

（8）蒲松龄故居

蒲松龄故居位于山东淄博。故居古朴典雅，清新别致。一连四进的院落，瓦舍茅屋相间，月门花墙错落。院内处处青砖灰瓦，垂柳依依，古藤萦梦，花木扶疏，翠竹摇曳，石榴火红，独有历代书香与农家小舍的清雅情趣。在这里蒲松龄创作了经典的传世之作《聊斋志异》。

（9）曹雪芹纪念馆

位于北京市海淀区西山脚下植物园内的曹雪芹纪念馆，是《红楼梦》的作者——文学巨匠曹雪芹晚年的生活之所。在这里，他收拾起自己大半生的生世积累，开始了长达 10 年的创作。现在的纪念馆就是以原来的老宅为基础建成的，前后两排共 18 间房舍，仿清代建筑。展出有清代旗人的生活环境，曹雪芹在西山的生活，创作环境的模型，对曹雪芹研究的成果及各种版本的《红楼梦》。

（10）鲁迅故居

鲁迅是现代文学史上的大家，被誉为"民族魂"。《狂人日记》是中国现代小说的开端及成熟之作。《呐喊》《彷徨》等小说集成为现代文学宝库中永恒的经典。鲁迅故居位于浙江绍兴老城内，1881 年鲁迅就出生在这里，一直生活到 18 岁去南京求学，以后回故乡任教也基本上居住此地。故居后园即是鲁迅笔下的百草园，街对面还有鲁迅小时就读的私塾——三味书屋。

11.2　艺术与旅游

每一个民族都会有本民族独特的文化艺术。中国传统文化源远流长，在艺术方面尤其有自己的民族特色，艺术形式多种多样，诸如戏剧、音乐、电影、绘画、书法等，不仅自古以来受到人们的喜爱，而且在旅游活动中，发挥着独有的功效。艺术可以提高景物的观赏价值，或增加趣味，启迪游兴；或直接成为观赏的对象。

11.2.1 传统戏剧

我国各地传统戏剧形式很多，成为当地旅游环境的特色，是一种独具地方特色的旅游资源，其中京剧还被称为我国的"国粹"。我国主要地方剧种有北京的京剧、河北等地的评剧、河北的梆子、浙江的越剧、苏州的评弹、陕西的秦腔、山西的晋剧、山东的吕剧、河南的豫剧、四川的川剧、上海的沪剧、安徽的黄梅戏、西藏的藏戏等。

（1）京剧

京剧是地道的中国国粹，因形成于北京而得名。京剧集歌唱、舞蹈、音乐、美术、文学等艺术形式之大成，成为中国文化中经典性的代表。

近些年来，京剧与旅游的关系日益密切。北京的长安大戏院、前门梨园剧场、湖广会馆等场所，都因常年演出京剧而久负盛名。据不完全统计，每年仅长安大戏院、梨园剧场、湖广会馆三家接待的旅游者就达几十万人。在京城，每天晚上演出京剧的场所不下三、四处，且一年365天几乎没有间断，如此高的演出频率和密度让任何一个剧种都望尘莫及。

京剧之名始见于清光绪二年（公元1876年）的《申报》，历史上曾有皮黄、二黄、黄腔、京调、京戏、国剧等称谓。清朝乾隆五十五年（公元1790年），清廷为皇帝祝80寿辰，征调安徽享有盛名的四大徽班进京，此为京剧诞生的标志。

京剧行当　京剧是综合性的表演艺术。它集唱、念、做、打、舞为一体，通过程式化的表演手段叙演故事，刻划人物，表达"喜、怒、哀、乐、惊、恐、悲"等思想感情。其角色可分为生、旦、净、丑四大行当；其人物有忠奸、美丑、善恶之分，各个形象鲜明、栩栩如生。

生行，指戏曲剧目中的男性形象，以俊扮面部化妆为其特点。根据其年龄、身份的不同可以分为老生、小生、武生等不同的种类。

旦行，指戏曲中的女性形象，可分为青衣、花旦、刀马旦、武旦、老旦、彩旦等类别。青衣，又叫"正旦"，多表现那些端庄稳重的中青年妇女，以唱功见长，如《铡美案》中的秦香莲。

净行，指戏曲中那些面部勾画脸谱的男性形象，有正净、副净、武净和毛净之分。正净，也称"大面""铜锤"或"黑头"，所表现的人物多为举止稳重者，以唱功见长，如《铡美案》中的包拯，《二进宫》中的徐延昭等。

丑行，指戏曲中那些滑稽幽默或相貌丑陋的人物，有男性也有女性。男性多在鼻眼间勾画豆腐块状脸谱，故又称"小花脸"，有文丑、武丑、女丑之分。

京剧脸谱　以"象征性"和"夸张性"著称，它通过运用夸张和变形的图形来展示角色的性格特征。眼睛、额头和两颊通常被画成蝙蝠、蝴蝶或燕子的翅膀状，再加上夸张的嘴和鼻子，制造出所需的脸部效果。

不同的勾画法则表示性格的不同。揉脸，凝重威武；勾脸，色彩绚丽，图案丰富，复杂美丽；抹脸，浅色为多，涂粉于面，不以真面目示人，突出奸诈坏人之性；破脸，不对称脸，左右不一，形容面貌丑陋或意比反面角色。

颜色也代表着不同的性格特征。红色一般代表忠勇侠义，多为正面角色；黑色一般直爽刚毅，勇猛而智慧；紫色一般刚正威武，不媚权贵；黄色代表勇猛而爆躁；金色一般为神仙高人；绿色一般代表勇猛，莽撞；蓝色则代表刚强阴险。

京剧音乐　京剧里的音乐当然也是地道的中国味的音乐，以二胡、京胡等管弦乐器为主，却别具腔韵。京剧音乐属于板腔体，主要唱腔有二黄、西皮两个系统，所以京剧也称"皮黄"。

京剧传统剧目　据统计，京剧剧目总计5800多种，其中绝大多数是传统剧目。京剧的传统剧目除来自徽戏、汉戏、昆曲与秦腔者外，也有相当数量是京剧艺人和民间作家陆续编写出来的。京剧较擅长于表现历史题材的政治和军事斗争，故事大多取自历史演义和小说话本。既有整本的大戏，也有大量的折子戏，此外还有一些连台本戏。

京剧传统剧目主要有《贵妃醉酒》《玉堂春》《霸王别姬》《群英会》《打渔杀家》、《三岔口》《空城计》等。

京剧表演艺术家梅兰芳

梅兰芳（1894—1961年），著名京剧表演艺术家，京剧大师，名澜，又名鹤鸣，艺名兰芳。光绪二十年（1894年）出生于北京的一个梨园世家。梅兰芳8岁学艺，11岁登台，从艺近60年。

梅兰芳是中国近代杰出的京昆旦行表演艺术家，举世闻名的中国戏曲艺术大师，所唱戏曲形成自己独特的艺术风格，世称"梅派"。他的代表剧目有《贵妃醉酒》《霸王别姬》等；昆曲有《游园惊梦》《断桥》等。

在中国京剧史上，梅兰芳位居梅尚程荀"四大名旦"之首，是"梅派"艺术的传世人；同时，他也是享有国际盛誉的表演艺术大师，其表演被推为"世界三大表演体系"之一。在西方人的眼中，梅兰芳就是京剧的代名词。梅兰芳演绎了京剧的灵魂，是民族的大师，国粹的塑造者，为中华民族传统文化的传播做出了不可磨灭的贡献。

梅兰芳在抗日战争期间曾断然蓄须明志，不为民族敌人演出，表现了艺术家的民族气节。这一事件成为抗战佳话，在中华大地广为传颂，极大地鼓舞了中国人民抗战的决心。

梅兰芳先生是中国表演艺术的象征，是中国人民的骄傲。

（2）川剧

川剧是四川文化的一大特色。成都是戏剧之乡，早在唐代就有"蜀戏冠天下"的说法。清代乾隆年间，在本地车灯戏基础上，融汇各地声腔，形成了用四川话演唱的"川剧"。川剧语言生动活泼，幽默风趣，充满鲜明的地方色彩、浓郁的生活气息和广泛的群众基础。

川剧剧目繁多，早有"唐三千，宋八百，数不完的三列国"之说。广为流传的名戏有《白蛇传·金山寺》《柳荫记》《玉簪记》《彩楼记》等。川剧绝技丰富，如托举、开慧眼、变脸、喷火、藏刀等，令人叹为观止。

变脸是川剧表演艺术的特殊技巧之一，是揭示剧中人物内心思想感情的一种浪漫主义手法。把不可见、不可感的抽象的情感变成可见、可感的具体的东西。变脸的手法大体上分为3种："抹脸""吹脸""扯脸"，此外，还有一种"运气"变脸。

川剧丰富了游客在四川各地尤其是成都的旅游生活，使游客能在艺术的氛围内感受到更加真切的巴蜀文化。

（3）黄梅戏

黄梅戏是安徽的地方戏曲剧种，20 世纪 90 年代初与黄山并提为安徽的"两黄"。黄梅戏原名"黄梅调"或"采茶戏"，是 18 世纪后期在皖、鄂、赣三省毗邻地区形成的一种民间小戏。其中一支逐渐东移到安徽省安庆地区，与当地民间艺术相结合，用当地语言歌唱、说白，形成了自己的特点，被称为"怀腔"或"怀调"。这就是今日黄梅戏的前身。

黄梅戏分为大戏和小戏，其中《天仙配》《女驸马》和《牛郎织女》相继搬上银幕，在国内外产生了较大影响。

黄梅戏的旅游开发被视为安徽旅游的一个重点。与其他戏种一样，曲调悠扬、内容丰富、极具生活气息的黄梅戏也成为安徽旅游的一大特色资源。

11.2.2 绘画艺术

11.2.2.1 中国画艺术特征

中国画的发展历史源远流长，在长达数千年的发展中，形成了自己的风格和流派。中国画以形写神。以线造型、随类赋彩、虚实相生、散点透视等绘画特点，与西洋绘画形成鲜明的差异，在世界绘画艺术中独树一帜。山水画尤其是水墨山水，最能代表中国画的文人气质和写意手法，是中国文化四绝之一。

（1）以形写神，"得意忘形"

中国画讲求"以形写神"，追求一种"妙在似与不似之间"的感觉。传统的中国画不拘泥于物体外表的肖似，而多强调抒发作者的主观情趣。

（2）散点透视、虚实相生

中国画在构图、用笔、用墨、敷色等方面，各有特点。在透视法上，中国画是散点透视，西洋画是焦点透视；在构图方面，"计白当黑"，虚实相生。

（3）随类赋彩、以线造型

中国画敷色有自己的讲究，所用颜料多为天然矿物质或动物外壳的粉末，耐风吹日晒，经久不变。敷色方法多为平涂，随类赋彩，追求物体固有色的效果，很少光影的变化。以线造型，用笔上讲求粗细、疾徐、顿挫、转折、方圆等变化，以表现物体的质感。中国画用墨代色，浓淡相生，浓处须精彩而不滞，淡处须灵秀而不晦。

(4)"外师造化，中得心源"

中国画在理论上自成体系，"外师造化，中得心源""迁想妙得""缘物寄情，物我交融""神遇而迹化""写大自然之性亦写吾人之心"，等等，都是中国画写意理论的精华。

中国画的主流山水画在此方面尤为突出。山水画受老庄思想及禅宗思想影响至深，注重个体心灵的体悟，常常于静寂观照中，求返于自己内心深处的心灵节奏，以结合宇宙内部的生命节奏。山水画创作并非是对一山一水做客观刻板的自然描绘，而是把山水作为传达情感的载体，来抒发画家自己内心的情绪。用笔墨的浓淡、点线的交错、明暗虚实的互映、形体气势的开合，去创造一幅意境幽深、气象万千的胸中丘壑。

中国画在创作中强化了主观感受，实际上是强化了人文精神。中国人面对自然，往往把自我融到生活中去，又把生活看作一种境界，追求一种自然精神里的人文境界。中国山水画所表现的心灵最深处的精神是一种深沉静默地与无限自然的浑然融化。中国山水画是心灵与自然完美合一。

历代以庐山为题的山水画

山水画是中国山水文化的重要组成部分，它的产生与发展来源于中国丰厚的自然资源。庐山就是中国山水画的发祥地。

庐山，奇秀苍润的山体、飞流湍泻的瀑布、扑朔迷离的云雾、葱郁茂盛的植被，不断激发人们的审美愉悦。庐山的山水风貌，成为人类历史性格所赋予的美学载体。它滋养艺术，荟萃文化。这些历代关于庐山的画作更与庐山的自然风光相互映衬，体现中国山水旅游的自然性与艺术性的完美结合。庐山以其自然山水成为画家第一描绘的对象，永载艺术史册。

顾恺之的《庐山图》

东晋画家顾恺之创作的《庐山图》，是中国绘画史上第一幅独立存在的山水画，因而顾恺之享有"山水画祖"之誉，这是对他为中国山水画的确立而做出贡献的历史评定。从此历代丹青大师以庐山为载体，以这一艺术形式对庐山赋予美感境界的表述。

荆浩的《匡庐图》

五代梁时的荆浩绘制《匡庐图》，它典型地反映了五代山水画的创作成就。《匡庐图》的山水章法为全景布局、全景构图，图中山峰充溢着欲升之势，既挺拔又深远，既缥逸又俊秀，气势浩然，空间感强，气概伟岸，憾人心魄。在整幅竖轴空间中，峰峦叠嶂，悬瀑萦纡，岚气缭绕，小桥横架，意态生动，意味盎然。山的形态，以线框勾示；岩石纹理，以短笔直皴。笔能细碎多变，笔墨功力，跃然图口。宋高宗在图中题有"荆浩真迹神品"，并为历代鉴赏家珍爱。

马远的《庐山雪霁图》

宋代马远创作的《庐山雪霁图》，现藏于北京故官博物馆。画法具有淡墨轻岚的水墨特征，构图打破传统的鸟瞰式成规，从远视取景，笔墨寥寥，却形象生动，即突出了主题，又显示出广阔的空间。画面取景简洁，寒意萧然，透露出浓浓的"马一角"画风的意韵。

沈周的《庐山高图》与唐寅的《庐山图》

绘画"明四家"中，有"绘事为当代第一"的沈周和被称为"风流才子"的唐寅，他们曾以庐山为描绘对象，分别创作了《庐山高图》和《庐山图》。沈周是一位优裕的文人画家，而唐寅却是一位落魄的士人画家，虽然都是以庐山作为审美载体，却表现出不同的意味。

沈周的作品，多是描绘江南山水胜景，反映文人淡泊生活的情趣，寄托着高雅闲适的生活理想。《庐山高图》真迹现藏于台北故官博物院，是其代表作，并极受后人推崇。

唐寅真迹《庐山图》，现藏于安徽省博物馆，为全景山水，表现的是庐山三峡桥（又称观音桥）一带的景观，画面峰岩嵯峨，古木惨淡，瀑泉湍泻。画风清刚俊逸，而意境却萧索苍冷。

11.2.2.2 中国画种类

中国画种类繁多，按照表现手法划分，中国画可分为工笔画、写意画和兼工带写三种表现形式；按照题材划分，中国画可分为人物画、山水画、花鸟画、动物画四种；按照创作思想和审美情趣，可分为文人画、宫廷画、民间画。

中国画一般用卷轴来装裱，形成卷轴画，区别于壁画和其他工艺画。

我国民间用于环境装饰的年画，虽有别于中国传统绘画种类，但其古朴生动，极具民间特点和地方特色，也深受旅游者喜爱。苏州桃花坞、天津杨柳青、山东潍坊是我国著名的三大木版年画产地。

11.2.2.3 著名画家和画作

我国历史上有很多著名画家和不朽的绘画作品，从晋代顾凯之的《洛神赋图》、隋代展子虔的《游春图》，到唐朝吴道子的《送子天王图》、阎立本的《步辇图》，从宋代张择端的《清明上河图》、苏轼、米芾父子的文人画，到后来的"元四家"（黄公望、王蒙、倪瓒、吴镇）、"明四家"（沈周、文征明、唐寅、仇英）及清代的"四王"（王时敏、王鉴、王翚、王原祁）、"扬州八怪"（郑板桥等）和四大画僧（八大山人、石涛等）等，都是不朽的画家，都有存世之名作。

近代、现代杰出的画家也层出不穷，从吴昌硕的花鸟到张大千的山水，齐白石的虾，徐悲鸿的马，绘画艺术都达到了炉火纯青的地步。而游人观赏最多的还属壁画。我国历代留下的壁画也很多，著名的有甘肃敦煌莫高窟的壁画、山西芮城永乐宫的壁画以及众多佛寺中的佛教壁画。

古代名画给人们兴建仿古旅游点提供了依据，如香港依据张择端的《清明上河图》修建了"宋城"，开封又依据此画兴建了"宋代一条街"，都成为著名的旅游景区。

11.2.3　书法艺术

汉字起源于象形文字，是世界上最古老的文字之一。汉字的书法艺术历史悠久，伴随文字的产生而出现，自从成熟的文字正式产生之后，书法艺术便出现在中华民族文化艺术的大舞台上，成为中华民族特有的一种艺术瑰宝。书法艺术历来被广大群众所欣赏和喜爱，在我国各地分布也极为普遍。旅游每到一处，尤其是风景区、寺庙、园林、博物馆等，都可发现各种书法作品，如楹联、匾额、题词、碑刻和建筑中的装饰字画，书体繁多，风格各异，游人无不为之赞叹，为之陶醉。书法艺术可以说是我国普遍存在的一种旅游资源。

我国书法字体主要有篆、隶、楷、行、草 5 种。

11.2.3.1　书法艺术的发展

秦代推行小篆书体，李斯成为我国历史上第一位大书法家，泰山岱庙中保留有李斯小篆碑；汉代流行隶书，著名的汉《张迁碑》，也存于泰山岱庙中。

魏晋时楷、行、草书体皆被创立，大书法家人才辈出，成为我国书法艺术史上的第一个高峰。这一时期的书法作品呈现和平含蓄的风格，最有名的书法家为钟（繇）、卫（夫人）、二王（羲之、献之）。王羲之被誉为"书圣"，他的《兰亭集序》被誉为"天下第一行书"。

唐朝是我国书法艺术史上的第二个高峰，其作品风格大多刚健雄强。出现的著名书法家很多，最有影响的是欧（阳询）、张（旭）、颜（真卿）、柳（公权）、释（怀素）5位大书法家。欧体、颜体、柳体至今是人们学习书法的楷模。欧阳询的《九成宫礼泉铭》为楷书佳作。颜真卿的《祭侄文稿》被誉为"天下第二行书"。张旭和怀素为草书大家，二人皆嗜酒，时人称为"颠张醉素"。他们的草书尽情挥洒，变化多端，时人称为"狂草"。张旭的《古诗四帖》、怀素的《自叙帖》都是书法的不朽之作。

宋代是我国书法艺术史上的第三个高峰，也是最后一个高峰，其书法作品表现为自由豪放的风格。苏（东坡）、黄（庭坚）、米（芾）、蔡（襄）被称为宋代四大书法家，"宋四家"对宋代及后世书法艺术的影响极为深远。尤其是苏东坡，其《寒食诗帖》被誉为"天下第三行书"。

元、明、清的书法艺术，虽然多为效仿前人，创新不足，但也出现众多有影响的书法家，如元代的赵孟頫，明代的祝允明、文徵明、董其昌，清代的刘墉、郑板桥等。

11.2.3.2　我国著名的书法艺术遗存

（1）碑林、石刻

我国古代碑林石刻数量相当浩大，最有名的碑林有西安碑林、曲阜孔庙碑林、镇江焦山碑林以及大量帝王陵园中的碑刻、风景名胜区的石刻等。比如泰山石刻就是泰山风景很重要的一个组成部分。

泰山身兼世界自然遗产称号与文化遗产称号，其雄伟与壮丽早已为世人所仰慕。泰山被关注的除了它的自然风光外，还有它那浑厚的文化底蕴。如果说泰山是中国文化史的一个局部缩影，而泰山石刻可以说是这部文化史中的一枝奇葩。它作为中国书法艺术品的一座宝库，"收藏"了众多中华民族的文化珍品。著名者有秦李斯小篆碑、汉张迁碑、经石峪金刚经石刻、五岳独尊石刻、唐摩崖石刻等。

泰山石刻主要为历代帝王封禅告祭文、寺庙创建重修记、石经墓铭、颂岱诗文、题景及楹联五大类别，大部分为自然石刻。其文字既有洋洋数千言的长篇巨著，也有一字之惊；既有帝王御言，也有黎民之语。其形式则既有雄伟高大的丈山之碑，也有盈尺小碣；既有精雕细磨之作，也有粗犷片石之刻，实在令人叹为观止。

（2）楹联、匾额

我国楹联、匾额更是遍及全国各地，它们是古建筑景观中的构景要素，不仅能提高游人的兴趣，增进对风景、文化的深刻理解，也是书法艺术的重要表现形式。著名的如山海关"天下第一关"匾额和附近的孟姜女庙楹联，昆明大观楼的"海内第一长联佳作"等等。这数不清的楹联、匾额，不仅字体功力深厚，文字内容也颇精妙，可谓形神兼备，令人回味无穷。它们是名胜古迹的点睛之笔。有了它们，风景才有了神韵，才更加和游人亲合起来。

11.2.4　著名艺术家故居、纪念地

我国著名艺术家故居和纪念地有很多，分布在全国各地。

（1）王右军祠

王右军祠在浙江绍兴兰亭，兰亭是一座幽静古朴的园林，在中国、日本书法界享有盛名。相传东晋永和九年（353 年），大书法家王羲之在此作《兰亭集序》，被誉为"天下第一行书"。王右军祠为王羲之所建的纪念祠。除此之外，园中还有流觞亭、鹅池碑、墨池。

（2）米公祠

米公祠位于湖北襄樊城西南隅，为纪念北宋大书画家米芾所建。米芾，字元章，号襄阳漫士，能诗文，擅书画，创立"米点山水"，使其山水画自成一家。

米公祠旧名米家庵，明末被毁。清康熙时于此得"米氏故里"残碑，始建此祠。内有米芾手书碑碣和黄庭坚、蔡襄、赵孟頫等著名书法家手迹刻石。

（3）青藤书屋

青藤书屋是明代杰出书画家徐渭的故居和书斋，在浙江绍兴。徐渭，字文长，号青藤道士。擅画水墨花卉、山水、人物，能摆脱陈规，开创写意画派的新风格，对后世影响很大。书屋为砖墙木格花窗平房，内有徐渭画像和他手书的书法作品。

（4）青云谱

青云谱是南昌市南郊一座古老的道观，为清代画家八大山人（朱耷）建造，并在此

隐居、修道、作画，现辟为青云谱八大山人纪念馆。

此外在北京，还有齐白石、梅兰芳、徐悲鸿等艺术家故居，以及徐悲鸿纪念馆。

11.3　民俗与旅游

11.3.1　民俗的概念和分类

民俗，简单说就是民间的风俗，是创造于民间又传承于民间的具有世代相习的传承性事项。一般把由自然环境的差异而形成的社会习尚叫"风"，把由社会环境不同而形成的社会习尚叫"俗"。

我国地域辽阔，民族众多，早在汉代就有"千里不同风，百里不同俗"的说法。民俗的具体内容极为丰富，涉及到生活中的方方面面。因此，民俗堪称是人文活动中最生动、最绚丽多彩的组成部分。

民俗内容广泛，从显而易见的建筑、服饰、饮食、礼仪、节庆活动、婚丧嫁娶、文体娱乐、乡土工艺，到需要细心观察、深入体会的思维方式、心理特征、道德观念、审美趣味等。因为民俗本身的广泛性和复杂性，使它不但包罗万象，其内容还在不断变化和发展中。所以直到目前，对民俗的分类，各国学者意见并不统一。我国一些民俗学者根据对我国各民族民俗活动的实际研究，一般将我国各民族民俗作如下分类。

①物质民俗。包括衣、食、住、行、生产、交通等。

②社会民俗。包括家族、村落、人生诸仪式、岁时习俗、民间节日等。

③口承语言习俗。包括神话、传说、故事、歌谣、叙事诗、谚语、谜语等。

④精神民俗。包括巫术、宗教、信仰、禁忌、道德礼仪、民间游艺等。

其实，民俗是一种综合性的文化事项，没有哪一类民俗事项纯属某一类，对民俗的分类从来都是相对的。

11.3.2　民俗旅游

11.3.2.1　民俗旅游的重要意义

（1）有利于增强民族自豪感和民族自信心

民俗旅游的主要吸引力来自于民族的文化差异性。这种差异是一个民族一个地区区别于其他民族和地区的主要文化内容，并构成民俗旅游资源的主要部分，是民族文化的组成部分。通过参与异族的民俗活动，感受另一种风情，体会另一种生活方式，从而扩大眼界，增长知识，开阔胸怀、陶冶情操，由此感知中华民族的多彩文化和光辉历史，可以大大增强民族荣誉感、自豪感，珍视文化传统，提高民族自强意识。

（2）有利于文化交流，增进民族团结

处于不同文化背景中的不同民族，对于异族文化和人民有着强烈的认知和了解的欲望。随着旅游活动的开展，越来越多地为不同地区、不同民族、不同信仰以及不同生活方式的人们提供了相互直接接触与交往的机会，在面对面地交流活动中，加深了彼此的相互了解与理解，增强了不同民族之间的友好关系。并且通过直接交往的增加，人们相互理解而变得更加宽容。

（3）有利于促进民族文化的保护和发展

民族文化是一个国家或者地区重要的旅游资源。为了满足外来旅游者的需要，一些几乎被人们遗忘了的传统民俗和文化活动得到重新开发和恢复；传统民族手工艺品因市场需求的扩大得到继承和发扬；传统的音乐、舞蹈、戏剧等艺术形式得到重视和发掘；破旧的传统历史建筑得到重新维护和妥善管理；一些几乎已被抛弃的民族文化遗产都随着旅游的开展获得新生。

（4）有利于推动民族地区的经济发展

我国少数民族大多分布在西北、西南、东北等边远地区，由于自然条件的限制，这些地区交通不便、经济发展缓慢、科技文化落后、自我发展能力低。不利的发展环境同时决定了偏远民族地区的自然景观受人类经济活动干扰较小，自然生态系统保存较为完整，少数民族文化资源丰富，有较大的旅游开发优势。发展旅游就是要把这种资源优势转变为经济优势，使其成为少数民族地区脱贫致富的有效途径。旅游业涉及食、住、行、游、购、娱等诸多方面，几乎覆盖了从传统服务业到现代服务业的所有行业和门类，是一个综合性很强的产业。加快旅游业的发展，不仅可以大大提高服务业的比重，而且对其他产业的发展具有一定的带动作用，从而有力地促进区域的经济发展，扩大少数民族人口就业率，提高居民收入，从根本上改善居民生活质量。

11.3.2.2 民俗旅游的特点

（1）广泛性

民俗旅游资源是广泛存在的。民俗广泛存在于某一地域范围或某一民族，广泛存在于人们生产生活的一切过程，广泛存在于任何季节和时间。民俗几乎是无处不在，包罗万象的，它涉及到各个民族和每一个民族的各个方面。

（2）自在性

民俗活动是民众生活的重要内容。通过民俗活动的开展借以传播民族的历史、传授生产知识、加强民族内部的团结、娱悦民众等。因此，即使在没有任何外在的目的、没有任何旅游者存在的情况下，民俗活动也会照常进行。例如，在广西柳州鱼峰山下，每当傍晚，当地壮族群众就自发聚集一处对歌，此起彼落，怡然自得，有无旅游者参观都不受影响。

（3）体验性

走马观花似的旅游方式对于民俗旅游并不适应。和其他许多旅游项目不同，民俗旅游尤其应注重体验性。各种民俗事项和民俗活动，应尽量让旅游者参与其中，使其获得亲身的体验，才能给他们留下深刻的印象。如让旅游者穿上当地居民的服装，下榻于当地民居，食用地方风味饮食，参加当地民众的生产活动等，这些可以让旅游者获得更为真实的体验感受，更好地融入民族地区的民俗风情氛围之中。

11.3.2.3　民俗旅游的注意事项

在开展民俗旅游过程中，有许多需要注意的事项。

（1）"入乡随俗，入国问禁"

"入乡随俗，入国问禁"是古训，也是每个人应有的教养。在民间有一些清规戒律或禁忌，是不能轻易违背的。因为这极有可能使人产生不快，伤害当地人的感情，甚至引发纠纷，惹出事端，造成不好的影响。

旅游者涉足异乡，一般都会感到精神比较紧张，原因之一是环境生疏，因而举措失据。即便是一些日常琐事，如果按照自己原来的习惯方式去做，也可能会陷入尴尬的处境，甚至造成不堪收拾的局面。因此，每个旅游者在出发之前，应力争对旅游地的情况有所了解，特别是当地的风俗习惯，尤其是禁忌。到达目的地之后，要多听、多看、多问，尊重当地的民风民俗，才可能尽量避免不快和意外发生。当然，作为旅游组织者，也不可强迫旅游者改变原有习惯，故而在事前组织时要做好详细调查，周密规划。

（2）掌握最佳时机

民俗的某些方面时间性较强，如某些活动只在特定的时期或时间进行。而民俗旅游，游客最重视参与和体验。因此在做旅游计划安排时，一定要充分掌握民俗事项的时间特点。如一些重大的民俗节日，是一个民族最充分展示自己本民族特点的时机，也是旅游者的最佳旅游时机。旅游活动只能是服从民俗活动，因此对最佳时机的把握至关重要。多数民俗活动只在固定时间举行，即使有些小规模活动因旅游需要可以故意安排专门表演，但其真实性和感染力也大为逊色。比如傣族的泼水节，虽每天都有人为游客表演泼水，但气氛和真正的节日无法相比。

所以为了能充分地感受民俗所带来的真实体验，在旅游出行之前，要精心安排行程及时间，以避免错过时间而造成遗憾。

（3）交通安全为先

我国少数民族通常居住在边远的地区，出游时大多会遇到旅途遥远或交通不便的情况。因此，在选择民族地区的旅游目的地时要充分考虑交通问题，以保证人身安全及旅行的顺利。

（4）严格甄别良俗与陋俗

民俗有良俗与陋俗之分。良好的民俗能陶冶人的情操，让人在旅游的过程中得到美的感受；卑陋的民俗表现的是人性在原始状态下遗留的无知、蒙昧与野蛮。因此，应对民俗旅游资源进行认真的甄别，以现代人文精神为本，引导积极向上的健康民俗旅游风尚。开发民俗旅游资源时，要开发那些健康、文明、积极向上、对人有良好教育意义的良俗，而一些应该逐步革除的陋俗，甚至已经消失了的陋俗，就不应再津津乐道，拿无聊当有趣。这样不仅会伤害民族情感，也不利于旅游业的健康发展。另外违背民族意愿，或主人不愿示人的一些民俗，虽很新奇有趣，也不能强行拿来作为旅游项目。

（5）要保持纯朴真实，力戒矫揉造作

开发民俗旅游资源，要以客观事实为依据，决不能捕风捉影，道听途说，把一些子虚乌有的东西大肆渲染，或把一些平常的东西大肆炒作，让旅游者大呼上当。民俗旅游的吸引力，在于与旅游者所属民族的差异性和这种差异的真实性。在一切细节上要力求突出民族特点，并让每一个参与者充分表现出内心的真实情感。要力戒矫揉造作，那些为表演而表演、为经济利益而粗制滥造、为迎合旅游者的趣味而不顾客观真实性的做法，是不可取的。

11.3.3 我国民俗概况

我国自古是一个多民族的国家，在漫长的历史发展中，各民族之间相互融合，相互渗透，发展成现在的 56 个民族。

由于历史的原因，我国少数民族在分布上呈现大杂居小聚居、与汉族交错分布的特点。我国的汉民族多分布在人口稠密的东南部地区，少数民族多分布在西北、西南、东北等边疆地区，但两者之间并无明显界限。汉民族聚居区有各少数民族的成分，少数民族地区也都有一定数量的汉族居民。这种分布格局，一方面决定了我国各民族之间，尤其是汉族与少数民族之间，在政治、经济、文化等各方面相互依赖的密切关系，为各民族相互交往、团结合作、共同繁荣，提供了有利条件。同时在少数民族"小聚居"的东北、西北、西南等地，又比较多地保留了少数民族独特的民俗风情，成为重要的旅游吸引元素。

中华人民共和国成立以来，我国实行民族平等、团结的政策，在少数民族聚居的地区实行民族区域自治。各族人民建立和发展了平等互助、亲密团结、共同发展的新型民族关系。少数民族的语言文字、宗教信仰、风俗习惯等自由均受到宪法的保护。正是因为这样的民族政策，使我国各民族能够较好地保留其民族特色，并形成重要的民俗旅游资源。

从旅游资源的角度来看，目前对旅游影响较大的民俗，主要有各民族各地区的民居、服饰、饮食、交通、节日、神话、传说、史诗、宗教信仰、歌舞、娱乐等方面。

11.3.3.1 民居民俗

房屋建筑的形成和发展，在人类文明发展中起着重要作用。人们用自己的聪明智慧和勤劳的双手，建造起蔽护之所，遮风雨、避严寒、防野兽。由于人们生活的地域环境不同，追求实用和审美的要求不同，产生了各种不同的居住形式，并在此基础上产生了各自相异的民间居住习俗。

在我国，各民族的居室类型是多种多样的。既有固定式的，也有移动型的。大体有如下几类。

（1）帐篷型

帐篷是我国古代民族，特别是游牧民族喜好的一种居住形式。因为拆迁容易，今天我国一些主要从事畜牧业的民族仍保留这种居住形式。东北地区的达斡尔族、鄂温克族、蒙古族居住的"蒙古包"，西北地区哈萨克族的"毡房"，甘肃、青海、西藏等地藏族的"帐篷"，都属于这一类民居。

（2）干栏型

干栏型居室多见于我国南方少数民族地区，以西双版纳傣家的竹楼最为典型。干栏型居室一般分上下两层，以竹木为墙。楼上住人，楼下一层无遮拦，用来养禽畜、放农具和各种杂物。这种建筑样式的出现，和当地的气候、环境、建筑材料有着直接关系。南方各地气候炎热、潮湿，多虫蛇，干栏式建筑使居室脱离地面，人居其上，通风防潮，又十分安全。南方盛产竹木，可就地取材，使房屋造价低廉。今天在我国南方地区的少数民族中，壮族、布依族、侗族、瑶族、傣族、景颇族、佤族等民族，都不同程度地保留有干栏式建筑的遗风。

（3）上栋下宇型

这是我国南方和北方最为通行的一种居住样式。依屋顶样式又可以分为平顶形、一面坡形和人字形。在干旱地区多平顶房，如我国青藏高原的藏族"碉房"，西北地区维吾尔、乌兹别克等民族的平顶房。在干旱而多风沙的地区，多是一面坡形居室，北面墙面很高，以阻止风沙侵袭，南面屋墙很低，门窗矮小，以防过多的沙土进入室内。在雨量较多的地区，屋顶倾斜度加大，或者中间架屋脊，形成两面坡形屋顶，加大排水速度。因此两面坡形屋顶在我国多雨的南方最为常见。

（4）窑洞

窑洞是我国黄土高原地区独特的民居形式。黄土高原土层深厚，具有直立性，适合造窑洞居住。不仅节省建筑材料，而且窑洞冬暖夏凉，又十分坚固，有些窑洞可使用上百年。

此外还有一些独特的民居，今已罕见，是更加珍稀的民居旅游资源。如黎族和高山族的船形房屋，以当地生产的竹子做材料，屋顶呈拱形，外覆茅草，整个屋形为船形。这种古老的居住形式，既和自然环境有关，也与渔业经济生活有关。

11.3.3.2　服饰民俗

服饰的起源极为古老，自从人类脱离了动物界，出于御寒、遮体和审美的多种需求，服饰文明就自然而然地产生了。服饰的发展，受很多客观因素与主观因素的影响。

首先是自然环境，尤其是气候的影响。寒冷地带与温暖、炎热地带的服饰，显然会有很大差别；寒冷季节与炎热季节的服饰，显然也不能相同。环境尤其是气候环境还影响到各地所产的服饰材料。

其次，服饰还与当地生产方式、生活方式有关。我国北方盛产棉花，居民多穿棉服。南方盛产丝麻，丝麻服饰较多。牧民穿袍服、皮靴。猎户多穿兽皮衣。渔民也有穿鱼皮衣的时代。

最后，服饰的传承，与一个民族的历史及文化紧密相联。比如，表现在颜色、服饰图案、饰物等方面，各地各民族都有不同的好恶。

服饰不仅能反映出一个民族传统审美观和复杂的社会意识，也能反映出经济的发展水平，所以服饰本身包含着广泛的社会内容。中国56个民族的服饰千姿百态，各具特色，而且随时代的发展而不断演化。

服饰民俗的类型分为头衣、体衣、足衣及饰物几方面。

（1）头衣

头衣又叫元衣，皆为古代称谓，即今之帽子。古代的头衣有冠、冕、弁等，为帝王或贵族所用；平民有帻、陌头、角巾等，现在都为帽子所取代。但民族不同，帽子会差异很大。我国维吾尔族的"朵帕"，即四楞小花帽，极有特色，男女皆喜欢戴，但不同年龄、不同性别者在花色、式样上有些区别；回族同胞男性戴白圆帽，女性戴盖头；藏族同胞夏天戴毡制礼帽，又称金花帽，冬天戴狐皮帽；彝族男子多用布包头，名"英雄结"；满族传统服饰女子要带"旗头"；陕晋一带的汉族男子多用包头巾；南方则多戴斗笠。

（2）体衣

包括上衣、下衣，是服饰中最重要部分。上衣由衣领、衣襟、后身、衣袖、腰带等部分组成。衣领有直领、交领之分，在衣服上垂直安领为直领，衣领直接与左右襟相连者为交领。衣襟又称为衽，衣襟右掩为左衽，左掩为右衽。衣袖又称袂，有无袖、短袖、长袖、广袖之分，如藏袍衣袖长而宽大，即为广袖。下衣主要有裤子和裙子，式样也有很多不同。如回族、朝鲜族裤脚宽大，因此都有扎裤脚的习惯；壮族一般喜欢滚边宽脚裤；土家族女士多穿镶边筒裤；黎族传统服饰下衣为吊幨。

（3）足衣

指鞋袜之类。现代鞋袜各民族差别不大，主要有布鞋和皮鞋，而草鞋、木屐已不多见。式样上主要是牧区多穿靴子，与其他地区略有不同。

（4）饰物

不同民族常有自己喜欢的饰物，如藏族的"邦典"（即围裙），蒙古族的腰刀、玉佩，苗族的银衣，纳西族妇女的黑羊皮七星披肩（意为披星戴月），彝族男子的"察尔瓦"（披风）等。

在我国有些少数民族，还保留自己本民族的服饰习惯。如满族的旗袍（经改良成为中式女装）；蒙古族的蒙古袍；藏族的藏袍"处巴"；维吾尔族的长袍"袷袢"和四楞小花帽"朵帕"；朝鲜族的"白衣素服"；傣族姑娘的筒裙；苗族姑娘的银衣，等等。这些绚丽多姿的民族服饰，把我们的祖国打扮得五彩缤纷，美丽而神秘。

11.3.3.3 饮食民俗

旅游活动包括食、住、行、游、购、娱六大环节，饮食在其中十分重要。品尝风味餐饮，是旅游计划不可缺少的内容。其目的主要不在果腹，而在获得特殊的精神享受。我国早有"民以食为天"之说，饮食民俗更是极为丰富多彩。

中国烹饪在世界上独享盛誉，是世界三大烹饪流派（另有法国和土耳其）之一，也是中国文化四绝之一。中国有八大菜系，即鲁菜、川菜、粤菜、淮扬菜、闽菜、浙菜、湘菜、徽菜。其实京、沪菜和其他许多菜系也都很有名，所以中国又有十大菜系甚至是十二菜系之说。各菜系都有口味、技法、材料等方面的独到之处，都有久负盛名的名菜。

全国各地各民族饮食方面差异很大，这多与所从事的生产内容和地理环境有关。汉族以种植业为主，北方多面食，各地善做抻面、刀削面、包子、饺子、面条、饼等，南方则以大米为主。朝鲜族喜食冷面、打糕、泡菜和狗肉。以畜牧业为主的少数民族，多以肉类和奶制品为主食。如蒙古族的"红食"（肉食）"白食"（奶食），藏族的糌粑、酥油茶。南方许多少数民族都有腌制酸鱼、酸肉的习俗。新疆维吾尔族的馕和抓饭，彝族的"托托肉""转转酒"独特有趣。因宗教等方面原因，我国回族喜吃牛羊肉，不食猪肉。满族喜食猪肉，不食狗肉。许多风味小吃都有强烈的地域性和民族性，旅游者在我国任何地方，几乎都可以品尝到令人回味的地方食品。我国还有很多饮品，也极有名。如各地的名茶、名酒、矿泉水等。

11.3.3.4 交通民俗

在我国各地，至今还保留着许多古代交通工具和地方少数民族交通工具，这些交通工具具有浓厚的乡土特色，融运输服务与娱乐观赏于一体，能够满足人们出游的猎奇心理，所以在旅游中被广泛开发利用。

（1）马车、牛车

马车已经有 4000 余年的历史。先秦时称"小车"，为贵族出行和战争使用；战国时成为衡量一国军事和经济实力的标志，如"千乘之国""万乘之君"。马车从古代一直延续到现代，至今在我国一些乡村还有所保留。因为马车乡土气息浓厚，近些年一些旅游胜地出现彩装马车，成为特色旅游工具。如曲阜的彩装马车，极受游人青睐。

牛车至少有 5000 年的历史。牛车运行速度慢，车身高大，行走平稳，可以障帷设几，任意坐卧，仍是我国有些农村运货载人的交通工具，也可以被旅游部门开发成短途旅行游览交通工具。

牦牛车是西藏、青海等地藏族人民至今喜欢乘坐的交通工具。

勒勒车是内蒙古牧区传统式牛车。勒勒车的轮较高，车辕较长，适合在草原沙漠地带行走。夏季草原牧草繁茂，又多沼泽；冬季草原白雪飘飞，又积雪深厚。勒勒车在泥泞的草地或崎岖不平的路上通行，阻力小，所以特别适合草原牧区。

勒勒车一般用牛拉，是蒙古人搬运蒙古包、运送燃料、粮食、婚丧嫁娶时的载人运物交通工具。近年随着牧区旅游业的兴起，旅游部门使用勒勒车接送游客，或游览观光乘坐，别有一番情趣。

（2）人力车

我国人力车的制造历史可以追溯到商代，当时已能制造有辐车轮的轻便两轮车。秦汉时代，人力两轮车称为"辇"，多用于封建帝王和达官贵人出行乘坐。汉魏时期，人力独轮车在乡村城镇盛行，车辆两侧设有货架，用以载货和乘人。现代我国的载客人力车是从日本传过来的，故名"东洋车"。现在，北京的胡同游就是乘坐这种人力车。

（3）轿子、滑竿、爬犁

轿子起源于先秦时代，至今已有 2200 余年历史，是古代主要交通工具之一。秦代时，将"辇"去轮为"舆"，改由人抬行，供皇帝皇后乘坐，称作"步辇"，成为轿子雏形。明清时期，轿子大兴，官员出行、富豪绅商访友会客、民间婚嫁喜事，都时兴坐轿子。轿子一般有官轿、花轿、街轿等几种。

轿子结构轻便，乘坐舒适，灵活性大，历来是山地行走的代步工具，过去在平原地区的城市，坐轿子也是寻常之事。

滑竿是四川省特有的简易轿子。最早出现于民国初年，蔡锷军队和北洋军阀军队在川南交战，因伤兵太多，担架不够，砍竹子扎临时担架，后来经过不断改进，成为一种民间交通工具，遍及四川城乡，取代轿子。滑竿制作简单，坐卧皆便，舒适轻松，视野开阔，轻巧灵活。四川省峨眉山等风景区，都有滑竿供游客游览观光交通使用。在我国其他山地风景区，现在也极为常见。

爬犁　主要是东北林区雪地里的交通工具，有时用狗来拉，别有趣味。

（4）骆驼

骆驼在我国西北各地旅游中常见，被誉为"沙漠之舟"。骆驼脚掌宽厚，适合在松软沙漠中行走，耐饥渴，能连续负重，熟谙沙漠气候，具有躲避风沙、帮助寻找水源、皮厚耐热等特长，是理想的沙漠交通工具。用于旅游接待的骆驼，经过专门挑选和训练，驼背上备有鞍、蹬，还置有装水果、饮料的驮袋和装望远镜、照相机、摄像机等日常用品的褡裢。

（5）画舫

画舫是一种装饰华丽、供水上游览的游船。江南水乡有各种类型的游船画舫，是游览江湖、观赏水乡景色的主要交通工具。自 20 世纪 80 年代江浙一带开展古运河专项旅游以来，很多景区出现仿古龙舟画舫，深受游客喜欢。

（6）竹排

竹排是用当年生毛竹削去青皮烤制后并排捆扎做成，是我国南方各地江河湖汊上的一种运货载人的交通工具。特点是轻巧灵活，制作方便，成本低，浮力大。现在一些著名的水域风景区把它作为传统旅游交通工具，形成新的旅游项目。如福建武夷山旅游的方式，便是乘坐竹排畅游九曲溪。

（7）羊皮筏

羊皮筏已经被用作旅行游览工具，用于宁夏、内蒙古等地的黄河漂流。

（8）乌篷船

乌篷船是水乡绍兴的独特交通工具，因篾篷漆成黑色而得名。宋代陆游说它是"轻舟八尺，低篷三扇"。乌篷船船身狭小，船底铺以木板，即使有渗漏，船舱也不会沾湿。船板上铺以草席，或坐或卧，可以随便，但不能直立。因船篷低，如直立，便有失去平衡而翻船之险。

11.3.3.5　节日民俗

我国每个民族都有名目繁多的节日。节日是各种民俗竞相展示的时候，因此是民俗旅游的最好时机，也是民俗旅游参与性最强的机会。节日民俗旅游往往会给旅游者留下最深刻的印象。

我国汉族主要传统节日有春节、清明节、端午节、中秋节等。少数民族主要传统节日有：蒙古族那达慕（意为"游戏""娱乐"），藏族的望果节（"望"是田地，"果"是地头，意为转地头）、雪顿节（"雪"为酸奶子，"顿"为宴，意为吃酸奶子的节日），壮族的歌圩（"圩"是集市），苗族的芦笙节，彝族的火把节，白族的三月街，傣族的泼水节，纳西族的三朵节（三朵是纳西族的保护神），土家族的赶年，维吾尔族的肉孜节、古尔邦节等等（表11-1）。

表 11-1　我国部分民族节日一览表

节日名称	所属民族	节日时间	节日主要活动内容
春节	汉族	农历正月初一	贴春联、贴年画、放鞭炮、吃团圆饭、守岁等
清明节	汉族	公历4月5日前后	扫墓、踏青、放风筝等
端午节	汉族	农历五月初五	吃粽子、赛龙舟、挂香袋、插菖蒲、饮雄黄酒等
中秋节	汉族	农历八月十五	吃月饼、赏月、吃团圆饭、舞龙灯等
那达慕	蒙古族	夏秋之际择日举行	赛马、摔跤、射箭为传统那达慕三项，各种文艺表演
雪顿节	藏族	藏历七月初一	吃酸奶子、演藏戏
望果节	藏族	秋收前择日举行	转地头、求丰收
歌圩	壮族	夏秋两季举行	以歌传情、抛绣球、碰红蛋、踢毽子等
火把节	彝族	农历六月二十四	燃火绕行于田间宅院、歌舞、饮酒、赛马、赛歌、斗牛、摔跤、拔河等
芦笙节	苗族	农历正月十六至二十、九月二十七至二十九	聚集广场跳芦笙舞、斗牛、赛马、对歌、文艺表演、球类比赛
三月节	白族	农历三月十五	物资贸易、赛马
泼水节	傣族	农历清明节前后	堆沙造塔、浴佛、相互泼水、赛龙舟、丢包、放高升、歌舞等
三朵节	纳西族	农历二月初八	祭拜三朵（玉龙雪山下纳西人创造的精神偶像）、各种文娱活动
赶年	土家族	除夕之前一日或几日	与汉族雷同
肉孜节	维吾尔族	伊斯兰教历十月一日	又名开斋节，沐浴礼拜、相互祝贺
古尔邦节	维吾尔族	伊斯兰教历十二月十日	又名宰牲节，宰牲、祭献

11.3.3.6　神话、传说、史诗

我国各民族都有自己本民族的口承语言民俗，其中最重要的是神话、传说和史诗。神话是关于神仙或古代英雄的故事，是古代人民对自然现象和文化的解释与想象

的故事，是一种幻想性的、不自觉的艺术创造。神话的主角是神和半神。传说是最早的口头叙事文学之一。传说晚于神话而产生，受神话影响极深，是涂上神话色彩但又具有一定历史性的故事。传说的主角是人。各民族神话传说丰富而有趣，如汉民族的"盘古开天地""女娲补天""神农尝百草""大禹治水""嫦娥奔月""孟姜女""柳毅传书"等，蒙古族"马头琴的传说"，傣族"泼水节的传说"，彝族"火把节的传说"，纳西族"七星披肩的来历"，壮族"歌仙刘三姐的传说"，彝族"阿诗玛的传说"等等。这些神话传说世代相传，在本民族或当地家喻户晓，但对不同民族、不同文化背景的异地旅游者来说，则可能闻所未闻，十分新奇。

各民族以口头说唱形式留下来的史诗，主要有蒙古族的《江格尔》、藏族的《格萨尔王》、柯尔克孜族的《玛纳斯》，被称为我国"三大史诗"。

11.3.3.7 信仰民俗

在民间的经济生活与社会生活当中，从古至今始终纵横交错地表现出许许多多具有信仰色彩的事象。这些渗透在人们生活中的具有信仰色彩的事象，既不属于经济的民俗，又不属于社会的民俗，它们都是从人类原始思维的原始信仰中不断传承变异而来的，是民间思维观念的习俗惯例。这些习俗惯例受到了人们的信奉，甚至成为支配人们物质生活与精神生活的重要因素。

信仰民俗也是一项重要的旅游资源，与其他民俗相互交织、渗透在每个民俗的具体表现形式与民众的思想之中。由于信仰民俗的存在，使民俗旅游带上浓重的地方特色、原始风味以及神秘色彩。信仰民俗大致可以分为4类。

（1）大自然信仰

大自然信仰中所包容的信仰对象极为广泛，几乎涵盖大自然的全部事物和现象，充分展现了古老的"万物有灵"观念。我国中南、西南少数民族中，多有对火塘敬奉的习俗，火塘为一家的神圣所在，不得跨越、亵渎。景颇族、佤族至今保留着古老的取火方法，认为用竹片木头摩擦生火才是神圣之火，取火时往往要由巫师祈祷。

（2）动植物信仰

主要指的是对大自然中与人类同生息的动、植物的信仰。西南山寨的怒族、佤族为了得到猎物，行猎前先要采取原始的媚神、诱神的手段，举行敬神供献的仪式以祈求丰硕的收获。

（3）图腾信仰

"图腾"信仰是古代大自然信仰及动植物信仰发展起来的一种原始氏族标志的信仰形式。我国当代少数民族中保留了大量图腾信仰的习俗。古代白族先民崇拜老虎与金鸡，虎图腾产生虎氏族，鸡图腾产生鸡氏族。氏族的图腾崇拜至今仍留有遗迹可循，虎氏族的人们认为其始祖为雄性白虎，虎也不会伤害他们。金鸡崇拜比虎的崇拜较晚，把金鸡当作神灵的白族，以鸡为地名的比比皆是。白族妇女以金鸡取名，姓已经演变成汉姓或白语谐音的姬、金、纪、奚、高等。

（4）神灵信仰

人类认为先祖有灵，由来已久，这主要来源于古代对"鬼魂"的信仰。傈僳族有一种"鬼"，称作"屋豆尼"，又称"其午尼"，据说这种"鬼"是其虎氏族的祖先，所以只有虎氏族祭祀它。

11.3.3.8 娱乐民俗

娱乐民俗主要是指民族独有的传统歌舞、戏曲、体育项目等。我国绝大多数的少数民族都有自己的传统娱乐形式，所以娱乐民俗的内容丰富多彩。

（1）歌舞乐

这里的歌舞乐专指歌、舞、乐类的民间活动。我国大多数民族能歌善舞，歌舞乐活动几乎是该民族生活的组成部分。民族歌舞是我国文艺璀璨的明珠，旅游者对旅游地民间、民族歌舞文艺尤为感兴趣。蒙古族的长调民歌，维吾尔族大型音乐舞蹈史诗《十二木卡姆》，朝鲜族的伽耶琴、长鼓舞，傣族的孔雀舞，甘肃、青海等地的花儿，东北的二人转，陕西的信天游，以及全国各地的民歌小调，都为旅游者所喜闻乐见。

藏族的跳"锅庄"是比较有代表性的不化装、不伴奏的唱歌跳舞。侗族的"多耶"是较为典型的群众集体歌舞。"多耶"是集体歌舞的意思。表演时分两队，男女青年形成两圈，男的在外，女的在内，男舞者吹芦笙，有领唱，大家转圈，边歌边舞。彝族阿细人的跳月是一种群众性的乐舞活动。这是以弹奏阿细人自制的一盘羊皮三弦为乐的舞蹈，在月夜寨外林中举行，有的也加入伴歌。朝鲜族的长鼓又称"杖鼓"，两头圆筒广口，中间蜂腰，用绳紧绷皮面。演奏时挂在胸前或放于架上，右手竹棍敲打，左手击另一端皮面，形成交错的节奏，伴舞合奏都用。

（2）游艺

游艺指民间世代相传的流传于民间的游戏、竞技、体育、手工艺等方面的内容。我国各民族游艺竞技民俗绚丽多彩，有舞龙、舞狮、踩高跷、跑旱船、放爆竹、燃烟花、放风筝、看花灯、唱山歌、扭秧歌、打腰鼓、赛龙舟、舞刀剑、耍武术等活动，不胜枚举。

"那达慕"，蒙语为娱乐或游戏之意。生活在内蒙古草原上的蒙古、鄂温克、达斡尔等少数民族，每年 7～8 月间都在草原上举行这一传统的盛会——"那达慕大会"。大会前夕，宁静的草原顿时变成繁荣的新街，彩旗飘扬。各地农牧民换上新装，骑马赶车，带着皮毛、药材等农牧产品，有的参观，有的参加比赛，成群结队汇集大会广场。大会期间，有赛马、摔跤、射箭、棋艺等争强斗胜的竞赛，并进行民族歌舞表演和物资交流活动。

【思考题】

1. 简述文学、艺术与旅游的关系。
2. 我国著名的"景以文成"的旅游地有哪些？
3. 我国著名文学家、艺术家故居、纪念地有哪些？

4. 我国有哪些著名的地方剧种?

5. 简述我国绘画、书法艺术的历史发展与旅游资源遗存。

6. 简述民俗的概念及分类。

7. 简述民俗旅游的意义、特点及注意事项。

【经验性训练】

通过查找资料,了解我国主要少数民族的服饰特点和民族节日,用彩纸制作或描绘这些民族的服饰,并模拟表演其歌舞。

【案例分析】

惠安女

惠安地处福建省东南沿海。这块神奇美丽的土地滋养着一个服饰奇特、习俗奇特的女性群体,其独特的人文风情和服饰习俗在全国独树一帜,尤以惠安崇武、山霞、小乍、净峰等海岬边域的渔女,更是风姿绰约,神秘迷人。这个特殊的族群,就是惠安女。惠安女的传统服饰有人描述为:"封建头、民主肚、节约衣、浪费裤"。即头部用花头巾包裹得十分严实,一般着蓝色短上衣,短至露出肚脐,下身常着宽松的黑色九分裤。上衣用料十分节俭,裤子用料则铺张浪费,形成鲜明对比。

案例思考题:

试分析惠安女的服饰反映了她们怎样的自然环境和生活特点。

【本章推荐阅读书目】

1. 民俗学与民俗旅游. 刘丽川. 同济大学出版社,1990.

2. 民俗学概论. 钟敬文. 高等教育出版社,2010.

3. 中国民俗旅游学新论. 周作明. 旅游教育出版社,2011.

第 12 章　主要旅游区概述

【本章概要】

旅游资源、旅游环境及旅游业发展均具有鲜明的区域特征，它是认识区域差异的重要基础。本章侧重探讨我国主要旅游大区的区域旅游特征，包括旅游资源、旅游环境、主要旅游景观、旅游城市及旅游路线等，探讨各区域旅游业发展的现状、问题及今后发展的主要方向。

【学习目标】

掌握中国主要的旅游大区区域旅游的基本特征；了解著名旅游胜地在其所处的旅游大区中的地位和作用；能够比较、分析不同区域旅游发展的特征、存在的问题并提出今后的发展方向。

【关键性术语】

旅游区划、旅游区、环境资源特征、发展现状、问题、趋势。

【章首案例】

关于我国的旅游区划

中国科学院郭来喜教授曾将我国划分为 9 个旅游带，对我国旅游区划方面影响很大。

9 个旅游带分别如下。

①京华古今风貌旅游带，包括北京市、天津市、河北省；

②白山黑水北国风光旅游带，包括辽宁省、吉林省、黑龙江省；

③丝路寻踪民族风情旅游带，包括内蒙古自治区、宁夏回族自治区、甘肃省、新疆维吾尔自治区；

④华夏文明访古旅游带，包括陕西省、山西省、河南省、山东省；

⑤西南奇山秀水民族风情旅游带，包括四川省、重庆市、云南省、贵州省、广西壮族自治区；

⑥荆楚文化湖山景观旅游带，包括湖北省、湖南省、江西省；

⑦吴越文化江南水乡风光旅游带，包括江苏省、安徽省、浙江省、上海市；

⑧岭南文化南亚热带、热带风光旅游带：包括台湾省、福建省、广东省；

⑨世界屋脊猎奇探险旅游带：包括青海省、西藏自治区。

案例思考题：

1. 你所在的省区属于哪个旅游带？

2. 你所在的省区景观资源特色如何？开发方向利用前景如何？

3. 试分析上述 9 个旅游带划分的合理性。

旅游地理和其他地理学科一样，要研究区域性差异，旅游区划即是反映这一差异的具体体现。旅游区划的理论研究与方案制定都具有重要意义。我国幅员辽阔，地域环境差异很大，旅游资源极其丰富且地域性强。为合理开发利用旅游资源，突出区域旅游特点，开展旅游区划工作是十分必要的。但是这项工作目前还是一个较新的课题，等待进一步的深化研究。

旅游区划的根本目的，是为了客观地反映各个旅游区的不同环境与资源特征，揭示旅游区的内在规律，查明区域的基本优势，扬长避短，为合理开发利用和保护旅游资源，制定和实施中长期的旅游区域发展规划，推动区域旅游业的合理发展提供科学依据。我国一些学者为了教学的需要，或从科研的角度，根据不同的目的对我国进行了不同程度的旅游区划，并且提出过一些区划方案。然而迄今为止，我国还没有一个正式的公认的旅游区划方案。

出于教学的需要，本着不打破省级行政区划、考虑旅游资源的类型性和自然地理单元完整性等原则，本章将我国划分为 8 个旅游大区，分别加以阐述。

12.1 东北旅游区

东北俗称"关东"，因位于山海关以东而得名。东北旅游区范围包括辽宁、吉林、黑龙江三省，地域辽阔，总面积为 80.21 万 km²。

东北三省位于我国东北边境地区，与俄罗斯、朝鲜、韩国、日本等国毗邻，是我国对东北亚地区开放的窗口，还是沟通东北亚和欧洲之间里程最近的大陆桥的重要中间站和联络点，区位优势显著。

12.1.1 区域旅游环境与资源特征

12.1.1.1 北国风光，林海雪原

(1)温带大陆性季风气候

东北属于温带大陆性季风气候，地跨暖温带、中温带、寒温带，四季分明，雨热同期。夏季是天然避暑胜地，冬季形成"千里冰封、万里雪飘"的北国风光，冰河封冻、雾凇树挂、雪塑冰雕，蔚为壮观。由于冬季寒冷而漫长，河湖表面形成深厚的冰层，山地坡面也被深厚的积雪覆盖，成为开展溜冰、滑雪运动的绝好场所。黑龙江北

部属于我国唯一的寒温带地区，可观看极光现象。最北端的漠河被称作我国的"寒极"。因此，东北旅游资源最突出的优势为冬夏皆有吸引力，旅游旺季长。

（2）白山黑水，沃野千里

东北地形以山地、平原为主，整体呈半环状向南敞开。其地形分布具有山环水绕的特点，可谓"三山抱平原"（大兴安岭、小兴安岭、长白山、东北平原），"四水绕边流"（黑龙江、乌苏里江、鸭绿江、辽河）。东北平原是我国面积最大、土壤最肥沃的平原。

（3）生物宝库

东北的植被以针叶阔叶混交林和针叶林为主，拥有我国面积最大的原始森林大兴安岭，森林覆盖率达 39.6%。茂密的植被构成了东北生态系统的天然屏障，并在冬季形成一望无际的林海雪原。森林不仅提供了丰富的林产品，营造了优良的生态环境，而且蕴藏着丰富的野生动植物资源，如著名的东北虎、紫貂、丹顶鹤、梅花鹿、大马哈鱼、黑熊、飞龙、猴头、人参、黄芪、松茸、灵芝及各种鸟类等，成为令人向往的神秘之地，是森林宝库和野生动物的乐园。驰名中外的"东北三宝"（人参、貂皮、鹿茸）就是其物产丰富奇特的生动写照。

12.1.1.2　火山熔岩奇观

东北地质历史上曾经历过大规模的火山活动，留下了以五大连池为代表的火山熔岩奇观，有 230 多座火山，组成 20 多个火山群，它们集中分布于黑龙江和吉林两省，如奇特多姿的五大连池、千山、长白山天池、老黑山等。因此，东北的地文景观以多熔岩地貌为其主要特色，其火山总数约占全国的 30%，因而被称作我国的"火山博物馆"。黑色的火成岩与适宜的气候相互作用，形成了广袤的黑色土壤，从而使东北的"黑土地"闻名天下，并以此为基础衍生出"黑五类"（黑米、黑枣、黑芝麻、黑木耳、黑豆）等地方特产。

12.1.1.3　粗犷朴实的关东文化

东北的历史文化源远流长，地方文化以原始、粗犷、神奇和博大见长。东北地区少数民族众多，有朝鲜族、满族、蒙古族、回族、达斡尔、鄂伦春、赫哲族等，少数民族民俗资源十分丰富，其文化堪称多元文化，满族农耕文化、蒙古族游牧文化、鄂伦春达斡尔族的狩猎文化、赫哲族的渔猎文化等构成关东文化，关东文化与中原文化、外国文化长期交汇融合，形成了粗犷朴实而独特的民俗风情。

本地区的历史文化古迹上起春秋，下至清王朝，先后留下了渤海国、高句丽国、辽、金、明、清的遗迹。作为清王朝的发祥地，以清代古迹保存最多最完好，例如关外三陵和沈阳故宫。东北地区的文化艺术特色浓郁，颇具地域性和时代精神，如关东"二人转"闻名全国。

12.1.1.4　工农业基础雄厚，交通便利

东北物产富饶，不仅是我国的粮食主产区，也是重要的木材、矿产、能源生产基

地。同时，作为我国的老工业基地，东北三省基础设施建设较完善，拥有五大海港——大连、丹东、营口、锦州、葫芦岛，与五大洲140多个国家和地区通航。铁路、公路网络发达，现已形成水陆空立体交通综合运输体系，交通十分便利。

总之，得天独厚的资源和环境条件为东北旅游业的发展奠定了良好的基础；丰富的物产、良好的工农业基础、完备的基础设施和雄厚的科教人力资源，又为其旅游业的进一步发展蓄积了巨大潜力。

12.1.2 主要旅游城市和旅游景观

12.1.2.1 主要旅游城市

东北旅游区的主要旅游城市如下："东方莫斯科"、冰城——哈尔滨；雪堡之城——牡丹江；森林城、汽车城——长春；奉天之都——盛京沈阳；我国最大的边境城市——丹东；"北方香港"、浪漫之都——大连。

12.1.2.2 主要旅游景观

（1）黑龙江省

黑龙江省主要有哈尔滨市太阳岛公园、五大连池、镜泊湖、兴凯湖、东北虎林园、亚布力滑雪旅游度假区、齐齐哈尔扎龙自然保护区、宁安市火山口国家森林公园景观等。

（2）吉林省

吉林省主要有吉林松花湖风景名胜区、吉林省北大湖滑雪场、集安市高句丽文物古迹旅游景区、长春市伪满皇宫博物院、长白山景区、长春市长影世纪城、长春净月潭国家森林公园等景观。

（3）辽宁省

辽宁省主要有沈阳故宫、关外三陵、辽宁省博物馆、沈阳棋盘山风景区、兴城古城、锦州北普陀山、锦州笔架山、本溪高句丽山城遗址、本溪水洞、本溪关门山、抚顺赫图阿拉城、桓仁五女山、丹东抗美援朝纪念馆、丹东鸭绿江、丹东凤凰山、鞍山千山、鞍山汤岗子温泉、大连老虎滩海洋公园、大连金石滩、大连圣亚海洋世界、大连冰峪沟等景观。

12.1.3 发展现状、问题和趋势

东北三省旅游资源数量多，质量高，结构好。目前已形成冰雪旅游、森林旅游、边境旅游和界河、界湖旅游等优势旅游产品。这些大宗特色旅游产品概括起来，被称作"七大"：大冰雪、大森林、大界河、大界湖、大湿地、大工业、大农业。东北地区将濒临边境的区位特点转化为优势，积极发展边境贸易和旅游，成为我国与俄罗斯之间出入境旅游的主要口岸。

其中，黑龙江省充分利用其森林、气候旅游资源的优势，积极打造"酷省"（cool）

旅游形象，树立"中国滑雪旅游胜地""世界冰雪旅游名都""避暑度假胜地"三大品牌，实现了旅游业的快速发展，在东北三省中发展势头最好。

东北旅游区存在旅游资源分布不集中、开发程度较低、旅游接待设施不足、旅游营销不力等问题。海外客源市场较小，主要是日本、韩国、俄罗斯。

东北三省经济起步较早，曾经为新中国的发展壮大和全国的经济建设做出过历史性重大贡献，被誉为新中国的"工业摇篮"。但近年来面临矿产资源枯竭、设备老化、经济结构转型等一系列问题，许多资源型城市正在积极探索通过发展以旅游业为主的第三产业实现经济转型的新途径，一批新的旅游城市正在形成，工业旅游项目正在不断涌现。如沈阳是我国最大的机械工业中心，它利用这一历史文脉，在沈阳铸造厂一翻砂车间原址上，开发修建了我国最大的铸造博物馆，以此展示老工业基地的工业文化。

目前，东北三省已初步形成了以哈尔滨为龙头，黑河、绥芬河、珲春、中俄边境互市贸易区为窗口，沿边、沿线为前沿，全方位、多层次的对外开放格局。"振兴东北老工业基地"的大好机遇，使东北三省正在成长为继珠江三角洲、长江三角洲、环渤海地区后的第四大经济区。因此，东北旅游区必须抓住这一有利时机，将旅游业发展与解决矿山资源枯竭、经济转型中的下岗职工再就业等问题结合起来，进一步发挥优势，挖掘潜力，紧密依托水资源、森林资源、旅游等优势资源，大力发展优势旅游产品，尽快形成特色市场。在深入开发国内旅游市场的同时，大力拓展出入境旅游市场。积极规划工业旅游，逐步建成以北国冰雪采风、森林狩猎探奇、海滨避暑疗养、文化古迹揽胜为特色的旅游区。

12.2 华北旅游区

华北旅游区位于黄河中下游，包括七个省（直辖市），即山西、陕西、河南、山东、北京、天津、河北。其中，北京、天津、河北又称作"小华北"。华北旅游区总面积为 88.1 万 km²。

12.2.1 区域旅游环境与资源特征

12.2.1.1 黄河流域，文明摇篮

（1）黄土高坡与平原丘陵

华北旅游区主要分为黄土高原、华北平原、山东低山丘陵和冀北山地四大地形区。黄土高原为世界最大的黄土堆积区，黄土厚 50～180m，气候较干旱，降水集中，植被稀疏，水土流失严重，形成雄浑苍凉的黄土高坡景观特点。

本区为黄河中下游流域，黄河自本区开始才真正泥沙俱下，成为名副其实的"黄河"。黄河 90% 以上的泥沙来自黄土高原，河水注入渤海，大部分泥沙在华北平原沉积下来，使该区域成为一望无际的黄土地，自然景观以黄色为主色调。

此外，华北旅游区的南界秦岭——淮河为我国自然地理上的一条重要分界线，其

附近为典型的过渡性自然带，形成了丰富多样的自然景观。

（2）典型的温带季风气候

该区域为典型的温带大陆性季风气候，旅游淡旺季明显（淡季 11 月～次年 3 月，旺季 4～10 月）。区内山脉虽然不高，但多为东北——西南走向，对来自东侧海洋的湿润季风有一定阻挡作用，使从东向西的水分逐渐减少，从而使整个华北旅游区的自然环境和景观形成明显的东西分异。

（3）中华民族的摇篮

本区自古以来气候温和，土壤疏松肥沃，灌溉便利，适宜人类生存繁衍，留下了极其丰富的古人类文化遗迹，如蓝田猿人及仰韶文化、大汶口文化、龙山文化等，因此被誉为"中华民族的摇篮"。

12.2.1.2 中原文化，源远流长

华北地区是中原文化的核心区域，历史上名人俊杰辈出，民间风俗奇特，人文资源种类丰富多彩。

黄河中下游地区是中华民族文化最先发展的地区。在我国历史上，最早期的奴隶社会是从这里发展起来的，先后建立过夏、商、周等奴隶制国家，其后秦、汉、隋、唐等封建王朝也以这里为政治舞台。在相当长时期内，这里都是我国政治、经济、文化中心。西安、咸阳、太原、洛阳、开封、商丘、曲阜等城市，都先后做过都城。这里也是儒家文化的发源地。

该区域地方戏曲种类丰富，影响甚广，除了国剧京剧，地方戏曲有河北梆子、京韵大鼓、唐山评剧、豫剧（河南梆子）、秦腔、山东快书等。同时，杂技、武术威震四方，如少林武术、燕赵武术、河北吴桥杂技等。地方特色饮食和风味小吃也盛名远播，如北京的宫廷膳食、烤鸭、蜜饯，天津狗不理包子，山东德州扒鸡、鲁菜等。

民间工艺历史悠久、技术精湛，形成了颇具特色的旅游商品，如京畿地区的景泰蓝、宫灯、玉雕、牙雕、金石篆刻、地毯、泥塑、风筝、年画等，陕西的古碑帖拓片、户县农民画、手工织物，山东的鲁砚、潍坊风筝，河南的唐三彩，山西的侯马蝴蝶杯、五台山台砚等。此外还有青岛啤酒、山西汾酒、竹叶青、陕西西凤、河南杜康等名酒以及莱阳鸭梨、信阳毛尖、汴梁西瓜、山西老陈醋、山东花生大枣等土特产品。

12.2.1.3 古迹众多，风光荟萃

华北旅游区是我国文化古迹数量最丰富、分布最集中、质量最高的旅游区。其文化古迹种类多，分布广，表现为"四多"。

（1）古都名城多

我国八大古都有 6 个在该区（北京、西安、安阳、开封、洛阳、郑州），且建都时间早，历史长，规模大，影响广。此外还有山东的济南、曲阜，山西的大同、平遥，陕西的榆林、韩城、延安，河南的南阳、商丘等众多的历史文化名城。

（2）重要陵墓多

帝王中的黄帝、尧帝，秦、汉、唐、宋、明清等朝代的帝王多葬于此。其中西安周围共有秦、汉、唐帝王陵墓60多处，为我国古代重要陵墓最集中的地方。洛阳附近的邙山也多帝王陵墓，以东周、东汉、北魏陵墓规模较大。北京及其周边有明十三陵、清东陵、清西陵。此外，还有孔子墓（山东曲阜孔林）、孟子墓（山东邹城孟林）、张良墓（河南兰考）、司马迁墓（陕西韩城）、霍去病墓（陕西兴平）、关羽墓（河南洛阳）、杨贵妃墓（陕西兴平马嵬坡）、张衡墓（河南南阳）、白居易墓（河南洛阳），等等。

（3）宗教圣地多

华北旅游区宗教遗迹众多，如洛阳白马寺（中国第一座佛寺）、嵩山少林寺及佛塔，洛阳龙门石窟，西安大雁塔，山西五台山，大同云冈石窟，晋祠，恒山悬空寺，山东灵岩寺，泰山岱庙等。

（4）古建筑古工程多

拥有世界第七大奇迹——万里长城，世界最长的古运河——京杭大运河，世界最古老的敞肩石拱桥——赵州桥，世界最大的宫殿建筑群——北京故宫，世界最大的皇家园林——承德避暑山庄等。

华北旅游区也是自然风光荟萃之地。该区域名山众多，我国著名的五岳在此居其四：山东的东岳泰山、山西的北岳恒山、陕西的西岳华山、河南的中岳嵩山；此外还有佛教名山五台山、道教名山崂山、避暑胜地鸡公山等。黄河壶口瀑布、济南趵突泉、蓬莱海市蜃楼以及河北、山东沿海的"3S"景观资源，名山大川交相辉映，形成了良好的山水景观组合。

12.2.1.4 交通便利，基础雄厚

本区位于黄河中下游地区，拥有首都北京、我国重要的京津唐工业基地和京津唐城市群，以及环渤海经济区，是全国政治经济文化中心，工农业发达，交通便利，旅游基础设施雄厚，接待能力强。良好的社会经济发展基础，为旅游业发展提供了优越条件。

山东民谣

大儒圣人孔夫子，吃苦传道邱处机；民贵性善孟亚圣，说鬼道怪蒲松龄；忠诚彪炳诸葛亮，正直爱国戚继光；梁山好汉是宋江，慷慨义士是邹阳；贫民起义有王伦，乞讨办学乃武训。

陕西六怪

房屋半边盖，手帕头上盖；面条象裤带，锅盔象锅盖；油泼辣子是好菜，有凳不坐蹲起来。

三晋文化

晋北宗教古建文化,晋中晋商民俗文化,晋南黄河始祖文化。它们分别指山西北部以大同云岗石窟、五台山、应县木塔等佛教文化为代表的旅游景区,以晋中平遥古城、乔家大院、王家大院等为代表的晋商文化景区和以洪洞古大槐树、运城关帝庙、芮城大禹渡等为代表的黄河根祖文化旅游区。

12.2.2 主要旅游城市和旅游景观

12.2.2.1 主要旅游城市

华北旅游区的主要旅游城市有:首都、祖国的心脏——北京;天子的门户——天津;燕晋咽喉、南北通衢——石家庄;赵国古都——邯郸;京津走廊——廊坊;泉城——济南;孔子故里——曲阜;风筝之都——潍坊;海天山城、啤酒之都——青岛;七朝都会、大宋故都——开封;牡丹之乡——洛阳;殷墟——安阳;古晋阳——太原;建都时间最长的古城——西安。

12.2.2.2 主要旅游景观

(1)北京

北京主要有故宫博物院、天安门、天坛公园、颐和园、八达岭长城、明十三陵、香山公园、八大处公园、龙庆峡风景区、居庸关长城、慕田峪长城等。

(2)天津

天津市主要有古文化街旅游区(津门故里)、文庙、大沽口炮台、黄崖关长城、蓟县盘山、独乐寺、杨柳青博物馆、天津海滨旅游度假区等。

(3)河北

河北省主要有承德避暑山庄及外八庙、清东陵、清西陵、北戴河、秦皇岛、山海关、保定白洋淀、赵州桥、石家庄西柏坡纪念馆等。

(4)山东

山东省主要有济南大明湖、济南趵突泉、青岛崂山、烟台市蓬莱阁、曲阜"三孔"、泰安市泰山、邹城孟庙及孟府、微山湖、水泊梁山、刘公岛等。

(5)河南

河南省主要有登封嵩山少林寺、洛阳龙门石窟、洛阳白马寺、焦作云台山、安阳殷墟、巩义宋陵、开封相国寺、开封包公祠、开封铁塔、郑州黄河游览区、新郑黄帝故里等。

(6)山西

山西省主要有太原晋祠、大同云冈石窟、浑源恒山、忻州五台山、应县木塔、晋中平遥古城、祁县乔家大院、灵石王家大院、永济普救寺、吉县黄河壶口瀑布等。

(7)陕西

陕西省主要有西安慈恩寺大雁塔、秦俑博物馆、西安碑林、陕西历史博物馆、临潼华清池、黄陵县黄帝陵、华阴县华山、乾陵、茂陵、扶风法门寺、太白山国家森林公园、延安革命纪念馆、延安枣园革命旧址等。

12.2.3　发展现状、问题和趋势

华北旅游区历史文化古迹与名山海景浑然一体，使其旅游景观特色鲜明、质量好、品位高，从而成为以人文景观为主体兼备山水景观的旅游大区。它历史悠久，文化积淀深厚，旅游产品丰富多彩。加之强有力的城市和基础设施依托，使其具备了较大的发展潜力和增长空间。因此，该区域自然而然成为我国旅游业的黄金区域。

目前华北区各省市正立足于自身特色和优势，围绕开发历史文化旅游、遗产旅游、红色旅游、华夏儿女寻根游等旅游产品，积极打造旅游品牌，旅游业发展呈现出百花齐放的局面。

北京作为历史古都和当今我国首都，其独特价值是其他地方无法媲美的。它注重发挥独特的优势和魅力，以入境旅游、商务旅游、会展旅游为主要客源市场，并积极打造红色旅游、民俗旅游、修学旅游和历史文化旅游等品牌，在全国旅游界独领风骚。如老北京胡同游产品深受中外游客欢迎。

山东省将旅游业作为"新亮点"进行战略定位。近年来，注意突破"一山一水一圣人"核心旅游资源所形成的固有框架，不断丰富旅游产品。推出"山水圣人"和"黄金海岸"两大主线作为旅游开发重点，积极推行红色旅游、微山湖、水浒、运河旅游、工农业旅游等专项规划。同时注重培育打造一批城市旅游品牌吸引市场，取得了较好效果。如济南——泉城、青岛——啤酒城、烟台——人间仙境、威海——人居城、日照——太阳城、泰安——天下第一名山、济宁——孔孟之乡等。同时对内注重打造县域旅游品牌，对外瞄准日本、韩国两大重点市场。

山西省素有"中国古代艺术博物馆""文献之邦"的美称，保留有全国70%的地面古代建筑。山西提出了"西边、南边一条河(黄河)，北边一道城(长城)，东边一座山(太行山)，中间一条路(大同至运城的公路、铁路)，省会太原居中心"的旅游规划格局，对内挖掘文化潜力，对外加大市场营销的力度，使其旅游业发展迅速，形成了以"三晋文化"为特色的旅游品牌。

河南省旅游业打出"古老中原，美丽河南""到河南——走进中国露天历史博物馆，游河南——好似翻阅华夏文明八千年"等旅游口号，完美诠释了河南省地处中原，历史文化悠久，是中华民族发祥地的地域特征。同时，注重深入发掘文化内涵，继续丰富完善每个旅游城市的品牌形象，如嵩山禅宗武术健身旅游，焦作山水与太极文化旅游，洛阳的千年帝都、牡丹花城，开封包公文化旅游等。

但是，华北旅游业目前也面临着一系列困难和问题：旅游业发展分散，时空分布不平衡，部分地区发展迟缓(如天津、河北旅游业的总体形象不鲜明，亮点不突出)；对旅游产品的深度开发不够，旅游对经济的带动作用不明显；旅游目的地形象和口号不明确，整体营销力度匮乏；文物保护意识淡薄，文物古迹损失破坏严重，文化遗产

保护任务艰巨；旅游配套设施不够，未能形成产业集群；等等。

所以本区应该进一步明确区域旅游的品牌定位，开发特色旅游产品（如海滨、海洋、农业、工业和科技旅游、民俗旅游和古文化旅游、旧租界异国风情旅游、餐饮购物旅游等），同时注重已有产品的优化升级，扬长避短，将本区建成以华夏文明历史探胜和山水海滨度假为主要特色的黄金旅游区。

12.3　华东旅游区

华东旅游区位于长江下游，以美丽富饶的长江三角洲为核心，包括上海、江苏、安徽、浙江四个省市。总面积 34.79 万 km^2。

12.3.1　区域旅游环境与资源特征

12.3.1.1　水乡泽国，物产富饶

本区为湿润的亚热带季风气候，降水丰沛，植被覆盖率高，孕育了山青水秀、美丽如画的自然风景。长江、淮河形成的冲积平原，使该地区河湖密布，土壤肥沃，水源充足，自古就是人口稠密的富庶之地，古今经济文化都很发达，为其旅游业发展提供了得天独厚的条件。

本区有"水乡泽国"之誉，水景独占鳌头。有长江、黄浦江、钱塘江、富春江、新安江、京杭大运河；有洪泽湖、巢湖、太湖、西湖、瘦西湖、千岛湖等。

本区物产富饶，是我国重要的工业基地和农业粮、棉、桑蚕、水产基地，经济发达。其旅游商品尤其是工艺美术品在全国具有很高地位，如苏州刺绣、杭州织锦、南京云锦、宜兴紫砂陶、宁波草席、东阳木雕、上海玉雕、惠山泥塑、芜湖铁画，"文房四宝"之湖笔、徽墨、宣纸、歙砚，等等。西湖龙井、古井贡酒、绍兴黄酒为代表的茶、酒类等地方特产享誉中外。

华东旅游区处于河海相交的地理区位，它东临我国的黄海和东海，长江水运大动脉横贯东西，京杭大运河纵贯南北，还拥有京沪、京九、沪杭、浙赣等多条铁路干线和许多港口，旅游交通极为便利。

12.3.1.2　山水明秀，人杰地灵

华东地区山水明秀。在我国公布的第一批重点风景名胜 23 座名山中，该区就占了 6 座：钟山、雁荡山、普陀山、黄山、九华山、天柱山。其中黄山以奇松、怪石、云海、温泉之"四绝"被誉为"天下第一奇山"。

我国五大名泉中该区占了四个：天下第一泉——镇江中泠泉、第二泉——无锡惠山泉、第三泉——苏州观音泉、第五泉——杭州虎跑泉（第四泉为济南趵突泉）。海岸线漫长，除了万顷碧波，还有各具特色的海岸景观，如银沙长浪的沙质海岸，怪石嶙峋的岩质海岸等。

"山川资俊杰，时势造英雄"。华东历史上就是学术昌盛之地，尤其是江浙一带自

古英才辈出，文化兴盛。据统计，载入史册的文化名人，仅浙江一省即逾千人，可谓灿若群星，是全国文化水准最高、人才最集中的地区，因而名人故居、博物馆、纪念馆众多。

12.3.1.3　小桥流水，吴越文化

本区历史上属于吴越文化区，以古典园林、小桥流水闻名天下。其古典园林和水乡古镇的数量均居全国之冠，有"江南园林甲天下"之说。其中多为私家园林，主要集中在苏州、无锡、南京、杭州、扬州、湖州等地。这些城市发展历史悠久，既具有山水之美，又具有园林之胜，且多名刹庙宇和名人故居，游览价值高。水乡古镇很多，如浙江绍兴、江苏周庄、同里、乌镇等，其民居沿河建筑，形成了"小桥流水人家"的独特韵味。

华东地区的地方文化艺术氛围浓郁，地方戏曲具有典型的江南水乡风韵，主要剧种有沪剧、越剧、昆剧、黄梅戏、凤阳花鼓、苏州评弹等，江南丝竹独具特色。

12.3.2　主要旅游城市和旅游景观

12.3.2.1　主要旅游城市

华东旅游区的主要旅游城市有：东方明珠——上海；六朝古都——南京；太湖明珠——无锡；园林城市——苏州；人间天堂——杭州；苏北门户、秦汉广陵——扬州；名人之乡——绍兴；"天下第一江山"——镇江；江南水乡古镇——周庄、同里、甪直、乌镇、西塘、南浔；徽派古民居建筑代表——西递、宏村。

12.3.2.2　主要旅游景观

（1）上海

上海市主要有豫园、外滩、淮海路、南京路、金茂大厦、上海博物馆、东方明珠广播电视塔、上海野生动物园、佘山国家森林公园等。

（2）江苏

江苏省主要有南京钟山、中山陵、玄武湖、秦淮河、苏州园林、周庄古镇、同里古镇、无锡蠡园、无锡锡惠园林、无锡太湖鼋头渚、镇江焦山、镇江金山、扬州个园、扬州何园、扬州大明寺、扬州瘦西湖等。

（3）浙江

浙江省主要有杭州西湖、海宁钱塘大潮、温州雁荡山、舟山普陀山、绍兴兰亭、绍兴会稽山、绍兴鲁迅故居、宁波天一阁、嘉兴南湖、西塘古镇、南浔古镇、乌镇古镇、淳安千岛湖、奉化溪口风景区、天台山等。

（4）安徽

安徽省主要有合肥包公祠、巢湖、淮南八公山、西递、宏村、马鞍山采石矶、九华山、黄山、天柱山、琅琊山等。

12. 3. 3 发展现状、问题和趋势

华东旅游区拥有区位好、经济社会发展水平高等旅游业发展优势，并在旅游资源深加工方面已经积累了一定经验。目前既是我国旅游资源最密集、类型最多的旅游大区，也是旅游业发展规模最大、增长最快的地区。

作为国际大都市、全国最大的经济中心，上海旅游业的发展拥有诸多综合优势，是全国入境游的龙头老大。目前，上海市积极打造旅游特色产品，推动区域合作，力图将上海市建设成为一个以博物、会展、修学、商务、购物旅游为特色，拥有广阔腹地并带动周边旅游业发展的世界级旅游目的地。

江苏之苏的繁体字是"蘇"，即鱼米之乡之意。其境内湖泊、河流众多，水资源丰富，是江苏旅游的最大优势和亮点。江苏省将其旅游资源划分为五大旅游带：长江沿岸、淮河流域、黄海沿海、太湖流域、大运河沿线。并根据城市的不同区位和特色，以水为魂构筑"梦江苏"亲水城市区域旅游品牌，如淮安"运河之都"、苏州"东方水城"、无锡"太湖明珠"、南京"水木秦淮"、镇江"大江风貌"、盐城"东方湿地"等。

但是江苏省旅游业区域发展不平衡，目前以苏南地区的南京、苏州、无锡发展水平最高，常州、镇江相对较落后。为了扶持新的增长点，江苏省正在打造沿江地带的扬州、泰州、南通三市为中心的"江北旅游板块"和徐州、淮阴、连云港、盐城、宿迁五市构成的苏北板块。其古运河旅游也还有很大发展潜力。

浙江省的风景名胜区总量居全国之冠，"诗画江南，山水浙江"是浙江省推出的旅游形象主题。浙江人以善于利用"民资、民力、民智"而闻名，形成了独领风骚的工商文化，并在改革开放中成为全国民营经济改革的一个窗口，被称作"温州模式"。其快速增长的经济形势与浙江的好山好水相互辉映，形成了强大的旅游吸引力，推动了旅游业的持续快速发展，并涌现了一批具有很强市场扩张潜力的工农业旅游点。

目前，浙江省以国际旅游城市杭州为中心，正在加快培育宁波、温州、金华三大旅游副中心，并大力建设杭（州）、绍（兴）、宁（波）、舟（山）、台（州）五大旅游区。但是，其快速膨胀的规模缺乏旅游服务与管理质量的跟进，因此目前浙江旅游应加紧解决人才培养和管理水平提升的问题。

安徽的精品旅游资源集中在黄山—太平湖—九华山一带，因此实施了"两山一湖"发展战略。其旅游业的弱势主要在于基础设施薄弱，旅游经济覆盖面小。目前除黄山及其周围地区以外，其他地区包括省会合肥，旅游经济都不太发达；长江以北特别是淮河以北地区，包括大别山区，旅游经济还没有形成规模。但其历史文化旅游发展空间很大，如发生"淝水之战"的寿县，明朝开国皇帝朱元璋的家乡凤阳，老子、曹操和华佗的故乡亳州，文房四宝之地宣城、绩溪、歙县等，蕴涵了古村落、古民居、古城堡、古街区、古廊桥等丰富的旅游资源，其深厚的历史文化内涵等待人们去开发、认识。

此外，华东旅游区普遍存在环境污染及环境容量超载等问题，直接威胁到旅游资源和产品的可持续性。如何在旅游规划中营造良性循环的生态系统，实现旅游业可持续发展，是该区域亟待解决的问题。

总之，华东旅游区应发挥其地理位置、交通、科技与人才优势，加强旅游景观与

产品的精品化设计，将该地区逐步建设成为以山水胜景、园林名址、吴越历史文化、都市古镇乡村风光、古运河风采为主的综合性旅游区。

12.4　华中旅游区

华中旅游区包括长江中上游的四川、重庆、湖北、湖南、江西五省市。总面积102.6 万 km²。

12.4.1　区域旅游环境与资源特征

12.4.1.1　自然环境复杂，山水峡谷突出

华中旅游区地表结构复杂。自西向东跨越我国地势三级阶梯，地势差异显著。可分为四大地形区：川西山地高原、四川盆地、川东及鄂西山地、两湖平原及低山丘陵区。西部峡谷地貌突出，东部为粮田沃野，鱼米之乡。

本区大部分属于亚热带季风气候，冬季温暖，霜雪少见，四季常青，全年均可开展旅游活动。河流蜿蜒曲折，湖泊星罗棋布，且具有较高的旅游价值。如湖北有"千湖之省"之称。

由于地形复杂，本区自然环境存在"三多"：原始状态的生态环境多，野生动植物种类多，森林和湿地类自然保护区多。如四川卧龙自然保护区、湖北神农架原始林区等。

名山胜水与峡谷奇观，如峨眉山、衡山、武当山、神农架、长江三峡等，是本区最吸引游客的自然景观。

华中旅游区大型水利工程举世闻名。其中三峡、葛洲坝形成的高峡平湖，与山川雄姿、峡谷风光、原始森林交相辉映，对国内外游客构成强大的吸引力。

12.4.1.2　经济富足，交通便利

我国历史上有许多关于此地之富庶的经典描述，如"水旱从人，不知饥馑"的"天府之国"成都平原；"湖广熟，天下足"的两湖平原。该地区山珍海味具备，土特产丰富，且以绿色纯天然为特色，如神农架的野生菌、中草药，宜昌的茶叶、柑橘，四川重庆的牛肉、榨菜、豆制品，洪湖、洞庭湖的淡水鱼、菱角、莲子等。该地区的旅游工艺品也闻名遐迩，如湖南湘绣、四川蜀绣、土家族织锦、四川竹编、景德镇瓷器、湖南湘笔、宜昌三峡石和盆景等。

华中旅游区跨越长江上中游，"黄金水道"长江、京广线、京九线、焦枝线——枝柳线等铁路纵贯而过，交通十分便利，游客集散快捷。位于我国中南腹地的交通要冲，与周边相邻地区联系方便，如湖北有"九省通衢"之称。

12.4.1.3　荆楚巴蜀文化，人文景观独特

本区是巴蜀文化和荆楚文化的发祥地和交融区，也是少数民族藏族、彝族、羌族、土家族、苗族、侗族的聚居地之一，形成了绚丽多姿的民俗风情和地域文化。历

史上以巴人崇巫尚武、楚人崇虎尚凤而闻名，当代则以川人湘人吃苦耐劳、心灵手巧而受人称赞。

本区域的饮食文化和地方戏曲也颇有特色。如百菜百味的川菜、香辣可口的湘菜，皆入选我国八大菜系，地方戏曲有川剧、汉剧、楚剧等，至今经久不衰。

12.4.1.4 适宜开展三国古迹游和红色旅游

川、渝、鄂曾是三国争雄的舞台，湘、鄂、赣多现代革命老区。因此，该区域的古战场和革命纪念地众多，留下了丰富的三国文化和现代红色旅游资源。

三国古迹主要有：湖北的古隆中、赤壁、荆州古城、当阳古城，四川的武侯祠、刘备墓，重庆的白帝城等。

红色旅游资源主要有瑞金、南昌、井冈山、长征中的雪山草地，还有众多红色纪念馆，如韶山毛泽东故居、广安邓小平纪念园、岳阳任弼时纪念馆、湘潭彭德怀纪念馆、武汉武昌起义纪念馆、八一南昌起义纪念馆、重庆红岩革命纪念馆、长沙雷锋纪念馆等。

鉴于本区的此种地域文化特色，开展三国古迹游和红色旅游极为适宜。

12.4.2 主要旅游城市和旅游景观

12.4.2.1 主要旅游城市

华中旅游区的主要旅游城市有：芙蓉之城——成都；南国灯城——自贡；名酒之乡——宜宾；阆苑仙境——阆中；海棠香国——乐山；酒城药乡——泸州；千年古堰——都江堰；美丽山城——重庆；九省通衢——武汉；七省通衢——荆州；三顾茅庐之地——襄樊；屈原故里——秭归；伟人故居——长沙；洞庭名城——岳阳；湘西古城——凤凰；红色圣地——南昌；千年瓷都——景德镇。

12.4.2.2 主要旅游景观

（1）四川

四川省主要有成都武侯祠、杜甫草堂、青城山、都江堰、乐山大佛、峨眉山、九寨沟、黄龙、蜀南竹海等。

（2）重庆

重庆市主要有大足石刻、缙云山、白帝城、三峡等。

（3）湖北

湖北省主要有武汉黄鹤楼、东湖、襄樊古隆中、武当山、神农架、宜昌三峡、赤壁等。

（4）湖南

湖南省主要有长沙岳麓山、岳阳楼、洞庭湖、湘西武陵源、凤凰古城、南岳衡山、湘潭韶山等。

（5）江西

江西省主要有南昌滕王阁、庐山、鄱阳湖、井冈山、三清山、龙虎山、景德镇等。

12. 4. 3　发展现状、问题和趋势

华中旅游区是旅游资源大区，其旅游资源数量多、类型全、分布广、品位高。如何将资源优势转化为产品优势，是华中旅游区各省市正在共同探讨的问题。目前，以四川省和湖南省旅游业发展势头较好，堪称典范。

四川省是目前我国旅游业发展势头最强劲的省份之一，近年来注意加大旅游产品开发力度和旅游产业要素的配套完善，从基础设施、环境整治、宣传促销等方面增加投入，加快建设，如兴建扩建机场，使旅游的可进入性大大提高。率先在国内开展"农家乐"旅游项目，推动了农业生态旅游的发展，延伸了旅游产业链。其发展之路形成了著名的"四川模式"。

目前，四川旅游已形成国宝大熊猫、古蜀文化三星堆、童话世界九寨沟三大旅游品牌；以九寨沟、黄龙旅游区为重点的北环线，以国宝大熊猫为品牌的西环线，以佛教文化、竹文化为主题的南环线，以革命历史文化和川东将帅故里为主题的东环线四大旅游环线。旅游业呈现出"效益型＋规模型"增长的态势。

湖南省山清水秀，是全国仅有的几个旅游资源品位高、数量多、种类全的省份之一。目前侧重开发名山、森林，有较强的开发潜力，且涵盖自然景观和人文景观两大类型，具有迭加效应，如张家界黄龙洞与凤凰古镇组合为"龙凤之旅"。

作为毛泽东等伟人的故乡，湖南在红色旅游方面有得天独厚的优势。近年来，湖南省充分发挥湖湘文化底蕴深厚、地域特色鲜明的优势，以国际化视野谋划和推动文化和旅游产业的发展，促进文化与旅游的融合。全面加快旅游交通、旅游产品和管理服务三大体系建设；延伸旅游产业链，发展复合型旅游；吸引国内外高端游客，推动过境观光旅游向休闲、度假旅游发展，提高了旅游业的综合效益。打造旅游精品，重点培育了以张家界为龙头的生态旅游，以韶山为重点的红色旅游，以长沙、衡山、炎帝陵、舜帝陵为代表的历史人文旅游，以湘西为重点的民俗风情旅游。

旅游产品是旅游业最基本、最核心的问题。华中旅游区的旅游资源优势十分明显，但却存在特色产品开发不足的问题。主要表现在以下 3 个方面。

第一，文化内涵发掘不够，深度开发不足。

第二，活动内容和形式过于单调，广度开发不足。

第三，多停留在观光层次，休闲、度假、探险、健身、修学类产品少，立体开发不足。

上述问题导致产品结构单一，削弱了市场竞争力。此外，还存在缺乏区域整合和整体包装策划，各自为政，甚至恶性竞争等问题。

今后，华中旅游区应进一步强化区域整合的大局观念，完善区域一体化机制；发挥旅游资源优势，立足于市场需求，不断创新旅游产品，形成不同内容、不同类型、不同层次的产品体系；发挥区位优势，进一步加强区域合作和对外联合，通过开发建

设一批跨行政区域的精品线路，采取互通航线、互送客源的形式，实现优势互补；通过加强与东南亚、东北亚及港澳台等国家和地区的旅游合作，拓展国际旅游市场；建立一个以长江为轴带，以峡谷湖泊原始森林等自然风光、现代水利工程、巴蜀荆楚文化、三国遗迹和红色旅游为主要特色，区域风情异彩纷呈的大型旅游区。

12.5 东南沿海旅游区

东南沿海旅游区位于我国东南部，包括福建、广东、海南 3 个省，总面积 34 万 km²，是八大旅游区中唯一各省全部濒临海洋的旅游区。

12.5.1 区域旅游环境与资源特征

12.5.1.1 山、海、岛兼备的地貌结构

本区依山傍海，阳光充足，山地、平原、丘陵等地形多样，东南有辽阔的海洋，海岸曲折绵长，岛屿星罗棋布，是我国"3S"景观资源最丰富的地区。丹霞地貌、岩溶地貌、花岗岩地貌、火山地貌、海岸地貌兼而有之；珊瑚礁海岸、红树林景观奇特。在长期高温多雨的气候条件下，地表侵蚀切割强烈，丘陵广布。在迅速的生物积累过程同时，还进行着强烈的脱硅富铝化过程，是我国砖红壤、赤红壤集中分布的区域，是名副其实的"红土地"。

12.5.1.2 热带、亚热带特征的南国风光

本区属于热带和南亚热带气候区，热量充足，高温多雨。最冷月平均气温 ≥ 10℃，多数地区年降水量 1400～2000mm，生长期 300 天以上，四季常绿，花期不绝。无明显的季节之分，旅游的淡旺季差别小。但该区又是我国台风影响最多的地区，会对旅游活动带来一定不利影响。

本区各地植物生长茂盛，种类繁多，有热带雨林、季雨林和南亚热带季风常绿阔叶林等地带性植被，榕树、木棉、芭蕉、椰树等热带树木及攀附其上的藤本植物构成了一幅南国风光。该区域是我国热带经济作物的重要生产基地，热带、亚热带水果品种繁多。

12.5.1.3 南北兼容、中西合璧的岭南文化

本区在唐宋时仍被称为"荒蛮之地"，历史悠久的古迹较少。但明清以后，随着海运业的发展，涌现出一批向西方追求真理的人物，如林则徐、康有为、梁启超、孙中山等，他们以广东为策源地，在抗击外侮、北伐战争、广州起义、辛亥革命等著名历史事件和重大活动中留下了众多的历史遗迹。特殊的地理位置使该区的文化兼容性强，地域文化体现出将闽海文化、南海文化、客家文化"三合一"的特点，且受外来文化影响大，在兼收并蓄、发展创新的过程中，最终形成了中西合璧的文化复合体。

闽、粤、琼地区的民间艺术具有南北兼收并蓄的特点。如遍布中华大地的舞龙

灯、舞狮子、赛龙舟等活动,在此地被赋予浓郁的地方特色而别具一格。广东的音乐、地方戏曲粤剧、民间工艺品粤绣、广东牙雕、椰雕、端砚(四大名砚之首)、彩瓷,福建的雕漆、石雕、软木画、脱胎漆器、纸伞、角梳等缤纷多彩,体现了地方风情和艺术智慧。作为我国最早对外开放的地区,本区受港台文化影响明显,通俗艺术发达。

12.5.1.4 多侨乡与特区,旅游基础好

东南沿海旅游区与菲律宾、马来西亚、印度尼西亚、文莱等国隔海相望,与东南亚长期通商往来,历史上大量劳工漂洋过海"下南洋",使其成为我国最大的侨乡。由于地理位置优越,人口密集,交通便利,区域辐射能力强,拥有较好的招商引资条件,因此成为我国经济特区的首选地。我国的 5 个经济特区深圳、珠海、汕头、厦门、海南均位于该区。珠三角是我国近现代社会经济发展与改革的前沿阵地,还是主要商品粮基地、工农业产品出口基地,人口与城市稠密,对外开放程度高。这些都成为旅游业发展的良好基础条件。

12.5.2 主要旅游城市和旅游景观

12.5.2.1 主要旅游城市

东南沿海旅游区的主要旅游城市有:花城、羊城——广州;改革开放的窗口——深圳、珠海;陶瓷之都——潮州;温泉城——福州;水仙之城——漳州;海上花园——厦门;椰风海韵——海口;天涯海角、东方夏威夷——三亚。

12.5.2.2 主要旅游景观

(1)福建

福建省主要有福州温泉、武夷山、厦门鼓浪屿、太姥山、清源山、泉州开元寺、泉州洛阳桥和安平桥、莆田湄州岛等。

(2)广东

广东省主要有广州白云山、广州黄花岗、开平碉楼及古村落、肇庆鼎湖山、肇庆星湖、仁化丹霞山、深圳世界之窗、深圳锦绣中华等。

(3)海南

海南省主要有三亚天涯海角、亚龙湾、海南热带海洋世界、五指山、万泉河、博鳌、东寨港红树林保护区等。

12.5.3 发展现状、问题和趋势

东南沿海旅游区既有丰富的自然美景,又有许多革命遗迹,还有现代化都市和经济特区。丰富的物产加之优越的地理位置,使本区旅游业起步早,规模大,发展水平较高。作为海内外客源的交汇之地,该地区既是旅游目的地,又是主要客源地。作为

我国主要的侨乡，近年来，大批华侨回乡寻根问祖，探亲访友，投资办厂，成为本区最主要的海外客源，形成了较为稳定的寻根旅游市场。

该区域还是我国最早的主题公园发祥地，为自然景观缺乏的都市旅游业及旅游企业的融资与合作提供了发展样板。

该区域依托地域文化开发旅游产品，已经形成以下品牌：福建的妈祖文化与生态旅游、海峡两岸省亲旅游；广东的归侨文化与寻根旅游、商贸旅游；海南的海洋文化与"3S"景观旅游等。

以靠山面海、地域特征鲜明的福建省为例，来进一步认识东南沿海旅游区的旅游业发展现状、问题及趋势，加以分析、借鉴。

福建全省海岸线长3300km，居全国第二，且气候条件好，四季均可开展旅游；全省森林覆盖率达60.5%，居全国首位。近年来，该省通过武夷山旅游区、妈祖文化精品工程等旅游重点项目的建设，注重开发优势旅游资源，创特色品牌，不断完善旅游产品体系，已形成了融观光旅游、生态旅游、民俗宗教文化旅游等为主体的旅游发展格局。为进一步整合资源优势，凸显区域特色，福建提出了如下发展思路：

第一，培育四大旅游产业集群。

一是闽北旅游产业集群。以武夷山为中心，进一步整合南平、三明两地旅游资源，开发独具特色的山地生态休闲度假旅游产品。实施以"两山"（武夷山、阿里山）、"两湖"（大金湖、日月潭）为重点的闽台旅游对接计划，推进世界级品牌建设。

二是闽东旅游产业集群。以福州为中心，以三坊七巷、船政文化、妈祖文化、畲族文化等为重点，主推休闲旅游、文化旅游、温泉旅游和生态旅游等专项产品，不断完善商务会展、文化体育、购物娱乐等旅游基础设施。

三是闽南旅游产业集群。在厦泉漳城市联盟基础上，继续加强区域旅游合作，完善以厦门鼓浪屿、泉州海丝文化、闽台缘博物馆、崇武旅游度假等为重点的休闲度假、生态观光、宗教文化、都市体验四大旅游产品类型，形成建设旅游强省的重要支撑。

四是闽西旅游产业集群。突出以古田会议旧址为中心的红色旅游，以永定土楼、宁化客家祖地为代表的客家风情旅游和以连城冠豸山为龙头的绿色生态旅游，促进湘赣闽红色旅游线路的形成，打造独具特色的红色旅游产业集群。

第二，办好五大节庆活动。

这五大节庆是：海峡旅游博览会、中国武夷山旅游节、妈祖文化旅游节、"海上丝绸之路"文化旅游节、红色圣地旅游节。

尤其值得一提的是，针对海峡两岸关系的现状，福建省发挥其地理位置与资源优势，寻找与台湾地区的历史渊源和文化脉络，致力于实现海峡两岸的旅游对接，在旅游业界突出"海峡旅游"主题。

综观东南沿海旅游区，其旅游业发展的问题也较突出，如对旅游资源的文化内涵发掘不够，旅游开发浅薄、浮躁，商品化明显，功利性严重，旅游产品形式和功能单一（如茶文化的开发），景区建设滞后等。

今后，东南沿海旅游区应进一步发挥其独特的资源和位置优势，进一步扩大对外开放，使其成为我国参与国际旅游竞争的平台；深入认识其区域文化内涵，不断创新旅游产品设计和营销战略；进一步提高旅游规划的科学性和可操作性，将其逐步建设成为一个开放型的多层次的以山林观光旅游、海滨海岛度假旅游、都市休闲旅游和寻根旅游为主要特色的旅游大区。

12.6　西南旅游区

西南旅游区包括云南、贵州、广西 3 省区，总面积 80 万 km^2，是一个以绚丽多彩的热带、亚热带风光、岩溶奇观及少数民族风情为主要特色的旅游区。

西南旅游区位于我国西南边陲，邻近中南半岛和马来群岛，是我国通向东南亚、南亚最主要的陆路通道。云贵高原山河纵列，与东南亚国家山水相连、经贸相通，历史文化渊源深厚，具有开展区域旅游合作的良好基础和条件。

12.6.1　区域旅游环境与资源特征

12.6.1.1　地形千差万别，岩溶地貌显著

该区域地势由西北向东南倾斜，西部位于青藏高原边缘，海拔达 5000m 以上，东部濒临海洋。地形从云贵高原、横断山区过渡到两广丘陵。西部山高谷深，地势高差悬殊，有虎跳峡、三江并流地貌奇观。东部则是我国岩溶地貌发育最典型的地区。广西桂林山水素有"甲天下"的美名，云南石林被称为"天下第一奇观"，贵州省的织金洞、黄果树瀑布等都是著名的旅游胜地。

12.6.1.2　气候宜人，植被丰富

本区属亚热带湿润气候区，区内气候差异显著。云贵高原由于地势起伏大，地形复杂，垂直差异大，区内分异明显，有"一山有四季，十里不同天"之说。例如，云南昆明冬季一般不受寒潮影响，四季如春，所以有"春城"之称。而贵州冬季多阴雨天气，夏半年受到东南季风影响，降水也较多，素有"天无三日晴"之说。广西南北温差比较大，但大部地区气候宜人，全年皆适合旅游，旅游淡旺季差别小。

本区气候的多样性为多种动植物的生长繁衍提供了适宜条件，动植物资源十分丰富，堪称全国之冠。区内热带丛林、亚热带、温带、寒温带植物均有分布。其中云南是我国植物种类最多的省份，在全国约 3 万种高等植物中，云南就拥有 1.8 万多种，占 60%还多。云南的西双版纳被誉为"动植物的王国"、"花卉的王国"，山茶、杜鹃、玉兰、报春被称为云南的"四大名花"。贵州的梵净山是著名的生物自然保护区，广西是闻名全国的"水果之乡"，南宁有"花果城"之美誉。

12.6.1.3　开发历史较短，经济发展不平衡

西南地区有大量闭塞山区，由于石灰岩广布，地表崎岖，交通不便，历史上长期处于"食肉衣皮，不见盐谷"的缓慢发展状态。由于环境的制约，经济发展极不平衡。

如横断山区山河纵列，形成"对山喊得应，走路要一天"的奇观。交通的落后制约了当地经济发展。云贵高原东部及广西境内分布有深厚的石灰岩，受地表水流和地下水的溶解、侵蚀而形成喀斯特地貌。由于多溶洞、暗河，地表水渗流性强，地面水流缺乏，影响农业生产灌溉条件。加之石灰岩地区土壤贫瘠，所以本区有些地区经济长期处于落后状态，这对当地旅游业的发展无疑也起到制约作用。

12.6.1.4　少数民族众多，民俗绚丽多彩

正是由于交通闭塞，外来势力的影响弱小而缓慢，加之中华人民共和国建立后政府积极推行少数民族政策，注意民族文化的保护与传承，尊重少数民族的风俗习惯，使该区域少数民族的民族特色得以保存、发展，成为我国民族文化多样性最为典型的地区。

本区是我国少数民族最多最集中的地区，其中云南就有少数民族20余个，包括壮族、瑶族、苗族、侗族、藏族、彝族、仫佬族、毛南族、回族、哈尼族等。形成了极富浓郁东方特色的民间建筑、音乐歌舞、服饰特产、节庆习俗活动等。民居建筑各具特色，有傣、壮、景颇、德昂、拉祜、哈尼等民族的干栏式建筑，彝、哈尼等民族的土掌房，白族、纳西族的"三坊一照壁"，普米族、摩梭人的井干式建筑等。其文化风俗别有情趣，耐人寻味，著名的民间节日有壮族的"歌圩"、傣族的"泼水节"、彝族的"火把节"、白族的三月街、纳西族的三朵节、傈僳族的刀杆节等，民俗活动绚丽多彩。

12.6.2　主要旅游城市和旅游景观

12.6.2.1　主要旅游城市

西南旅游区的主要旅游城市有：壮乡首府——南宁；森林之城——贵阳；山水甲天下——桂林；刘三姐故里——柳州；春城——昆明；妙香古国——大理；纳西古城——丽江；革命圣地——遵义。

12.6.2.2　主要旅游景观

（1）广西

广西壮族自治区主要有桂林山水、漓江、阳朔古城、柳州鱼峰山和柳侯祠、兴安灵渠、桂平西山、北海银滩、宁明花山岩画、南宁伊岭岩等。

（2）贵州

贵州省主要有安顺黄果树瀑布、遵义会议会址、贵阳龙宫、织金洞、梵净山自然保护区、黎平天生桥等。

（3）云南

云南省主要有昆明滇池——大观楼、昆明西山、云南石林、三江并流、大理苍山洱海、大理崇圣寺三塔、西双版纳、曼飞龙塔、腾冲火山群、丽江古城、玉龙雪山、

虎跳峡、迪庆香格里拉、迪庆梅里雪山等。

迪庆——香格里拉

"香格里拉"一词，是 1933 年美国小说家詹姆斯·希尔顿（James Hilton）在其小说《失去的地平线》中所描述的一个永恒和平宁静的地方。那里拥有雪峰峡谷、神秘的庙宇、湖泊草原，是牛羊成群的世外桃源，而迪庆境内就拥有小说中的一切。更巧合的是，"香格里拉"一词是迪庆中甸的藏语，为"心中的日月"之意，是藏民心目中最理想的生活环境。因此，迪庆就成为人们寻找了半个多世纪的"香格里拉"。

迪庆位于云南省西北部，与四川、西藏两省区交界，是藏族和其他民族交往的主要走廊。这里由于地处青藏高原东南边缘、横断山脉南段北端、"三江并流"之腹地，形成独特的融雪山、峡谷、草原、湖泊、原始森林和民族风情为一体的景观，为一多功能的旅游风景名胜区，自然景观神奇险峻而又清幽灵秀。

迪庆不仅有西藏高原雪山峡谷的风貌和藏族风情，还可让人领略到内蒙古大草原"风吹草低见牛羊"般的壮丽景色。位于迪庆的香格里拉，海拔 3280m，使来自低海拔国家和地区的人士，也能舒服自在地观赏大自然美景和领略民族风情，而不必担心发生"高山反应"。

12.6.3　发展现状、问题和趋势

西南旅游区是一个美丽而神奇的地方，旅游资源得天独厚，既有桂林山水、云南石林、黄果树瀑布、三江并流、丽江古城等众多驰名中外的风景名胜，又有绚丽多彩的少数民族风情。在工业化、城市化、全球化突飞猛进的时代背景下，处于崇山峻岭环抱之中的该区域，较好地保存了一片"养在深闺人未识"的"世外桃源"，保存着与人类亲近的原生态自然和文化遗产。清新怡人的自然生态、古朴纯粹的原生态民族文化、鬼斧神工的喀斯特地貌和彪炳史册的中国革命红色遗产等丰富旅游资源，使西南地区的旅游业在我国处于领先地位。

该区域旅游业的发展既促进了生态环境保护和当地经济发展，又促进了民族文化的科学研究和保护开发。在将民族村寨、民居、民间歌舞、节日和习俗开发为旅游项目的过程中，云南纳西古乐、贵州侗族大歌、广西壮族歌圩等一批优秀的民族文化走向市场，被世界所认知。广西、云南的边境地区，旅游业在促进边境贸易发展、巩固边境地区稳定、改善边疆人民生活等方面，发挥了不可替代的重要作用。近年来，3个省区在旅游业发展方面各自呈现出不同的亮点。

广西在已形成北有桂林、南有北海两大增长极的基础上，注重建设 5 个既具特色、又相互联系的旅游区：突出山水自然风光和历史文化名城特色的桂林旅游区；突出少数民族风俗特色的柳州旅游区；突出亚热带风光、边关景观和壮族先民文化特点的南宁旅游区；突出侨乡、寺庙、古迹特点的桂东南旅游区；以滨海风光为特色的滨海旅游区。

着力打造六大旅游品牌：桂林山水、德天瀑布、北海银滩、百色天坑、刘三姐文

化、百色风雷，并采取一系列措施实现广西旅游业"龙头"——桂林旅游品位的全面提升，如通过"两江四湖"旧城改造工程，"印象刘三姐"大型山水实景演出，在丰富桂林城市旅游产品的同时，开创了我国大型山水实景演出的先河，并对社区居民参与景区演出和服务新模式的建立进行了有益的尝试。

云南旅游业形成并逐渐完善了"1456"的全省旅游开发格局。

"一个中心"，即以昆明作为全省旅游中心，依托昆明市优越的基础设施，开发建设优势产品、配套产品，形成一批较高质量的旅游区，并最终把昆明建设成为国际旅游城市。

"四地"，即重点发展大理、丽江、景洪、芒市四个旅游城市，使之成为全省重要的旅游集散地。

"五区"，即建设滇中旅游区、滇西北旅游区、滇西旅游区、滇西南旅游区、滇东南旅游区五大旅游区。

"六大产品"，即重点发展观光旅游、度假旅游、民族风情旅游、高山滑雪旅游、生态旅游、会议旅游六大旅游项目。被旅游者誉为"旅游天堂，体验之都，休闲乐园"。

贵州从历史遗留给它的"三言两语"（"天无三日晴，地无三里平，人无三分银"和"夜郎自大""黔驴技穷"）中获得再生灵感，寻找回来的文明，积极打造"夜郎古国，神奇贵州"的旅游形象，获得了巨大成功。此外，通过开发巴拉河苗寨的乡村旅游，带动了数万农民脱贫致富。一些祖祖辈辈生活在穷乡僻壤的农民，办起了"农家乐"、"汽车旅馆"，坐在家门口凭借青山绿水，收取"真金白银"。为我国老少边穷地区如何借助旅游带动地方经济发展提供了经验。

此外，西南旅游区地表崎岖，交通不便。西部大开发以来，投入巨资进行基础设施建设，使其交通条件得到改善，极大提高了旅游的可达性。但是，该区域气候和地形条件复杂，旅游活动受自然条件的影响大，自然灾害频发，安全问题常成为旅游发展的限制性因素。

今后，西南旅游区应加强旅游资源的开发利用、旅游产品的优化设计、旅游设施和管理机制的建设完善以及区域旅游的整合互动，在规模增长的同时实现质量的提高，将该区域建设成为一个以岩溶山水胜景和民族风情为主要资源特色，以山水生态观光、边关风貌揽胜游、民族文化体验游为产品特色的旅游大区。

12.7　西北旅游区

西北旅游区包括内蒙古、宁夏、甘肃、新疆 4 省区，位于我国西北内陆地区，总面积 315 万 km^2，约占全国陆地面积的 1/3，是八大旅游区中面积最大的旅游区。

12.7.1　区域旅游环境与资源特征

12.7.1.1　地形地貌独特，景观大、野、奇、趣

该旅游区地域辽阔，地广人稀。从东向西跨越湿润、半湿润、半干旱、干旱 4 个

干湿区，自然环境具有明显的经度地带性分异规律，从大兴安岭的原始林海，茫茫的内蒙古草原，到西部浩瀚的沙漠、戈壁，雪山、冰峰、绿洲、草甸点缀其间。河套平原、银川平原则是一派江南风光，具有"塞外江南"之称。

辽阔的高原，苍凉的荒漠、戈壁，无垠的草原，美丽的绿洲，与森林、雪山构成了层次分明、壮丽奇特的自然景观。自然旅游资源数量丰富，景观天、野、奇、趣。如新疆的吐鲁番是中国夏季最炎热的地方；吐鲁番盆地的艾丁湖（-154m）是中国陆地最低处；塔里木河是我国最长的内陆河；博斯腾湖是中国最大的内陆淡水湖；塔克拉玛干大沙漠是我国最大的沙漠（面积 33.7 万 km²）。它们与独特的西部边陲风情相互交融，更加引人入胜。

12.7.1.2　大陆性气候特征显著

该区域深居内陆，距海遥远，如乌鲁木齐市是世界上距离海洋最远的内陆城市，它与海岸的最近距离为 2250km。大陆性气候典型，空气湿度小，日温差大，新疆有"早穿皮袄午穿纱，围着火炉吃西瓜"之说。这里还是我国沙尘暴的形成源地，风沙、沙尘天气多，冬季寒冷，夏季酷热，旅游淡旺季差别大，对旅游业发展具有一定的制约作用。

12.7.1.3　丝绸之路，古迹众多

该区域位于我国西北边陲，"母亲河"黄河和丝绸之路穿过本区，孕育形成了古老而独特的历史文化，人文旅游资源丰富、珍贵，异质文化氛围浓郁。丝绸之路由长安出发，经甘肃河西走廊、新疆、帕米尔高原到中亚、西亚、欧洲，在沟通东西方经济文化交流上发挥过巨大作用。伴随着丝绸之路的开拓与发展，沿线留下了丰富的文化古迹，犹以石窟艺术闻名世界。如甘肃的敦煌石窟、麦积山石窟。还有嘉峪关长城，甘肃的拉卜楞寺等藏传佛教圣地，历史上已湮没的西夏王朝、楼兰古国、吐谷浑古国的遗址。众多的宗教石窟、寺院、古墓、城池、关隘等遗迹，以及历史名人故事与踪迹，为这片古老的土地增添了神秘的色彩。

12.7.1.4　浓郁独特的民族风情

该旅游区是蒙古族、维吾尔族、回族等少数民族的聚居区。历史上草原游牧文化与中原农耕文化不断交流、融合，逐渐形成了民族特色浓郁、地域特征鲜明、内涵丰富、绚丽多姿的民族文化。蒙古族历史上长期以游牧为主要生活方式，逐水草而居，蒙古包为其特色建筑，并形成了热情好客、剽悍豪爽的性格和强壮的体格，"那达慕"盛会、民族式摔跤、赛马、歌舞等均是具有观赏价值的旅游项目。新疆维吾尔族、哈萨克族，则以花园式的庭院、陈设华丽的帐篷、鲜艳的服饰、饶有兴味的饮食、欢乐剽悍的民间文体活动而引人入胜。此外，还有哈萨克族的"姑娘追"、甘肃莲花山一带的"花儿会"、伊斯兰教的肉孜节等民俗活动。

地方特产也独具特色，如宁夏"五宝"：枸杞、甘草、贺兰石、发菜、滩羊裘皮；甘肃的夜光杯、兰州烤乳猪；内蒙古的银器、地毯、蒙古刀、烤全羊；新疆的地毯、

和田玉、葡萄干、哈密瓜、烤羊肉串等，深受人们喜爱。

12.7.2 主要旅游城市和旅游景观

12.7.2.1 主要旅游城市

西北旅游区的主要旅游城市有：草原青城——呼和浩特；"东亚之窗"——满洲里；鹿城、草原钢城——包头；"优美的牧场"——乌鲁木齐；石油城、"魔鬼城"——克拉玛依；"黄河之都""山水名城"——兰州；河西走廊四城：武威、张掖、酒泉、敦煌；宁夏首府——银川。

12.7.2.2 主要旅游景观

（1）内蒙古

内蒙古自治区主要有呼和浩特五塔寺、昭君墓、鄂尔多斯成吉思汗陵、包头五当召、锡林郭勒草原、呼伦贝尔草原、阿尔山温泉等。

（2）宁夏

宁夏回族自治区主要有银川南关清真寺、贺兰山、西夏王陵、青铜峡水库及108塔、中卫沙坡头等。

（3）甘肃

甘肃省主要有敦煌石窟、敦煌鸣沙山和月牙泉、古玉门关、古阳关、天水麦积山石窟、嘉峪关长城、夏河拉扑楞寺、平凉崆峒山等。

（4）新疆

新疆维吾尔自治区主要有天山天池、博格达峰、吐鲁番葡萄沟、吐鲁番火焰山、喀什香妃墓、喀什艾提尕尔清真寺、阿勒泰喀纳斯湖、坎儿井、罗布泊、楼兰古城等。

12.7.3 发展现状、问题和趋势

西北旅游区蓝天、戈壁、沙漠、林海，以及丰收的田野，崛起的城市，繁荣的市场，无不洋溢着蓬勃气息和发展活力，是我国旅游资源丰富、潜力巨大、具有极大开发价值的地区。目前各省区旅游业开发各有侧重。宁夏：大漠黄河、西夏文化、回族风情、六盘山区；甘肃：兰州市、河西走廊、天水；新疆："一山两湖三线"，即天山、博斯腾湖、喀纳斯湖，以及吐鲁番—乌鲁木齐—天池一线、丝绸之路南线和丝绸之路北线。

但与其他旅游大区相比，西北旅游区旅游业发展弱势明显。

一是地理位置偏远，区位优势不明显。西北地区地处我国内陆，距离我国目前最大的客源地（北京、上海、广东等国内旅游客源地和日本、韩国、东南亚等国际旅游客源地）较远。与我国东、中部相比，旅游交通费用大，路途时间长，使许多游客望而止步，多年属于国内旅游的"冷线"。

二是旅游资源分布分散。由于面积广阔，使资源丰度相对较低，景区过于分散，

在开发利用上难以形成规模和产生"聚集效应"。

三是旅游业发展起步晚，基础设施条件落后，服务水平较差。由于西北地区经济文化落后，资金匮乏，以及商品经济观念淡薄等原因，目前在景区建设、旅游产品开发、旅游设施建设和服务水准等方面都存在明显不足。旅游产品数量少，品种少，大多处于观光层次。

随着国家西部大开发政策的推行，该地区投资力度加大，目前各省区旅游业呈现加速发展趋势。针对该区域的特点和优势，适宜针对国内发达地区重点开发长线旅游和边境旅游市场；利用文物古迹、山水风光、民族风情的丰富性和独特性，合理规划旅游线路，进一步优化观光旅游产品，丰富休闲度假旅游产品，并进一步开发生态、探险、体育、健身等专项产品，提高其竞争力；结合地方特色，因地制宜，加强营销，塑造区域旅游形象，如"塞外江南，神奇宁夏""绿色新疆，掀起你的盖头来""蒙古人，大草原"等。

同时，发挥距离俄罗斯、蒙古及中亚诸国较近的优势，树立"大市场、大产业、大旅游"的观念，通过加强与国内外的协作和联合，借助国家对西部倾斜的优惠政策，加强基础设施建设，改善交通条件，以深厚的自然、人文资源为依托，将该区建设成为一个以丝绸之路文化采风、高山冰雪和草原沙漠科考探险、民俗文化异域风情体验等为特色的大旅游区。

12.8　青藏旅游区

青藏旅游区位于青藏高原，包括青海、西藏 2 省区。总面积 192 万 km^2，约占全国总面积的 1/5，是一个地广人稀的地区。

12.8.1　区域旅游环境与资源特征

12.8.1.1　世界屋脊，大河之源

青藏高原是我国面积最大、海拔最高的高原，平均海拔 4000m 以上，有"地球第三极""世界屋脊""雪域高原"等称号。高原上冰川广布、雪峰林立，海拔超过 7000m 以上的高峰有 40 多座，包括世界最雄伟的山脉——喜马拉雅山、冈底斯山、唐古拉山等，高大的山脉之间分布着高原、盆地和高山峡谷。高原上独特的冰雪世界，与高山峻岭、高原草地、高原湖泊以及原始森林一起构成了奇异诱人的自然景观。青藏高原处于印度板块与亚欧板块碰撞缝合地带，地壳运动强烈，岩浆活动频繁，是我国地热资源最丰富的地区。

高原上的雪峰冰川是众多河流的发源地，如长江、黄河、澜沧江、雅鲁藏布江、印度河、恒河等大河（江）均发源于此。长江、黄河、澜沧江均发源于青海境内，三条大河的源头相距很近，成为我国面积最大、海拔最高的天然湿地和生物多样性分布区，是野生动物的乐园，因而设立有三江源自然保护区。

12. 8. 1. 2 冬寒夏凉的高原气候

青藏高原独特的高原气候，具有高寒、干旱、多大风、日温差大、空气稀薄、含氧量低、太阳辐射强等气候特点。除东南缘河谷地区外，整个青藏地区冬寒夏凉。气温年变化小，日变化大。部分地区常年无夏，霜雪不断，温度年较差不大。冬半年的主要特点是寒冷、干燥、降水稀少、多大风；夏半年的主要特点是日照充足、气温凉爽宜人、降水集中、多夜雨和冰雹。因此青藏高原是极佳的避暑胜地。

本区是全国太阳辐射能最多的地方，拉萨因此有"日光城"之称。因海拔高，空气稀薄，尘埃和水气含量少，透明度高，故阳光透过大气层时能量损失少，辐射强，天空显得格外碧蓝。由于高原缺氧，初到高原的人可能会出现高山反应症状。

由于冬季气候寒冷，一年中以 5~9 月为旅游的黄金季节。

12. 8. 1. 3 浓厚的宗教文化

青藏高原旅游区具有浓厚的宗教色彩。藏传佛教俗称喇嘛教，是藏族人民的主要信仰，也是藏族地区占主导地位的宗教。

藏传佛教对藏民族的影响是广泛而深刻的。佛教的伦理道德观，是传统藏族社会道德规范的基石和重要内容。同时，藏传佛教也深深影响着藏族文化，形成了独特的民族传统和文化习俗。

藏传佛教在发展过程中，留下了大量独具特色的、壮观的宫殿和寺庙建筑，以及珍贵的宗教文化艺术品，如西藏的布达拉宫、大昭寺、扎什伦布寺、青海的塔尔寺等。建筑、雕塑、绘画受印度、尼泊尔影响较大，宗教色彩浓厚。

12. 8. 1. 4 独特的藏族风情

该地区主要少数民族有藏族、土族、撒拉族、门巴族、珞巴族、回族、蒙古族等。各民族风俗多彩而奇异，而以藏族风情最神秘独特。

藏族人民能歌善舞，其民歌激越嘹亮，舞蹈中以踢踏舞最具特色。

由于藏族人民在文化传统、宗教信仰、风俗习惯、手工艺品等方面不同于其他民族，加上高山峻岭，地处边陲，交通闭塞，一向被视为充满神秘色彩的地方，对中外游客有着强烈的吸引力。

长期生活在青藏高原的藏民族，是勇敢淳朴的民族。因为几乎全民信奉藏传佛教，宗教对藏族各种习俗有着广泛而深远的影响，深深地打上了宗教的印记。西藏的节庆活动，来源多与宗教有关。一年中主要的节日有藏历年、酥油花灯节、雪顿节、望果节、沐浴节等。

12. 8. 2 主要旅游城市和旅游景观

12. 8. 2. 1 主要旅游城市

青藏旅游区的主要旅游城市有：日光城——拉萨；西藏的江南——林芝；西海锁

钮——西宁；后藏中心——日喀则。

12.8.2.2 主要旅游景观

（1）西藏

西藏自治区主要有布达拉宫、大昭寺、罗布林卡、甘丹寺、哲蚌寺、色拉寺、日喀则扎什伦布寺、江孜白居寺、纳木错、羊八井地热区等。

（2）青海

青海省主要有湟中塔尔寺、青海湖——鸟岛、西宁东关清真寺、日月山等。

12.8.3 发展现状、问题和趋势

青藏高原独特的自然和人文旅游资源使其旅游业具备了与其他地区不同的发展潜力和优势，呈现出鲜明的地域特征。在这里既可以领略大自然的风光，登山、探险、科考，又可以感受当地居民独特的生活方式及藏传佛教的神秘魅力。

青藏高原的旅游业起步于其登山旅游资源的开发利用，1980 年我国宣布对外开放青藏高原的部分山峰，立即受到各国登山界的普遍欢迎，成为世界登山界瞩目的地方。随着登山运动的普及，近年来，青藏高原以其独特的魅力吸引着愈来愈多的游客投入它的怀抱。

但是，由于高原特殊的位置、发展历史和地理条件，使其交通不便，旅游基础设施薄弱，经济文化落后，可进入性较差，严重制约了旅游业的发展。2005 年 10 月 12 日，青藏铁路全线铺通，西藏终于结束了不通铁路的历史。2006 年 7 月 1 日，北京、成都和西宁等城市同时开通至拉萨的列车，接着，许多城市又开通了青藏铁路旅游专列，从此青藏高原旅游业的发展历史随着交通条件的重大突破而开始改写。

青藏铁路不仅打破了西藏交通的瓶颈，而且其自身也是一条旅游"黄金线路"。青藏铁路从青海的格尔木进入西藏，直达西藏自治区首府拉萨。它沿途经过青海湖、可可西里自然保护区、纳木错湖、布达拉宫等众多风景名胜，使青藏铁路成为一道跨越青藏高原的独特旅游风景线。

青藏铁路还是一条"生态环境保护型铁路"，在其建设中创造了许多"世界之最"的奇迹，如青藏铁路全线用于环保工程的投资近 12 亿元，创下中国铁路建设史上的最高纪录。

青藏铁路的建成将西藏首次纳入全国的铁路网络，青海、西藏两省开始共同打造青藏铁路旅游线品牌，开展横向联合与协作，构筑世界顶级旅游线网。青藏与陕、甘、新、川、渝、滇诸省市区联手，同时创造条件与南亚、东南亚诸国合作，制定不同的跨区域与跨国旅游线路，并促进青藏铁路经济带和青藏高原经济带的形成，培育旅游业发展的大环境。

青藏地区旅游业虽然起步晚，但潜力大。青藏地区应该以青藏铁路为主要通道，依托其丰富的旅游资源，进一步明确和强化旅游业在青藏高原区域发展中的先导作用和优势产业地位，发挥其后发优势。吸收和借鉴国内外旅游业发展的经验，开发新产

品。可以欧美高端市场为先导进行主体定位，进一步拓展西欧、北美、日本、港澳台地区等入境旅游市场；重点吸引京津地区、长江三角洲、珠江三角洲地区等国内经济发达地区的客源市场以及距西藏较近的四川、重庆市场，推动国内旅游业的跨越式发展。

同时，要积极关注青藏高原独特而脆弱的生态系统，做到适度开发，维持资源的可持续利用；在促进社会经济和文化发展的同时，避免和减少对环境的损耗和地域文化的破坏；注重保护自然和文化生态的多样性，实现旅游业的可持续发展和经济社会的和谐发展。将青藏高原旅游区逐步建设成为一个以高原猎奇、登山探险、民族宗教揽胜、科学文化考察为特色的新兴旅游区。

【思考题】

1. 什么是旅游区划？其意义如何？
2. 你认为我国的旅游区应该如何划分？
3. 对比分析我国各旅游区的旅游环境与资源特征。
4. 各旅游区目前存在的主要问题及开发方向是什么？

【经验性训练】

就学校所在的旅游大区，将该旅游区的区域旅游环境与资源特征、主要旅游城市和旅游景观、发展现状、问题和趋势等不同主题进行分组，然后查找搜集相关资料，制作成多媒体幻灯片，在课堂上分小组展示、竞赛。

【案例分析】

西南出海大通道

西南出海大通道北起重庆，南至广东湛江，纵贯重庆、贵州、广西、广东四省市区高等级公路，是西南地区通往华南沿海的一条交通要道。西南出海大通道是国家规划建设的"五纵七横"国道主干线网的重要组成部分，也是西部大开发交通基础设施建设的重点工程。

布达拉宫的接待能力问题

布达拉宫是我国第一批重点文物保护单位之一，是世界上海拔最高的古代宫堡式建筑群，是藏族古代建筑艺术成就的一座丰碑，是西藏的标志性建筑，是世界文化遗产。按规定布达拉宫每天只能接待1000多人，最多时也只能接待2000人，无法满足每天进藏多达规定人数数倍的游客游览布达拉宫的需求。

案例思考题：

1. 西南出海大通道的贯通，将为该地区旅游业及区域旅游合作带来哪些便利条件和发展机遇？

2. 如果你是西藏旅游局或景区的管理者，你将采取哪些措施来解决布达拉宫的接待能力问题?

【本章推荐阅读书目】

1. 旅游地理学(第3版). 保继刚,楚义芳. 高等教育出版社,2012.
2. 新编中国旅游地理. 刘振礼,王兵. 南开大学出版社,2007.
3. 旅游规划原理. 吴必虎,俞曦. 中国旅游出版社,2010.
4. 中国旅游地理. 庞规荃. 旅游教育出版社,2003.

参考文献

保继刚，楚义芳．2012. 旅游地理学[M]．3版．北京：高等教育出版社．

刘振礼，王兵．2007. 中国旅游地理[M]．3版．天津：南开大学出版社．

曹培培．2014. 中国旅游地理[M]．北京：清华大学出版社．

庞规荃．2003. 中国旅游地理[M]．3版．北京：旅游教育出版社．

罗兹柏，张述林．2000. 中国旅游地理[M]．天津：南开大学出版社．

周凤杰．2003. 中国旅游地理[M]．北京：机械工业出版社．

李晓玲，李鹏，张茗馨．2011. 中国旅游地理知识一本通[M]．北京：金盾出版社．

国家文物局．1981. 中国名胜词典[M]．上海：上海辞书出版社．

中国旅游出版社．2010. 中国旅游指南[M]．北京：中国旅游出版社．

陈德本．1996. 走遍中国[M]．北京：测绘出版社．

庄林德．2002. 中国城市发展与建设史[M]．南京：东南大学出版社．

殷体扬．1990. 城市管理学[M]．太原：山西经济出版社．

周进步．2001. 现代中国旅游地理[M]．青岛：青岛出版社．

周作明．2011. 中国民俗旅游学新论[M]．北京：旅游教育出版社．

肖星．2006. 中国旅游资源概论[M]．北京：清华大学出版社．

冯乃康．1995. 中国旅游文学论稿[M]．北京：旅游教育出版社．

周进步，庞规荃，秦关民．2001. 现代中国旅游地理学[M]．3版．青岛：青岛出版社．

吴国清．2001. 中国旅游地理[M]．上海：上海人民出版社．

韩杰．2002. 旅游地理学[M]．大连：东北财经大学出版社．

钟敬文．2010. 民俗学概论[M]．2版．北京：高等教育出版社．

仲富兰．2007. 中国民俗文化学导论[M]．上海：上海辞书出版社．

萧平一．1998. 中国画[M]．贵阳：贵州人民出版社．

段友文．1998. 汾河两岸的民俗与旅游[M]．北京：旅游教育出版社．

侯仁之．2013. 北平历史地理[M]．北京：外语教学与研究出版社．

吴必虎，俞曦．2010. 旅游规划原理[M]．北京：中国旅游出版社．

马波．2010. 现代旅游文化学[M]．4版．青岛：青岛出版社．

陈桥驿．1985. 中国六大古都[M]．北京：中国青年出版社．

谢春山．2010. 导游基础知识[M]．3版．沈阳：辽海出版社．

赵利民，朱廉．2014. 旅游资源概论[M]．2版．北京：北京理工大学出版社．

刘寿如，卢定宇 . 2003. 江南水乡游 [M]. 郑州：河南科学技术出版社 .

赵青如 . 2002. 桃源幽韵——中国自然保护区览胜 [M]. 北京：中国旅游出版社 .

阴法鲁，许树安 . 2008. 中国古代文化史（插图本）[M]. 北京：北京大学出版社 .

孙文昌 . 2001. 现代旅游开发学 [M]. 2 版 . 青岛：青岛出版社 .

乔修业 . 2010. 旅游美学 [M]. 3 版 . 天津：南开大学出版社 .

安旭 . 2003. 旅游文物艺术 [M]. 2 版 . 天津：南开大学出版社 .

辛建荣 . 2006. 旅游地学原理 [M]. 北京：中国地质大学出版社 .

罗哲文 . 2008. 长城 [M]. 北京：清华大学出版社 .

杨宽 . 2003. 中国古代陵墓制度研究 [M]. 上海：上海人民出版社 .

王德恒 . 2008. 解读中国皇陵密码 [M]. 北京：中国文联出版社 .

王力 . 2012. 中国古代文化常识 [M]. 北京：中国人民大学出版社 .

林黎明，孙忠家 . 1984. 中国历代陵寝纪略 [M]. 哈尔滨：黑龙江人民出版社 .

段友文 . 1998. 汾河两岸的民俗与旅游 [M]. 北京：旅游教育出版社 .

陈永昊，余连祥，张传峰 . 1995. 中国丝绸文化 [M]. 杭州：浙江摄影出版社 .

陈文华 . 1999. 中华茶文化基础知识 [M]. 北京：中国农业出版社 .

崔延子，丁沙铃 . 1995. 流光溢彩的民族瑰宝——中国工艺美术 [M]. 北京：高等教育出版社 .

乌兰，李玉新 . 2010. 生态旅游 [M]. 北京：经济管理出版社 .

谢路军，潘飞 . 2011. 中国佛教文化 [M]. 长春：长春出版社 .

肖旗，焕宇 . 2002. 拯救盘锦红海滩 [N]. 沈阳：辽沈晚报，2002 - 03 - 12.

裴钰 . 2012. 李白故里：两国四方的博弈 [N]. 中国经济周刊，2012 - 8 - 24.

附　录

附录1：中国十大风景名胜

1985 年，由《中国旅游报》发起，公众投票，在全国评选出"中国十大风景名胜"。它们是：万里长城、桂林山水、杭州西湖、北京故宫、苏州园林、安徽黄山、长江三峡、台湾日月潭、承德避暑山庄、秦始皇陵兵马俑。

附录2：中国历史文化名城

中国历史文化名城名单

	城市名称	城市数量
第一批历史文化名城 （1982 年）	北京、承德、大同、南京、苏州、扬州、杭州、绍兴、泉州、景德镇、曲阜、洛阳、开封、江陵、长沙、广州、桂林、成都、遵义、昆明、大理、拉萨、西安、延安	24
第二批历史文化名城 （1986 年）	上海、天津、沈阳、武汉、南昌、重庆、保定、平遥、呼和浩特、镇江、常熟、徐州、淮安、宁波、歙县、寿县、亳州、福州、漳州、济南、安阳、南阳、商丘、襄樊、潮州、阆中、宜宾、自贡、镇远、丽江、日喀则、韩城、榆林、武威、张掖、敦煌、银川、喀什	38
第三批历史文化名城 （1994 年）	正定、邯郸、新绛、代县、祁县、哈尔滨、吉林、集安、衢州、临海、长汀、赣州、青岛、聊城、邹城、临淄、郑州、浚县、随州、钟祥、岳阳、肇庆、佛山、梅州、海康、柳州、琼山、乐山、都江堰、泸州、建水、巍山、江孜、咸阳、汉中、天水、同仁	37
增补历史文化名城（2001—2013 年陆续增补）	山海关、凤凰、濮阳、安庆、泰安、海口、金华、绩溪、吐鲁番、特克斯、无锡、南通、北海、嘉兴、宜兴、中山、太原、蓬莱、会理、库车、伊宁、泰州、会泽、烟台、青州	25

附录3：第一批国家重点风景名胜区

1982 年，中国首次设立风景名胜区，30 年间国务院先后审定公布了八批国家级风景名胜区，共有 225 处，面积约 10.36 万 km²。其中第一批国家重点风景名胜区共 44 处，名单如下：

1. 八达岭—十三陵风景名胜区
2. 承德避暑山庄外八庙风景名胜区
3. 秦皇岛北戴河风景名胜区
4. 五台山风景名胜区
5. 恒山风景名胜区
6. 鞍山千山风景名胜区
7. 镜泊湖风景名胜区
8. 五大连池风景名胜区
9. 太湖风景名胜区
10. 南京钟山风景名胜区
11. 杭州西湖风景名胜区
12. 富春江—新安江风景名胜区
13. 雁荡山风景名胜区
14. 普陀山风景名胜区
15. 黄山风景名胜区
16. 九华山风景名胜区
17. 天柱山风景名胜区
18. 武夷山风景名胜区
19. 庐山风景名胜区
20. 井冈山风景名胜区
21. 泰山风景名胜区
22. 青岛崂山风景名胜区
23. 鸡公山风景名胜区
24. 洛阳龙门风景名胜区
25. 嵩山风景名胜区
26. 武汉东湖风景名胜区
27. 武当山风景名胜区
28. 衡山风景名胜区
29. 肇庆星湖风景名胜区
30. 桂林漓江风景名胜区
31. 峨眉山风景名胜区
32. 长江三峡风景名胜区
33. 黄龙寺—九寨沟风景名胜区
34. 重庆缙云山风景名胜区
35. 青城山—都江堰风景名胜区
36. 剑门蜀道风景名胜区
37. 黄果树风景名胜区
38. 路南石林风景名胜区
39. 大理风景名胜区
40. 西双版纳风景名胜区
41. 华山风景名胜区
42. 临潼骊山风景名胜区
43. 麦积山风景名胜区
44. 天山天池风景名胜区

附录 4：我国的世界遗产

截止到 2015 年 7 月，我国共有世界遗产 48 项，位居世界第 2 位。

一、世界文化遗产 30 项

1. 周口店北京猿人遗址（北京，1987）
2. 长城（北京，1987）
3. 敦煌莫高窟（甘肃，1987）
4. 明清皇宫（北京故宫（北京），1987；沈阳故宫（辽宁），2004）
5. 秦始皇陵及兵马俑坑（陕西，1987）
6. 承德避暑山庄及周围寺庙（河北，1994）
7. 曲阜孔府、孔庙、孔林（山东，1994）
8. 武当山古建筑群（湖北，1994.）
9. 布达拉宫（大昭寺、罗布林卡）（西藏，1994）

10. 福建土楼(福建，2008)

11. 丽江古城(云南，1997)

12. 平遥古城(山西，1997)

13. 苏州古典园林(江苏，1997)

14. 颐和园(北京，1998)

15. 天坛(北京，1998)

16. 大足石刻(重庆，1999)

17. 明清皇家陵寝(明显陵(湖北)、清东陵(河北)、清西陵(河北)，2000；明孝陵(江苏)、十三陵(北京)，2003；盛京三陵(辽宁)，2004)

18. 皖南古村落(西递、宏村)(安徽，2000)

19. 龙门石窟(河南，2000)

20. 都江堰—青城山(四川，2000)

21. 云冈石窟(山西，2001)

22. 高句丽王城、王陵及贵族墓葬(吉林、辽宁，2004)

23. 澳门历史城区(澳门，2005)

24. 安阳殷墟(河南，2006)

25. 开平碉楼与古村落(广东，2007)

26. 登封"天地之中"历史建筑群(河南，2010)

27. 元上都遗址(内蒙古，2012)

28. 丝绸之路起始地段：长安—天山走廊的路网(陕西、甘肃、新疆、河南、哈萨克斯坦、吉尔吉斯斯坦，2014)

29. 大运河(北京、天津、河北、山东、河南、江苏、安徽、浙江，2014)

30. 中国土司遗产(湖南、贵州、湖北，2015)

二、世界文化景观遗产 4 项

1. 庐山(江西，1996)

2. 五台山(山西，2009)

3. 杭州西湖(浙江，2011)

4. 红河哈尼梯田(云南，2013)

三、世界自然遗产 10 项

1. 武陵源风景名胜区(湖南，1992)

2. 九寨沟风景名胜区(四川，1992)

3. 黄龙风景名胜区(四川，1992)

4. 三江并流(云南，2003)

5. 三清山风景名胜区(江西，2008)

6. 卧龙大熊猫保护基地(四川，2006)

7. 中国南方喀斯特(2007)

8. 中国丹霞(2010)

9. 云南澄江化石遗址(云南，2012)

10. 新疆天山（新疆，2013）
四、世界文化自然双重遗产4项
1. 泰山（山东，1987）
2. 黄山（安徽，1990）
3. 峨眉山和乐山大佛（四川，1996）
4. 武夷山（福建，1999）

附录5：我国加入世界人与生物圈保护网的26个自然保护区

1. 长白山自然保护区
2. 卧龙自然保护区
3. 鼎湖山自然保护区
4. 梵净山自然保护区
5. 武夷山自然保护区
6. 锡林郭勒草原自然保护区
7. 神农架自然保护区
8. 博格达峰自然保护区
9. 盐城自然保护区
10. 西双版纳自然保护区
11. 天目山自然保护区
12. 茂兰自然保护区
13. 九寨沟自然保护区
14. 丰林自然保护区
15. 南麂列岛自然保护区
16. 山口自然保护区
17. 白水江自然保护区
18. 黄龙自然保护区
19. 高黎贡山自然保护区
20. 宝天曼自然保护区
21. 赛罕乌拉自然保护区
22. 达赉湖自然保护区
23. 五大连池自然保护区
24. 亚丁自然保护区
25. 珠峰自然保护区
26. 佛坪自然保护区